U0067374

一週教育論壇系列叢書之三

Weekly Forum on Education Series Ⅲ

學校教育與革新

School Education and Innovation

潘慧玲　主編

心理出版社

主編序

　　本書是《一週教育論壇系列叢書》之三，該系列叢書集結了我自二〇〇二年至今主持教育廣播電台「一週教育論壇」節目的內容。這份主持工作，自二〇〇二年接手至今，一晃眼已五年多，對我而言，是一項新的嘗試，也讓自己原本已經忙碌的生活，憑添幾分匆忙，尤其過去幾年還曾身兼台灣師範大學教育研究中心的主任！然而，能夠推廣新知、能夠接觸到不同的人、能夠從不同視角觀看事情，這樣的廣播經驗，確是令人難以忘情，因此，額外的工作承載有時也成了甜蜜的負擔。

　　在主持節目的過程中，本乎自己一向秉持的「盡其在我」之信念，常思考節目如何因應環境的變遷以及收聽者的需求而發揮更大的效能。於是，節目的定位、確認主要的收聽群眾，便成為首要之務。每一集節目主題的找尋，均以教育時論與教育改革為主軸。幾年來所談過之主題，涵蓋範圍甚廣，包括法令修訂與制度革新、教育領導與評鑑、各級學校教育、九年一貫課程、教學與評量、性別與族群、學校革新、教師專業發展、以及各類議題教育（如藝術教育、生命教育、人權教育等）。

　　為使所談過的主題更具系統性地呈現於讀者面前，一方面讓收聽過節目的聽眾，有經過整理而可以參照的紙本，另一方面讓未收聽過節目的讀者，也能透過書籍的閱讀，分享教育新知，乃將相關主題之節目內容彙整成冊。此外，為提升本系列叢書的可讀性，許多原來在廣播節目中的口語表達，均作了文字修潤；為讓文章的重點得以清楚凸顯，每集內容也都畫龍點睛地下了標題；甚至為使原本節目所談內容能即時更新並作理解之延伸，有些則以附註或「編輯小語」進行補充。

　　本書《學校教育與革新》之出版，乃著眼於學校教育之良窳為國家教育品質之具體指標，且近十年教改的推動係從制度、組織、課程、

教學等面向進行學校教育的深層改革，實為全民關切焦點，故希冀透過各領域專家之多元視角，從政治、經濟、文化與社會各面向針對各級教育與留學教育等議題進行剖析。此外，本書邀集學校體制外的各類教育實驗學校創辦人或校長，以及積極規劃推動以學校為本或彰顯學校特色的中小學校長，希冀透過理論建構與實務推行之間的對話，幫助讀者對學校教育與革新有更豐富的認識與理解，俾使我國學校運作能更符應當今多元與民主開放之潮流與趨勢。

每一本書的完成，總是涉及許多人的努力與投入。對於本系列叢書的順利出版，首先要感謝教育廣播電台陳克允台長邀請我主持節目，電台同仁林武英小姐、呂雪小姐盡責地製播節目，以及參與廣播節目的所有來賓，他們毫不吝嗇地貢獻了自己寶貴的智慧與經驗。其次，本系列叢書之能完成，台灣師範大學教育系博士班學生洪瑞璇小姐功不可沒，她孜孜不倦地為本系列叢書作編輯，全書之能綱舉目張，都要歸功於她。另者，我的專任助理王名騄小姐、紀雅玲小姐、梁志彬先生、台灣師範大學教育政策與行政研究所碩士班學生王淑芬小姐、台灣師範大學教育系碩士班學生鍾嘉純小姐、台灣師範大學教育系學生李金薇小姐、張眞嘉小姐及林倩文小姐，為了書籍之排版、校對，均花費甚多之心力；台灣師範大學教育系博士班學生陳鏗任先生為書籍所做的美工編輯；以及幫忙轉錄廣播節目逐字稿的同學們，都是我在此要一併致謝的。最後，感謝心理出版社協助本系列叢書之相關印製與發行事宜，誠摯期盼本系列叢書之出版，能夠激盪更多的教育思考與論辯，也期盼方家不吝惠予指正。

潘慧玲

寫於台灣師範大學

主持人、與談人簡介

主持人

姓名	主持論壇時職稱
潘慧玲	國立台灣師範大學教育學系教授兼教育研究中心主任

與談人

姓名	參加論壇時職稱	與談主題
簡楚瑛	國立政治大學幼兒教育研究所所長	幼兒教育之政策與研究 幼兒教育之定位與經營
林佩蓉	台北市立師範學院幼兒教育學系副教授	幼托整合政策的發展與相關議題
周祝瑛	國立政治大學教育學系教授	從教育政策看十二年國教的可行性 十二年國教與高中職社區化的政策隱憂 留學大陸 大陸學歷採認(一)與教育西進

姓　名	參加論壇時職稱	與談主題
邱玉蟾	教育部技職教育司科長	綜合高中的理念與政策 綜合高中的實施與困境
張樹倫	國立台灣師範大學公民教育與活動領導學系副教授	後期中等教育共同核心課程
張顏暉	國立台灣大學物理學系教授	普通高中自然領域課程之修訂與相關議題
吳武典	國立台灣師範大學教育學院院長	概覽高中多元入學方案及其相關議題 再談高中多元入學方案與基本學力測驗
林明瑞	國立台灣師範大學物理系教授	奧林匹亞科學競賽——緣由與引進 奧林匹亞科學競賽——台灣參賽情形
黃坤錦	國立交通大學教育研究所教授	大學通識教育的沿革與理念精神 國內大學通識教育的實踐

（依文章出現先後排序）

目錄

▩ 第一篇　幼兒教育與國民教育 ▩

▩ 第二篇　後期中等教育 ▩

▓ 第三篇　大學教育 ▓

▓ 第四篇　大陸教育 ▓

▓ 第五篇　學校革新經驗 ▓

▓ 第六篇　學校發展故事 ▓

第一篇：

幼兒教育與國民教育

幼兒教育之政策與研究

主持人：潘慧玲（國立台灣師範大學教育學系教授兼教研中心主任）

討論人：簡楚瑛（國立政治大學幼兒教育研究所所長）

論壇日期：2002 年 01 月 06 日

✲討論題綱✲

【幼兒教育之定位與經營】

一、前言

二、名詞釐清

◆ 「學前教育」、「幼稚教育」與「幼兒教育」

三、幼教研究與幼教政策的形成

◆ 幼教政策形成的過程

◆ 幼教研究對幼教政策的助益

◆ 後設研究的迫切性

四、幼教政策的利弊得失

五、國民教育向下延伸一年的意涵

六、幼兒教育券的發展

七、結語

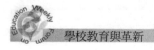

一、前言

● 潘教授

在這新的一年裡頭,特別挑選幼兒教育為主題,此因教育若要向下紮根,幼兒教育若做不好,其他的教育階段就不必談了。因此,在新的一年裡頭特以幼兒教育為題,別具向下紮根之意。另外,我們常講兒童是國家未來的主人翁,談及幼兒總讓人感到未來充滿希望,所以特別在新的一年,與簡教授討論此問題。

二、名詞釐清

◆ 「學前教育」、「幼稚教育」與「幼兒教育」

● 簡所長

「學前教育」定位為零到六歲,意即在上學以前的階段所受之教育為學前教育。「幼稚教育」於幼稚教育法上,定義為四到六歲,但從「幼兒教育」的學術角度定義,則是零到八歲。

● 潘教授

基本上這幾個詞仍有不同之意涵。以往,幼稚教育的法條稱作幼稚教育法,而今,許多人討論到幼稚教育是否應更名,因為一談到幼稚教育,就覺得好「幼稚」,為何會用「幼稚」二字,吾人可否以「幼兒教育」來取代「幼稚教育」呢?

● 簡所長

行政上,想要把幼稚園跟托兒所合併的時候,因談及銜接,想要有個詞彙來涵蓋之,因而產生幼兒園、幼兒教育的詞彙,將幼兒教育定為零到八歲。近來,很多頭條新聞登載了有關教育部教育改革會議的消息,內容談及幼兒教育向下延伸一年的議題,其中與您提的意涵具有關係。其意涵為國民教育向下延伸一年呢?抑或是幼稚教育向上擴伸?兩者意義不同,若為國民教育向下延伸一年,就政府的角度而

言，五歲的孩子即可受教育了，可開始爲一年級的課程學習做準備；但如果是幼兒教育向上擴張一年或兩年，則爲了使其更以幼兒爲本位、更具發展性，因而使其自由空間再延伸一年。由此可知，名詞的使用若不精確，於制訂政策時將會影響政策之走向。

三、幼教研究與幼教政策的形成

•潘教授

通常談國民教育向下延伸一年的意思，比較是在關注國民應受的基本教育到底有多少年限？若往下延伸一年，則國民接受的教育要多一年。另外，如簡所長所提及，國民教育向下延伸一年或幼兒教育向上延伸一年，可能會引發另一思考面向，即教學方式爲何？若是幼兒教育向上延伸一年，則在於幼教保持活潑性，亦即部分特色可保持住，此可能會涉及課程與教學的整個本質是否受到影響的問題。不過，雖然我們在講幼兒教育這個主題，在學術上從零至八歲皆涵蓋，但今天談的主題還是會放在孩子進入小學之前這段幼兒教育的範圍。

我們經常可以發現整個國民教育的階段，頭跟尾的部分，一個是高等教育，一個是幼兒教育，這兩個教育階段與其他教育階段，比如說中小學，在性質上有很大的不同。當我們談及幼兒教育時，事實上有很多面向可以談，如幼兒教育政策、行政經營、課程與教學、評鑑、師資與研究等問題，今天我們將焦點鎖定在整個幼兒教育政策這個面向。

◆ 幼教政策形成的過程

•潘教授

在目前幼兒教育政策上，剛結束的教改會議有一個大的政策就是向下延伸一年，事實上，國教向下延伸一年的問題已討論十年以上了，爲何一項政策討論了好久，至今才形成比較具體的方向？而幼教政策形成的過程又是如何呢？

• 簡所長

幼兒教育、成人教育與其他教育階段非常不同,這兩個階段都非常強調個體本身的生命力。在政策的形塑過程中,為何政策被採納(尤其是在幼教),我們會覺得這一直是為了選票所開出的支票。比如說「幼兒教育向下一年」這個東西,我回頭看我手邊的資料,也就是八十五年的報紙,便寫著「學前教育向下延伸一年實際是否成熟,國內一直沒有足夠相關資料可做佐證」。八十五年的報紙,至今已五年,此議題仍未改變。如果政府在五、六年前便開始呼籲向下延伸一年,就應有許多相關配套的研究在開始進行,亦即延續性、連續性的研究是需要支持的。目前這些研究是比較短暫的,也就是半年為期、且為臨時的、急就章式的。因此,政府於政策的整體規劃配套的措施是比較欠缺的。

◆ **幼教研究對幼教政策的助益**

• 潘教授

你提到在整個幼教政策形成過程中,有需要研究案做支持的時候,但這些研究案常常是短期的,沒有長期的規畫,而無法為政策的走向作堅實的基礎。若果真如此,那麼現在諸多的相關研究其與政策之間又有什麼關聯呢?這些短期研究是不是真的沒有用處?還是它們事實上也發揮一些功能呢?或者你期盼我們的幼教研究對於幼兒教育的形成能夠有什麼樣子的幫助呢?

• 簡所長

綜合政策研究的議題,有幾個方向:一個是技術層面的,比方說台北市幼稚園收費多少,類似這樣的題目屬於技術層面,它不會觸及基礎層面,亦即國家根本理念的部分。對政策形成的過程,和它被採納後所產生的效果作分析——稱為「政策分析」。我們有很多研究除了基礎研究以外,還要有行動力。政策本身可以分很多種,但政府在委託學者—我為什麼說委託學者,因為做這些研究都需要經費,而目前這些經費來源大概都來自於政府——這就變成有幾種可能性,一種

是學者很清楚執政者的喜好，所以研究還沒開始做，答案就已經出來了。比如說幼稚園和托兒所整合，台北市政府有做過，現在中央政府再做一次，其研究結果則依政府的偏向而有所不同。有些研究的經費支持者有很大一部份來自政府，所以研究自然會受此到影響。而另一種可能，就是當學者的研究對政策之建議未被完全採納時，會不太舒服，這個時候下一次人家再找他來的時候，他便會說：「我不願意再幫政府背書。」此亦有不妥處，因為我們幫政府做政策研究時，應該認為這是僅供參考的資料，這些東西應該是影響政府制訂政策的因素之一，而非全部。也有學者提到：「真理未必能創造美好」，意即學者在幫政府作政策分析或政策研究時，自己的定位也是須要自省的。

◆ 後設研究的迫切性

• 潘教授

　　妳提到研究與政策的關係，還有研究者在做研究報告的心態，如果自己的東西不被政府採納的時候，可能並不是這麼開心。可否進一步來分析，目前幼教界有哪些相關研究對於政策較有助益？這些研究是否真的對政策的形成有所幫助呢？

• 簡所長

　　每位學者在幫忙做研究的時候，背後理念是不一致的，亦即在做研究時所找來的團隊，他們的觀念是不一致的。譬如說幼教券，台北市政府、中央政府、國科會都有補助相關的研究，但是研究完成之後，每個單位要用，卻又再委託出去。我們十分欠缺所謂的「後設性的研究」，針對同樣的議題，有不同的學者投入研究時，由於所秉持之理念不同，而使研究結果不太一樣。我們很需要另外的研究，即所謂的「後設研究」，去針對同樣議題、不同研究者做出來的研究結果再作後設分析。

• 潘教授

　　我們知道通常政府機構在補助時，如國科會屬於比較學術性的專案補助，可能是學者們有興趣，就自行申請這樣的專案，卻可能未注

意到教育部或是教育局已委託了該專案。此處顯現兩個問題：一個是學界資訊的交流情形到底如何？另一個是各個教育行政機關所做出來的報告有無共同分享的系統？

若針對幼教領域來談的話，如幼兒教育券問題，妳說幼兒教育券做了很多不同的研究，那這些研究有沒有相同或相異的地方？或者這樣不同的研究讓決策當局在採納時有無造成什麼困擾？

• 簡所長

關於幼教券的研究，在美國其實是持反對意見的人居多，美國政府也就不再極力推動此政策。然，在台灣部分的研究都談實施幼教券有什麼好處，譬如大家強調教育機會均等、家長選擇權等，事實上這就是剛剛提及的，有沒有人把政策實施的後果再做一次研究，這是目前比較欠缺的。

四、幼教政策的利弊得失

• 潘教授

今日談幼兒教育政策時，比較熱門的兩部分是：一是幼兒教育向下延伸一年的問題，二為幼兒教育券的問題。我們可否針對此二政策之利弊得失再做一些分析呢？

• 簡所長

若談及向下延伸一年，當初學者呼籲應從孩子的受教權力來定位之，然此牽涉到整個社會所需要的、家長的需求及幼稚園跟托兒所的問題，於此須一併來談。

今天政府有政策下來，學者當然希望往下延伸一年，但就業者而言，還牽涉到商機、招生學生數的問題，政府在推動時應有配套措施。當我這次看到新聞頭條時，非常急切地想知道，如果經過這麼多年的時間協商，大家終於有了共識，那麼是否有提出相關配套措施。當向

下延伸一年時，幼稚園跟托兒所是否要切割了？由於目前幼稚園收四到六歲的孩子，所以很多公、私立幼稚園都是收四歲開始的學生，所以它至少可以收兩個年齡層。如果現在政府要處理幼稚園的事情，政府有沒有足夠的容量去處理這個需求？如果公立幼稚園無法滿足，私立幼稚園又是如何甄選出來的？是公辦民營抑或是其他策略？此亦須處理。另外，師院出來的幼教系學生，他們的出路是只有這個年齡層，還是會涵蓋零到六歲？這些都應該要做配套措施，包括業者、老師、法規，很多都須配套作為，然目前仍未見之。向下延伸一年若是一個宣示性行為，大家當然覺得很高興，但我認為要落實仍要一段時日。因為這個問題在於它是否為選舉時開出來的支票？它只是支票時，執政者會想辦法趕快實現此政策，但實現後是否能達到我們所期望的品質與目的？

五、國民教育向下延伸一年的意涵

●潘教授

簡所長特別提到配套措施的問題，可能會影響到教師培育，如幼教系是只針對那一年，還是零到六歲的幼兒，這需要做考量；或者是有沒有那麼多幼稚園讓小朋友上學。不過，於此我們可否呈現一個觀點，即往下延伸一年的基本理念為何？它有何好處？否則政策不會宣示要往下延伸的，可否先從這個部分談起，再慢慢呈現誠如簡所長提到目前需要的相關配套措施。

我們可從「向下一年」中看到一個很重要的想法是，這並非義務教育往下延伸一年，而是希望在幼兒教育裡，五歲那一年實施免費但並不強迫的教育。現在有許多不同的教育理念，像在家教育啦！我們也不斷地在思索難道一定要把孩子放在學校裡，才能教育成功嗎？這些都是不斷地促進教育學者們思考的問題。我們先來談國民教育向下延伸一年，免費但不強迫的意義在哪裡？有何益處？

● 簡所長

　　國民教育向下延伸一年，還是幼兒教育向上擴升一年？這兩者的基本點是不一樣的。當國民教育向下延伸一年時，是國家角色的介入，它希望國民可以提早一年受教，因此國家強調在這一年中教育可以培育什麼能力，這是從國家的角度去看的，亦即幫助孩子進入小學一年級。但我們所呼籲的是免費教育，而非義務教育，因為我們希望能提供比較適合孩子發展的環境，因為現在家長工作情況多半是雙薪家庭，但也有些家庭是三代同堂，或是媽媽堅持自己帶孩子。我們認為這樣的家庭可以提供孩子很好的學習環境或生存環境，孩子待在家裡也可以，不需要強迫，所以我們不主張義務教育。義務教育強調的是國家角色，比較注重國民的基本能力。而我們強調的幼兒教育，注重的是幼兒發展能力的培養，而幼兒教育是免費教育時，它會提供幼兒社會性品格、習慣的養成，或是提供他發展的機會。因此，免費教育與義務教育的意涵在此即有顯著的不同。

● 潘教授

　　剛剛提及國民教育往下延伸有很多意涵上的不同，妳覺得它應該走的方向為何？其利弊得失是什麼？

● 簡所長

　　我非常支持往下延伸一年。現在的孩子不是真的生長在物質、社會行為培養都非常良好的環境裡，因為單親家庭或是獨生子女的家庭非常多，所以孩子十分需要社交機會，所以他要走出家庭到幼兒園裡，而向下延伸一年即是此種機會的提供。

六、幼兒教育券的發展

● 潘教授

　　另外一個較大的議題是「幼兒教育券」的問題，到底幼兒教育券的功能何在呢？我們是否應該用此方式去做呢？

● 簡所長

最初提出幼教券時，業界是非常高興且非常支持的。然，政府提出幼教券之目的——在台北市實施的時候——是希望提升教育的品質，因此只補貼在合格幼稚園裡就讀的孩子，藉此策略提升未立案幼稚園的被淘汰率。另外一個理念是家長的選擇權，讓家長拿幼教券去選擇他要的學校，此亦間接地達到提升教育品質的目標，因為家長選擇的角度也是另一評鑑形式。另外一個是教育機會均等，有些家庭付不起費用，須由政府加以補助。但能否真正達到目標？若無配套措施，就會出狀況。譬如說家長選擇權方面，家長必須知道什麼是好的幼稚園。很多幼稚園在硬體方面包裝得很好，但師資卻是家長看不到的。家長若無專業知能，此選擇權是否真能達到終極的目標，即讓孩子得到比較好的受教品質？這還牽涉到我們的資訊是否真的夠透明化，哪些幼稚園是好的？我們的公立幼稚園與私立幼稚園可否得到同樣的評比？目前公立幼稚園是一個體系，私立則為另一體系。

在談教育機會均等時有幾個方面，一個是入學機會的均等：如果小孩子都進公立幼稚園，是不是都有機會進去？另外一個是過程的均等：進了幼稚園之後，小孩子是否能得到相等的教育機會？比如說孩子進入公立與進入私立幼稚園相比，在過程上就不均等。公立幼稚園都是合格師資，私立幼稚園要找到合格老師不容易，因此其中有很多代課老師，其教師流動率也很高，這就造成學生就學過程的不均等。另外則是發展性的均等，每個孩子的家庭背景、父母教育程度都不一樣，帶給他的引導也就不同。所以，如果光靠幼教券就想達到教育機會均等的理想，可能是不夠的，仍須很多配套措施。

要達到家長選擇權的理念，也須要配套措施。比如說怎麼讓家長知道哪些幼稚園是好的。當然，台北市做了很多很不錯的事情，比如說印製一些書籍教家長如何選擇；也設了很多博覽會讓家長去看、讓幼稚園去招生等類似活動。

七、結語

• 潘教授

　　如果從家長選擇權、教育機會均等的概念來解析，就知道透過幼兒教育卷的手段不一定能達到增進家長選擇與教育機會均等的目標，仍有很多細節需要進一步討論，例如，是否有足夠的資訊讓家長得以選擇良好品質的幼稚園。今天很開心簡所長來到我們的論壇，讓我們了解了幼兒教育的意涵、幼兒教育形成的過程、幼兒教育研究與政策的關係，並探討了國民教育往下延伸一年與幼兒教育券之利弊得失。

幼兒教育之定位與經營

主持人：潘慧玲（國立台灣師範大學教育學系教授兼教研中心主任）

討論人：簡楚瑛（國立政治大學幼兒教育研究所所長）

論壇日期：2002 年 01 月 13 日

❋討論題綱❋

【幼兒教育之定位與經營】

一、前言

二、幼兒教育評鑑

◆ 他山之石

三、幼稚園與托兒所的合併問題

◆ 幼稚園與托兒所的中外歷史脈絡

◆ 幼稚園與托兒所合併與配套

四、私立幼稚園的組織經營

◆ 私立幼稚園雙重法規

◆ 私立幼稚園的營利組織特性與其困境

◆ 企業理念經營私立幼稚園

五、政大幼兒教育研究所的發展方向

◆ 企業與幼教專業的結合

六、結語

一、前言

● 潘教授

今天我們要繼續上次論壇未完成的幼兒教育主題。討論的重點在於幼稚園的定位與經營，仍舊邀請政治大學幼兒教育研究所所長簡楚瑛教授來與我們談這個議題。上次論壇簡所長提到了幼兒教育券的利弊得失，認為要利用幼兒教育券去實現家長選擇權與教育機會均等時，應該有所保留，比如家長若無充分的資訊知道哪些幼稚園是比較好的，他要如何做選擇呢？那便涉及到幼稚園的評鑑問題。這些評鑑結果，事實上應該公布，但為何家長還是沒有辦法取得資訊來瞭解哪些才是良好品質的幼稚園呢？

二、幼兒教育評鑑

● 簡所長

幼稚園評鑑在國內已經實施十幾年了，由中央統一來說，各縣市政府的評鑑也從八十三年開始，所以這個制度實施了很久。但是為什麼家長不是很清楚？因為家長沒有時間去瞭解。其實有很多資訊放在網路上，他們也努力製造許多手本、也在兒童博物館、博覽會推動這樣的觀念，所以對於推動獲取新知的輕易性來說，正努力進行中。

另外，評鑑制度的本身也可以再評鑑的，我們評鑑幼稚園的目的在於讓幼稚園在專家學者的評鑑下，教育水準能不斷地提升，另一方面也可讓家長以評鑑之結果作為選擇的依據。但我在大學裡也思索，現在我們學校也在轉型，所以大學自我評鑑有很多制度，比方說評鑑老師、評鑑系所、評鑑院，教育部也評鑑各大學。現在幼稚園也呼籲老師要分級，但是那是薪資分級，在功能上他們是不是有分級？是不是真的能帶動幼教品質的提升？所以這裡還是回到之前所提的，有沒有配套措施？

◆ 他山之石

・簡所長

我十月份才去大陸參加學術研討會，順便參觀他們的幼稚園與管理系統，覺得有些制度滿值得參考的。比如說，他們的老師有分級，從初級到特級分了五級，這五級的老師薪水不一樣，功能也不一。比如說到了特級老師，他就必須負責縣市的輔導工作。所以，他在自己的園裡可以不必負責教學，但是他要做很多研究與輔導工作。每個園也分五級，要作為特級園，就須有多少位的特級老師，當然還有很多別的指標。怎麼樣才能使園願意提升到特級？除了聲望、自我實現的要求之外，初級園與特級園的收費標準不一樣，特級園的收費標準不止比較高，它還可接受捐款——即所謂的公立幼稚園。南京與上海兩個城市，有百分之九十是公立的，特級的學校可以公開收捐款，一般的幼稚園就不能接受捐款，家長也不會捐款。家長如果要擠到特級園，一方面他有資訊，另一方面也有能力負擔，這是環環相扣的。

教師分級、園也分級、這跟收費標準搭配，又跟老師的薪資搭配，所以整個系統就產生了一個不斷向上提升的動力來源，這個政策不斷促使老師想爬到特級，他的薪水上升，獎勵金也會多很多。像我去大陸時遇到一位特級老師，別人對他說：「恭喜你得到了一個獎，兩萬塊人民幣。」我覺得滿高的，我們國內好像沒有對老師有這麼高的獎金，所以他們的制度不是單一制度。比方說教師分級制度就是獨立承載的、園的評鑑也是獨立承載的，收費標準由政府另訂，所以這個制度是環環相扣的。所以就讓園極力地吸收特級老師，大家也想成為特級老師，這個動力就產生了。而我們這裡的評鑑制度造成很多幼稚園的抱怨，因為他們覺得是擾民，要做很多的紙本工作。兩相比較，就發覺那邊的評鑑造就一個良性的結果，而我們這邊的評鑑卻造成了負面的結果。

・潘教授

這樣說起來，大陸提供多一點的誘因，而台灣幼教評鑑制度其實

也有誘因，比方說績優幼稚園就給你多少獎金，但爲何會形成如此大的差別？像我們的幼稚園老師會覺得這真是擾民，不是提供正面性的幫助呢？

• 簡所長

我推測這個獎金是三年輪一次，三年領一次，結束就結束了。但那邊的幼稚園，要成爲一個特級園，就要有多少特級老師在裡頭，這些人格特質會製造一個氛圍、一個文化。而我們的評鑑制度很自然地形成應付上級單位的、應付學者專家的，因而要形塑自己的特色是很難的。在評鑑的時候，有些幼稚園就跟我反應，不同的學者專家來做評鑑，就會有不同的結果。第一位教授來，說我們很好；下一位教授來，就說我們不好，要這樣改那樣改，所以他會去學習如何「因應」評鑑制度，而非於內部產生對教學品質的處理。所以，整個制度的設計不同，結果也就不同。事實上都有評鑑制度，但結果就是不一樣。

三、幼稚園與托兒所的合併問題

• 潘教授

再來，我們還想進一步談談幼稚園定位的問題。大家都知道，目前在台灣學齡前的孩子如果要上學，有兩個機構可以進去，一個是幼稚園，一個是托兒所。可是偏偏幼稚園跟托兒所的主管機關不一樣，托兒所是內政部來管轄，幼稚園是教育部來管轄。由於管轄的機關不一樣，就形成不管在師資條件或是設備上的要求不一樣。所以，很多家長就抱怨爲何孩子同樣都要進學校，這兩個機構提供的品質會不一。這也牽涉到我們學界和整個政策裡不斷討論的問題：如何讓這兩個系統能夠合一？幼稚園跟托兒所如何定位？要不要做整合呢？

◆ 幼稚園與托兒所的中外歷史脈絡

• 簡所長

從歷史脈絡來看，托兒所提供的是孩子基本生活的權利，而幼稚

園是提供孩子的學習權跟受教權，所以它們的目標是不一樣的。此制度在國外發展時，早期托兒所多半屬於中下階層的家長，為了出去工作時孩子需要人照顧，所以擔負的是受托的功能。而幼稚園在早期是中上階層的家長希望孩子能夠得到更多的學習，二者的功能是不同的。但是在台灣，由於社會脈絡的轉變，家長希望孩子除了進幼稚園學習之外，他也希望他的孩子能夠被收托到六、七點，配合其需要。原來的歷史脈絡轉變至社會的變遷，這三、四十年來的變化很大，必然是要調整的。但目前的政策若要把他們合併，其中應該還有些商議空間，即合併時會偏向教育，因為我看他們談到教師，但有些孩子需要的是基本生活需要，這部分有沒有人去提供？所以這個定位很重要。過去的呼聲是說，同樣都是幼兒，為什麼進幼稚園與進托兒所就會受到不同品質的待遇？也就是過程的機會均等問題。托兒所在法律上的規定，並沒有要求老師的編制，幼稚園不但要求老師的編制，而且老師都需要大學畢業，所以在師資的條件上的確是不均等的。但我們希望知道的是，孩子進了這個機構之後會得到什麼樣的服務？這應該還是有所區隔。現在一片呼聲中，都在強調孩子的受教權，所以二者的整合是較偏教育的。然，對於孩子的生存權，我想社會福利的部分會有更多的著墨，這部分的孩子更是弱勢。

◆ 幼稚園與托兒所合併與配套

● 潘教授

那麼妳覺得要不要整合呢？因為我們剛剛在講如果從過程的教育機會均等來看時，他不應該接受不同品質的教育，那要怎麼讓幼稚園跟托兒所的品質是一樣的？若要整合，要怎麼整合法呢？是要把師資條件、設備標準都弄成一樣嗎？這對目前來說，恐怕有很大的困難。

● 簡所長

我現在如果一下子提出我的觀點而沒有提出配套的話，容易會引起一些反彈。我自己的觀點比較傾向於五歲以上就叫幼稚園，在很多國家都是這樣。

• 潘教授

這也配合我們說往下延伸一年的教育，它是免費的教育，也是非強迫的教育。

• 簡所長

是的。但這樣的主軸制定出來，配套措施也要出來。師院的幼教系，早年就肩負培育師資的使命，現在如果只定一年，五歲以下皆為托兒所，那麼它們的目標都要轉換。當然目前的社會，不管企業型的組織或是學校型的組織都在談轉型，但是要給它們轉型的空間，給它們一些資源讓它們轉型，這就是我所說的配套，否則它們將從原來最優勢的生態環境變成最劣勢的生態環境。我們的政策規畫應盡量多作考量，因為這都是政府曾經投注非常多的資源，民國七十六年開始成立幼師科，民國七十九年在台北成立幼教系，另外，於民國八十一年全省八所師院成立幼教系之後，為了大量提升師資水準，政府投入很多的經費在培育人才。在這樣的情況下，他們應該何去何從，這都應該去思考的。

四、私立幼稚園的組織經營

◆ 私立幼稚園雙重法規

• 潘教授

分析不同的教育階段裡公立與私立所佔的比率，就可以發現非常突顯的特色就是，私立的幼稚園佔的比例最高。如果幼稚園大部分由私人經營的話，我們怎麼看待私立幼稚園的性質呢？你會說它是營利組織？還是其它不同的性質？

• 簡所長

早期公私立幼稚園的比率是二比八，後來三比七，現在是四比六，亦即有六成的幼稚園是私立的，那到底它們是不是營利組織，就牽涉到政府的定位。幼稚園老師的合格與否以教師法規範，但他們的

福利、薪資全部都用勞基法，當定位不穩定時，會出現問題。我的研究案裡就發現一個案例，它是一個企業組織設的幼稚園，老闆非常好，鼓勵新血，把他們視為員工，所以他們就可以拿股票。但等到納稅時才發現，他們的園原來是免稅的，但如果納入員工的話就要納稅。園長很好心就跟老闆說，可不可以把他們放在福委會下面，這樣就可以免稅。所謂福利委員會，是企業組織撥款另外成立的會，不屬於組織機構，不是他們的成員。但他們所做的事情是幫他們的員工謀福利的。所以幼稚園、托兒所就是一種福利，當他們被放在福委會下頭時，這些人就不能算是員工了，但是老闆很支持他們，認為雖然他們的位階放在那邊，但依然給他們股票。但是後來公司合併，老闆換人做，發現他們在福委會下面，怎麼可以拿股票？所以他們就沒有再領股票了。舉這個例子是在說老師、園長應該都遵循一個法，不可能腳跨兩條船。

我在另一個研究案也發現，老師領薪水是看公立幼稚園老師的薪資，但他帶學生休假旅遊時又用勞基法的加班費來要求老闆。放暑假的時候，私立幼稚園規定服務第一年是沒有假的，老闆給他放假七天，他覺得不夠，跟老闆說公立幼稚園就有兩個月的暑假。老闆真的不知道該用什麼法來照顧他的員工，以及他自己生存的問題。

◆ 私立幼稚園的營利組織特性與其困境

• 簡所長

所以幼稚園是不是營利組織？我從理論上來看，查了很多書找營利組織的定義，的確是的。但是私立幼稚園的老師及園長會不會認同？在我自己的研究案裡，園長也說他們不是營利組織，因為他們很怕被冠了營利組織的名。但它是一個私人性的事業，因為在國內，只要談到營利啊、企業啊，好像都是負面的。我們政大幼教所想開創的路線就是企業管理和幼教專業知識的整合。剛剛妳問到，他們的比例如何？我們有百分之六十到七十是私立的，但是政府的管理辦法是用公立的思維在管理私立幼稚園，因此私立幼稚園面臨到很多的問題。

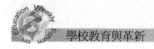

我們一直用公立幼稚園的思維在管理私立幼稚園，我覺得那對他們是不公平的。

• 潘教授

是哪一個部分不公平？哪個部分需要鬆綁的呢？

• 簡所長

比如說教育品質的要求，他們的成本在那裡，他們提供不同的教學品質，但我們政府規定的收費標準是最高不得超過多少，這也是有問題的。

• 潘教授

所以妳是說我們收費標準的訂定不是很合理的，無法真正反應成本效益的？

• 簡所長

是，還有就是很多私立幼稚園是小型的，政府應該要有制度去輔導他們，這個輔導不只是教學的輔導。在我的研究案裡，看到很多幼稚園小小的，只有三個班，它的人事費、交通費很多，這是因為管理不當所造成的，它的虧本不是因為家長付出的錢不夠，而是它自己管理不當。這個知識是他們在學幼教專業知識時沒有提供的知識。

◆ 企業理念經營私立幼稚園

• 潘教授

那企業經營的理念要怎麼幫一個私立幼稚園去經營呢？

• 簡所長

譬如說它應該要有成本會計的概念、人力資源的概念。我們現在也看到另一種型態的經營，它是大型、運用許多企管知識去經營，但它並無幼教的內涵。

• 潘教授

不過妳剛剛也提到為何我們怕被冠上所謂的「營利組織」，因為

妳也曉得，現在所謂的幼稚園，有屬於「連鎖店」的形式，這種連鎖店的幼稚園正如剛剛簡所長所說的，它的企業經營理念非常好，要不然不會一家一家的開，全省各地都有它的連鎖分店。要如何避免這中間的衝突呢？也就是說，你是私立幼稚園，當然會要求成本效益，但又不因營利而抹煞了教育本質。

• 簡所長

其實營利組織有兩種型態，一種是動機性營利，一種是結果性營利，前一種是我這麼做是為了賺錢；另一種是我認真地做並賺了錢。教育事業的話，我們現在談「知識經濟」，知識是可以換成錢的，許多東西是可以轉換的，關鍵不在於它能否營利，關鍵在於它能否將教育的知識置入，而又能賺錢。剛剛提到「連鎖店」，其實他們有他們的專長，他們有許多管理的技巧是我們不知道的，而這可以降低成本，這應該是我們可以學習的部分。但我們有一些既定的思維限制了我們，所以這是我們幼教所想要拓展的領域。對我而言，我也才剛開始認識這個領域，剛開始學習如何融合，這就是科際的整合。現在各領域都十分強調科際的整合，但非常辛苦，我們也才剛開始。

五、政大幼兒教育研究所的發展方向

◆ 企業與幼教專業的結合

• 潘教授

如果從過去幼教系所設計的課程來看，正如簡所長剛剛提到的，有很多偏重在課程、教學的課程，尤其是發展心理學對整個學界的影響更是深遠。今天你們的幼教所想要開闢另一個方向，從企業組織經營的方向來重新思考幼教課程如何安排，尤其我覺得對私立幼稚園來講是很大的幫助。可不可以請簡所長稍微談一下你們所設計的課程，使得私立幼稚園的園長也好、老師也好，來修這些課程，對他們的經營會有很大的幫助。

- **簡所長**

　　我們所裡的碩士班主要是培養學術研究人口,我們今年八月份掛牌在教育系下成立幼教組,所以我們的博士班馬上可以招生,因為我們真的很需要大批學術人才的協助。一般來說我們設計課程必修課越少越好,當然目前草創,以後還會再修。

　　目前是三十二學分、十二門課,有兩門課是方法論就是高統與研究法;另有兩門課跟經營管理有關,組織經營還有行政策略等;一門課是課程與教學;一門課是兒童的心理與學習。所以,可以看到我剛剛提的企業與幼教專業的結合,我們除了方法論之外有四門課,分兩類,一類是企業經營管理類,一類是課程與教學,談兒童發展與學習,我們設計課程一定要知道孩子是如何學的嘛!有的人看到我們的廣告,就誤會我們要培養的是企業人才,我說不是,如果是這樣,我們不必有幼教所在政大,因為政大的商學院、企管系、資管系都非常有名,他們可以直接去那裡修。我希望從我們所出來的學生兩種知能都可兼具,所以我們並非培養企業人,我們所培養的是幼教領導人才,這是學校正式學位的部分。另外,我們也覺得有義務協助大家的需要,於是跟政大的公企中心合作。目前我們跟教育部接了一個案子,規劃園長的成長班,九十個小時的進修,就是結合這樣的理念。

- **潘教授**

　　所以我們從簡所長的描述裡可以發現幼兒教育研究所在你們學校開始走向不同的方向,這是在過去的幼教系裡沒有特別去強調的重點,那有沒有特別的展望,可否簡單說明一下以後幼稚園的經營,妳覺得應該有什麼樣的發展?

- **簡所長**

　　幼稚園本身的經營非常有自己的生命力,我們之間一直在互動,慢慢拓展一些新的領域。

六、結語

● 潘教授

　　非常謝謝簡所長今天來到我們節目，我們在節目裡首先從幼教券談幼兒教育評鑑的問題，進一步地談幼托整合，以及進一步思考到底幼稚園需要什麼樣的發展，尤其是政大教育研究所在課程的規畫上有些不同的作法，讓我們對幼兒教育有更進一步地認識。

幼托整合政策的發展與相關議題

主持人：潘慧玲（國立台灣師範大學教育學系教授兼教研中心主任）
討論人：林佩蓉（台北市立師範學院幼兒教育學系副教授）
論壇日期：2004 年 04 月 11 日、18 日

※ 討論題綱 ※

【 幼托整合政策的發展與相關議題 】

一、前言

二、幼托整合政策的發展脈絡
- ◆ 藉幼托整合達教育機會均等
- ◆ 藉幼托整合解決學前教育機構疊床架屋的現象

三、幼托整合的爭議焦點
- ◆ 幼托機構應以年齡亦或功能為切割指標？
- ◆ 以五歲作為切割點的適切性如何？
- ◆ 可否借鏡他國，將幼教歸由教育部管轄？
- ◆ 僅達到「托兒所化」，卻未提升教育品質

四、現階段幼托整合政策的相關議題
- ◆ 公共化與民營化的兩難
- ◆ 幼托公共化可保障師資的基本待遇
- ◆ 日本幼教法人化的做法為一途徑
- ◆ 幼托不同的師資要求，複雜化幼托整合後的師資素質
- ◆ 國幼班與幼兒園班共存於同一幼教機構，造成兩種規範的混亂

五、專業人員培育與養成
- ◆ 目前幼托機構的師資良莠不齊
- ◆ 師資培育中應結合教育專業與保育專業

六、各利害關係人的觀點
- ◆ 近便性與學費是家長關心的重點
- ◆ 幼稚園教育者關注招生與教師職位保障的問題
- ◆ 私立教保人員擔憂「二級教師」的處境
- ◆ 社福人員關懷弱勢孩子的教育機會均等
- ◆ 幼教學界強調政策的正面效應

七、從國際經驗看幼托整合

八、結語

一、前言

●潘教授

今天要和大家談的是曾經引起廣泛關心和爭議的幼托整合，請到的來賓是台北師院林佩蓉教授。幼托整合這個議題，其實是教育界十幾年來不斷探討的老問題。我記得當時大家不斷討論這個話題的原因，主要是鑒於幼稚園和托兒所乃分屬兩個不同的行政體系，所以當幼兒進到托兒所或幼稚園，便分別由不同的法規約制，因此產生了不同的幼教品質。現又出現了一個「幼托整合」方案，再度引起許多不同的聲音。究竟這些爭論的焦點為何呢？先請林教授來談談幼教方案的規畫，並為我們介紹幼教政策發展的來龍去脈。

二、幼托整合政策的發展脈絡

◆ 藉幼托整合達教育機會均等

●林教授

「幼托」之所以會引起幼教界爭議的原因，正如您剛才所說，同樣年齡層的小孩，進入幼稚園或托兒所這兩個不同的機構，法律規範就不同，師資規定也不相同，立案的標準、空間規定也不一樣。從小朋友的角度而言，這的確是不太公平的。我們可以看到全國五歲以上的小朋友入園率高達九成以上，四歲以上的入園率也達九成，顯示現今孩童的學前教育經驗是很普遍的，至少都有一兩年的學前教育經驗，因此我們就更加關心這方面的問題。

其實，我們一直不斷呼籲教育部和內政部能針對這樣的問題提出解決方案，希望讓孩子們皆有同等的受教品質，因此教育部和內政部最近就提出了一些計畫。

◆ 藉幼托整合解決學前教育機構疊床架屋的現象

• 潘教授

一般來說,幼稚園和托兒所涵蓋的年齡層會有一些重疊,而托兒所又進一步分成「托兒」和「托嬰」兩部分。是否能先就這方面談談?

• 林教授

通常托嬰中心是針對零到二歲的幼兒,而托兒所則是二到六歲,它們都受到社會福利法規範,屬於社會福利機構。至於幼稚園收托的則是四到六歲的孩子,屬於教育部的管轄範圍。故兩者是分屬福利系統與教育系統兩個不同的機構。

• 潘教授

其實兩者會有重疊的部分,尤其我們可以看到有些私立幼稚園是從三歲、小班的時期開始招收,但三歲的小孩同時也可以上托兒所。因此,同樣年齡的小孩可上托兒所、也可上幼稚園。然,這兩個機構又分屬不同的機構所管轄,正如林教授剛才所說,他們分享的空間、規定、老師資格都是不同的。依據資料顯示,為了使受教品質相等,從民國八十六年開始就出現了一些幼托整合的構想。

• 林教授

是的,當時幼教界針對這個問題談論許久,不論是全國教育會議或者教育部舉行的改革會議,皆不斷地提出這樣的呼籲,並且也受到了教育部和行政院高層的重視。我們認為既然社會的呼聲這麼大,小孩的經驗也如此普遍,那麼就必須想辦法盡量縮短兩者間的差異,使整體教育品質有所進步。因此,當時即開始研議這樣的整合方案。

三、幼托整合的爭議焦點

◆ 幼托機構應以年齡亦或功能為切割指標？

●林教授

但是，當時幼教界內出現了不同的想法，有人希望直接以年齡層來切割，譬如四到六歲屬於幼稚園，零至三歲為托兒所；但是也有人希望像日本一樣，以功能作為切割方式，如幼稚園設為教育系統，但是學齡前的小朋友因為不宜受教時間過久，只適合半天的教育，所以就不適合由不提供娃娃車、不提供餐點服務的幼稚園來負責，而是由會提供交通和餐點服務、且受托時間較長的托兒所來負責。其實，日本規定除非父母皆有工作，否則不得將小孩送至托兒所。這兩種方案各有利弊得失，而台灣現在所使用的方案也各有重疊之處，如出現「幼稚園托兒所化」、「托兒所幼稚園化」的現象。總之，兩者的主管機關雖不同，但是提供的功能卻是一樣的，因此家長容易弄不清楚。

●潘教授

是的，一般家長不易弄清到底應該將小孩送至托兒所還是幼稚園。原本兩者應該分別提供保育和教育的功能，但是現在都混雜在一起了。剛才您提到，從民國八十六年開始，教育部和行政院開始研擬幼托整合的方案，而這些方案擬定的過程如何？從擬定之初至今，這期間應該有了一些進展，也舉辦過許多公聽會，那麼在這個過程中到底有何爭議？

●林教授

大家的爭議包含應該以年齡層切割、還是功能性切割？而在年齡層切割上，也有多種意見出現。當時大家也同時在思考一個問題，國內義務教育是否應向下延伸一年？這樣的問題又與幼托問題結合在一起了。因此，當時教育部官員希望能夠一石二鳥，亦即同時處理幼托整合與義務教育向下延伸的問題，希望以五歲作為切割點：五歲以上由教育部管轄，五歲以下為社福管理。但是，儘管當時的想法是如

此,卻無實際執行。當新政府上任後,他們也有自己的理想與主張,於是這個議題便持續受到許多討論,那時候還成立了「幼福委員會」,邀請國內社福界、幼教界等學界或實務界人士共同參與討論。不過,整體而言現今政策的雛型方案是從民國八十六年開始出現的那個版本。

● **潘教授**

換句話說,當時傾向以年齡層而非功能性的切割方式,希望五歲以上由教育部管轄,五歲以下由內政部主管。然,我看到目前實行的幼托整合方案上寫明,陳水扁總統在上一屆大選期間曾有兩套福利方案,其中一套就是普及直接福利的服務方案,簡稱為「五五政策」,所以幼托整合即為「五五政策」這部分的延伸。由於有這樣的構想,教育部便有了跨部會成立的「幼托福利委員會」,由兩個部會的政務次長擔任召集人,其下分為「師資整合組」、「立案及設備基準組」、「長程發展規劃組」分別來進行運作工作,並於九十二年二月二十二日完成了第七次整合會議,初步完成草案內容,今(民九十三)年元月份便開始舉行政策說明會和公聽會,這是大致的發展過程。在其中,我們比較好奇的是,雖然現今方案與民國八十六年的方案有大致相同之架構,但於細部內容上仍有相異之處,且這些內容也引發了某些實務界人士不同的想法甚至抗議,是否能請您說明其中的相異處與引發抗議的原因?

● **林教授**

首先,我要先說明實施幼托整合的背景,是為了解決相同年齡卻有不同受教權的問題。另外,由於兩個機構提供相同的服務,但是主管機關卻不同,如此會造成資源的浪費,從行政的角度而言也會有疊床架屋的問題產生。因此,如果能夠加以整合,並由同一個主管來規範管理,會是較佳的做法。至於民國八十六年的方案與現在有何不同,基本上兩者的構想都是朝向將五歲以上交給教育部,五歲以下則給內政部管理,所以目前為止主管機關的確是統一了。

◆ 以五歲作為切割點的適切性如何？

• 林教授

然而，這樣的方案與構想在幼教界仍未達共識，仍有許多不同的意見出現。比如，是否一定要以五歲為切割點？當初的標準是四到六歲，那麼以五歲做切割點，並把以下的部份分給兒福系統管轄，似乎有些倒退了。雖然說教育應該逐漸往下延伸，但也不該是像上述的做法，這就是當初提出的一個問題。

◆ 可否借鏡他國，將幼教歸由教育部管轄？

• 林教授

到民國九十三年，不斷還有其他意見被提出來。譬如，參加研議的人士希望將北歐（如瑞典，它們的模式與福利制度設計的很完善，大家十分羨慕的）的托育模式帶進台灣，但此同時，我們也發現瑞典在一九九六年以前，其幼兒教育都是歸社福機構管轄的，經過很長的一段時間，才將這樣的內容劃分到教育部的管理範圍內。他們的理由是，終生教育的時代已來臨，希望能將小孩的教育當作終生教育的第一個階段。同時，小孩的保育也不足夠，所以希望能讓他們能及早接受教育。此外，以對岸中國大陸為例，原本他們也是以年齡層做為切割點，將三歲以下劃為保育，三歲以上由幼稚園來教育，但是他們現在也已修法，全部由教育部來管轄。因此，國際上這一波的變化讓我們反思，現今的方案是否走向回頭路？

◆ 僅達到「托兒所化」，卻未提升教育品質

• 林教授

另一個問題是，我們原先的目的是要使小孩有公平的待遇，並使品質提升，但現在的方案卻是使幼稚園全面「托兒所化」。所謂「托兒所化」意指，在幼稚園人員的配置與規準上，是以現今托兒所的標準為基準。這與我們當初的構想是有差距的，不過當初我們並未在這方面有過仔細的構想與討論，只想到這方面是由社福機構歸管，訂定

其水平，並考慮保育界師資培育的人數會因此而激增的問題而已。以台灣目前保育師資的狀況而言，光是高中學歷的師資，一年就大約有六千人；專科以上，一年即有四千人。換句話說，是有往上提升的空間。因此，學界期望能夠階段性地提升。然，如此一來將使人感到有些錯愕，因爲現階段僅是全方面的托兒所化，至於標準卻未有實質的提升，如此一來，儘管達到公平化，實質上卻未達到品質提升之目的，而且也看不出任何階段性的改變。我想，這就是現行方案引起爭議的原因。

四、現階段幼托整合政策的相關議題

● 潘教授

林教授談了許多關於幼托整合的爭議點所在，一路走來，各界人士確實提出了他們許多想法與期望，留待我們一起來努力。另外，我們還想知道的是，目前提出的幼托整合政策，其內涵究竟爲何？例如，在政策內容中確立了幼稚園和托兒所要「公共化」和「民營化」二元分立，也就是要走兩條路線。您對於這個問題看法如何？

◆ 公共化與民營化的兩難

● 林教授

我認爲台灣幼教有它非常特殊的生態，長期以來，我們都非常仰賴私立的經營者來提供這樣的服務，以滿足家長的需求，因此目前在幼教界的生態中，公私立比率大約爲三比七。在這樣的情況下，我認爲整體政策的關鍵應在於研擬出公私立的比率要達到什麼狀態，才能有更良性競爭的效果，更符合社會條件與家長需求。以目前的情況來說，長久以來，私立幼教機構佔據了多數，因此目前幼托整合的計畫還不太能解決這樣的問題。其實這個問題在每次的討論中，都會引起學界與經營者的意見對立，學者希望能考慮提升公立的比率，如此又會引發另一種呼聲，認爲這麼作是與民爭利，且目前政府的財政有

限，現在的政府政策也比較強調政府應充分利用民間資源。因此，是否要公立化？或者增加公立的比例？這幾年並未有明確的結論。

● **潘教授**

如果我們回顧過去幾十年來幼教的發展，剛開始時，政府扮演著主導性較強的角色，後來便愈來愈放手讓民間自由發展，導致今日公立佔了百分之三十，而私立卻佔了百分之七十。現在，當民間蓬勃發展時，政府突然說要出來承擔幼教責任，要出來辦學，當然會引起民間業者的不適應，他們都已經開張，開始收學生了，現在要怎麼來和政府競爭呢？這必然會造成業者很大的恐慌。所以，這的確是一個兩難。

不過，在政策方案中也提到實施幼教公共化的理由，在於政府及社會的確有責任要辦學，而且很多私立幼稚園學費極貴，有些家庭是無法負擔的，如果實行公共化，則較能達到教育機會均等的概念。然而，我認為此作法仍要顧及民間的意見。因此，目前這部分便聽任市場來運作，若家長願意負擔高額的學費，可使小孩就讀私立學園。

◆ **幼托公共化可保障師資的基本待遇**

● **潘教授**

另外，政策制定者也希望藉由提高公共化，能夠解決一個很難的問題，就是教師待遇的問題。我們知道在百分之七十的私立機構中，有些老師的薪資被壓得很低，幾乎就是勞資法規定的最低標準，目前尚無其他方法可以促進教師的薪資提升。但是，假若公共化佔據大多數，那麼我們就有辦法來保障老師的基本薪資，而私立的部分則聽任市場運作，如此便有辦法讓老師的低薪資待遇得到解決。對於這個問題，您的看法如何？

● **林教授**

針對此問題，其實目前教育部的幼托計畫中，並無意朝向公共化，包括國教向下延伸的國幼班計畫，都沒有採取公立化的規畫。然，

我認為若要考慮公共化，首先即需考量政府的財政，另也得取得民間的同意。我個人是贊成這樣的改變方向，只是目前的幼托計畫並未對這方面多加著墨。

一旦公共化，我們必定可以要求業者聘用合乎專業資格的教師，而且教師的薪資就會比較穩定、流動率低，品質也有保障，這的確是不錯的，學界對此也無反對意見。我個人從民國八十二年便開始提倡這樣的觀念，但是並未受到太大的注意。我當時分析各國的情況，發現我國的私立比率特別高，而且私立機構的狀況又與其他國家不同，其他國家儘管有許多私立機構，但是其中高達九成以上是屬於社福機構或非營利機構，如宗教團體、教會附設，這與我們目前的狀況完全不同。

◆ 日本幼教法人化的做法為一途徑

● 林教授

唯一可借鏡的是日本，其實我們現在的制度便是抄襲日本的。日本在七０、八０年代便已發現這個問題，於是他們開始推動私立機構法人化。在推動的十年後，也的確發現有一些不錯的成果出來。日本的做法是，先給予大量的補助（因為確實有這樣的需求），先補助五年，之後若因某些因素而來不及完成，便再補助五年，確保它十年之內可以達到法人化的要求。故，他們公私比例便不像我們一樣懸殊，因為他們有法人化。而我們現在的問題就在這裡，整個制度很難向前推進，政府也很難強力介入。

● 潘教授

我們也曾經推行法人化，但並不是很成功。

● 林教授

在民國八十二年只有一家學前教育機構達到法人化，現在時代不一樣了，很多法令是可以調整的，我認為現在來推動法人化是比較有可能成功的。

◆ 幼托不同的師資要求，複雜化幼托整合後的師資素質

• 潘教授

談到幼托整合政策的內涵，除了剛才提及的公立私立二元的兩條不同路線，以及年齡層切割的問題，如五歲以上為國教班，五歲以下稱幼兒園，另外還有課後照顧服務的議題（這也可能發生在小學階段）。再者，如此不同的年齡切割，也需要配合專業人員的安置。譬如，幼兒園和國教班的配置將會有所不同，師資的專業養成與要求資格也完全不同，這個問題似乎也引發了幼教界一些不同的想法。

• 林教授

由於現在規定國幼班是歸教育部管，理想上是按照教育部「幼教師資法」的規定，也就是師資一定要大學畢業；而五歲以下為保育範圍，「教保員」只需專科學歷，甚至於「教保助理」只需高中學歷即可，所以會形成在一個幼兒園裡，雖然同等資歷，但是因為學歷不同，又會有不同的待遇，這將會有很多問題產生。

• 潘教授

所以一個園裡可能會有好幾套制度共存。

• 林教授

沒錯，屆時五歲以上歸教育部管，五歲以下又歸內政部管，情況將會比現在更加混亂。

◆ 國幼班與幼兒園班共存於同一幼教機構，造成兩種規範的混亂

• 潘教授

再者，我們進一步來看整個幼教機構，國教班也可以附設幼兒園，幼教機構若是幼兒園的話，也可以附設國教班；換句話說，一個幼教機構可能是一園內包括好幾種制度於其中囉？

• 林教授

這就要回到上面提過的是否要朝向公共化的議題。若今日是走向

為了國教向下延伸作準備的「國幼班」，那麼這個國幼班要不要走向公立化？目前，政府同時推行幼托整合與國幼班，但因為公私立比是三比七，若不改變這樣的比例，卻執意要推行國幼班，情況就會變成所有私立機構都必須跟著有所改變，但私立機構站在經營的角度上來看，他們並不會覺得這樣做是理想的。比如，原本立案的托兒所可以收托二到六歲的學生，但一旦改名為「國幼班」，等於將五和六歲學生割讓出去，只能收托二到五歲的學生。如果教育部站在國幼班的立場，將面臨資源不足的問題，因此希望加入民間的力量，一起辦好國幼班，然私立機構絕對不會放棄原先的機會，會希望收托所有年齡層的學生。於是，情況就會變成一個機構內會有教育部管理的國幼班，又有兒童局管轄的幼兒園班，而且國幼班和幼兒園班制定的標準之間存在著差異。這時我們就不禁要質疑，花了那麼多心力辦幼托整合，得到的結果卻是如此，這究竟是為什麼？現在幼稚園和托兒所是分開的機構，幼稚園歸教育部管、托兒所歸內政部管，這樣還比較單純。如果真的依照現在的政策來走，到時一個機構會有兩個單位管轄，有「兩個婆婆」在看管，我十分質疑這是解決原先想要解決的問題，還是製造了更新的問題？

• 潘教授

難怪我看到報紙登有些幼教業者質疑，如果娃娃車裡面同時載著五到六歲國幼班孩童和五歲以下幼兒班孩童，一旦出事，到底是要找哪一個單位負責？這確實會造成許多管理方面的問題。

五、專業人員培育與養成

• 潘教授

在一個園裡面實行幼托整合，的確是滿好的構想。然而，直至目前，提出的政策卻還有一些值得思考的地方。其中有一點要請教林教授，隨著上述制度的分割，對於專業人員的養成部分，是否有會存在

著問題，或者有什麼議題是需要進一步探討的？

◆ 目前幼托機構的師資良莠不齊

• 林教授

　　若從今日學前兒童的需求與發展來看，他們不只需要保育，也需要教育。不同系統的培育，也許可以有多元化的優點，所以並非最重要的問題，重點在於教保人員必須照顧孩子們的需求。目前大家較有疑慮的地方，在於現今的幼兒園是以保育人員為主，因此會擔心教育的缺乏。當然，有人會說現在台灣的小孩很可憐、壓力很大，所以從保育的觀點來看，就讓孩子輕輕鬆鬆地玩，這樣就足夠了。然而，這就涉及到「教育」的概念，教育不見得一定是很刻板的，而是可因對象的不同，而有不同的方式。有人認為現在的政策並沒有排除幼師在幼兒園中任教的機會，但依照我們目前的了解，在公私立的生態下，私立機構在考量經營成本時，可能會認為如果能用高中學歷的師資，何必用到專科？如果能夠只用專科學歷的師資，又何必用到大學學歷？這不只是基於經營成本的計算，私立經營者認為聘請非專業人士也是不得已的，而且大學生都很有自己的想法，不是被要求做什麼就會照著做的，而高中或專科學歷的師資就比較不會有這樣的問題，他們比較不會有那麼多怨言、講一大堆理念。因此，這之中其實存在著多重考量的。當然，從另一個角度來說，大學畢業的學生通常也自視較高，會認為私立機構待遇不如公立機構，這也就算了，如果還不能讓自己發揮所長、不能尊重教師自主權，那麼他們也不太願意到裡頭服務。如此的互動是一個惡性循環。於是，當五歲以下的孩子全歸屬福利機構管轄時，相對在教育方面就不是非常專業，或不是那麼重視，在聘請人員時，私立經營者也會不太願意聘請具教育專長的師資，還是比較喜歡聘請保育方面的人員。因此，我想這方面是值得注意的一個問題，畢竟我們還是希望教保能夠合作，因為小朋友其實是同時需要保育與教育的，若在托兒所內可以同時讓兩種不同專業背景的資源相互合作，那麼對孩童將是更有利的。當然，如果我們可以培

養在教保兩方面都有一定水平的人員，我想也是不錯的發展。

◆ 師資培育中應結合教育專業與保育專業

‧潘教授

所以，照您上述所說，依照目前的設計，這個問題也會牽涉到師資培育。目前幼教老師所修的皆是教育方面的學分，而幼保員修的是偏保育方面的學分，除非將師資培育的課程加以改變，讓教保員或幼教老師皆須修兩方面的學分，否則就會出現上面所說的情形，使得幼兒園聘任的都是教保員，而某些孩子原本應該接受偏重教育方面的課程，便僅存保育部分了。

‧林教授

法令第二十一條規定：教保機構中教保員的人數不得低於所聘用人員總數的二分之一，這是一個非常寬鬆的規定。換句話說，經營者可以聘用許多其他人員，例如教保助理、社工人員、特殊教育人員。這麼做也是有好處的，如此可以加入許多其他專長的人才與資源，例如讓社福方面資源可以進入。然而，問題在於這些其他專長人員是否真的適合擔任教保的第一線工作？這是值得大家憂心之處。

‧潘教授

所以，從這方面來看，法令中規定的幼兒園標準與現行幼稚園標準相較之下是較低的，在功能上也有所差異：一個強調保育，一個強調教育。這的確是我們必須思索的一個問題。

六、各利害關係人的觀點

‧潘教授

從另一個部分來說，在整合的過程中每個人都有不同的意見，像您代表著幼教學者的聲音，當然社福人員也有自己的想法，或者政府在設計時也有政策的立場的，而經營者也會關心一些問題，甚至家長也會提出他們的想法。可否請您為我們分析一下，這些不同的利害關

係人,他們對於幼托整合政策的關切點分別是什麼?

◆ 近便性與學費是家長關心的重點

• 林教授

從家長的角度來講,其實他們是狀況外的,他們本來就不清楚幼稚園和托兒所的區分,從招牌、內部都看不出來之間的差異,除非有人向他們解釋,否則就算家長將小孩送到托兒所,他們也認為小孩是在上學,只是有著不同的名稱。所以,家長對於幼托政策的考量點,首先是近便性,也就是不要讓家長送來送去。如果國幼班和托兒所真的分開,對家長而言是很令人疲累的,因為老大要送國幼班、老二要送幼兒園,兩者可能在不同的地方。同時,家長也會考慮分開之後對小孩是否有益處?以前是幼小銜接,現在還要處理國幼班及幼兒園的銜接問題,可能在孩子四歲時,就要考慮將他送到有國幼班的地方。另外,家長希望不論幼托是否要整合,最重要的是學費需要降低。所以,家長對於目前推動公立化的政策是相當歡迎的。不過,目前都會地區的公立幼稚園不見得招得到學生,甚至有可能招不滿,原因在於很多家長會將小孩送到立案或未立案的補習班,或者全美語機構。總而言之,其實幼教的生態是很複雜的,政府不斷希望解決問題,但是問題還未解決,又有新的問題產生了。例如,以前談幼托整合時,關鍵在托兒所的標準比幼稚園低,但現在的補習班標準又比前二者的標準更低,然而卻有許多家長對其趨之若鶩,儘管學費昂貴(二十幾萬至三十幾萬一年),家長仍是排隊擠進去。

• 潘教授

所以家長搞不太清楚現在的狀況?

• 林教授

的確是搞不太清楚。其實補習班的標準比幼稚園或托兒所的標準都要低,他們的專業人員規範更是不嚴格,而且還缺乏幼教專業,大半只有英語專業,但是家長卻無視這些因素的存在,而僅是想躋身於

此種全美語的機構中，這個情況眞的是很嚴重。

◆ 幼稚園教育者關注招生與教師職位保障的問題

‧林教授

第二，從幼稚園的角度來看，公立幼稚園擔憂的是有些地方是老社區，或者是較偏遠的地方，可能沒有那麼多孩童，會招收不到學生。一旦將來規定只能招收五歲的孩子，有些老師擔心自己會被精簡。像台北地區，有些公立幼稚園現在開始強調一班三十個人兩位老師，一且未來只招收到十五個學生，就會有一個老師被調走，這是老師憂心之處。因此，他們認爲如果現在朝向國幼班的政策，就會隨之公共化，那麼聘用的人員也會專業化，因此他們是支持這個政策的。但是私立機構的經營者卻不贊成這個政策，他們不希望少招收一個年齡層，而且若眞的要成立國幼班，並非每個幼兒園皆符合辦理資格，還需要經過申請的階段；而且政府的資源有可能是投資在別的地方，到時候他們本身競爭力不夠，又少收托一個年齡層，基於生存考量，他們會反對這個政策。

◆ 私立教保人員擔憂「二級教師」的處境

‧潘教授

那麼私立教保人員又有什麼樣的看法呢？

‧林教授

他們的關注點在於師資計畫和國幼班的政策實施之後，他們何去何從？他們還關心如果國幼班提升了師資待遇與福利制度，並且希望縮短公私立間老師的條件差異，那麼他們要怎麼辦？可能會產生「一園兩制」的問題，而這將會使他們變成「二級老師」，造成他們心理不舒服。其實，以現在的制度而言，服務四歲或服務五歲並沒有差別，並不會因此而有薪資上的差異，但是未來可能就會產生差異，這對私立老師和經營者而言都是一大挑戰。另外，他們關心因爲有這些政策上的不同，那麼要如何取得證照？有無管道？他們是否有機會取得這

些證照？

如果我們從學界的角度來看，不同背景專長的學界人士，會有不大相同的看法的。例如，經濟背景的教授會強調交由市場機制決定，讓它自由競爭，將教育當作產品，亦即提供服務與滿足家長的需求。

‧潘教授

幾十年來我們都是這麼做的，卻因此產生了各種幼教問題。

‧林教授

沒錯。但他們認為公立機構最為人所詬病的，就是其缺少效率，因此應該讓私立機構存在，所謂「適者生存」，可使市場更具活力。

‧潘教授

若要如此做，那麼法規的規範性就要很強，否則會產生我們現在看到的台灣幼教界的問題。

‧林教授

是的。但他們的聲音亦不容忽視。這樣的呼聲，也正好呼應了現在政府經費縮減、必須向民間借調資源的問題。

◆ 社福人員關懷弱勢孩子的教育機會均等

‧林教授

另外，社福背景的人士很關心弱勢或社會特殊背景、家庭經濟特別背景的孩童，因此他們認為應該盡量走公共化，唯有公共化才能照顧到這些家庭的孩子。

◆ 幼教學界強調政策的正面效應

‧林教授

那麼幼教界又是如何看待這件事情呢？基本上，我們認為現在幼教資源良莠不齊的問題很嚴重，而且供過於求，幼教機構很多，但是都招收不滿，所以這應該是一個篩選的好機會。幼教界關心的重點在於，現在的政策是否有助於幼教生態之改變？它將引導幼教品質向上

提升，亦或向下沉淪？我們認為從現在的政策看來，並未解決行政管理的問題，也未全然解決弱勢和教保合一的問題。而且目前也不知是否能夠解決品質提升的問題。當然，我們也看到好的地方，例如政府願意來關心這方面的議題，也願意挹注資源，我想這是近二十年來幼教界很重要的一步。然，我們仍認為如果這樣的計畫不能解決我們關心的問題，而且付出的社會成本可能會高過於收到的成效，那麼是否應該這麼做，我們就持保留的態度了。

七、從國際經驗看幼托整合

• 潘教授

我們談了很多台灣幼托整合的問題，若放眼看國際，其他國家是否有一些能讓我們借鏡的做法呢？

• 林教授

以鄰國日本為例，從一九七〇他們就開始實施幼託整合的政策。他們情況和我們很接近，公私立比是三比七，但是他們採取的做法是推動學校法人化，而且政府也投注了大量的資源，希望能維持一定的品質。推動學校法人化後，政府便能有效監督，雖然無法如公立般享用許多資源，卻也能獲得很大的補助，一方面降低家長經濟的負擔，一方面也能維持品質。因此，一開始雖有七成是私立，但是十年內他們均紛紛轉成法人化。雖然有些私立機構尚未轉成法人化，但是他們也不斷加強競爭力，如提供較佳的產品與服務，而家長也願意付高額的學費來就讀，於是就繼續讓它保留多元化、高品質的發展。我認為這個方案是值得我們考量的。

我認為政府第一波協助提升品質的，是那些由非營利機構主持，或辦給員工子女的幼兒園，讓他們能夠在市場上站穩，能夠不隨著市場而起舞。在幼教界中，這樣的基礎大一點，才有繼續改變的可能。另一波，就是公設民營或公私合辦的學校，政府可以挑選其中體質較

好、制度較健全的幾所來合作。另外，有很多幼稚園的經營者不一定具備幼教專業，我想可由國家提供資源，鼓勵真正具備幼教專業的人士來辦園。總之，就是讓專業人員、非營利機構的基礎大一些，對生態及品質的提升會較有助益。

● 潘教授

　　所以，我們可以發現雖然幼托整合解決了一些問題，但是整個幼教體質的強化與提升，好像並未有所著力。也許可以如您所提，透過法人化或加強非營利機構，讓他們得到較多的資源，或是協助公辦民營，甚至於積極鼓勵幼教專業人士來辦園，來促進未來幼教品質的提升。最後，也請林教授談談，您對未來幼托整合走向的期許？

● 林教授

　　我其實非常期待未來幼托整合能夠確實考量一些配套措施，能夠真正提升幼教品質。假使沒有辦法做到這樣的目標，那麼還是不要付出這麼大的社會成本，不如就維持現在的狀況。

八、結語

● 潘教授

　　幼教問題真的是非常錯綜複雜，幼托整合真的是一項滿好的構想，但是如何將內容設計得更理想、審慎化，以符合大家的需求，我想這是需要我們一起來努力的。

從教育政策看十二年國教的可行性

主持人：潘慧玲（國立台灣師範大學教育學系教授兼教研中心主任）

討論人：周祝瑛（國立政治大學教育學系教授）

論壇日期：2003 年 08 月 17 日

✵討論題綱✵

【從教育政策看十二年國教的可行性】

一、前言
  ◆ 「誰捉弄了臺灣教改？」

二、「十二年國教」概念模糊的特性
  ◆ 國民教育的五大特質
  ◆ 令人困惑的詞彙：十二年國教

三、教育部推動十二年國教的目的
  ◆ 滿足社會「知」的需求
  ◆ 減輕升學壓力
  ◆ 開發學生潛能、提供適性教育
  ◆ 促進教育機會均等

四、十二年國教難為之處
  ◆ 無法減緩社會脈絡造成的升學壓力

五、他山之石
  ◆ 十二年國教並不普及，多以向下延伸居多

六、檢討國民教育的向上延伸與向下延伸
  ◆ 國民教育的延伸並未具時代的迫切性
  ◆ 向下延伸教育以免費教育為主，無強迫規定亦非義務
  ◆ 延伸教育需再次審慎規劃，並研擬完善的配套措施

七、結語

一、前言

● 潘教授

最近臺灣社會彌漫著一股撻伐教育改革的聲浪，近十年積極推動的這個教改方案，確實需要好好檢討，將各項問題抽絲剝繭、仔細分析，以謀求改革之道。而尚未推動的政策，更應謹慎評估、妥善規劃配套措施。以十二年國教來說，這是一項歷經多任部長長期構思的政策，近年來有發動的徵兆，因而再度引發大家的討論。教育部企圖以十二年國教解決國內積存已久的國中教學正常化問題，以及學生升學壓力問題。然，此項政策是否需要推動？能否順利推動？需要哪些先備工作才能有效推動？皆為今日討論之重點，我們請到了國立政治大學教育學系周祝瑛教授來一週教育論壇談此議題。

◆ 「誰捉弄了臺灣教改？」

● 潘教授

周教授最近花了非常多的心思，對整個教改脈絡做了完整的檢討，出了一本書叫「誰捉弄了臺灣教改？」，我們先請周教授談談，您寫這本書的動機是什麼？

● 周教授

這個書七月底才會出來。這陣子接到很多朋友的電話關心，大家都問我怎麼趕上這個熱潮了？從上週的「百位教授教改萬言書」後，接著又有此書的出現，八月七日就要召開新書發表會以及臺灣教改體檢座談會。

我寫這本書的主要原因為，去年年底時，在某個場合中，我們一群朋友聚在一起談到教改，對於目前教改的方向與執行情況感到十分憂心。因此，就由我來主筆「誰捉弄了臺灣教改」這本書。我發現教改的問題其實相當龐大，原來我希望從西元一九九四年四月十日的「四一○教改聯盟」開始探討，後來發現台灣的教改問題是在社會鬆綁與解嚴所衍生出來的。原本，我想以敘述教育改革故事的方式完成

這本書，後來談的範圍越來越廣，有人、有事，也談及校園生態，就欲罷不能，直至今日。

二、「十二年國教」概念模糊的特性

• 潘教授

其實整個教改都需要經過一番檢討，當然也包括十二年國教。首先，我們必須先釐清幾個相關的基本名詞，例如義務教育、強迫教育、免費教育、基本教育等容易混淆的概念，先請周教授為我們分析這些教育專有名詞。

• 周教授

我在這本書裡頭也提到了教育專有名詞定義混淆的問題，特別是在十二年國教這章，我給了它一個標題：「十二年國教各說各話」，為什麼是「各說各話」呢？因為對於「十二年國教與九年義務教育是否一樣」的這個問題，人言言殊，莫衷一是。

◆ 國民教育的五大特質

• 周教授

不管是看文獻，還是參考各國所實施的義務教育，我們都會發現「國民教育」這個名稱可謂國內首創，它的定義也是模糊不清。在過去的研究裡頭，我們發現民國五十七年開始推行的「國民教育」具有五大特質：義務教育、免費教育、強迫入學、就近入學、等量同質（亦即不論是否具有城鄉差距，學生受教育的質與量都應相同）。

◆ 令人困惑的詞彙：十二年國教

• 周教授

從國民教育的這五大特質來看，九年義務教育就是一種國民教育，然而十二年教育就不完全是國民教育了。首先，教育部研訂的十二年國教並非朝向義務教育的方向，並未規定全民都得唸完十二年教

育。再者，它也不是免費教育，人民還要負擔高中職的部分學費。您也曾提到，推行十二年國教後，新增加的這三年需要多一千多億，平均每年至少一百五十億以上的費用，一旦改成免費教育，國家將不堪負荷。第三，它也不是強迫入學，因為教育基本法規定，學生不一定要在學校就讀，也可以選擇在家教育或者進入實驗學校，因此無法強迫全民都要接受十二年國教。總而言之，十二年國教的概念是相當模糊的。

● 潘教授

我們從兩個部分來看這個問題：首先，我們應該如何界定所謂的「國民教育」？第二，究竟政府宣稱的「十二年國教」意涵為何？

就第一個部分來看，我們通常認為國民應該接受的基本教育就是「國民教育」，那麼如何讓國民都願意接受基本教育？「免費教育」是一個很好的鼓勵方式；而「義務教育」也會伴隨著「人人都有接受教育權利的基本教育理念」而來，換句話說，國家有義務提供國民教育，而家長與監護人也有義務送子女就學；另外，除了「免費教育」與「義務教育」的特性之外，還有一個特質為「強迫教育」，雖然有些國民選擇在家教育等例外情況，但是就大部分的民眾而言，他們還是必須到學校受教育。依此看來，「國民教育」的主要定義是國民應該接受的基本教育，而「免費」、「義務」與「強迫」則為伴隨而來的性質，那麼如果我們將這些伴隨而來的性質視為「非必然性特質」是否可行？

● 周教授

這麼一來，為什麼還要用「十二年國教」這個名稱呢？既然是「十二年國教」，民眾就會以為是免費教育、義務教育、強迫教育。否則有人只唸十年、九年可不可以？我想「十二年國教」這個口號應該是規定要唸十二年才算結束。然，若在過程中改變主意想提早畢業，到

社會上工作可不可以呢？政府是否還要強迫他來讀呢？如果以那五大定義嚴格來看，他是必須要讀完十二年才能畢業。倘若政府的政策理念不是如此，那麼又何必用「十二年國教」這個詞彙來困惑我們？讓許多國中、高中的基層老師都搞不清楚了。

三、教育部推動十二年國教的目的

◆ 滿足社會「知」的需求

• 周教授

　　另外，您剛剛提到教育部為什麼要推動十二年國教？我整理出幾個理由：首先，他們提到教育基本法規定，政府要視社會的需要延長教育年限。亦即，他們認為延長國民教育基本年限是法定的規定。不過，教育基本法並未明載要延長多少年？什麼時候延長？而且「延長年限」代表的就是強迫教育、義務教育與免費教育嗎？這些問題在教育基本法裡頭都未說明。

◆ 減輕升學壓力

• 周教授

　　其次，他們認為十二年國教可以減輕升學壓力，我記得黃榮村部長好幾次提到希望藉著十二年國教的實施，來減輕升學壓力。然而，真的可以藉由延長教育年限來減輕升學壓力嗎？或者「廣設高中、大學」就可以減輕升學壓力嗎？答案大家應該都很清楚，這兩者並沒有必然之關係，亦即延長十二年國教是否能夠真正減輕升學壓力，還有待論證。

• 潘教授

　　如果免試升學，升學壓力當然就減低了呀！

• 周教授

　　但是家長還是會挑學校，尤其在高中職社區化之後，究竟是要所

有學校的程度都往下降？還是全部拉上來？

◆ 開發學生潛能、提供適性教育

•周教授

第三，教育部認為十二年國教可以開發學生的潛能，提供適性的教育。也就是十二年國教可以提供學術傾向、職業取向等不同的課程，這與國中的做法不一樣。

◆ 促進教育機會均等

•周教授

第四，教育部認為十二年國教可以促進教育機會均等，讓更多清寒的學生享受教育權能，並提升國民素質，將來還會配合所謂的「高中職社區化」一起推動。其實，實施九年國民義務教育的這三十幾年，城鄉差距與貧富懸殊的問題一直是教育界的痛，未曾改變。而十二年國教是不是一定能夠改善這個問題？又或者是否一定得靠十二年國教來改變？這些都是值得再討論的。

四、十二年國教難為之處

•潘教授

我認為國內的教育改革有一個很重要、必須解決的核心問題，就是如何讓教學正常化、如何減輕學生的升學壓力。然而，這個問題非常難解，因為這關乎我們士大夫的文化傳統，每個人都賣力地想要成龍、成鳳。相較於東方文化，西方世界的人「認命」多了，他們認為天生我才必有用，只要有一技之長他就認命了，而我們的文化卻要每個人都得到第一名。於是，大家開始使出各種策略來競爭，最明顯、爭議也最大的例子就是多元入學方案。事實上，這個問題也無法獲得徹底的解決。因此，十二年國教很大的一個企圖就是要解決這樣的問題。不過您似乎有不同的意見，認為十二年國教並不能解決這樣的問

題？

◆ 無法減緩社會脈絡造成的升學壓力

• 周教授

　　台灣十多年來的教改有一個很重要的核心，即試圖減低升學壓力，所以出現了多元入學等政策。然而，如果我們觀察現今社會，會發現即使是成人世界，壓力只有不斷變大、競爭越來越激烈，而無減緩的跡象，不僅國內如此，國外尤然。再者，教改原本希望透過升學管道的鬆綁、教科書的開放，引進更多的市場機制，以增加孩子的入學機會。結果卻發現，當市場機制進來、政府逐漸鬆綁之際，壓力卻更大了。原先欲減壓、暢通升學管道的政策，卻造成更多的擁擠、更多的社會因素在其中發生作用，市場也更加複雜了。在這種情況下，升學壓力恐怕難以避免。因此，我們需要教導孩子的不是士大夫觀念，而是了解自己的性向，知道自己適合走什麼路，這也是父母需要協助他們的地方，而學校也要給予他們多方嘗試的機會。總而言之，我認為如何在這個多元社會裡頭，提供孩子一個可以發揮多元智慧的舞台，可以獲得相似資源與充分開發潛能的機會，比將三種升學管道變成五種，甚至更多的這種政策，更適合孩子。

五、他山之石

• 潘教授

　　其實十二年國教政策並非這幾年才出現的，最早於民國七十二年周部長時期就已經提出了一個以延長職業教育為主的國民教育，當時尚未全面改為國民教育，而是以職業教育為主。到了民國八十二年，郭為藩部長任內的時候，就規劃了「發展與改進國中積極教育方案」，它的副標題為「邁向十年國教目標」，當時的構想是以職業教育為主的「十年國民教育」。到了民國八十八年，楊朝祥部長任內時，就開

始規劃延長為十二年國教了。一直到現在，教育部都還陸陸續續構思這樣的主題。那麼國外呢？他們的發展情形如何？究竟有多少國家把國民教育延長為十二年呢？

◆ 十二年國教並不普及，多以向下延伸居多

• 周教授

目前我比較確定的是北韓，北韓大概在十幾年前就將國民教育延長為十二年了，因其為社會主義國家，十二年全都是免費的義務教育，符合之前所談的五個標準。不過，北韓延長國民教育最重要的原因是政治考量，與其他國家隨著經濟發展、國民生活水準提升之後，而延長國民教育的情況不太一樣（如西歐的比利時等）。基本上，除了北韓以外，其他國家延長義務教育最主要的原因為經濟水準提升之後，他們的政府希望提升人民的素質，於是延長國民教育。但是，延長之年數不一，實施十二年國教的國家仍非常少，大部分都是十年、十一年、十二年。以美國為例，各州的政策不同，有的實施九年義務教育，有的是十年，還有十一年、十二年，實施十二年國教的州比較少。

值得注意的一點是，是否受教年限越長，人民的素質就越高？我想並不盡然。我們看鄰近的日本，日本現在實施的是九年國教，它並沒有因為 GMP 的提升，就極力要延長國民教育，在教育政策的考量上，他們並未從這樣的角度出發。而有些國家甚至認為比十二年國教更重要的是要向下延伸一年，因為高中階段孩子差不多都定型了，反而幼稚園大班的可塑性更高，可以從中補助，尤其是對弱勢家庭的協助上，且有不少國家是如此做的。

六、檢討國民教育的向上延伸與向下延伸

• 潘教授

所以，延長國民教育有兩個選擇，一個是向上、一個是向下。如

果以向下來看，通常都是延伸一年，而不會延伸三年，因其涉及到教育理論的層面，例如這麼小的孩子是不是適合上學？是否到學校就是對每個孩子最好的教育安排？這些都還存有很多爭論。

- **周教授**

國民教育中有一個很重要的環節，就是公民教育，因此，有些人會認為太小的孩子不適合這麼早就接受這種國家意識型態的教育。所以，這個議題引起了許多討論。十二年國教也是如此，為什麼很多國家即使經濟水準有相當高的水平，可是卻不急於延長義務教育？受教育是人民的權利也是義務，因此，受教育的年限自然就引起不同團體以及不同社會需求人士的討論。

◆ **國民教育的延伸並未具時代的迫切性**

- **潘教授**

如果我們要在往上或往下兩個方向來選擇，您的看法如何？

- **周教授**

我認為這得看究竟有無急切的必要性？十多年來，我們的 GMP 一直在原地踏步，在此情況下，我們究竟有無必要再增加新措施？這十多年來，教改的方案已經多得不得了，包括我九年一貫課程才實施二、三年，還需要很大的功夫來調整教師的進修培育、家長觀念等等。而向下延伸或向上延伸的教育政策，都將耗費龐大的社會工程，那麼有無辦法在此節骨眼立即進行十二年國教？會不會有後遺症？有無此迫切性？此皆為可再討論之處。

- **潘教授**

就往下延伸的部分，現在教育部的政策比較明確了，也訂出了工作時程，預計在九十三學年度，先在部分離島地區試辦；九十四學年度的時候，原住民地區也要開始辦理；到了九十五學年度，就要看前兩年的經驗，再決定要不要全面辦理。

- **周教授**

不過，向下延伸以補助性質居多，而非義務教育。

◆ 向下延伸教育以免費教育為主，無強迫規定亦非義務

- **潘教授**

這就指出了一個非常重要的點。當我們談國民教育要不要往下延伸的時候，有一個很重要的概念是，我們要不要強迫五歲的孩子都進入學校機構受教？也許我們可以提供他教育的機會，但不應該強迫。所以，很多學者都主張應該實施免費教育，但是不強迫，也非義務教育，我想這是滿重要的一個觀點。

◆ 延伸教育需再次審慎規劃，並研擬完善的配套措施

- **潘教授**

另外，當我們談國民教育往下延伸到幼稚園，亦即五歲孩子的部分，牽涉到公立學校系統的整合問題，這又是另一個複雜的問題範疇了。除了往下延伸之外，十二年國教的另一個問題是，近年來教育部為了推展十二年國教，做了許多高中職社區化的工作，目前的進展如何呢？有沒有什麼配套措施需要考量的？

- **周教授**

我認為推動當中的多元入學管道、九年一貫課程還有高中職社區化等政策問題叢生，真的需要大家審慎地再評估這些政策的可行性。

七、結語

- **潘教授**

感謝周教授今日的精闢見解，提供我們以不同的角度來看台灣的教育改革。下次論壇，我們就針對高中職社區化的政策工作來討論，並深入解析一旦推行十二年國教之後，我們可能面臨的難題有哪些？

十二年國教與高中職社區化的政策隱憂

主持人：潘慧玲（國立台灣師範大學教育學系教授兼教研中心主任）

討論人：周祝瑛（國立政治大學教育學系教授）

論壇日期：2003 年 08 月 24 日

❊討論題綱❊

【十二年國教與高中職社區化的政策隱憂】

一、前言

二、十二年國教的隱憂

◆ 經費問題

◆ 法源基礎問題

◆ 師資與課程銜接問題

◆ 學校體制轉變問題

三、高中職社區化與十二年國教

◆ 移植高中職社區化理念的危機

◆ 高中職社區化欲為十二年國教教育體制轉變鋪路

四、檢討高中職社區化

◆ 高中職「社區」化的定義難以界定

◆ 高中職社區化的推動理想與實際差距大

◆ 高中職社區化後，明星學校何去何從？

五、體檢教改與十二年國教的未來

◆ 「政策推動急就章」、「一體適用」為教改最大盲點

◆ 教育政策的推動應因循漸進，不能朝令夕改

六、結語

一、前言

•潘教授

面對今日台灣教育層出不窮的問題，教育部希望以十二年國教的實施來解決。然，十二年國教理念一推出的時候，卻受到許多學者對於在此時實施十二年國教之適切性的質疑。因此，在這個政策尚未實施之前，我們必須再次審慎思索十二年國教實施的必要性如何？真正推動時又會碰到哪些問題？希望能夠讓政策的實施有更完善、全面的考量。今天，很榮幸邀請政大教育系周祝瑛教授來談這個議題。我們接續上次論壇的主題，先請周教授來談談十二年國教推動時可能遇到的問題有哪些？

二、十二年國教的隱憂

•周教授

我們常認為延長國民教育的年限，可以提昇國民的基本能力、增加國家競爭力。可是，從另一個角度來說，卻也可能成為政府過度干涉國民受教育的選擇自由；再者，世界上很多社會水準相當高的國家，也未有迫切地要延長國民教育年限。總括而言，我們可從下面幾個角度來看十二年國教的推動。

◆ 經費問題

•周教授

首先，在目前政府財政吃緊的情況下，十二年國教育採取的是非強迫、非義務、也非免費，只是均質教育。然而，增加的這三年卻要花一千多億台幣。另外，再加上目前我們還在推動九年一貫課程與多元入學，還希望能夠向下延伸讓五歲的孩子能夠免費入學，這些費用都是相當龐大的。在這樣的情況下，如果還要再加上十二年國教的政策，那麼我們的預算究竟能否因應這麼龐大的支出？會不會有其他的

排擠作用？這些都是需要深思的。

◆ 法源基礎問題

● 周教授

第二個是法源基礎。雖然教育基本法第十一條明定國民教育應該視社會發展的需要延長年限，但也有許多學者研究認爲十二年國教的影響範圍非常廣，如果僅以教育基本法作爲延長國民教育的法源是不夠的，必須重新訂立一個十二年國教的法源，並且修改舊有的法令。

● 潘教授

所以必須修改國教法？

● 周教授

是的，而且不僅是修改國教法，高中職法、私立學校法都要重新調整。有否訂定法源依據是關係重大的。

◆ 師資與課程銜接問題

● 周教授

第三個部份是整體師資的規畫。將來推動十二年國教以後，整個後期中等教育，包含高中、高職與綜合高中三軌並行，因此在師資上必須加以調整，讓老師可從普通高中、高職過渡至綜合高中。於是，必須加強教師的在職進修、培訓第二專長，否則一旦過渡到綜合高中後，高中或高職老師將無法適應、銜接。再者，還必須考量到九年一貫課程與十二年國教之間的銜接問題，這個問題可大了。

◆ 學校體制轉變問題

● 潘教授

目前的問題有法源基礎的問題、經濟問題、師資規畫問題，還有課程銜接問題。我想再請教周教授的是，實施十二年國教之後，後期中等教育裡頭的四類學校（普通高中、綜合高中、五專、高職）體制是否也要隨著變化？

• 周教授

　　理論上，所謂十二年國教應該是免試升學的，就像民國七十九年開始辦理的自願就學方案一樣，當年的主要目的就是希望將來能夠達到十二年國教，將免試升學變成主要道路。然，因後來實施時出現了很多問題，而停辦了。目前國中學生畢業之後，主要是進入您所提的這四類後期中等教育學校。其中，五專已逐漸開始萎縮了，未來應該會以綜合高中為主。不過，我認為將高中、高職轉型成綜合高中的方式，問題將會非常大，包括城鄉差距、教育資源分配的不均、師資專長調整的困難，還包括學生修課時數安排等，非常複雜難解、千頭萬緒！

三、高中職社區化與十二年國教

◆ 移植高中職社區化理念的危機

• 周教授

　　另外，目前政府一直在推動「高中職社區化」，希望以這種就近入學的方式，減弱明星高中的影響力，打破升學主義傳統。另一方面，提高社區素養。然而，我可以不諱言地指出，不管是高中職社區化或綜合高中，這些概念基本上都是來自於國外，或是說移植於美國。於是，在一所綜合高中裡，又有學術導向的高中課程、又有以職業教育為主的高職課程，造成了「樣樣通、樣樣鬆」的弊病：高中原有的優勢，因為要兼顧職業教育而削弱了；而高職的職業教育優勢，卻因為增加學術導向課程而喪失了，許多高職生甚至可以說是在「陪讀」。整個學校變成一校兩制，更遑論還有教師轉學科、調校的困難。

• 潘教授

　　若要討論綜合高中的利弊得失，恐怕得花許多時間。不過，當時設立時它們有一個很重要的理念，就是延後分化，讓孩子可以試探自己的性向，選擇自己的路。如果可以讓孩子到高二才選職業導向或學

術導向學程，那麼就可以有更多的試探空間。

◆ 高中職社區化欲爲十二年國教教育體制轉變鋪路

• 潘教授

　　不過，如果未來實施十二年國教之後，這個教育體制既然是全體國民應該接受的基本教育，是不是在學制的設計上應該要調整爲比較一致的做法？還是可以保留這種多種學制並存的現況？那麼在課程的設計上，又應該如何調整，才能達到「全體國民應接受的基本教育」如此之意涵？

• 周教授

　　這也就是爲什麼最近教育部一直談論「高中職社區化」的議題，其中一個很重要的目的就是爲十二年國教奠定基礎。易言之，依教育部的說法，高中職社區化有三個目標：建構多元學校的適性環境、營造學校所在社區成爲學習型社區，以及爲十二年國教奠定基礎。因此，十二年國教是以高中職社區化作爲基礎核心。

四、檢討高中職社區化

◆ 高中職「社區」化的定義難以界定

• 周教授

　　然而，曾有教育部主管提到，「社區」這個概念是一個虛擬的概念、一個外來的概念，因此我們很難對「社區」下一個範圍界定的定義。它是否與學區類似？都市與鄉村的「社區」定義會不會不同？又或者以人口如此稠密的大台北而言，可能隔一條街就是另外一所學校，那麼又該如何劃分「社區」？我知道最近教育部花了很多功夫在高中職社區化上，希望將台北市化分爲三、四個學區，可是這並不是一件很容易的事。這個問題不僅牽涉到教育部的工作，還牽涉到內政部，說不定還需要與交通單位會談，因爲學區要與社區結合在一起是一件相當不容易的事。

• **潘教授**

這個「社區」的概念，是不是隱涵著一種「學習的社區」，而非我們生活上的社區？

• **周教授**

只是以台北市或高雄市這些人口密度很大的都市來看，要如何區分隔一條街卻是學習區的甲、乙兩區？當然，我認為綜合高中或高中職社區化有其理想性，但問題在於這兩個教育理念皆來自美國。美國社會地廣人稀，因而必須在同一個學校裡面提供多種不同的教學選擇，包括不同族群、多元學生的需要。但就台灣而言，其地狹人稠，而都會區尤然，不太需要實施綜合高中或高中職社區化，如果在鄉下地方或邊緣地帶等人口稀少的地方推動，也許是合適的。但如果一定要在都會區中推行，可能會使得原本劃分清楚的各類學校全部融合在一起，反而減少了高中、高職原有的特色。

◆ **高中職社區化的推動理想與實際差距大**

• **潘教授**

前面我們提到高中職社區化是為十二年國教奠基的一項重要政策。那麼目前高中職社區化推動的狀況如何？是否真能做到所謂的奠基工作？

• **周教授**

因為目前高中職社區化還在推動當中，所以現在評論這個政策可能還言之過早。高中職社區化總共分為兩個階段，第一個階段是準備期，在民國九十年、九十一年，大概是曾部長在任時，一直到黃部長任內。第二階段就是今年下半年開始到九十七年，總共有六年的時間，是全面實施期。至於實施結果如何？目前為止仍未看到具體的資料。

第一個階段實施初期，全國大概有九十一所學校參加，至九十一年度則擴增到兩百九十五所公私立高中參加，有七十幾所公私立高職

參加，擴增範圍很大。其中最重要的因素為政府大量投資經費，例如光是九十一學年度的教育補助經費就高達十四多億。因此，高雄幾乎是百分之百的學校都參加了（三十幾所公私立學校），而台北市大概也有百分之八十左右的學校參加高中職社區化。教育部主管單位實施高中職社區化時，即預定把全國劃分成若干學區，亦即您所提到的將社區概念類同於學區，每個學區中包含若干所高中職，目的是希望國中學生能夠在同一個學區中就近入學，並且讓校園文化能夠形成一個學習的社區文化。至於社區部分，則希望將來劃分為四個學習系統：普通教育、技職教育、資優教育和身心障礙教育，讓學生在社區裡能夠擁有均質的教育，平衡各校的教育水準。

- 潘教授

　　但是我們都很了解，事實上目前的高中職還是有「明星學校」的存在，所以要提供一個均質的環境，可能會產生兩種移動的可能，一個是全面提升，一個是全面往下拉，您的評估呢？

- 周教授

　　以經費資源而言，因為目前教育部正全力推動高中職社區化，所以如果學校不參加，就得不到這些補助款，於是許多學校便開始陸續與附近學校從事如課程區域合作、社區合作等計畫，透過資源共享，達到水平、垂直的整合。其中，尤以透過跨校開設互補課程、相互支援師資、研發課程、網路教學等最為主要。總之，目前高中職社區化最顯著的發展即是推動課程區域的合作，讓學生可以跨校選修。

　　然而，這時問題就出現了。就台北市而言，其交通便利，學校之間的距離也近，相對而言，容易進行上述計畫，但就邊緣學校而言，實施起來卻相當困難，因為學校之間的距離都很遙遠，如何能在這樣的條件下互補優勢，將會是一個很大的挑戰，而且也可能因此而增加成本。再者，是學生選課的問題。高中職的課程雖然列有選修與必修，但是基本上他們的課程是滿固定的，要學生撥出時間來額外選課，甚

至是到別的學校修課，對台北地區的學生來說可能性較高，因為交通方便，但對於中南部、東部學校而言，就是個大問題。因此，即使各校開出了課程，學生也不一定有能力或時間選修。高中職社區化仍存在著許多技術上的問題，理想固然崇高，實際進行時卻仍有許多雜音。

- 潘教授

　　所以在設計課程合作上，也涉及到交通便利與否的考量。不過話說回來，我們談高中職社區化時，包括了幾個不同的概念，其中一個重要概念是「招生社區化」，這個概念就很容易與十二年國教掛上勾。易言之，我讓我的孩子們都就近入學，也許可以減緩他們的考試壓力，這點與十二年國教的理念有很大的關聯。但就課程區域合作的概念來看，十二年國教並不一定要納入這個概念。

◆ 高中職社區化後，明星學校何去何從？

- 潘教授

　　另外，仍有一個引發出來的問題是，在推動高中職社區化的過程中，如何處理「明星學校」這個問題呢？

- 周教授

　　我寫「台灣教改」這本書的時候，訪問了很多所謂「明星學校」的校長，他們對於高中職社區化的方案普遍反應做得很辛苦。因為他們很清楚普通高中是以升學為主的，而各個明星學校本身都有自己的特色，一旦實施高中職社區化，將來招生只能限於學區內的學生，如此一來將會影響到他們的生存、校風等各方面；再者，這些明星學校如果要與其他學校的課程互補、合作，也有很大的問題。例如，北一女和建中地理位置很近，又都是升學學校，在課程上要如何能夠互補？另外，我也聽到萬華地區的學校校長質疑，高中職社區化此概念本是希望孩子就近入學、減少車程時間的浪費，但高中生已經十六、七歲了，如果讓這麼大的孩子一直待在同一個社區，他們的同質性會不會太高？而且，如果這個社區文風優良，固然是件好事，家長也樂

意讓孩子在原社區就讀，但是如果社區不是那麼理想，或者是文化不利的社區，那麼讓孩子留在這裡是否合宜？因此，有些校長質疑這樣的高中職社區化會不會過於理想？在推動之前是否應再加以評估？究竟能不能提升所有的高中職教育水準，而不是一起向下沉淪？

• 潘教授

如果我們從另一個角度來看明星高中，您贊不贊成消滅明星高中？

• 周教授

我認為人才的培育是一個金字塔，也許有人會羨慕美國社會的開放多元，但是我認為美國社會是名符其實的金字塔教育。在美國的私立大學中，大家都在追求培養最好的人才、擁有最多的資源。當然，這也是一個很無奈的問題，我們當然希望金字塔底下的人不要和頂端的相差太大，但我們仍需要此種人才。因此，我認為教育機會一定要公平，但是也一定得做到適性發展。若某個孩子有進一步加深、加廣學習的條件，那麼政府就不應吝嗇，而應讓他們能夠繼續發展潛能，更重要的是，同時也要讓其他學生也根據他們不同的專長來發揮潛能，達到因材施教的適性發展。

五、體檢教改與十二年國教的未來

◆ 「政策推動急就章」、「一體適用」為教改最大盲點

• 周教授

我從這些研究中也獲得一些心得，即任何一個政策要推動的時候，必須要有很多時間來磨合、調整，甚至於在推動初期，要容許它有試辦或者不同做法的空間，允許多元的存在，而不是一推出政策，全部的學校就一定要做一樣的事情，如果不照著做，資源可能就會不夠等等。其實，這點亦為我們十年教改中的一個很大的盲點。

• 潘教授

我認為「全部一體適用」確實是教改很大的危機。例如,以「學校本位」的推動為例,它強調的是人事權的下放。如果我們看別的國家,他們都是以試辦的方式慢慢進行,但我們卻是在教師法通過的一夕之間,就讓每個學校都擁有人事聘任權,全部的學校都一體適用,但其中仍有許多問題存在。因此,對於教育改革政策的實施方式,可能還有需要調整的地方。

◆ 教育政策的推動應因循漸進,不能朝令夕改

• 潘教授

最後,我們來談談假使十二年國教真的要推動,那麼應該有什麼配套措施要預先做好?

• 周教授

我認為最好能夠在各種配套措施做得比較完整之後,再來推動十二年國教,因為我們可以從民國五十七年實施九年國民教育的例子看出,倉促成軍將會導致許多問題。十二年國教是在三、四年前楊部長時期開始研擬規劃,我們希望規劃仍舊可以持續進行,但是真正推動的時間應該延後五年或七年。這個看法是從許多教授的具體研究中得到的,而且目前我們還有九年一貫課程以及多元入學方案正在推動,相關問題也正逐漸浮上檯面,因此,我認為我們應該先把先前推動的這些改革措施做好,等成果真的出現之後,再來推動大規模的學校體制改變,穩紮穩打比較適當。

六、結語

• 潘教授

今天謝謝政治大學教育系周祝瑛教授來到一週教育論壇,談了很多有關十二年國教的問題。事實上,目前台灣社會仍舊是處於學校分布不均、公私立學查費差距大的情況,尤其是私立學校的辦學品質多

半都需要再提升，甚至於我們也看到所謂的「明星學校」都集中在某部分的都會地區。因此，如果我們要提供孩子所謂均質等量的教育，事實上必須先解決師資、課程、法源、經費、教育資源分布等眾多問題，這些都需要我們做更審慎、更長期的規畫與評估。

第二篇：

後期中等教育

綜合高中的理念與政策

主持人：潘慧玲（國立台灣師範大學教育學系教授兼教研中心主任）

討論人：邱玉蟾（教育部技職教育司科長）

論壇日期：2002 年 05 月 26 日

❋討論題綱❋

【綜合高中的理念與政策】

一、前言

二、推動綜合高中的理念

◆ 國外發展趨勢、國內市場需求、人力培育走向、適性發展教育

三、綜合高中之課程設計

◆ 課程分化取代強迫的教育分流

◆ 補強基礎學科能力

四、綜合高中發展情形

五、教育部的獎勵政策

六、綜合高中的升學管道

七、結語

一、前言

●潘教授

今天要跟大家談的主題是綜合高中。在這一次教育改革會議中，李遠哲院長曾經提出廢除高職的說法，一時之間後期中等教育的學制變成大家矚目的焦點。在後期中等教育階段，綜合高中可以算是一個推動較晚的學制，從民國八十五年開始試辦，現已結束，並且進入正式實施的階段。可是回顧這幾年的實施經驗，我們很想了解國內推動綜合高中的理念、實施狀況以及未來的展望，特別是教育部對綜合高中所採取的政策是什麼。所以，今天我們特別請到教育部技職教育司邱玉蟾科長來與我們談談這個議題。可否請邱科長先簡單介紹您處理綜合高中業務的資歷。

●邱科長

從民國八十五年開始，綜合高中就是由我們技職司來負責推動。當時由技職司來推動綜合高中的主要理由，無非是因為綜合高中其實有滿多專精的課程，是比較接近職業課程的領域，而職業學程領域其實是滿複雜的，當時認為由業務上原本就處理這個領域的技職司來接綜合高中應該是比較合適的。所以，從那個時候開始試辦就由技職司推動。本人原來是在技職司的四科擔任科長工作，兩年前調到一科來，開始協助綜合高中的推動工作。

二、推動綜合高中的理念

●潘教授

我們來看綜合高中在國內發展的脈絡源起：首先是民國八十三年六月，於第七次全國教育會議裡決議要規劃綜合高中；民國八十五年十二月，行政院教改會的總諮議報告書裡也建議高級中等學校應朝改制綜合高中的方向邁進。因此，民國八十三年教育部開始成立綜合高

中專案諮詢小組進行規劃，民國八十四年進行籌辦工作，民國八十五年就開始選擇學校實施。這一路走來已有好多年，但我們很想了解教育部為什麼要推動綜合高中？其理念到底是什麼？

◆ 國外發展趨勢、國內市場需求、人力培育走向、適性發展教育

● 邱科長

謝謝您提的問題，教育部應該向大眾說明為什麼要推動綜合高中課程。簡單地說，推動綜合高中課程其實就是後期中等教育課程改革。後期中等教育為什麼要進行課程改革呢？那是因為長期以來後期中等教育是屬於分流的狀態，我們的普通教育與技職教育是明顯分流的，國中畢業生在畢業的時候，就必須選擇就讀高中或是就讀高職，此去兩者間的發展就是截然不同的兩個領域，學習內容也有相當大的差異。但於近幾年來，有幾個因素讓我們開始考量必須進行後期中等教育課程的改革。

第一，是國外後期中等教育的發展趨勢。一般而言，先進國家的後期中等教育大概都朝向整合的方向，所以在他們的教育體制裡，綜合中學是一個常態，沒有像我們分流得這麼清楚。

第二，是我們目前國內的招生市場。最近有民眾以及學校代表寫信到教育部詢問，為什麼高中要附設高職？為什麼高職又要附設普通科？像這類情形在後期中等教育是非常普遍的。所以，如果你以學校名稱為高中或高職，來判斷它是不是高中或高職，常常是不準的，因為它往往都附設了另一類科。因此，這裡呈現出市場供需的情形，使學校在分流的情況下，必須兩邊都兼顧。

第三，就國內人力培育而言，二十一世紀是人力資源競爭的世紀，須考慮到人力培育要有最基本的能力要求，而綜合高中課程即可達到這樣的目標。在原來分流的情況下，高中部分是屬於比較「堅硬」的教育，大部分的學生不是讀得很好、就是讀得很差；而職業學校的

部分,一般來說都普遍放棄共同科目。因此,我們覺得綜合高中的課程應該是比較符合未來人力發展的需求,這些後期中等教育所奠定的基礎能力,使他們上高等教育後有較好的發展與研究能力。以上這些因素促使我們認為以整個大環境而言,後期中等教育必須進行課程改革。

• 潘教授

謝謝邱科長從國外發展趨勢、國內市場需求,以及人力培育三個角度來談教育部推動綜合高中的理由。如果從另一個教育觀點來看的話,還有一個推動的理念。以前學生國中一畢業,就必須按照他的分數選擇高中或高職就讀,所以有很多人抨擊為什麼要強迫他們遵循教育的分流。而現在綜合高中採課程分化的方式來取代強迫性教育分流,是讓學生適性發展的一種學制。

三、綜合高中之課程設計

◆ 課程分化取代強迫的教育分流

• 潘教授

再者,我們要進一步請問邱科長,剛剛提到為了人力的培育,而要推動綜合高中,這就涉及到綜合高中課程的設計是怎麼進行的,才會使教育部在推動綜合高中政策時,認為它確實可以奠定日後較佳的研究發展能力。

• 邱科長

綜合高中是現在分流教育之下的第三個選擇,所以其基本理念及設計能夠取代現在分流教育的流弊。首先,在整個課程基本理念上,強調一年級的統整、二年級的分化、三年級的專精。基本上統整、分化、彈性、人本,這四者是我們綜合高中可以高度綜合呈現的,並能夠為現有的分流教育走出第三條路。所以,在整個課程設計中,基本

上是兼具高中與高職雙重特質、以及融合普通科目與綜合科目爲一體的課程組織。在這個過程中，學生可以依據他的能力、性向及興趣，來選修適合他的課程。

• 潘教授

所以，高一的課程是統整的階段，到了高二就開始有試探分化，綜合高中的學生到了高二就可以因應自己的性向，選擇「學術導向」的學程，或者「職業導向」的學程，現在好像不叫「職業導向」，現在部裡把它叫做「專精導向」。

• 邱科長

對，我們現在分爲「一般課程」與「專精課程」。「一般課程」指的是類似共同科目的課程；而「專精課程」又分爲「學術學程」與「專門學程」。「專門學程」就是所謂職業類科等專業課程，那麼「學術學程」即普通高中裡進階的共同性課程，包括社會與自然兩個大領域。

• 潘教授

所以學生在綜合高中二年級的時候，就開始進入課程分化，選擇他的專精課程，也就是選擇學術學程或者專門學程。而專門學程也因應其性向而分化爲工業類群或商業類群等，所以是利用課程分化來取代強迫的教育分流。如此一來，綜合高中的學生在一般科目的基本能力上，應該會比高職學生要來得好。

◆ 補強基礎學科能力

• 邱科長

我想是可以這麼說的。在過去分流教育下，職業教育的學生在高一階段很少碰觸國、英、數，且國、英、數的能力不是那麼被重視，所以學生三年下來與基礎學科的距離愈來愈遠。而綜合高中對這些一般科目有相當程度的設定，目前的課程設計大概有百分之四十至百分之五十左右的基礎學科，所以經過三年的課程要求，學生至少具備了基本的共同學科基礎能力。

● **潘教授**

如果看整個綜合高中的推動，事實上，可能也和外面企業界對於中等教育畢業生應該具備什麼能力的看法有關。例如，科技時代的來臨，產業界有了很大的變化，他們認為以往高職學生的基本能力較為欠缺，比如閱讀英文的 menu（手冊）時，一般高職學生的英文能力就不太好。於是，產業界對能力的需求影響我們怎麼去培育後期中等教育的學生，並進一步推動綜合高中。這是綜合高中發展的背景脈絡。

● **邱科長**

李遠哲提出廢除高職的想法是他個人的意見，可是有不少的民眾擔憂教育部真的如李遠哲所說的馬上就要結束高職了嗎？他們也曾經來過不少信函，提到「我就是沒興趣讀國、英、數啊，為什麼一定要我去讀那些呢？為什麼我就不能來讀這些職業的課程？」還有很多人提到「與其三年在虛晃之中度過，還不如學一技之長」。這些看法都是對的，教育部到目前為止並未說要廢掉高職。至於李遠哲，他是一個專家，他所說的這些意見就跟社會上其他人給教育部的意見一樣，我們都會審慎的思考。不過，綜合高中的推動與李遠哲講的計畫是沒有關連的，它其實是大環境必要的走向，是教育部在民國八十五年推動以前就已經開始進行的政策。

也有不少人提到，綜合高中一定會比職業學校好嗎？我們相信有不少人在高一階段就很適合進行專精的教育訓練，但是我們也相信人數比例絕對不會像現在那麼高。現在職校生與高中生的比例大概已經到了六比四左右，還是相當的高。若從課程來看的話，搞不好職業教育的人數比例比表面數字還要更高一些，這並非一個很合理的狀況。我們相信有些人是有這樣的性向，也滿適合接受這樣的教育，但是這個比例真的太高了一點。過去為什麼有那麼多的職業學校？那是因為我們在分流的體制下，以及當時的歷史經濟發展階段所走出來的結果，但現在從市場的需求來看，市場真的是不斷轉換，我們要做的並不是沒有條件地終結職業教育，而是希望為我們的學生找到更好的出

路。

四、綜合高中發展情形

• 潘教授

那麼進一步想問邱科長的是，教育部推動綜合高中的這些年以來，綜合高中在數目上成長的情形如何？

• 邱科長

從八十五學年度的十八個學校，一直到九十學年度的一百四十九個學校，增加一百多個學校，這個數字是相當驚人的。不過，這個校數並不是指完全辦理綜合高中的學校，因為我們從八十五學年度開始試辦，鼓勵學校在現有的課程上改變，高中或高職都可以試辦綜合高中，所以這個校數是參與試辦的學校。在目前一百四十九個學校裡，已經全面轉成綜合高中的學校共有二十七個，預估在九十一學年度將會達到三十四個學校。就人數而言，從八十五年度的六千五百人，一直到現在九十學年度已經有八萬六千多人，所以參與這個課程的學生人數不斷增加，意即它的影響力是不斷擴增的。

校數的部分還有一個問題，明年度將有三十四個學校辦理綜合高中的課程，但卻沒有辦法掛名叫做「某某綜合高級中學」，所以一般民眾也看不出這個是不是高級中學。在國外就沒有這個問題，因為國外的綜合高中甚至並無「綜合」兩個字，其統稱為「high school」。

• 潘教授

不知道教育部有沒有做過統計，一百四十九所綜合高中在整個後期中等教育裡所佔的百分比大約是多少？或者學生數所佔的比例是多少？

• 邱科長

目前高職的校數大概是一百八十八校，高中的校數是二百七十七

校,如果我們加總的話,全部的高中職校數大概是四百六十五個學校,而綜合高中佔四百六十五校裡的一百四十九個學校,大概是四分之一強;以學生人數而言,所有綜合高中高一至高三的學生數有八萬六千多人,以目前所有高中職的招生人數來看,一年的招生人數大概是三十萬,三個年級大概有九十萬人,綜合高中學生人數佔九十萬人裡的八萬六千人,將近十分之一。

還有一個比較有趣、有意義的數字可以提供給大家。首先,很多人以為綜合高中是為職校轉型而設計的,但我們從數字上發現其實不然。在一百四十九個綜合高中裡,高中辦理的校數多於高職。目前高中辦理的校數是八十八校,高職辦理的校數是六十六校,所以高中比高職多二十二校。其次,從公私立的狀況來看,目前公立的部分是五十四校,私立的部分是九十五校,私校大概是公校的兩倍。我們認為這個數字滿合理的,因為目前後期中等教育中,私立學校的比例很高高,所以並不會訝異於私立綜合高中校數較多,另外也因為私校的彈性比較大,他們力求轉型的可能性也比較高。

五、教育部的獎勵政策

● 潘教授

綜合高中歷年來成長速度這麼快,教育部是否採取了鼓勵措施呢?

● 邱科長

我們可以分兩個階段來看,從民國八十五年到去年民國九十年是屬於試辦階段(其實嚴格地說,民國八十八年七月就已非試辦階段了,不過所有的法治化配套措施還是到去年才完備的),教育部採取鼓勵的措施,但學校的意願還是辦理的主因。所以,只要學校有意願,大概都可以辦,並且還有補助款的補助,讓他們在運作上多點彈性。這個教育改革是在現有的體制之外,再去做的改革工作,因此,不管

是「經常門」或「資本門」的補助，試辦階段都由教育部來提撥補助款。「經常門」的部分通常是讓學校在選修課程上能夠彈性運用，並給予鐘點費及研習、宣導的費用；「資本門」的部分則是配合學校設學程所需的設備所給予的補助。試辦結束之後，我們檢討了整個政策，在補助作業上也稍微做了一些調整。

六、綜合高中的升學管道

• 潘教授

綜合高中學生的升學管道，是否與其它的高中、高職一樣呢？

• 邱科長

目前綜合高中不是依附於高中就是依附於高職，沒有屬於綜合高中自己的升學管道。亦即現在高等教育招生的管道有兩種，一個是大學、一個是技專；兩者招生的對象也不一樣，一個主要接收高中，一個主要接收高職。所以，綜合高中似乎是沒有自己的升學管道。但是因為它的課程設計有兩個學程，一個是學術學程，一個是專門學程，所以學生在分化之後便會選擇升大學還是技專。

七、結語

• 潘教授

今天非常謝謝教育部技職司邱玉蟾科長來到我們一週教育論壇，為我們詳細說明了綜合高中的理念以及推動情形。下次我們要繼續討論推行綜合高中時所碰到的問題。

綜合高中的實施與困境

主持人：潘慧玲（國立台灣師範大學教育學系教授兼教研中心主任）

討論人：邱玉蟾（教育部技職教育司科長）

論壇日期：2002 年 05 月 26 日

✹討論題綱✹

【綜合高中的實施與困境】

一、前言

二、綜合高中的困境

◆ 辦理模式的理想與變形

◆ 綜合高中理念的本意與曲解

◆ 課程綱要闕如、課程安排困難、教師資源不足

◆ 諸多配套措施不健全

三、綜合高中課程綱要的必要性

四、教育部的因應措施

◆ 規劃詳盡法條

◆ 訂定評鑑指標

◆ 輔導各校轉型

五、結語

一、前言

●潘教授

今天要和大家繼續分享綜合高中這個主題，上次論壇我們請到了教育部技職司邱玉蟾邱科長來和我們談綜合高中的理念，以及教育部推動綜合高中的過程。所以，今天我們再度邀請邱科長繼續和我們談綜合高中這個主題。

二、綜合高中的困境

●潘教授

前面我們談到綜合高中在這幾年的發展，從原本十八所學校到現在有一百四十九所學校辦理綜合高中。而民國八十八年高級中學法也做了修訂，綜合高中變成後期中等教育階段裡的一個正式學校類型。我們進一步再來談，推動綜合高中時有無面臨什麼問題？首先，我們來看看目前的狀況。每個綜合高中一至三年級的課程設計模式是否都一樣呢？在辦理模式上有什麼不同？

●邱科長

謝謝主任仔細提及此問題。前面我們談到數量上的發展，聽起來是很令人興奮，但事實上我們也接到不少對綜合高中的指責，無非是因為不少民眾及學校人員認為綜合高中在最近幾年的推動，成效似乎不如預期的好。主要原因是綜合高中有其特殊的精神及理念，不過實施時，成果好像不能與這些理念密切配合，在質的方面還是相當欠缺。再者，您剛剛所提到的模式問題也是讓他們覺得懷疑的地方，一般而言，綜合高中有其辦理的模式，不過，國內辦理的方式卻不是朝著綜合高中理想的模式進行，而有很多變型。另外，也有不少民眾提到，雖然綜合高中在課程上看起來是兩者通吃，但以升學的結果來看，他們擔憂學術學程部分比不上高中，職業學程的部分又因實習節

數的減少而比不上高職。這些執行上的問題是我們必須正視的。

◆ 辦理模式的理想與變形

● 潘教授

我們一個個來看。首先，國內綜合高中的辦理模式到底有什麼變形呢？本來教育部期盼的是一個什麼樣的模式？如果國內實施這麼多年並沒有達到這樣的理想模式，那又變成什麼樣子了呢？

● 邱科長

以延緩分化為例，很多學校就做不到。孩子高一進來後你告訴家長「不分學程、大家都在一起上課，到了二年級，我們這個班還是繼續的維持，但是各自去上不同的課」。這裡頭有很多問題是學校沒有辦法克服的，首先，最大的壓力是來自於家長，他們擔憂綜合高中如果照理想的模式實施，那麼距離大考（大學考試或是技專考試）只有兩年多一些的時間（因為現在真正的考試時間，都是在三年級上學期或下學期），孩子在高一沒有針對考試的科目加強鑽研，到了高二才開始不是就慢了別人一年了嗎？因此，學校排課的時候常受到很大的困擾，家長希望能在一開始就上這些相關的課程，這就造成學校沒有辦法真正遵守延緩分化的原則。另外，在排課的部分，「選課多元」、「適性教學」皆為綜合高中很好的理想，但是卻常常做不到，因為目前後期中等教育的課程結構相當地緊，現於後期中等教育實行學年學分制，從八十九學年度正式實施到現在已經有二年了，很多學校的執行成果發現，課堂還是相當多，學校安排選課的空間實在太小。

● 潘教授

對，這也是我到許多學校評鑑時聽到的反應，亦即現在實施學年學分制，學分數這麼多，雖然號稱一百六十個學分就可以畢業，可是加上有些科目事實上是不計學分的，所以節數一排幾乎滿滿的。而且，我們還要求學生畢業總學分數要一百六十個學分，凡是不及格的就得補修，但是哪有空堂去補修呢？這裡有很多的難題是我們在學年

學分制之下推動綜合高中課程時，須要面對並解決的。

◆ 綜合高中理念的本意與曲解

• 潘教授

　　另外一個問題是，綜合高中學生畢業之後的能力表現如何？我記得曾到某個學校評鑑，學校老師們自己都質疑，像四技類的課程如果要走綜合高中這條路，則學生修的專業學分不夠。舉另一個職業學程如設計類為例，老師便覺得一個學程才四十個學分，怎麼能夠培養孩子的專業能力呢？您對此問題有什麼看法？

• 邱科長

　　這應該先看綜合高中的主要理念為何。綜合高中的課程目標主要是要具備公民生活與繼續進修的基本能力，這是第一個目標；第二個目標是在了解自己與工作世界互動的興趣與需求；第三個目標才是發展學術預備或者職業準備的興趣與智能。從這三個目標來看，其與發展專精技能的這種偏向職業學程的課程目標是不一樣的；亦即以綜合高中課程本身而言，其實它在課程目標的設定上就和職業學校是不一樣的，所以若把它拿來與職業學校比較其成效，對綜合高中是不公平的。綜合高中課程目標的第三項，是發展學術預備或者職業準備，而非如職業學校所設定的以培育基礎技術能力為目標。

◆ 課程綱要闕如、課程安排困難、教師資源不足

• 邱科長

　　我們再進一步分析，為什麼綜合高中實施到現在，沒有辦法發展得很好或者無法漂亮地實施其理想，問題在哪裡呢？真正的問題應該是，雖然有了綜合高中這樣的課程，可是我們並沒有給它一個發展的空間。以升學而論，綜合高中應該有自己的課程綱要，在升高等教育的時候，其所有課程內容也應該納入作為考試的參考。但是綜合高中從試辦到現在，並未有自己的課程綱要，我們在五月分終於要公布課程綱要了，在此之前有所謂的「試辦課程綱要」，但此試辦課程綱要

並未得到大學考試中心或者技專測驗中心的正式認同,因為它不是一個正式的東西。所以,在升學的部分,它必須依附於高中或者高職,這對它來說是不公平的。其次,第二個問題是,很多綜合中學本身還有職校或高中部,所以若非全校辦理,否則安排這些課程是滿困難的;再加上升學壓力,家長與學生擔心若照綜合高中的理想狀況實施,可能就慢一步了,所以更加使得排課無法正常運作。第三個問題即學校老師在轉型上獲得的支持資源是不夠的,我們知道課程的改變非常需要師資的充份配合,但綜合高中並未積極地協助學校的師資轉型。

◆ 諸多配套措施不健全

● 潘教授

綜合高中最主要是目的是延緩分化,到了二年級就有所謂的職業導向及學術導向的學程。易言之,如果走職業導向這條路的學生,事實上他可以有兩個不同的出路,一個出路是繼續升學,另外一個出路是就業,所以後期中等教育不再只是一個完結教育,畢業後也不一定要就業。但是,如果學生讀完整個職業學程之後,他發現他的職業能力培養不夠,該怎麼辦呢?這也許也是許多學校抉擇是否要轉型為綜合高中的關切面向。

● 邱科長

學校如果辦專門學程或職業學程,就應該考慮兩者不同的需求,就像您所說的就業或升學。以升學而言,現在我們有綜合高中的課程綱要了,這個問題應該會慢慢地好轉;以就業來說,有不少人關切這部分可能還是不足,其實如果和目前職業學校的新課程比,它排課的空間是更大的,有百分之五十到六十的選課空間。但是,學校為什麼做不出來?有時候是考慮到成本問題,因為一般而言,現在後期中等教育畢業的學生投入就業的比例比較少,如綜合高中全部學生中只有百分之十要就業,它當然可以為那百分之十的學生排出適合就業的準備課程,但是那需要相當的成本。這個困難可能是來自於行政作業,

因為煮一種菜比較容易，煮了大鍋菜大家一起吃都不要有意見，但是如果你要煮到每一種菜讓每一個顧客都滿意，事實上是比較難的。所以，這個部分是需要突破的，而它的課程架構其實賦予了它突破的能力。只是一百四十九個學校裡，全校辦理的只有三十三個學校，你真正能冀望的就是這三十幾個學校，它們的狀況比較單純，可以提供比較好的服務，其它學校本身還要實施高中或高職課程，或者有的學校同時有高中、高職還有綜合高中的課程，這些學校能不能為綜合高中的學生做到適切的服務？我認為是滿困難的。其實我們非常鼓勵學校這麼做，但是學校在執行上要付出相當的心力。我認為首先要規劃學校本位課程，而我們也會要求學校盡力做到，假設學校開不出課程配合高職社區化，其實它可以把學生送到其它相關的學校修習其所需求的課程。

三、綜合高中課程綱要的必要性

• 潘教授

我們提到綜合高中有自己的一套課程綱要，不過剛才也談到綜合高中到高二就分化了，所以，事實上如果學生在高二時選修的是學術導向的學程，那麼其實可以不要另外的課程綱要，就採用普通高中的那一套課程綱要就好了。所以，不曉得教育部為什麼要特別擬定所謂的綜合高中課程綱要？

• 邱科長

主任的這個問題實在是非常好，目前後期中等教育的規畫看起來是三個主流的課程，但是依您所說，如果以綜合高中的課程來看，既然到高二就開始分化，那麼就依高中或高職的課程綱要運作即可，為什麼還需要有一個綜合高中課程綱要呢？若將學生常態分配，從極左端到極右端，各種現象的學生全包含於內，一般而言，中間的百分之六十至百分之八十是同質性比較高的，他的發展性也是充滿潛力的

（我們不說他沒有定向，而是說他充滿潛力）。而極右邊的學生，他的性向是滿清楚的，可能從小就展現了他的特殊專長。但是在極左邊的學生，他是完全不明的，可能連性向的方向感都沒有。所以，為什麼需要有綜合高中課程，那是因為如果我們從學生常態分配來看後期中等教育，則現在的高中課程是比較偏向於右端學生，也就是屬於精英學生的課程，而職校課程比較偏向於左端，也就是那些性向是發展一技之長的學生。事實上，常態分配中間的這一塊是空著的，如果今天談課程統整的話，我們不要忘記應該是以中間的學生來做統整，而兩端的學生絕對有他特殊、另類課程的需要。

假如從目前分流的兩極化課程來看，是沒有辦法照顧到中間的學生；換言之，假如現在沒有綜合高中課程綱要，學生到了高二要分流、選擇的時候，我們現在的高中課程是不適合他的，因為那太偏右了，而用職業學校課程也不適合，因為那太偏左了。我們是以常態分配來看這個問題，而我也不認為這種三足鼎立（即平均各有三十、三十、三十的比例）的課程是合理的，我認為比較合理的是中間佔百分之六十到八十的比例，而兩邊各大概是百分之十到二十的比例。如果我們冀望後期中等教育未來有一個比較合理的統整，那麼應該是朝向中間來統整，所以綜合高中的課程必須規劃出來，否則依附於精英教育的高中課程，或者依附於技職教育的課程都是不太適切的。

四、教育部的因應措施

●潘教授

發展綜合高中的過程裡，除了課程以外，有些學校也會反應設備不足而無法成立某個學程，或者是師資沒有辦法調配，例如綜合高中裡一般科目的師資需求可能會比較多，那麼原本這些教職業科目的老師該怎麼辦呢？他是否要培養第二專長，否則開課可能會有問題。教育部是否有一些具體措施來解決綜合高中實施過程裡所遇到的這些

問題？

◆ 規劃詳盡法條

● 邱科長

其實教育部在過去一年來可以說是卯足了勁來解決這些問題。事實上，我們有具體的改進方向與辦法，並逐步地在進行，也已經有具體的成效。首先，在法治化問題上，綜合高中試辦到民國八十八年七月時，教育部已經把它納入高級中學法，可是納入之後，只有一條法條提到「綜合高中是高級中學的一種型態」，但是有關特殊課程的規定、學校轉型過渡期的規定都付之闕如，所以假如我們真的就這樣掛過來，大部分轉型的學校都會無所適從，因為他們在轉型的過程中沒有一個過渡的辦法可依從。因此，本部在民國九十年的時候，做了一個整體成效的檢討，訂定了一個過渡的作業規定，來取代試辦階段的相關規定。依照這個作業規定，學校有一個「踏板」，容許學校轉型時適用這個實施要點，讓學校能夠順利轉型。另外，我們也分別從高級中學法及職業學校法的部分重新整理其法源，這個部分在上個會期已經完成並且送進立法院了，只是上次會期中，立法院沒有審到這些法令，於是全部廢棄要重新來過了。總之，法治化的問題已做了解決。

◆ 訂定評鑑指標

● 邱科長

再者，是有關全校辦理的方向，經過檢討後，我們要求現在辦理的學校要做評鑑。綜合高中的評鑑是針對課程辦理的評鑑，我們設定了十一項成效指標，其中有三項要求必須完全符合，其它的八項中要求至少符合四項。這些成效指標非常明確，引導學校逐漸朝全校辦理的方向前進，同時，我們在補助款的部分也配合作這樣的要求。這個數字現在逐漸在發展了，未來應該還會有更多學校朝向全校性來辦理。

◆ 輔導各校轉型

● 邱科長

第三，即有效的輔導各校轉型，包括綜合高中師資轉型進修的部分，今年我們撥了三千六百萬的經費給所有綜合高中，要他們推派教師出來接受轉型，而且可以做第二加科的登記，只要老師本身有意願，我們都盡力地協助他。另外，我們辦理課程的研習，讓這個研習能夠深化到各個學程、各個老師。我們也做專案追蹤的輔導，鎖定一些成效不佳的學校來輔導並列管。這些都是我們的具體作法，並且有不錯的成效。

五、結語

● 潘教授

最後，我們想了解的是，教育部對綜合高中所抱持之態度為何？它會不會成為後期中等教育高中裡的主流型態？其政策走向為何呢？

● 邱科長

教育部還是持肯定的態度來推動綜合高中，並且認為要更積極地完成配套措施；第二，我們把綜合高中的未來發展與高中職社區化結合在一起。這兩個部分應該是我們最重要的事情。

● 潘教授

非常感謝教育部技職司邱玉蟾科長，今天與我們分享了很多有關綜合高中的觀念與看法。

後期中等教育共同核心課程

主持人：潘慧玲（國立台灣師範大學教育學系教授兼教研中心主任）

討論人：張樹倫（國立台灣師範大學公民教育與活動領導系副教授）

論壇日期：2003 年 11 月 30 日

❋討論題綱❋

【後期中等教育共同核心課程】

一、前言

二、研訂緣起

三、後期中等教育共同核心課程的推動

◆ 推展的時間與後續工作

◆ 後期中等教育共同核心課程的指標性功能——
統合整體後期中等教育

四、後期中等教育共同核心課程的內容

◆ 七個學習領域、四十八個必修學分

五、後期中等教育共同核心課程的規劃期程與公布時間

◆ 預計在九十二年年底公布

六、後期中等教育共同核心課程的相關議題

◆ 如何滿足不同類型學校學生的需求？

◆ 以轉軌為目的，抑或以知識銜接為主？

七、結語

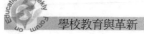
一、前言

• 潘教授

今天要談的主題是「後期中等教育共同核心課程」。對於後期中等教育（包括高中、高職、綜合高中、五專前三年）的科目學分數不一、分流時間混亂、教材壁壘分明，可能會造成一校多制或學生缺乏共同素養，衍生轉學困擾等問題，在一九九六教育改革總諮議報告書或二○○一年教育改革檢討與改進會議報告中，都提到了研擬後期中等教育共同核心課程的必要性。除此之外，民間團體也大力催生。因此，教育部在二○○二年二月，開始進行這一套課程的規擬工作。我們今天就針對後期中等教育共同核心課程來做討論，請到的來賓是國立台灣師範大學公民教育與活動領導系張樹倫教授，張教授目前是後期中等教育共同核心課程研訂計畫行政小組的協同主持人，對於整個後期中等教育共同核心課程瞭解得非常清楚。

二、研訂緣起

• 潘教授

首先，依循著剛剛介紹的背景脈絡，先請張教授和我們說明為什麼教育部要研擬這一套課程？

• 張教授

因為我們的國教只有九年，學生到了後期中等教育階段，就有各種不同類型學校的選擇，包括高中、高職以及五專前三年，近年來政府也積極地推行綜合高中，所以後期中等教育就有各種不同類型的學校，而每種學校學生的必修學分和必修科目都不太一樣。目前「延後分化」已成為世界性潮流，因此在一九九六年的教育改革，乃至於民間團體，都希望可以考慮讓學生在高一階段學習某些共同性的東西，一旦職業學校學生發現他還是很想念高中，或者高中學生發覺自己滿

喜歡職業類型的課程時，有一個轉換跑道的機會，而這也是教育部規劃後期中等教育共同核心課程的一個重大理念，希望透過後期中等教育共同核心課程，給學生一個轉換跑道的機會。另方面，同時也希望透過這個課程的規畫，讓所有後期中等教育階段的學生，共同具備某些最基礎的知識、智能。

● **潘教授**

所以，推動後期中等教育共同核心課程有兩個非常重要的理由，一個是為了學生轉銜的方便，轉換不同的學制時，如果科目一致，銜接上就比較容易。另一個要思考的是，不管在高中、高職、綜中、五專前三年，學生都應該有一些共同的基本智能、應該具備的共同素養。

三、後期中等教育共同核心課程的推動

● **潘教授**

進一步要請教張教授的是，整個後期中等教育共同核心課程的推動，是從什麼時候開始？後續步驟又是如何研擬出來的？

◆ **推展的時間與後續工作**

● **張教授**

整體而言，是在二〇〇二年五月正式展開，當時教育部中教司籌組了一個研訂委員會，一共聘請二十五位委員，這些委員除了課程專家之外，也包括了當時參與過高中、高職或綜合高中相關課程規畫的專家，以及本身就是這些學校的人員。所以研訂委員會的委員來源涵蓋層面滿廣的，也滿能夠符合需求的。不過，因為二十五位委員一起開會討論事情實在太複雜了，因而這二十五位委員在六月時就推定九人小組來起草總綱；至民國九十二年二月時，總綱草案大致上都已討論出來了。

這個九人小組的召集人是當時台大副校長彭旭明教授，他在我們許多會議裡都曾提到，原來後期中等教育共同核心課程，希望來自各

種不同類型學校的學生都能夠具備一些普遍共通的知識,所以理論上應該先規劃出這個部分,然後高中、高職、綜中的課程再依據後期中等教育共同核心課程加以規劃。但是,據我們瞭解的是,目前綜合高中的課程綱要已規劃出來,也在實施中;而修訂技職體系與高職課程綱要的工作也已延續了好幾年,甚至已經進行到模擬階段;而高中課程綱要的規畫也是如火如荼地在進行當中。易言之,這三類學校的課程綱要有的已經公佈實施了,有的幾乎完成了,有的則已略見雛形,但後期中等教育共同核心課程的規畫卻在這時候才開始進行。所以,彭副校長曾說這實在是不得已的,只好從這三類課程綱要中,尋求最大的交集。當然,他們也必須同時考慮到有哪些科目應該是每一個後期中等教育階段的學生需要知道的?以及課程綱要間相互遷就的問題,必須把共同核心課程對這三類學校在學分數上造成的困擾減到最低。此外,不可否認的是,共同核心課程的科目與學分數也不宜太高,所以就規劃了四十八個學分。另外,我們也曉得從九年一貫開始就採取領域規劃的方式。所以,後期中等教育核心科目、核心課程也是採用領域的方式來規劃。但是,事實上我們也曉得到了後期中等教育階段,如果還是以領域統整的方式,其實並不利於學生的智慧發展,所以我們在領域中再安排不同的學科、不同的科目,於是就有了總綱規畫中的七個學習領域。

◆ 後期中等教育共同核心課程的指標性功能 —— 統合整體後期中等教育

• 潘教授

剛剛張教授特別提到共同核心課程的修訂本來應該早於高中、綜高、高職或五專前三年的課程綱要修訂,但早在民國九十年就開始著手修訂高中課程標準,目前也正在修訂當中,各科課程綱要大致已初步完成,正在送審中,審查之後,課程綱要還要繼續做修訂的工作。綜中的部份則是已經公布課程綱要了。而技職體系課程在民國九十年也已初步完成修訂,民國九十一年進行模擬課程,民國九十二年又再

一次根據過去的意見作進一步修訂。至於後期中等教育共同核心課程是後來才規劃出來的，可是它又會牽動上述幾類不同的課程。易言之，這幾類不同的課程應該是彼此互動修訂的，高中與技職體系課程都還沒有完成，可以保持這個互動的過程，但是綜合高中的課程已經公布、實施了課程綱要，待後期中等教育共同核心課程一出現，是否會使得綜合高中又得重新改變它的課程？

• 張教授

　　未來教育部規劃的後期中等教育共同核心課程綱要公布了以後，綜合高中的部份勢必要做些調整。目前各科課程綱要的內容草案都出來了，不但是高中課程綱要進入審查階段，其實後期中等教育共同核心課程各科綱要也已進入審查階段，且有些部分第一階段審查已結束，委員們都已根據審查意見著手修正當中。於是，將來如果發現這裡面有綜合高中現行課程未能涵蓋的部分，勢必就要修訂綜合高中課程綱要的內容。而且，原本技職體系課程綱要早就修訂好，預計在九十四學年度就要公布實施了，因為現在又牽動了後期中等教育共同核心課程的問題，所以技職體系也在等待後期中等教育部分定案之後，才公布技職體系的課程綱要。此外，目前技職體系高職綱要的修訂也都配合後期中等教育共同核心課程來修正，雙方面有個互相配合、瞭解的機制。總之，還是要等到後期中等教育整個課程綱要定案、教育部公布後，其他相關的各種類型學校才能公布課程綱要。

四、後期中等教育共同核心課程的內容

• 潘教授

　　剛剛您提到後期中等教育共同核心課程是在高中、高職、綜合高中這幾類課程大致都已經完成課程架構之後才來進行規擬的工作，所以必須在這幾類不同學制的課程裡頭求最大的交集。這「最大的交集」分為七個不同的領域，領域底下又有不同的科目，是不是請張教授說

明一下？

◆ 七個學習領域、四十八個必修學分

‧張教授

基本上還是延續著國中小九年一貫課程來劃分的，僅稍稍做了一些調整。目前後期中等教育共同核心課程一共有七個領域，第一個是語文領域，在語文領域裡面再劃分為國文和英文兩個科目。語文應用能力是很基礎、也很基本的，所以佔的學分數也比較高，各佔八個學分。第二個是數學領域，數學領域就只有一個科目，即數學，也是八個學分。第三個是自然領域，包含三個科目，有物理、化學、生物，每一個學科都是兩個學分，所以自然領域就有六個學分。

第四個是社會領域，包含了歷史、地理和公民與社會。近兩年修訂中的高中課程綱要，將公民、三民主義及現代社會這三個科目內容彙整起來，以「公民與社會」作為學科名稱。我想委員們可能認為「公民與社會」涵蓋的層面較廣，因此在後期中等教育共同核心課程裡面所訂定的科目名稱也叫做「公民與社會」。社會領域這三個科目也是每一科兩學分，所以總共是六學分。第五個是藝術領域，藝術領域裡面有音樂、美術和藝術生活（或藝術概論）。目前在規劃當中的高中課程綱要將此學科稱為「藝術生活」，在技職體系裡則稱為「藝術概論」。於是，一方面為了給學生選擇的彈性，另方面又為了避免某一類學校遷就另一類學校的課程，因此我們做了一個彈性的設計，學生只要在藝術領域中的音樂、美術、藝術生活、藝術概論等科目中選擇兩科修習即可；換言之，後期中等教育共同核心課程的藝術領域佔了四個學分。

第六個是體育領域，這是學生們滿喜歡的一個科目，體育也是四個學分。最後一個領域是生活領域，我覺得這次的課程規畫做得滿好的，在高中課程綱修訂中，對於藝術還有生活部分，學分數不但沒有減少，反而增加了。生活領域部分也是任選兩個科目四個學分，科目

包含了高中的生活科技、家政。然，高職的生活領域科目數和科目名稱就比較多了，分別包括計算機概論、生涯規畫、法律與生活、環境科學概論等。因此，在此次規畫中，只要是和生活領域相關的科目，學生只要任選兩個科目四學分即可。還有很重要的一點是，在整體規畫上，將來這四十八個學分是三類學校學生都必須修習的，不但是必修，而且還一定要及格才能畢業。

• 潘教授

因此，整個後期中等教育共同核心課程共有七個領域、四十八個學分，學生一定要將這四十八個學分修滿並及格，才能畢業，因為這些都是他們必須共同具備的基本素養。

五、後期中等教育共同核心課程的規劃期程與公布時間

• 潘教授

另外，後期中等教育共同核心課程在民國九十一年開開始規劃，之後也訂定了一些相關的期程與預計公佈時間，是不是也請張教授說明這部分？

◆ 預計在九十二年年底公布

• 張教授

當初教育部規劃這些相關期程的時候，本來是預計在民國九十二年六月公布。這是因為到了九十四學年度，九年一貫課程第一屆的國中畢業生就畢業了，必須要銜接後期中等教育。然，於實際運作方面恐無教育部想像的那麼順利。就像現在正在修訂的高中課程綱要，本來也是預計早就要公布的，但是實際規劃、運作的過程中，還是面臨了一些問題。尤其今年四月又碰到了 SARS，本來預計要召開的公聽會或活動只好延後或取消；再加上安排這些相關課程內容時，事實上

後期中等教育共同核心課程並非主導者，有時還要遷就正在規劃中的某些高中課程。因此，師大教育研究中心與教育部希望能夠在年底公布，教育部本身也非常積極地進行相關的規畫，同時希望師大教育研究中心能夠與各個委員保持密切的聯繫，希望儘早規劃、公布出來。其實技職體系中高職的課程綱要也急著希望後期中等教育共同核心課程可以確定下來，技職體系的高職、二專、四技的課程綱要才能夠一起公布。所以，公布的時間應該是近了，但我不敢確定正式公布的時間，畢竟課程綱要還是要經過一定的行政程序才能公布。事實上，我在參與後期中等教育共同核心課程規畫的過程中，很深刻地感受到，從事課程綱要規畫的相關工作是一件很不容易的事情！

● 潘慧玲

高中、高職的課程都會牽動著後期中等教育共同核心課程的規畫。於上次一週教育論壇中，我們也特別邀請台大物理系張顏暉教授，談自然課程在目前高一、高二不分化的情形下，可能衍生哪些問題？而這些問題又會牽動後期中等教育共同核心課程的修訂時間。所以，真的很希望能在年底就可以公布、實施。

六、後期中等教育共同核心課程的相關議題

◆ 如何滿足不同類型學校學生的需求？

● 潘教授

再來，如果我們進一步思考這個課程，會發現要真正滿足高中、高職、綜合高中、五專前三年等等這些不同類型的學校、不同基礎的學生，是很難的事，這套課程會不會只滿足了高中學生的需求，而讓高職、五專前三年的學生覺得太過困難了呢？

● 張教授

目前還在課程綱要研訂的階段，將來要落實這個課程綱成為教材，而進入各類型學校裡頭開始教學時，您擔心的問題可能就會出

現。這牽涉到一個很重要的概念，就是規劃課程綱要的時候，我們所思考的是否爲眞正最基本的東西？對此問題，有一些技職體系的老師或委員們也提出了意見，認爲某些科目放在技職體系裡面當成共同核心的基本科目內容，恐怕不太妥當，教研中心的行政小組也將這些委員或老師們的意見轉給各科的委員，請他們當作修訂時的參考。有時候課程設計的委員們覺得這樣的東西應該沒有問題，也許將來實際上運作時才會發現問題所在，因此，我認爲這必須等到實際教材的編著與落實，才會知曉。

◆ 以轉軌爲目的，抑或以知識銜接爲主？

• 張教授

此外，後期中等教育共同核心課程的設計還遇到了一個難題，這個課程既定的重要目的之一，就是希望能夠讓不同類型學校的學生有一個轉換跑道的機會，可是實際上參與課程綱要撰寫的委員在規劃研究的過程中，卻發現和我們預期中的理想會有落差。怎麼說呢？因爲我們發現當時這些教改人士提出希望在一年級上一些共同的課程，譬如國文、英文、數學等等這些基礎的東西，都在一年級學完，將來他們如果需要轉換跑道就很容易。但是，實際上眞正規劃課程時，就會發現遭遇到一些難題。以社會類科的歷史、地理、公民來說，每科各只有兩學分，這兩學分要教什麼東西呢？假如要把一些基本的概念講清楚，可能只能侷限在小範圍；若想談這個課程裡面應該有的一些重要概念，就會發現要談的東西實在很多。若今天我們在一年級的時候把它全講了，那麼到了二年級、三年級的時候，是要在這個基礎上加深、加廣？還是要另起爐灶呢？

數學科也會發生同樣的困難。如果我們認爲數學裡的幾何、三角、代數都是學生應該知道的知識，現在把它統統放在共同核心課程裡面，給一年級的學生來上，那麼接下來二年級、三年級的時候要怎麼辦？易言之，我們須將整個課程架構通盤打掉、重新規劃，這也使得原本希望將共同核心課程放在一年級，最後卻發現這個想法只能做爲原則性的建議。因此，

審查委員審查高職或高中課程綱要的時候，會看這三年的課程裡面有無包含後期中等教育共同核心課程基本的概念，而不再規定一定只能放在一年級，但是如此一來，原先設計要讓學生轉換跑道的功能似乎就沒有辦法達成了。

七、結語

●潘教授

　　將共同核心課程完全放在一年級修習的構想，目前看來是不太可能了，這麼做無法顧及不同基礎學生的學習，只能把這些基本的共同要素放到不同年級裡頭去，然後再加強、擴充、加深、加廣地學習，如此才能符應不同學生的需求。然而，從另一個角度來看，基本的共同要素是否皆為「最基本」的？正如張教授所言，目前某些職業類群覺得這些課程對他們的學生而言都太難了，此亦為之前所談的，希望各個不同的課程標準在修訂過程中，一定要保持非常密切的互動，否則後期中等教育共同核心課程恐怕難以適合不同後期中等教育學生的需求了。非常感謝張教授和我們談了很多共同核心課程的相關問題，讓我們都更加深入瞭解教育部這套政策的進行狀況，希望今年後期中等教育共同核心課程能夠順利出爐，造福更多的莘莘學子。

普通高中自然領域課程之修訂與相關議題

主持人：潘慧玲（國立台灣師範大學教育學系教授兼教研中心主任）

討論人：張顏暉（國立台灣大學物理學系教授）

論壇日期：2003 年 11 月 23 日

✳討論題綱✳

【普通高中自然領域課程之修訂與相關議題】

一、前言
- ◆ 中華民國物理學會「物理與自然學科教育改進工作小組」

二、高一、高二課程的分化議題
- ◆ 「通識教育」與「高一、高二分流」兩者不必然衝突
- ◆ 編兩套不同的課程以因材施教

三、新、舊課程標準比較與相關提議
- ◆ 新版課程標準壓縮課程於高三
- ◆ 「高三淨空」亦於事無補
- ◆ 通識教育理念不能取代專業知識的必要性

四、現行高中課程標準的再次修訂與九年一貫
- ◆ 高中課程標準不宜隨九年一貫波動

五、國外高中自然課程的安排
- ◆ 美國重視 AP 課程與實驗
- ◆ 外國自然科學的學分數多於台灣

六、結語

一、前言

• 潘教授

今天要談的主題是「高中自然領域課程的修訂」。現行的高中課程標準是在民國八十四年十月修訂發布，八十八學年度開始實施。然而，因爲目前國民中小學正在推動九年一貫課程改革，教育部爲了使國中與高中的課程可以銜接，所以在民國九十年五月開始研修高級中學課程標準。現在各科的課程綱要已修訂完成，正在審查階段。對於這一次的課程修訂，中華民國物理學會以及部分的自然學界，對於高中課程總綱草案裡採取之「高一、高二課程不分化」原則有一些質疑，使課程設定的方向必須重新評估。因此，我們今天特別邀請國立台灣大學物理系張顏暉教授來到一週教育論壇，談談高中自然領域課程的修訂。我知道中華民國物理學會這次對於高中自然領域的修訂非常關心，張教授也組成了一個相關的小組，可否談一下您們的組成與關心之焦點？

◆ 中華民國物理學會「物理與自然學科教育改進工作小組」

• 張教授

因爲高中課程不只要銜接國中，還要銜接大學課程，這之間便會產生兩難的情形，也造成了最近教育改革在課程改革上的風風雨雨。在這之中，我們注意到了其中有些人對於這項尚未執行但快要執行的政策之內容（高一、高二課程不分化）有些意見，後來便向學會理事會反映這個重要的議題。因此，學會立即在今年一月於東華大學舉辦物理學會年會時，成立了一個「物理與自然學科教育改進工作小組」，主席是交通大學的褚德三教授，裡面的成員包括幾位大學教授，以及對這個課程有興趣的同仁。

二、高一、高二課程的分化議題

●潘教授

因此,關於這次高中課程標準的修訂,您們學會主要關切的重點就在於「高一、高二課程不分化」的議題上。對於這個議題,當時總綱小組認為延後分化是因應整個世界的必然趨勢,所以讓高中學生在高一、高二學習共同的東西,也就是所謂「通識教育」的想法。可是,在自然科學界來看,卻覺得這樣的做法會降低孩子自然學科的學習能力。可否進一步談一下您們的想法?

◆ 「通識教育」與「高一、高二分流」兩者不必然衝突

●張教授

基本上,我們並不反對「通識教育」其實是高中教育、大學教育裡頭非常重要的一環,但是通識教育並不是高中教育唯一的目的。高中教育還有很多其他的目標,譬如,高中畢業生在能力上必須能夠銜接大學課程。而達到通識教育的目的也不見得只有「高一、高二不分流」一途,還有很多方法可以達到目標。但是,以即將發布的這份高中課程標準來看,它其實是把所有人都延後到高三,才准予學習不同的課程內容,我們認為這點非常不恰當。其實學生在高中的時候,就已經顯現出定向了,我們應該著重因材施教,讓不同性向的學生可以隨著他的興趣提早發展。事實上,根據教育部資料,如美國之類的國家,其高中課程都是選修居多,沒有所謂的分化問題,而日本在高二就已經分流了,法國也在高二分流。雖然近幾年來,通識教育好像成為一種潮流,但全世界其他的國家也沒有因為要追尋這個潮流,而非得做到高一、高二必須修同樣課程的地步。其實,高中學生在資質、才華各方面的差別都很大,若一定要用同一套教材,侷限所有高一、高二學生的發展,其實也是一件很不合理的事情。

●潘教授

我們看到這次高中課程標準修訂草案裡頭,規範高一、高二學生

在社會領域要修習二十四個學分，包括公民、社會、歷史、地理等科目，自然領域則有十六個學分，有物理、化學、生物、地球與環境。這些學分就是剛剛您說侷限了學生發展的共同科目。如果您們認為這樣不合宜，那麼學會改進小組的主張是什麼呢？

◆ 編兩套不同的課程以因材施教

‧張教授

我們希望不要綁死學生，不要到高三才讓他們分流。我們希望能夠提供兩套教材，讓學生修習適合他們的教材。例如，學生可以在高二修習專業物理，而不必非得等到高三才學習專業物理。目前高一、高二的物理課程通常比較通識化，我們認為這樣不太合適。假如時數真的無法改變，那麼我們認為高一、高二的教材應該要分成兩套，自然組的那一套課程，將一、二年級四小時的教材內容，與高三課程一起設計，如此才有整體性，而不要在高一、高二的時候，把物理皮毛的東西走一趟，到高三又必須重新走一趟，導致高一、高二沒學到什麼東西，高三也學不好，這點對於自然組學生而言是非常重要的一件事。

‧潘教授

當高一、高二學生都要學習相同內容的時候，可能會發生兩種情形：自然領域的科目內容不是對社會組傾向的同學而言太過困難，就是對自然組傾向的同學來說太過簡單。因此，要決定教材究竟是要走通識化，還是必須專精地配合自然組學生的需求，是很困難的一件事。所以，您提出了一個替代方案，編兩套不同的課程，來因應社會組傾向與自然組傾向學生的不同需求。

三、新、舊課程標準比較與相關提議

‧潘教授

另外，如果我們拿這一次修訂的課程標準草案，對照現行的民國

八十四年修訂公佈、民國八十八年正式施行的課程標準,您們覺得在整體自然領域課程的安排上,孰優孰劣?您們比較滿意哪一個?有哪些地方需要進一步改進?

◆ 新版課程標準壓縮課程於高三

‧張教授

我們認為以前的安排比較好,不只是在時數方面,在學習的過程上也是以前的比較好。以前的課程安排高一要修一門兩學分的物理課,那是比較通識化的課,大家都學一樣的內容,到了高二開始分流。因此,自然組學生在高一修了兩學分的通識物理,到了高二上、下學期各修三個學分的物理,高三上下學期又各修三到四個學分的物理,所以總共修了十四到十六個學分的物理。如果是新的課程標準,則高一、高二總共只修四學分,高三再修六學分,總共只有十學分的物理(化學的情況亦同)。因此,自然組學生就少了四到六學分的物理課,等於少了百分之三十之多。

我們認為專業物理的部分,可以置於高二上、下學期各三學分,高三上、下學期也是各三學分或四學分,亦即有十二到十四個學分的物理。假如沒有發展兩套課程,而新課程上、下兩學期各兩學分的物理又通識化,那麼專業物理課程的學分就只有原先的一半,剩下高三的六學分;更重要的是,在新課程標準中,所有高一、高二都是通識課程的型態,嚴格來說,通識化的物理其實是非常皮毛的科學,於是高一、高二的學生在新課程標準中並未能真正學到比較專業的科學,而到了高三才修比較專業的科學課程,當然內容就會暴增,而造成非常嚴重的後果。

如果學生高一、高二未學到什麼專業知識,到了高三選考理工領域時,會發現所有的自然科學科目竟都壓縮到高三才修,於是高三學生的負擔就會變得非常沈重。尤有甚者,現在學力測驗都安排在高三寒假,接下來還有推甄,所以高三這一年的學習效果是很不好的:學生要面對這麼多的雜事,而新課程又把所有的重要課程內容都放在高

三。如此一來，也會對整個台灣高中科學教育造成相當大的傷害。

◆ 「高三淨空」亦於事無補

‧潘教授

張教授一方面擔心高三學生人心浮動，無法專心學習，另方面憂慮重要科目集中在高三，對他們也將造成過度沉重的負擔。目前，教育部也提到為了配合高三學生修習這麼多選修科目的情況，他們希望能夠協調大考中心把推甄延後到五月之後舉辦。假設推甄延後到五月，剛剛您提到人心浮動情形是否就可以解決了呢？

‧張教授

事實上，這個問題我們曾與一位部長談過，不論在獨立評估小組的會議或在報紙上，他都曾經提到「高三淨空」的觀念。所謂「高三淨空」不只是將推甄延到五月，而且也把學測提前到高二升高三的暑假。獨立評估小組開會當天，部長也告訴我們，他曾經找高中校長來商量，研究可否把學力測驗提前到高二升高三的暑假，但大部分的校長都反對。理由很簡單，因為學生要提早準備考試，高中的學習就變得更悽慘了。至於延後推甄的部份，事實上有大學校長曾經告訴我們，延後推甄對大學而言，也是一個很大的負荷，會與研究所推甄的時間相衝突，在人力上恐怕不能勝任。因此，高三淨空的理念大概不容易執行；就算可以執行，我們也認為這麼做並不恰當。

◆ 通識教育理念不能取代專業知識的必要性

‧潘教授

另外，對於自然組學生學習自然組科目的安排上，張教授覺得學分數安排太少，不足以提升學生的專業能力。可是，如果換一個角度來看，在高一、高二階段，也讓社會組同學接觸自然科目，您們認為這樣的理念如何？會不會增進他們在自然領域通識教育上的素養？如果這個假設是成立的，那麼張教授您認為這算不算是一個好處呢？

● **張教授**

我認為這是一件很好的事，因為現在科技進步快速，過去幾十年也累積了很多新的科技知識，作為現代化國民當然要有一定的科學素養，所以這是我們非常贊成的做法。當然，我們也贊成自然科學生應該有很好的人文素養，因為高中教育是多面向的。但是，於此同時也要具備足夠的專業訓練，而且這種訓練多是更為繁瑣、循序漸進的。科學沒有所謂「王者之道」，該打的基礎一樣都不能省略，對於一個不想學自然科學的人，可能會認為這些東西十分枯燥乏味，而不太喜歡科學。如果一定要讓這些傾向、能力不一樣的人，學完全一樣的物理課，並兼顧所有人的需求，這無非是一件不可能的任務，也許還可能產生一些負面的後果。例如，通識教育式的自然科目，原意讓社會組學生有機會涵養科學素養，卻可能造成他們更痛恨自然科學的情況；另方面，這種通識教育式的自然科學是相當簡化的，如此一來極可能造成自然組學生沒有達到應有的訓練。總而言之，要發展一套適合每個孩子的課程教材，實在是一件不容易做到的事。

● **潘教授**

一套人人都可以學習的教材，對自然組的學生而言可能會太簡單；但是，若為了讓自然組學生有比較完整、專精的學習，那麼這套專精的教材對社會組學生來說又太困難了。所以要編一套適合每個人的教材真的是一件非常困難的事。

四、現行高中課程標準的再次修訂與九年一貫

● **潘教授**

我們知道九十年的高中課程標準雖然只有兩年的實施時間，但是因為九年一貫課程的銜接問題，所以現在必須再次修訂現行的高中課程標準。對於這樣一個修訂的動機，您有何看法？

◆ 高中課程標準不宜隨九年一貫波動

• 張教授

大部分的人覺得九年一貫課程有過度簡化的疑慮,所以九年一貫課程已經在修正中了。假若我們為了一個執行起來好像不是很成功,而且已經在修正當中的課程,而把高中課程也向下修正,那麼這其實是一件不太有道理的事情;況且,高中課程還要銜接大學教育,因此高中畢業生應該要有一定的水準。總而言之,我們傾向於主張高中學生必須維持應有的水準,不該為了配合還在變動中的九年一貫課程而隨之舞動。至於,在課程銜接上,我們認為可像數學協會的作法一樣,在國小升國中階段增加一套銜接教材。事實上,在九年一貫課程下的學生升上高中之後,課程綱要可能還會有很多的爭論,教改一直是紛紛擾擾的,因此一動不如一靜。假如這些學生升上高中之後,真的產生了銜接的問題,那麼高中老師就辛苦一點,試著做些補救教學,而不是盲目地將高中學生的程度降低。我們曾經比較了許多國外的課程標準,比如數學,很多美國、日本同年紀孩子學的數學,台灣沒有教,化學也有這種情形。而我們也盡量把關物理這一科,希望不會有類似的情況發生。然而,孩子的學習時間畢竟是有限的,若要全面兼顧,深度則可能不足。因此,我認為既然九年一貫課程尚未有一個穩定的態勢,那麼一動不如一靜,而銜接之問題,只能請高中老師多費點心。

• 潘教授

的確如此,現在九年一貫課程的教科書還沒有完全編好,就算高中教材要銜接國中課程,可能也無所適從,仍是個未定數。因此,到時勢必要有一套銜接教材出現,老師們要多費點心。

五、國外高中自然課程的安排

• 潘教授

看到台灣的情形,就讓我們也想瞭解國外的狀況。您認為國外高

中自然課程的安排，是否有值得我們借鏡之處？

◆ 美國重視 AP 課程與實驗

• 張教授

外國的高中課程很多都是選修的，並分為基礎與進階課程。事實上，很多國家都安排許多高等進階課程給高中生。譬如，美國有「Advance Physics」課程，假如要進美國一流大學求學，通常得修過這些課，他們才會接受，而這些課的程度大約是大一物理的程度，因此我認為提升台灣物理水準是必要的。原本由清華辦理的高中物理資優班，今年改由台大首辦，大約有五、六十個名額，但是光是北區就有五、六百個學生來考試，這表示有不少學生願意更早接觸較深的物理知識，而我認為如何滿足這些學生的需求，也是我們要注意的課題，應該給不同程度的學生不同的教材，讓他們能夠把能力發揮出來。另外，我發現台灣不太重視實驗，這是比較麻煩的部分。不只是高中學生不會做實驗，事實上我們也常開玩笑說很多研究所學生不要在實驗室裡闖大禍就不錯了，學生常弄壞實驗室裡的器材。總之，學生在動手做東西的訓練上並不紮實，我們的教育一直未注意到這個現象，這也許和考試有關吧。

• 潘教授

所以，就美國而言，首先他們設有 AP 課程，再來他們非常重視實驗，這兩點都是值得我們效法的。如您所言，後面這點可能是由於國人重視升學考試的影響，實驗通常成為紙上作業，而非真正動手做。至於 AP 課程，等於開放高中生修習的大學先修課程，分數的計算也有別於一般課程，在 AP 課程裡得到 A 等於是五分，而一般課程裡頭的 A 則只有四分，因為先修課程比較困難，所以分數比較高。教育部曾經思考是否要採納這些課程的設計，也徵詢學者們的意見。您對這個問題有什麼看法？若真要參照美國的做法，您是否有些具體之建議？

• 張教授

現在有些高中也設有資優班，因此我認為 AP 課程還是開放選修比較好，而指定考試科目也絕對不可以考到這個程度，就只要考一般自然組學生的程度就可以了。願意修 AP 課程的人，或者認為修這個課程有利於推甄，那麼他就可以自由選修 AP 課程，不過不必要求每個人都修習，也許採開放選修、也許讓資優班學生選修，都是可行的辦法。

◆ 外國自然科學的學分數多於台灣

• 潘教授

除了 AP 課程之外，我們的學分數與其他國家比較起來如何？

• 張教授

師大林明瑞教授曾經比較了台灣與美國的時數，發現美國自然科學必修時數比台灣多很多。譬如，馬里蘭自然科學課程的時數是九百個小時，德州是九百個小時，紐約州是一千零八十個小時，而台灣則大概是五百七十六個小時，少了蠻多的學分。也許有人會說我們的選修學分比較多，可以補足差距。林教授也提供了另外一個資料，他比較必修的高中人文課程與自然課程學分數，得到二點四比一，通常人文課程都是比較多的。但是，美國得到一點四比一，中國大陸則是一點二比一，他們都非常重視自然科學。相較之下，台灣的自然科課程壓縮得很嚴重，每二點四小時的人文課程，只有一小時的自然課程，自然科學與數學教育的時數在新課程總綱比例上真的滿低的。因此，我們必須認真思考，一向以嚴謹的科學教育為特色的台灣，是否要犧牲科學教育，來換得一個執行效果未知的通識教育？

六、結語

●潘教授

非常感謝張教授和我們分享許多他對高中課程標準修訂的看法，並探討了高一、高二課程分化的議題，以及衍伸出的相關問題。的確，如張教授所言，許多政策在制定與執行的過程，都需要學者專家再次深思，因為這牽涉的不僅是某一階段教育的目標，更可能影響我國未來的競爭力。下次論壇，我們將繼續關心高中課程的相關議題，談談後期中等教育共同核心課程的研訂。

概覽高中多元入學方案及其相關議題

主持人：潘慧玲（國立台灣師範大學教育學系教授兼教研中心主任）

討論人：吳武典（國立台灣師範大學教育學院院長）

論壇日期：2002 年 06 月 16 日

✲討論題綱✲

【概覽高中多元入學方案及其相關議題】

一、前言

二、高中多元入學方案的緣起與辦法
- ◆ 緣起——擺脫聯考「一試定終身」的夢魘
- ◆ 辦法——申請入學、甄選入學、登記分發

三、多元入學方案制度的修正與比較
- ◆ 考招分離——先考試後登記
- ◆ 兩次測驗紓解以往聯考壓力

四、多元入學方案的精神
- ◆ 減輕壓力、配合學生多元智能表現

五、多元入學方案的爭議與質疑
- ◆ 多元與公平的兩難

六、結語

一、前言

● 潘教授

近日多元入學方案的討論持續發燒，因為第一次國中基本學力測驗以後，再度掀起恢復聯考的風浪，並於五月二十二日有四十六位立委連署要求取消高中職及大學多元入學方案，建議改採改良式的聯考，但也有八位立委連署不宜取消多元入學方案。究竟多元入學方案的利弊得失為何？大家爭議的焦點是什麼？今天我們很榮幸邀請到國立台灣師範大學教育學院院長吳教授來談談高中多元入學方案。吳院長還兼任國立師範大學心測中心的主任，也主持國中基本學力測驗的工作，可否先請您談談目前負責的業務。

● 吳教授

今天剛從教育部回來，討論今年第二次基本學力測驗的相關問題，此為多元入學之下的必要措施。現在國中升高中、高職、五專都是採取多元管道，但總要有一個基準。因此，目前是採取以基本學力測驗五個科目的結果為基礎再進行多元化，是屬於一本多枝的進行方式。基本學力測驗是一種標準化的測驗，在對象上比以前更廣，過去分區聯招人數還沒這麼多，但是我們的第一次學測近三十萬人，而第二次大約會有二十萬上下。

二、高中多元入學方案的緣起與辦法

● 潘教授

高中入學方案是一種選才的方式，而如何設計一套合宜的方式讓學生進入他們適合的學校就讀，是我們教育界一項艱鉅的任務。多年前聯考制度開始引發討論，因而成立了高中升大學的大考中心，之後他們對升學考試的弊病進行檢討和改進，並提出推薦甄選等不同的入學方案。究竟高中階段所推行的多元入學方案，其緣起為何？

◆ 緣起——擺脫聯考「一試定終身」的夢魘

• 吳教授

　　緣起是要廢除聯考「一試定終身」的怪物，國中升高中職、五專，以及高中、高職升大學的系統都是在這樣的背景之下產生的。去年國中升高中已採取多元入學制度，而高中升大學是從今年開始採用多元入學方式。因此，四十幾年來無論是國中升高中還是高中升大學，選才時的聯考制度終於在去年劃下休止符，而聯考這個名稱也暫時消失，但實質上究竟有無消失，就看個人如何解讀。

◆ 辦法——申請入學、甄選入學、登記分發

• 吳教授

　　目前高中、高職、五專採用的多元入學方式，第一種是申請入學，第二種是甄選入學，第三種是登記分發入學。其基本前提是必須具備基本學力測驗五個科目：國文、英文、數學、自然學科、社會學科的成績做為門檻，來參加申請入學、甄選入學、登記分發入學。今年五月二十七、二十八日已辦理好第一階段的申請及甄選入學，六月四日已放榜。在其後為登記分發入學，純粹依照學力測驗成績就全台十五個登記區選擇一個登記區來登記，七月九日開始報名，七月二十四日即放榜。這個新制度是採多元、三元的方式，是一種各取所需的方法，學生可以決定他們所要採取的管道，在第一個階段申請入學及甄選入學未入取之學生，可再參加登記分發入學。這三種方式在條件上是不太一樣的：登記分發入學純粹依據學力測驗總成績，就全台十五個登記區選擇一個來登記，至少有百分之六十的學生採用這個方式；而前面兩種方式是針對特殊才能學生所制定的管道，除了基本學力測驗之外，各校可以自行訂定自己的條件，例如依據在學成績、特殊才能、優良品德、綜合表現等，然後這些學生再從全台十五個登記區中選擇一個來申請或甄選。

　　甄選入學進一步還限制唯有高中、高職的數理資優班、特殊才能班、或是職業類科才能辦理，亦即其教育本質已分化的教育體制才能

進行甄選選才。就名額來說，登記分發至少百分之六十，申請入學及甄選入學最高只達各百分之二十，但因大部分的高中沒有數理資優班，因此申請入學及登記分發成為主要管道，而登記分發入學還是佔主要部分。

• 潘教授

目前有三種不同的入學管道，其中一種方法是依據基本學力測驗來分發入學，此方式其實仍十分類似以往的聯考制度。

三、多元入學方案制度的修正與比較

• 潘教授

剛剛吳院長提的這三個管道是民國九十年八月三十一日發佈的高中及高職多元入學方案，這三種新方案與去年的方案有所不同，可否請吳院長與我們談談相異點為何。

◆ 考招分離——先考試後登記

• 吳教授

其中一點是「考招分離」，今年是先考後登記，你可以就自己喜歡的地區來登記而不受住址限制；去年是報名前先選定了登記區，導致學生在不知道考試結果的情況下決定了自己的登記區。今年這一點引起了很大的爭議，後來因為教育部已經公布了考招分離的方式，於是就這麼進行。不過台北市的家長不太滿意這個方式，因為當學生知道其成績可達建中、北一女後，就聚集到台北來搶名額，因而台北市家長認為自己子弟的機會會受到很大的影響。但有些地區的家長認為教育機會均等，先讓孩子知道成績後再做選擇比較好。於是教育部就依照原來宣布的措施實施，但恐怕明年仍須再檢討。

另外，各地區可登記的學校數並不一致，有的只能登記一個學校、有的是兩個學校，台北市甚至可以達到三、四個學校，各地均有

差異存在。多元入學方式有全國性的統一標準，例如時間是一定的、學力測驗是一定要參與的，但申請入學、甄選入學方案中，各校的條件、各地區的條件都不盡相同，這個部分便有充分的發揮空間。而最大宗的登記分發就沒什麼差別，唯一不同的是可以跨區登記，不像以前聯考制度規定學生選了哪一區就一定只能在那一個考區，這是與聯考不同之處。

◆ 兩次測驗紓解以往聯考壓力

•潘教授

但就某方面而言，登記分發入學與過去聯考差不多。

•吳教授

事實上是如此，不過不可以說它是「聯考」，要說是「基本學力測驗」，是三十萬考生一起來考的。

•潘教授

其規模比聯考更大，是全國三十萬人一起來考的考試。

•吳教授

仍有其他殊異點是，他們特別成立基本學力測驗小組，將試題編得好一點、活一點、生活化一點、品質高一點。其實，過去的聯考這麼多年來也在尋求改進，希望試題的品質更好。目前都是考試引導教學，因此題目好一點，也許教學品質也能夠更好一點，但在技術層面其實不容易有很大的突破。實施基本學力測驗之後，一般學生的反應是比過去更靈活、更生活化、更能統整、更能夠接近我們的教育要求。但若是要全盤改變，藉此使教學正常化，還是有點奢望。

•潘教授

剛剛吳院長提到的三種入學管道中，申請入學和甄選入學還有一個不一樣的地方，甄選入學是由學校來提報，而申請入學是由學生自己來申請，若學校不辦理甄選入學，那麼登記分發入學所佔的名額就高達百分之七十，而申請入學佔了百分之三十，可見登記分發還是目

前學生最大的入學管道。除此之外,還有沒有什麼不一樣的地方?

●吳教授

還有一點是基本學力測驗的特色,和過去聯考一年考一次、一次定終身不一樣,基本學力測驗一年可以考二次,雖然有人說是「二次定終身」,但畢竟多一次就多一個機會、多一個選擇,這有它的用意在的。以往一次定終身是有些不公平,學生可能會因為剛好身體不適而沒能好好發揮潛力,若有兩次機會,學生至少可以選擇其中之一。但是,從另一面來看,它也有缺點,以往考一次只有一次壓力,現在考兩次,等於要承受兩次壓力。因此,有人批評這是「多元、多壓力入學」。其實,這並非設計的初衷,這類考試是最大表現測驗,希望測驗學生在正常情況下發揮的最大潛力,若因為時間沒有掌控、身體不舒服、前夜沒有睡好無法專心作答等因素影響,而覺得那並不能代表你的能力,那麼你還有第二次機會,再從兩次考試中選擇成績高者為代表,我想這樣會比較公平。當然,有人會認為考兩次就有兩次壓力,或者認為二次題目難易程度不一,有失公平性,我想這些心態都是不好的。若你在第一次就盡全力,發揮最大的潛力了,卻又要參加第二次,那麼這就是你自討苦吃了。其實,第一次和第二次考試只相隔一個月,不可能在短暫的一個月期間增加多大的表現。所以,制度的設計是很好的,但在執行上難免會出現偏差扭曲,這往往與社會態度有關。總之,並非考兩次就得承受兩次壓力,我們可以把它當成擁有兩個機會。

四、多元入學方案的精神

●潘教授

另外,想請吳院長為我們進一步談的是,多元入學方案的精神究竟是什麼呢?是因為認為以往一次定終身的聯考制度並不合宜,因此設計了多元入學方案,還是為了要適應學生多元智能的需求?

◆ 減輕壓力、配合學生多元智能表現

• 吳教授

多元入學方案不是我設計的，不過我了解它的精神所在。首先，是要減壓，像近來的課程改革、入學制度改革也是為了要減壓。因為集中一次考試壓力很大，如果分散考試壓力就會減小。然，其積極的用意並非減壓，減壓僅為消極的目的。多元入學方案的積極目的是在追求「天生我才必有用」的教育目標。我們知道才能是多方面的，在多元化社會裡我們重視的是多元智慧、多元價值，而不要只憑單一價值論斷，也不要只開一扇門讓大家走同樣的路。我們要有不同的管道讓你選擇適合的路來走，讓個體適性選擇升學與發展的方向，並肯定個體能力的多元性，提供多元機會以導引教育的正常化。其訴求是要打破一致性，以符合社會的多元性，把一元化的標準打破，變成多元標準，讓每個人都有更多的機會。選擇學校就讀時也是一樣，不一定要盲目地選擇所謂的明星學校，最重要是看清自己的能力、興趣，走自己的路。以往在聯考制度之下，許多家長和學生為了面子，根據以往入學分數高低排名學校、科系，並依此作選擇，根本沒有考量學生的能力與興趣，此為盲目的選擇，常導致日後的學習挫折。因此，聯考制度受到最大的批評是，雖然制度公平（沒有人可以走後門），但是「同一標準」是不合理的，未考慮個體與學校的差異性，而以同一個框框套在學生身上、學校也以同一套標準來選擇學生，這是不合理、不公平的。因此，多元入學方案不僅要求公平、合理，更要「因材施教」、「因才選擇」，讓學生可以走自己的路，這才是多元入學真正的精神。

• 潘教授

如所述，多元入學方案於消極目的上可減低壓力，以多元標準提供多元機會，進而幫助學生探索自己的生涯發展及興趣所在。另外，學校的自主性也提升了，學校亦可制定其條件，選擇它要的學生。

五、多元入學方案的爭議與質疑

‧潘教授

不過，多元入學方案實施以來，也引起了很多的討論與爭議，質疑原本所設定的目標、精神是否真的可以發揮？想請教吳院長，這樣的目標可以達成嗎？如您所提，多元的選擇可以適應孩子多元智能的不同需求，然，我們現在還是以基本學力測驗作為分發的門檻（雖然甄選入學、申請入學又有其他不同的條件，但學力測驗的分數還是會被考量進去），那麼這樣的制度可以達到多元選才管道的目的嗎？

◆ 多元與公平的兩難

‧吳教授

事實上，至少有百分之六十、百分之七十的名額還是以登記分發的管道入學的，因此，並不是真的那麼多元，而過去聯考也不是真的只有一元，當時也有保送甄試（完全不需任何考試，憑實際參加比賽的表現或展覽推薦就可以入學，目前廢除了，納進申請入學裡面）。而多元入學最大一元的登記分發確實和過去聯考形式沒有很大的區別，皆以知識學科為本位的大型考試，只是名稱不同，試題比過去好罷了，這確實是被批評的一點。其實，真正要落實「多元」，則這幾種入學方案的名額就不能差太多，而且應該讓學校有更多的自主權、讓學生有更多的選擇權。不過，我想多元入學方案之所以不敢完全捨棄聯考形式，是為了要維持公平。

‧潘教授

若申請入學與甄選入學改為不採計基本學力測驗呢？

‧吳教授

那就是過去的保送甄試，我覺得可以考慮。不過，我認為不這樣做的原因，首先，是怕報名學生太多，第二，擔心太主觀、不公平。現在的申請入學就被批評記錄作假、成績做假，例如一個班級裡頭幾乎每個人都有過擔任班長的經歷，而獎狀、比賽、社團經歷作假的情

形也時有所聞。一旦作假，就失去保送甄試的原意了，因此制度愈越開放、愈自主，就愈容易有不公平產生。

六、結語

● 潘教授

　　今天很感謝台灣師大教育學院院長兼心測中心主任吳武典教授來一週教育論壇談高中多元入學方案，下次我們還要繼續這個主題，繼續請教吳教授有關多元入學的其他爭議，以及基本學歷測驗的相關議題。

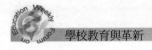

再談高中多元入學方案與基本學力測驗

主持人：潘慧玲（國立台灣師範大學教育學系教授兼教研中心主任）

討論人：吳武典（國立台灣師範大學教育學院院長）

論壇日期：2002 年 06 月 23 日

✳討論題綱✳

【再談高中多元入學方案與基本學力測驗】

一、前言

二、多元入學方案的爭議

◆ 未能解構升學導向、明星學校的價值結構

◆ 多元入學、多元壓力

◆ 政策移植的危機與轉機

三、基本學力測驗

◆ 兼顧門檻與鑑別力功能

◆ 兩次學測常模一致

◆ 盡力縮減城鄉差距與社經背景之影響

◆ 心測中心人員素質、操守優良

四、結語

一、前言

●潘教授

　　最近報章雜誌上很多人在談論多元入學方案議題，甚至有人主張要恢復聯考，因此，今天我們延續上次論壇的主題，繼續和大家討論多元入學方案，邀請到台灣師大教育學院院長兼心測中心主任吳武典教授來到我們的論壇。

二、多元入學方案的爭議

◆ 未能解構升學導向、明星學校的價值結構

●潘教授

　　上次我們討論了高中多元入學方案的緣起、內容及設計精神，其實高中多元入學方案引發了好多爭議，有人質疑這個方案究竟能否達成適應學生多元智能的需求？是否真能減輕學生的課業壓力？根據中國時報民國九十一年五月五日針對台灣一千六百二十四位二十歲以上的成人所做的調查，有百分之五十三的人認為完全不能減輕學生壓力，有百分之三十的人認為不太能減輕學生壓力。

●吳教授

　　我想沒有一個制度是十全十美的，當初真的是希望能減輕學生壓力、導引正常教學，但在高中實施第二年、大學實施第一年後，各方的反應、數據調查都差不多，大部份人還是認為沒有減壓，競爭還是非常激烈，甚至還要付很多錢讓孩子學才藝。管道越多、越複雜，反而搞不清楚究竟哪一種比較適當。我想，首先是因為配套還不夠周全，特別是申請入學、甄試入學，到底該怎麼設計才能既合理又不失公正，以贏得大家的信心？例如申請入學考慮了學生的特殊才能、在學成績及品德綜合表現等，但這些就真的能夠合理地評斷學生了嗎？我們可以設計更客觀的評量標準嗎？若我們未設計出一套讓學校採

用的評量標準，那麼學校就各行其事，過程中就容易出現人情作假的情形，而因為這種技術上的錯誤，便逐漸使大家質疑這個制度的公平性。而甄試入學則考慮採取各種實驗、考試、寫作、小論文、表演、術科表現等，但學校對這方面的辦理技術還不夠成熟，運作起來就不夠公正、確實及合理。因此，除卻紙筆測驗的基本學力測驗外，其他這些彈性、多元的方法似乎都還沒準備好、設計好，在技術上就沒有辦法讓人信服。

第二點，大家的心態還沒準備好。曾有人指出多元入學沒辦法減壓的原因，不在於考幾科的問題，而是被一種升學壓力、升學價值所禁錮，大家都一味追求明星學校，這個升學壓力才是根本原因。這種價值觀若是沒有改變，即使升學形式改變也沒有多大的改善效果。這位教授的診斷是正確的。有人認為乾脆廣設高中，壓力就可以消除了，我個人認為問題不在於此，現在的問題不是分配的問題、不是沒有學校可唸的問題，而是大家選擇的問題。大家都要選最好的學校，若無法選到前三志願，他們就覺得選哪裡都無所謂了。這次就發生一件很有趣的事情，有一位家長抗議學測計分時，英文錯一題也是滿分、全對也是滿分（在轉換成量尺分數後），他覺得不公平，因為他的孩子原始分數和量尺分數都是滿分，別人的孩子錯一題，卻和他的孩子一樣得到滿分，那麼他的孩子就會損失該有的優勢。由此可知其心態是想要把別人比下去以突顯其優秀，這種爭取第一志願的心態才是整個問題之關鍵。另外，還有人抗議題目太難，其實抗議題目太難的人，都是成績很好、考高分的學生，成績越好，壓力就越大，因為他們都想要擠進第一志願。

- **潘教授**

不過，學生普遍反應這次的基本學力測驗是比較難。

- **吳教授**

我們尊重大家的感覺，也了解大家的猜測。今天教育部基本學力測驗小組作了一份客觀的報告，顯示外面的感覺與猜測並不正確。大

家以為學測考得很難，要趕快補習，否則第二次一定考不好，事實上不是如此，這次台北地區考滿分的同學就從來就沒有補習，還有台北市某國中表現很好，受到很大的鼓舞，因為他們一直是正常教學，從來不作課後輔導。而很多補習班就「摃龜」了，因為他們沒有猜到我們的題目，沒掌握到基本學力指標及正常教學的教育目標，只是一味的灌輸填鴨教育，因此沒有聽說哪個補習班表現特別好的。我們不應在沒有正確數據佐證的情況下以訛傳訛，認為考試時間不夠、試題太難、太長，助長了補習班的生意。事實上，各科的平均難度接近去年，只有英文比較難一點，那是因為去年考題太簡單了，所以其實是學生給自己的心理壓力，人人都要爭奪第一志願、非要把別人比下去不可。一旦這種升學導向的態度沒有改變，那麼不管是採取哪一種入學形式，都難以改善現況，在此情況下，多元入學變成「多壓入學」也是可以理解的事實，不過，這不表示現況不能改善，我們也希望不斷改善制度。

• 潘教授

您認為是因為國人的心態沒有改變，而使多元入學就變成了「多壓入學」，原本的立意是讓你有兩次基本學歷測驗的機會，不一定兩次都要考，但在實際上卻造成學生考兩次試、壓力加倍的景況。

◆ 多元入學、多元壓力

• 潘教授

另一部份，因為增加了甄選入學、申請入學的管道，尤其只要有特殊才能或者綜合表現不錯，學生就可以透過申請入學管道來入學，因此學生開始會注意其它的才能表現，以致於以前只要把書讀好，現在不只要讀好書，還要兼顧許多才能，才可以透過這樣的管道入學。如此是否也形成學生的壓力來源呢？

• 吳教授

我想是的，若把掃廁所、學才藝、參加社團活動都當作是加分的

工具,確實會很有壓力,而且也會讓這些活動變得沒有樂趣也沒有意義。之所以重視課業考試之外的多元表現,是因爲希望能夠根據學生平時的表現來加以甄選,並藉此引導學習的正常化,讓學習生活不是只有知識背誦,還要參與社團活動、體能活動、才藝活動以及社區服務。現在這些美意被扭曲成爭取加分的工具,都是因爲我們學習態度偏差所致,此點有待改進。首先,我們可以進行家庭宣導,重視社區服務的樂趣,而不是當做一種工具目的,這樣會比較快樂,也比較有意義。再者,要讓學校老師瞭解教育的本質,了解多元入學的用意,這樣就不會作假,否則真的會變成多重壓力。談到壓力,其實任何競賽活動都會有壓力,只不過我們不希望壓力過大或不當,導致扭曲的結果。總而言之,在學成績是一個很好的參照點,我想這是勢在必行的,否則只靠兩次基本學力測驗還是不夠的。但是,我們也要多方考量如何做到公正、合理,如何設計配套措施,如何改變大眾的觀念,並且調整、改良制度上的闕漏,使每一種入學方式的美意都可以真的實現。

◆ 政策移植的危機與轉機

• 潘教授

很多制度在國外實施都沒有問題,但到了國內,因不同文化情境所致,問題就產生了。關於多元入學方案,很多人認爲原本的聯考方式還滿公平的,因爲它是以功績主義取代社經地位的影響,然,今日設了另外兩個管道後,我們可以看到民意代表關說情形就出現了,所以中國時報針對此方案公平性的調查結果,有百分之三十三認爲完全不能做到公開、公平。諸如此類的問題該如何解決呢?這個制度在國外運作得很好,他們可以不接受關說,做到公開、公平,完全依照學生表現來取捨,可到了國內卻產生了很多問題,以致於無法彰顯我們要呼籲的公平正義教育理念。

• 吳教授

我想這確實是一個兩難的問題,然,若恢復聯考制度,大家能接

受嗎？事實上，入學制度沒有萬靈丹，亦無特效藥，沒有十全十美的解決方式，事實上是配套與解讀的問題。我認為每一個方法都有優缺點，較務實的作法是先不要急躁地想要回到從前，既然我們認為過去的聯考是怪胎、怪物，那麼面對這個新生兒，我們是否應該先好好養護他、栽培他？因此，大家應冷靜地檢討此制度之優缺點，若真的無法改善這些缺點，再放棄它。比如，併計在學成績這個方向是正確的，在技術上可想辦法克服。綜言之，首先是檢討基本學力測驗，再者應思索能否更開放、更多元的發揮地區特色，以區域來選擇。另外，您也提到是否可以不要基本學力測驗，基本上我也滿贊成的，誰說每一個人都要吃同一道菜，也可以吃不一樣的。例如透過直升、保送，或是採其他標準來甄選學生，像是參與國際競賽或全國性比賽成績優異者，或者老師、教授推薦其有長期卓越表現者，這些孩子可能在學力考試的表現上不是很好，但在其他多元智能上表現優異，那麼就讓他們直接過關嘛！有何不可呢？這些皆是可以考慮的方向。

三、基本學力測驗

• 潘教授

在多元入學方案中，基本學力測驗是一個很重要的依據，今年實施第二年，還有很多人不是很清楚基本學力測驗的情形，很多人質疑基本學力測驗不是「基本」測驗嗎？那麼就應該是作為一個門檻標準，為何現在把它當成分發的依據？

◆ 兼顧門檻與鑑別力功能

• 吳教授

當初是希望在基本學力測驗門檻之上，讓各校增加自己的標準，但是現在百分之六十到百分之七十的學生是純粹以基本學歷測驗的成績來登記分發入學，因此不能完全沒有一點鑑別力。因此，基本學力測驗一方面要當作門檻，所以不能太難，題目大多是中間偏易，每

一題答對的人數設計在百分之五十到百分之七十之間，事實上百分之五十的難度是最具鑑別力的，而我們犧牲一些鑑別力來兼具中間偏易門檻的需求，但是還是要守住百分之六十左右以維持其鑑別力，具鑑別力是測驗最基本的要求。因此，它承擔著雙重功能：首先，不能太難，太難會成就補習之風，也會讓大家感到挫折、增加壓力；另外，它又是選才的依據，因此須具備基本的鑑別力。在此情況下，基本學力測驗就被設計為中間偏易，也就是題目由易到難排列下來，但不會特別的難，這是它的設計原則。

◆ 兩次學測常模一致

·潘教授

目前基本學力測驗每年舉行兩次，如果第一次考得好的同學，也許不會參加第二次，但是會不會因為第二次的常模和第一次太一樣，使得第一次考得不太好的同學，在第二次時因常模的不同，即使仍是原來的能力，但分數卻比較高？

·吳教授

這不會有問題的，因為第一次和第二次的出題原則、難度和分配等等都是一樣的、穩定的。第二次的量尺分數是依據第一次三十萬人的常模來把原始分數轉化成標準分數，因此具有相當的一致性。去年同一個學生第一次和第二次分數的差距都非常小，不會有顯著的差異。不必顧慮第二次會不會比較容易的問題，而強迫自己考兩次，給自己增加壓力，我想這是多餘的，寧可將時間作他用。若真覺得自己第一次表現失常，那麼我便鼓勵參加第二次測驗，但是，如果你認為第一次已盡了全力，就不必再給自己壓力了。

◆ 盡力縮減城鄉差距與社經背景之影響

·潘教授

還有一個問題是，我們發現基本學力測驗的成績，存在著城鄉差距，住在偏遠地區或社經地位低的孩子，他們的得分是比較低的。因

此,不知道基本學力測驗的構想是不是不利於不同地區的孩子?

• 吳教授

每年我們都會分析,但礙於大家對結果會有不同的解讀,因此這算是比較機密的資料。不過,我認為沒有一個測驗可以完全沒有差異,包括地區性的差異,只是差異多大的問題而已,這部分我們已經盡量著手控制。今年我們作了分析,發現沒有哪一題顯著利於哪個特殊群體,基本學力測驗不會比其它測驗更偏向都會地區或多數群體,此種情形是沒有的。

◆ 心測中心人員素質、操守優良

• 潘教授

台灣師範大學的心測中心人員,事實上都不是納入編制的專門成員。

• 吳教授

是的,這個學力小組是臨時編組聘僱的,不是師大的專任人員,但是都是透過嚴謹的程序選拔進來的。他們都很優秀、很認真且相當專業。

• 潘教授

這樣的組織流動率會不會很高?

• 吳教授

外面有此傳言,但我們並未加以澄清,公眾有猜測的自由,我們若要樣樣回應的話,會回應不完。

• 潘教授

事實上,大眾的質疑並不是針對心測中心,之前大考中心有一個職員就涉及是否把題目洩給補習班的問題,對此問題,心測中心有無規範之條款?

• 吳教授

　　這點大家可以放心，其實我們的流動率沒有外面說得這麼高，我們有所謂的保密合約，而且也沒有人到補習班工作。我們絕對是百分百保密、百分百安全，不容有一點點的疏忽。

四、結語

• 潘教授

　　感謝吳院長今日特別撥冗來和大家談多元入學方案的問題，以及基本學力測驗的爭議，讓我們對多元入學方案有更多的瞭解。

奧林匹亞科學競賽——緣由與引進

主持人：潘慧玲（國立台灣師範大學教育學系教授兼教研中心主任）

討論人：林明瑞（國立台灣師範大學物理學系教授）

論壇日期：2002 年 04 月 07 日

✷討論題綱✷

【 奧林匹亞科學競賽——緣由與引進 】

一、前言

二、緣起

三、國際奧林匹亞科學競賽的由來

　　◆ 「奧林匹亞」與「奧林匹克」

四、國際奧林匹亞競賽的目的

　　◆ 培育科學人才、重視基礎科學、促進文化交流

五、台灣的參賽過程

六、國內物理競賽的辦理情形

七、國內物理競賽的教育目的

　　◆ 培育科學人才

八、結語

一、前言

● 潘教授

今天我們要來談談奧林匹亞科學競賽。近來，奧林匹亞生物競賽的弊案喧騰一時，此案之爆發讓我們重新省思奧林匹亞科學競賽之由來為何，其發揮了什麼功能？在競賽中又要如何維持公平及公信力呢？今天特別邀請台灣師大物理系林明瑞教授來談此問題。

二、緣起

● 潘教授

我們知道奧林匹亞物理科競賽的計畫是由您來主持，可否先向大家介紹您與這個計畫的關連。

● 林教授

我在一九九三年擔任台灣師大物理系的主任，當時台灣參加國際奧林匹亞競賽其中的兩科（數學與化學）已兩年了。那時李總統十分關注，問及為何物理未參加？於是教育部委託我參加國際奧林匹亞物理競賽。當時不知道要向哪一個對象申請，亦無任何資料，就試著摸索，後來終於聯繫上了，並於一九九四年正式參賽。至於緣起，應該從一九九二年算起。一九九二年摸索了一年，一九九三年是觀察員的身份，一直到今年二○○二年，我們已經參加了八屆國際物理奧林匹亞競賽，今年是第九次。

三、國際奧林匹亞科學競賽的由來

◆ 「奧林匹亞」與「奧林匹克」

• 潘教授

林教授爲首位促成參與國際奧林匹亞物理競賽之學者，我們在報章雜誌上看到奧林匹亞的數理競賽亦由您來起頭。林教授多年來一直參與這個活動。然而，許多家長常搞不清楚「奧林匹亞」、「奧林匹克」這些名詞有何相異？事實上，奧林匹亞的科學競賽我們又叫「數理競賽」，在國內有數學、化學、物理、生物、資訊五科，可否談一談國際性奧林匹亞科學競賽的由來爲何？

• 林教授

一般人常聽到的是「奧林匹克」，所以會把「奧林匹亞」與「奧林匹克」混在一起。其實這兩個英文名詞的字頭是一樣的，字尾稍微有點不一樣。「奧林匹克」一般指體育的競賽，是每四年一次的世界體育競賽。那麼 Olympiad 就是智力競賽，是一年一度專門爲中學生所舉辦的智力競賽。在中文爲了把體育競賽與智力競賽有所區別，就把體育競賽稱爲「奧林匹克」，智力競賽稱爲「奧林匹亞」。

這個競賽的起源得遠推到古希臘時代。古希臘城邦因爲常常爭戰，所以約好每四年停戰全部聚集在奧林匹克山下舉辦各種競賽。當時的競賽除了體育之外還有詩歌、文學等各種類別的競賽。後來，在一次世界大戰之後，恢復舉辦的是體育競賽，因其較易推動，也比較容易得到世界各國的贊同。

在波蘭推動的不只有體育的奧林匹克競賽，還有地理、歷史、文學、藝術，當然還有科學方面的奧林匹克競賽。波蘭認爲這種精神的推行不應只侷限在波蘭地區，而應該推展到全世界，所以最早在一九五九年，波蘭幾位數學教授便倡議奧林匹克競賽不只包含運動，智力競賽也應該推展至全世界。於是，那時有五個國家首先發起科學方面的競賽，以數學、物理、化學爲主，因爲這三科比較具有客觀的水準。

當初它的定位不在於成人，因為成人比較不好帶動，而且成人已經有最高級的諾貝爾獎了，因此它著重在教育下一代，亦即以中學生為對象。起初不知道該如何進行，就先選擇了數學，因為數學只有理論，就設計題目的公平性來說是比較簡單的。所以，數學在一九五九年就發起了第一屆的競賽，數學競賽在經過幾年運作之後，大家比較有經驗了，於是開始推展到物理與化學。物理競賽創始於一九六七年，化學創始於一九六八年。物理與化學競賽在創始之初比較困難，因為物理與化學除了理論之外還有實驗，所以在設計上的難度比數學高出很多；至於生物競賽是一九八六年開始，到目前為止只舉辦了十七年而已；資訊競賽起步很晚，直至一九八九年才有，因為一九八九年以後電腦才開始普及，到現在辦了十四年；化學競賽從一九六八年開始到現在已經有三十四年；而物理競賽則有三十三屆。國際競賽上就是這五科。

四、國際奧林匹亞競賽的目的

• 潘教授

林教授講得很清楚的，一九五九年開始，從數學、物理、化學、生物，然後是資訊一路發展下來。在這個漸進發展的過程中，其目的是要彰顯、提倡科學教育？抑或另有其它想法？

◆ 培育科學人才、重視基礎科學、促進文化交流

• 林教授

最早的「基礎科學」競賽——即數學、物理、化學，其最主要的目的是在培育下一代的科學人才，希望讓中學生瞭解在科學研究裡「基礎科學」的研究才是最重要的。不管將來是從事應用、還是技術方面的研究，你的基礎還是在這三科。所以，希望透過這個競賽讓學生知道這三個基礎科學在科學與技術發展中的重要性。另外，也鼓勵資優學生，讓他有機會往這個方向發展，因而創辦了此競賽。當然，

競賽的另外一個目的是增加國際之間的交流，不要因為政治上的隔閡，而使國家與國家之間的文化交流受到阻礙。希望經由下一代菁英學生的接觸——因為這些學生將來有可能成為國家的領導者——增加對彼此文化的認識，此亦為目的之一。

• **潘教授**

各國有無評估過奧林匹亞競賽的成效呢？就像剛剛林教授提到，競賽的目的是希望讓大家瞭解基礎科學的重要性，進而提倡數學、物理、化學這些基本能力。然，透過一個競賽，是否真能達此目的呢？

• **林教授**

這是個滿好的問題。因為競賽本身設定成考試，以物理而言，有理論與實驗兩場考試，每場考試五個小時，實驗也是五個小時，涵蓋的範圍是整個物理學。所以，如果要在競賽中得勝，學生的物理知識要非常廣泛、基礎要深厚才可以。另外，學生還要非常聰明、反應要非常靈敏、分析能力也絕對要強，否則在競賽中無法勝出。但是這樣的學生是不是帶有創意？這也未必見得。這樣的學生將來從事數理中任一方面的研究，雖然不一定就是全世界出類拔萃的人物，卻也一定是上等之材。如果他有創意，更可以技冠群芳。所以，雖然不能肯定在競賽中得到金牌的學生將來會是諾貝爾得主，但是因為這種競賽重視深厚基礎，因此這些學生不管是從事哪一個行業，都會是很出色的人才。

雖然在這種競賽中無法凸顯創意，但是，另有國際中學生論文競賽，就是專門針對反應較慢、或想得較慢但是有創意的學生，讓他們可以慢工出細活，給他們競賽的機會。只是在我們國家中這種學生似乎不大受重視，也未鼓勵學生往這方面發展。

總而言之，能夠在奧林匹亞科學競賽中得獎的，絕對是聰明的學生。而這些學生對早期參加國際物理奧林匹亞競賽的國家是否有貢

獻？實際上，在一九八六年以後，由於美國和中國大陸的加入，此項競賽才會變成世界性的競賽，因為這兩個國家的人口加起來幾乎佔了世界的一半，所以這兩個國家加入之後，才擴展到七十多個國家。所以若要統計，應從一九八六年開始。在這十幾年來，當初得到金牌的學生，現在慢慢開始要冒出頭來，我們拭目以待。不過，早期我們曾問過波蘭，波蘭說雖然他們未正式追蹤（波蘭的奧林匹亞競賽中，所有中學科目都設計了競賽，但他們沒有對每一科都進行追蹤），但是就物理方面，他們有過大致的統計，波蘭所有大學物理教授中，百分之九十五以上都出身於奧林匹亞競賽。因此，奧林匹亞競賽對波蘭全國物理的發展是影響重大的。

• 潘教授

亦即，波蘭的奧林匹亞競賽不只有物理，在文學、藝術部分他們也有。這些未被推展成為國際性的奧林匹亞競賽嗎？

• 林教授

只有幾科。比如，有國際藝術奧林匹亞競賽，還有現在台灣正準備參加的國際地理奧林匹亞競賽，其實波蘭還有歷史奧林匹亞競賽，總之中學裡所有科目它都有舉辦競賽。波蘭說，他們的教育制度作得相當好，願意將其教育經驗傳播至世界。

五、台灣的參賽過程

• 潘教授

這的確是值得參考的教育經驗，以前我們常認為共產國家的教育制度一定是比較封閉的，其實不盡然如此。若我們把焦點縮小到物理科，也就是林明瑞教授最擅長的部分，是否可以說明國內爭取奧林匹亞競賽的經過？

• 林教授

剛剛提到我是在一九九二年時接受教育部的委託申請奧林匹亞競賽。當時我並不知道要向哪一個單位申請，所以一點資料也沒有，而教育部對此競賽只是風聞，認為既然有數學、化學，應該也有物理，但卻不知道物理的舉辦情形，總之此項責任就落在我身上。

第一封信是寫到聯合國的文教組織，我認為他們應該會知道，後來我才曉得聯合國文教組織對於促成國際數理競賽有相當的幫助。只是，我發出這封信之後一直沒有回信。後來我知道是不可能有回信的，因為台灣並不是聯合國的成員。正因此故，台灣在參加國際競賽時是吃盡了苦頭，非常困難。尤其是，物理奧林匹亞競賽章程規定以國家為單位，所以一個國家只能派一個代表隊，一個代表隊由五個中學生組成。既然是以國家為單位，可想而知，台灣在參加競賽時一定會受到中國大陸的打壓。於一九九二年時，我終於得到一個住址，寫信到波蘭國際奧林匹亞競賽的秘書處，他們告訴我，秘書處只負責聯絡，若要申請，應該向主辦國申請。一九九三年的主辦國是美國，波蘭秘書處給了我一個地址，於是，我又寫信到美國國際物理奧林匹亞的主持委員會去，但這封信也是久久無回應。後來，我透過其他管道，透過美國的朋友，終於找到主辦教授。他寫了一封信給我表示抱歉，因為種種原因所以沒有回信給我。主要的原因就是台灣的政治地位問題。因為章程規定競賽是以國家為單位，中國大陸已經參加了，至於台灣可否加入？會不會造成任何紛擾？要等到美國的指導委員會討論過後才可以回信。後來，終於收到回信，他說如果台灣要參加，第一年只能以觀察員的身份，而且按照國際慣例只能以台灣國家的名義來參加，於是，後來我們就以觀察員身份到美國了。在大會期間，我們遭遇很大的困難，因為中國大陸出動政治打壓情況相當嚴重，甚至於大會上宣讀中共的抗議，但美國只讓他說說而已並沒有處理。到了一九九四年，也就是第二年，正好是由中國大陸來主辦，我們要向中國大陸申請正式參賽，這樣一來問題就很大了。主要是國名爭執的問

題，章程上非常清楚地規定是以國家為單位，所以對中國大陸而言，他們也是十分棘手。台灣若以正式的國名參賽，是不大可能的。後來。我們得到國際物理奧林匹亞協會秘書長的協助，他為了這件事情特別到中國大陸與當局商談，最後採用折衷的辦法，讓我們以中華台北的名義參賽。當時我們是在比賽前兩個禮拜才獲得通知，匆匆忙忙過去的，這是第一次的參賽。

第二次參賽在澳洲，也出現了問題，我們的國名與國旗在政治上都出現問題，此問題一直到一九九六年在挪威時還是存在，一九九七年在加拿大，這個問題也不能算解決。然，國際間普遍開始同情台灣的處境，於是在入場的儀式上不用國旗與國歌。於一九九七年之後，國際競賽就大致仿造加拿大模式，不用國旗與國歌，解決了台灣一部分的問題。自一九九七年以後，我們在國際上的處境就比較好了。

六、國內物理競賽的辦理情形

● 潘教授

有許多初賽、複賽在國內舉辦，最近看到報章雜誌，生物科也有一些類似的作法。能不能請林教授談談，在國內物理科的競賽是怎麼辦理的？

● 林教授

我們在一九九四年開始第一次選拔國家代表隊參加競賽，那時由整個物理界組成工作委員會。開始時，我們即認定這個競賽表面上是資優教育，但實際上是整個科學教育、物理教育品質的提升。所以，我們希望這不僅是個資優教育，也期望它能帶動普通教育。我們的作法與數學、化學不一樣，選拔的程序是從初選、複選到決選三個階段。初選可以開放自由報名，唯一的限制是需要中華民國國籍。另外，學生的物理成績必須在全班排名前三分之一以內，認證方式是由任課老師來認證，學生的報名是經過學校統一報名。我們在全國分成九個考

區，包括台北、新竹、台中、嘉義、台南和高雄，另外包括東部有三個考區：台東、花蓮和宜蘭。同一時間舉辦考試，以初選而言，筆試一場是三小時，考試範圍是高等物理。每年參加的人數，第一年大約有一千五百人，民國九十年十月份參加的人數實際上已達五千人。

• **潘教授**

這是因爲幾年來宣傳的效果？

• **林教授**

是的。初選中，我們從將近五千人裡挑選三百人，之後發給這三百人初選的訓練教材。我們不做輔導，要學生自學，但我們聘有高中老師做平時的輔導。另外，也有一支專線電話來解答學生的問題。大約在十二月到一月中旬時，有所謂的「工作委員會」——來自於四所大學大約十六位教授組成，這十六位教授分批到各個高中巡迴演講，指導學生怎麼研讀這些教材並解答問題。這些教材是彌補國內物理教材與國際競賽所要求範圍之間的差距，而此差距是滿大的。

• **潘教授**

此處提到，從初選的五千人篩選爲三百人，然後發給他們一些訓練教材，並聘請高中老師來諮詢輔導，那麼這些高中老師可以做哪些方面的諮詢輔導呢？

• **林教授**

實際上是看哪個學校入選的人數最多，我們就請那個學校的老師來輔導，這等於是鼓勵政策，是一種榮譽。但是，這位教師是輔導他們本校的學生，所以，僅爲平常輔導，並無特別干涉我們的事務。

每年二月份初選過後，我們會舉辦複選。全國也是分爲九個考區，通常選禮拜六的下午考，也是一場三小時的筆試。不過，複選難度就高很多了，初選的題目是高等物理，其難度比大學聯考的物理還要難一些，複選的題目是接近國際競賽的水平，程度已經是相當高了。在複選裡，除了高三下的靜態物理不考之外，其它都要考，也就

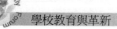

是沒有範圍。初選的三百人都有資格參加複選考試，過去這三百位學生的到考率達百分之九十七，幾乎都來考了。我們從三百位同學裡挑選三十位進入決選。

進入複選的學生，我們發給他另外一套複選的教材，這裡面包括高難度的複選教材，還有歷屆奧林匹亞的試題，當作下一階段訓練的基礎。複選的三十位學生大約在四月集中決選。從五千位到三百位、三百位到三十位，至此階段這些教授才會看到學生。決選研習的地點是在台灣師大物理系，總共有三個禮拜，第一、二個禮拜都是教學，教學主要著重在實驗與教材的研讀。尤其是實驗方面，國內學生實驗的能力很差，若以國際水平來看，我們幾乎都要從零開始教起、都要從頭訓練，因此，實驗的時間花費很多。最後一個禮拜是考試，考試總共有四場，其中兩場是三小時的理論筆試，涵蓋所有物理學範圍。另外，有兩場國際競賽模擬考試，有一場理論模擬考試是五小時，從早上八點考到下午一點鐘，另外一場是實驗的模擬考試，也是五小時。所以，學生從初選開始到決選，總共要參加六場考試，最後能進入國家代表隊的，絕對不是僥倖，他要層層過關，這也是智力與體力的考驗。

最後，我們從三十位中挑選十位，十位裡有八位是正取，兩位是備取，正取者先代表台灣參加亞洲賽。亞洲賽從兩千年開始設置，是亞洲國家為了推動下一代科學教育的人才而設立的，完全仿照國際奧林匹亞競賽來進行。第一屆在印尼舉辦，第二屆在台灣，也就是去年的四月份，第三屆是新加坡主辦。第四屆、第五屆、第六屆，到第七屆都排好了主辦的國家。所以，亞洲地區是非常重視物理奧林匹亞競賽，認為這就是提升物理教育品質最有效的方式。決選的八位學生代表國家參加亞洲賽，等到八位學生回來之後，備取那兩位學生也同時參加集訓，之後我們綜合所有的表現，最後從這十位學生中挑選五位。因此，即使是備取，也可能被選中正取，這五位人選是由教授評審會議共同來決定的，最後這五位代表國家參加國際奧林匹亞競賽。

今年的國際物理奧林匹亞競賽是在印尼的巴里島舉行，大約會有超過七十個國家參加。

七、國內物理競賽的教育目的

◆ 培育科學人才

● 潘教授

從過程中可以看到不只是競賽，還有教學。這是否跟你原先所說的目的有很大的相關？亦即不只是競賽而已，其功能也在培育科學的人才？

● 林教授

是的。雖然表面上看起來我們重視的是最後選出來的五位學生，其實我們更重視初選。因為，我們希望利用初選，促使學生投入競賽。透過此競賽，參加考試的學生會唸一些書，並進一步引起他們的興趣。另外，我們在初選與複選的過程中也編了很多題目，這些題目與一般中學裡的題目是不一樣的，這有助於鍛鍊學生的思考能力。

八、結語

● 潘教授

今天非常感謝台灣師大林明瑞教授和我們談奧林匹亞競賽議題，從剛開始爭取參賽，至國內辦理情形，慢慢地揭開奧林匹亞競賽的面紗。之後我們還要進一步來談奧林匹亞競賽如何維持其公正性與公信力的問題，以及其應如何與升學主義掛鉤和脫鉤的問題。

奧林匹亞數理競賽——台灣的參賽情況

主持人：潘慧玲（國立台灣師範大學教育學系教授兼教研中心主任）

討論人：林明瑞（國立台灣師範大學物理學系教授）

論壇日期：2002 年 04 月 14 日

❋討論題綱❋

【奧林匹亞數理競賽——台灣的參賽情況】

一、前言

二、國內競賽的試題與評審過程

三、物理科競賽與其他科的區別

◆ 以全國物理競賽帶動普通科學教育

四、參賽選手的課業問題

五、奧林匹亞競賽成效之評估

六、各國因應奧林匹亞競賽的作法

七、保送制度應否廢除

八、結語

一、前言

●潘教授

　　上禮拜我們特別請到台灣師大物理系林明瑞教授和我們談奧林匹亞競賽的由來，以及林教授如何在國內爭取參加競賽（特別是物理方面）。由於奧林匹亞競賽生物科弊案事件在報章雜誌上掀起一陣討論，也引起大家關心奧林匹亞競賽的真諦為何？所以，今天我們要繼續討論奧林匹亞競賽的公平性與公證力的問題，及其與升學到底要不要脫勾？

二、國內競賽的試題與評審過程

●潘教授

　　有鑑於日前的生物科競賽弊案，我們進一步來談談奧林匹亞競賽要怎麼樣維持它的公正性與公信力，及其與升學主義如何掛勾與脫勾的問題。以物理科為例，從初選、複選到決選，這三個階段要怎麼樣維持公正性，讓外人不可能篡改成績？

●林教授

　　物理科分成初選、複選與決選，我就每個階段的考試，怎樣命題、怎樣評審，來做說明。首先是初選，初選是每年十月在全國九個地區同一天舉行，時間通常是禮拜六下午一點半到四點半。考試內容皆為筆試，考試的範圍是高等物理部分，只有力學與熱學。考試的內容有三十題填充、兩大題計算題。填充題雖然只填一個數字，實際上就是小的計算題，一格四分，總共佔一百二十分。兩題大型計算題要花比較多的心力計算，每一題十五分，所以合起來是一百五十分。

●潘教授

　　這些命題是老師之前就命好的嗎？有無經過入闈的手續呢？

● **林教授**

　　這些題目的難度超過大學聯考，另外也需用到微積分。而聯考的題目實際上等於課本題目的變化，考試時間只有八十分鐘，所以考的題目都很短、很簡單，這種題目對於學生學習物理不會產生正面的提引功用，因為沒有分析或是鍛鍊的機會。但奧林匹亞的題目是由四所大學、十六位教授結合出的題目，期能將物理之理論與實際結合在一起，大部分的題目都是由教授設計，我們也希望這些題目能讓學生有正確學習物理的機會，也利用這些題目來鍛鍊學生的分析和思考能力。這些題目是經過教授們共同集思完成的，包括試題與解答的部分，所以，不可能在闈內由幾個人共同完成，那是不可能的事。通常我們在每年的九月份開始大約兩個禮拜集會一次，這個工作是從九月份一直工作到第二年的三月份。每年要出的題目有幾十個，對教授的智力是嚴重的挑戰。每年都要出幾十個題目，幾年下來就有幾百題，真的是相當可觀。

● **潘教授**

　　每年都累積了這麼多題目，補習班會不會把它們變成考古題，然後學生就去補習？

● **林教授**

　　其實我們也歡迎這樣，因為這是超出大學聯考的難度，因此學生如果拿這些題目好好唸的話，大學聯考的題目反而變得很簡單。我們每年出了幾十道題目，第二年與第一年的題目不能重複，年年這樣做下來真的不得了，所以這對教授來說是很大的挑戰。也因為如此，奧林匹亞間接改善了大學的教學品質。

　　另外，評審的情況是，九區中每一區都有一位教授主持競賽，他直接把試題帶過去，不會假手外人，當天即把答案卷帶回來，答案卷都是手寫的。

● **潘教授**

　　九區都是由十六位教授自己分配來主持考試？

● 林教授

對,有九位教授分別到各區去,當天考試完後他馬上要趕回來。第二天,我們所有的教授集中改考卷。填充題的部分是數字,我們就召集助教來改,事先規範好裡面的內容達到什麼程度給幾分,而那兩題計算題完全由教授來改。我們設計這兩題的目的,一方面要測出學生的能力,另一方面由教授來改,目的在瞭解全國中學生物理思考能力在什麼程度,這有助於我們瞭解學生學習物理的型態,對於我們推動物理教育有很大的幫助。

通常要閱卷五千份,閱卷時間要六小時,從早上九點鐘改到下午三點鐘。另外,在改的過程中馬上輸入成績,等我們改完所有的成績檔案都出來了,之後我們馬上按照總分開始排名,然後把它印出來,每個教授都有一份書面資料,當場就決定前面的三百名。一完成決定,便做成正式的會議記錄,第二天錄取的名單就直接上網、傳真。我們也會把所有學生是否錄取、他的分數排名知會給學校,並且開始製作錄取的證書。我們有正式的公文報教育部,因此整個過程是沒有任何時間空檔,學生應該在第二個禮拜就可以知道自己的成績。一般而言,我們不主動告知學生的排名,如果他想知道可以告訴他。主要是擔心有些學生如果在五千名中排名兩三千名的話,心情受到影響。另外,入選的三百名學生我們也不做排名,因為我們認為初選是篩選考試,所以不做任何排名。

複選的情況是一樣的,它有六大題,全部都是計算題,複選的所有試題全部由教授來改,不假手助教。時間也是禮拜六下午考試,禮拜天所有教授集中,大概會從上午九點改到下午兩三點就把這三百份的試題全部改完。其後,馬上輸入成績,當天決定人選,禮拜一開始傳真、上網。錄取的三十名學生也不做排名,我們的目的是所有的學生只要錄取就是很好,我們都給他一個希望,都有可能進入最後的決選。

決選時,研習營共有三個禮拜,前兩個禮拜是教學,最後一個禮

拜是考試，總共有四場考試。四場考試中有兩場是三小時，另外有兩場是國際模擬考為五小時。在決選時，因為考試份量重所以有加權。複選成績通常加權只乘以一，決選的成績乘以五得到他的加權平均。分數不是算絕對分數，而是算積分，就是仿造大學入學考試的積分制。我們分成十積分制，這樣可以避免這個學生跟其他人只差一兩分卻出現差異的情形。我們以積分排名決定最後的人選。決定最後人選時，通常會邀請教育部的主管單位，也就是中教司派人監督，在當場決定名單。

以初選、複選來說，因為是手寫的不能電腦閱卷，所有的成績都是在同一個房間裡批改，不會假手外人，而整個成績的登錄與發送也沒有時間間隔，因此不可能有舞弊之機會。

•潘教授

於整個過程中，林明瑞教授說不假手他人，當場有十六位教授看成績，不是任何一個人可以決定要不要篡改成績。

•林教授

我要強調的是，除了電子檔之外，另外有書面資料，所有的教授人手一本，所以無從篡改。假若改了電子檔，另外的書面資料是所有教授都有的，一經核對馬上就知道了。

•潘教授

至於試題部分剛剛說不會入闈，那怎麼讓試題不外洩？變成教授的人格保證了是嗎？

•林教授

對。初選已經比一般的大學聯考難度要高，必須用到微積分；複選是接近國際競賽水平，國際競賽設定的難度是博士資格考試的水準，其中的數學不超過微積分，但是難度的確是接近博士資格考試的水準。這樣超難度的試題，是不可能把兩三個人關起來就要命題，那是做不出來的。所以我們需要教授集思廣益，這樣才能作得好。另外，

每年都要出題，如果只有這幾個人出根本做不到。所以，關於試題保密性問題，可能就得要相信教授的良知，他對社會有責任。假定有任何弊端產生，有某某人洩題，他也會受到嚴懲。我們沒有必要什麼事情都要防弊，怕這個怕那個，如果這樣這個社會就沒有一個可以相信的人了。雖然我們不能保證教授都能百分之百地秉持社會良知，但是只要誰犯錯，誰就該受到嚴懲。我們應該相信教授有社會正義、道德良知。

三、物理科競賽與其他科的區別

• 潘教授

另外，我們也想進一步瞭解，在科學競賽裡的五個科目：物理、化學、生物、資訊還有數學，物理科是這麼進行，生物科也是比照物理科的作法有初試與複選，那數學與化學的部分是否就不是這麼進行？

• 林教授

是的，數學與化學沒有這種全國性的規模，因為當初在進行時理念不一樣。數學與化學是比較早開始的，當時他們只是為了參加國際競賽，而從全國資優生中挑選五位。

◆ 以全國物理競賽帶動普通科學教育

• 林教授

我們曾經檢討過他們的作法，覺得如果這個競賽的價值是選五個為國爭光的話，教育價值不是很大。物理系的集會是期望能把這個競賽擴展到普通教育，因此，我們非常重視初選。亦即，我們的理念是讓資優教育來帶動整個教育，雖然還是要選出最後的五名，但之前的初選、複選發動了許多學生來參與，也就順便帶動了普通教育。但是要怎樣帶動普通教育？這裡最重要的關鍵是高中的科學老師，尤其是物理老師。我們對物理老師有相當大的期待，還曾經為了物理老師舉

辦研討會。

再者，我們以國際競賽的試題為教材，因其具有高難度，相當於大學教材的難度。另者，全國物理教授所編的試題裡，把自然現象與理論結合，也是非常好的題目，在民間的參考書裡絕對沒有這樣的題目。如果學生沒有早一點受到這樣的訓練，他所學到的物理知識是沒有辦法應用的。我們選的題目都是有用的問題，學生從發現問題、分析問題到解決問題，都有相當好的引導，而這就是我們的目的。此外，我們也編寫了奧林匹亞叢書。所謂奧林匹亞叢書就是把這些題目分類、選進教材，以彌補物理教材與國際競賽間的差距。我們將這些東西廣為分發，也利用這些來訓練老師，是以老師的專業能力應該會獲得提升。另外，老師如果要與學生討論，他也會有一個很好的教材寶庫，隨時可以從裡面蒐集。總之，這些題目絕對不是普通的補習班能弄出來的，因為一般的升學題目都很簡單，學生在簡單的題目中反覆練習反而是浪費他的生命。所以，為什麼我們說以前的聯考會把整個學生的想法都框架化、喪失創意，因為他們在簡單的試題裡浪費了黃金年齡。

四、參賽選手的課業問題

●潘教授

您提到奧林匹亞物理競賽不僅是學生科學能力的提升，也寄望老師專業能力的提升，來幫助學生學習。這裡有個問題是，之前說整個競賽有四個學校、十六位教授參與，到底是哪些學校的教授？

●林教授

我們總共有十六位教授組成競賽委員會來負責事務與行政的業務。這十六位教授有八位是來自於台灣師大，有三位來自於台灣大學，有三位來自於交通大學，另外兩位來自於清華大學，所以總共十六位教授。

• **潘教授**

外界一般誤以為是台灣師大壟斷了整個來源，事實上不見得如此，參與之教授有很多不同的來源。另外，剛剛林教授也提到學生在整個決選、複選裡要研讀很多教材，那麼訓練期間他們的課業怎麼辦？

• **林教授**

我們重視的是初選，初選的來源是高二普通物理教科書而已，所以題目的內容都是從物理教科書出來的，但是難度是比大學聯考的難度要高一些。另外，我們也要求要有一點微積分的知識，但用的時候並不多。複選的難度就比較高了，因為複選以後就算是菁英教育了，在複選之前算是普及教育。普及教育重視課本，所以學生如果課本念得好，就應該可以考得滿不錯的。但複選以後，我們要從三百個中挑選三十個，三十個中要挑選十個、五個，這是屬於菁英教育。我們要的是非常聰明且自學能力非常高的學生。

• **潘教授**

他們不是要有兩個禮拜來集訓，一個禮拜來考試，在此三個禮拜裡他們原來的課業怎麼辦？

• **林教授**

決選時間通常是四月一日，在四月一日之前大學申請入學或是推甄都已經結束。若他未進入申請或是推甄，沒有獲得大學資格的話，他就不大敢來了。能夠來的人大多是已經有學校唸，所以就放心來研習。另一方面，由於這是高難度的教材，他在此之前可能需要花時間研讀，研讀這些教材對他本身的課業是很有幫助的，這是循序漸進的過程，又是分析力較強的題目，因此，大學聯考的題目對他而言就變得很簡單，這對學生是很有利的。

五、奧林匹亞競賽成效之評估

● 潘教授

另外，可不可以就奧林匹亞競賽的成效作一個評估？對此成效之評估，我關心的有幾點：第一點是參賽學生的表現，到底我們在國際競賽的表現如何？再者，這些參賽者進入大學以後的表現如何？他們的學習情況如何？以及他們畢業以後有沒有繼續進修？進修的狀況又是什麼？這是第一個有關參賽學生的表現。

● 林教授

過去八年來，我們參加國際競賽的表現，前三年相當穩定，在世界的排名是第六名。大約從一九九九年到二〇〇一年，每一年都可以得到兩面金牌。國際章程非常清楚地規定，其設定是個別之間的競賽，而避免國家的排名，因為國家排名會傷害國家之間的感情，而且這是一個教育活動。但是在大會結束之前，國際委員會會登出所有參賽選手的資料，這對於各國推動資優教育是非常重要的指標，因為他可以從國際尺度上比較每個國家推動資優教育的表現，並藉此調整，所以這是非常好的教育統計資料。但是，每個國家在排名時是按照團隊國家來排名，團隊成績是各個國家自己統計，不是大會統計。有的國家以金牌數來統計，認為這是資優競賽，是全世界最聰明的學生參加的競賽，重視的是金牌得有多少。如此一來，各個國家的排名可能不大一樣。若是以團隊平均成績來排名，前三年我們穩居第六名。如果是金牌數的排名，我們穩居第五名。但於三年前，也就是一九九八年以前，我們的排名都在十名之外，所以成績並不是那麼理想。早期來說，我們甚至還排到第十七名。後來我們逐年進步，是以前三年的成績是滿穩定的。

● 潘教授

那麼這些孩子上大學以後的表現情形呢？

● 林教授

　　國內物理參賽已經有八年了，每年有五個學生，中間有幾位同學連續參加兩年，他是高二就入選，高三又再參加一次。所以到目前為止我們大約有三十七位國家代表隊的同學進入大學，其中大約不到一半還留在物理領域，其他同學分別在電機系、資訊系還有醫科。物理方面，大部分的學生都集中在台大物理系，他們在台大物理系的成績非常好，於是有個笑話說，整個奧林匹亞的成果收穫者是台大物理系，其錄取學生的成績比以前要高很多。我們目前第一屆參加國家代表隊的同學已出國留學，有的在加州理工學院、有的在史丹佛大學，還有幾個分別在名校裡。

六、各國因應奧林匹亞競賽的作法

● 潘教授

　　這裡引發出某些關聯性來，亦即在國外，是將奧林匹亞競賽當作夏令營舉辦，可是我們的學生為了排名還特別集訓——剛剛提到兩個禮拜的研習教材，對此部分可否補充說明？

● 林教授

　　此為外界之誤解。國際奧林匹亞競賽絕非夏令營，絕非遊樂性質。國際競賽規定，國家代表要經過參賽國教育部的認可，易言之，這個國家代表不是民間私下可以組織的，而是由國家認定。怎樣選拔是國家的事情，這個代表就是代表國家去參加，絕非普通玩樂性質的夏令營，各國其實都非常地重視。

● 潘教授

　　他們也都有集訓活動？

● 林教授

　　是的。比如歐洲國家有集訓。而像美國，他們選出二十位學生集

中在馬里蘭大學集訓，他們的集訓是兩個禮拜到三個禮拜。中國大陸的集訓過去常常是一年，最近他們大概縮短爲半年。不過中國大陸把這個當作國家計畫，初選是由國家來辦理，初選就有一百萬人報名，所以他們是從一百萬人挑選一百多人出來，再從一百多人中挑選三十名出來，等於是一種長期培養。中國大陸認爲，奧林匹亞計畫是在幫國家培養優秀的幹部，通常在高二時就選出來，高三一整年進行集訓。至於越南或印尼，他們將此當成國家的重要計畫。以印尼來說，甚至把它當成諾貝爾獎的培訓計畫，希望經由長期的培訓而能達到諾貝爾獎的程度。在歐洲國家，有所謂的週末班，就是週末到各個大學去學習。等到決選出來即舉辦集訓，大約一個月左右。因此，這並非夏令營。

七、保送制度應否廢除

●潘教授

目前在爭論一個問題，就是奧林匹亞的成績要不要與入學方案脫鉤的問題，可否就這個問題來談保送制度是否要維持？因爲中等學生參加國際數理學科與奧林匹亞競賽保送升學實施辦法，到今年十二月就截止適用，對此問題，想請教林教授的看法？

●林教授

目前數理奧林匹亞競賽有五科，進入國家代表隊的學生合起來才二十三位。二十三位中，有一部份是高二的學生，多數是高三的學生。對於高三的學生來說，參加奧林匹亞之前他們都已經升入大學了，所以，比較少人利用這種保送的辦法。利用保送辦法的多半是申請轉系，轉入他更喜歡的系。但對於高二學生來說，這是很大的鼓勵，因爲如果他高一開始準備，高二能進入國家代表隊，表示他是非常聰明的學生，是值得國家來培育。所以，若無保送，他就會想：「我何必這麼辛苦呢？」若他能於高二參加國際競賽，並得勝而獲得保送，那

麼在他高三的黃金年齡可以做很多事。一個人的一生中能力發展最快速的階段是高二與高三，若多出一年來念書，該名學生將來很有機會成為有用的人。另外，所有的人無論是大人或學生皆須鼓勵，更何況是這些小朋友。

八、結語

● 潘教授

　　基本上林教授認為保送制度是要維持的。經過兩極的討論，我們對奧林匹亞數理競賽有更清楚的了解，不管是由來、目的或功能，甚至於與升學入學制度要怎樣結合的問題，都有了深入的討論。當然，我們仍舊期望藉由參與這樣一個國際盛會，能夠提昇國內科學教育水準，與世界齊頭。然，另方面也須留意競賽所引起的漣漪，會造成哪些教育制度上的問題。

第三篇：

大學教育

大學通識教育的沿革與理念精神

主持人：潘慧玲（國立台灣師範大學教育學系教授兼教研中心主任）

討論人：黃坤錦（國立交通大學教育研究所教授）

論壇日期：2003 年 08 月 31 日

❋討論題綱❋

【大學通識教育的沿革與理念精神】

一、前言

二、通識教育的意涵

◆ 通識教育意涵的沿革：從博雅教育而來

◆ 大學專業教育＝專門教育＋通識教育

◆ 中小學教育本身就是一種通識教育

三、通識教育的重要性

◆ 通識教育發展的歷史脈絡

四、通識教育的課程設計

◆ 國內通識教育的學分數較為不足

◆ 哈佛通識教育的課程設計：以培育未來領袖為鵠的

◆ 「通識課程」有別於附加體育、軍訓、勞動服務的
「共通課程」

◆ 「共同科目」包含在通識教育裡頭

◆ 通識課程乃為非本科系學生提供的概論性課程

五、結語

一、前言

● 潘教授

近來，社會上出現許多對教改不滿的聲音，在我們一週教育論壇裡頭，除了討論先進或即將推出的教育政策外，也要探討基礎的教育建設工程。因此，繼以十二年國教的熱門話題為主題後，今天要和大家談談大學通識教育，請到的來賓是鑽研通識教育多年的交通大學教育研究所黃坤錦教授。先請您介紹您在這方面的研究。

● 黃教授

我一直是研讀教育學的。民國七十七年從美國回來之後，就在交通大學的大學共同科任教，共同科裡面有一個通識教育組，我是這個組的召集人。在此期間，我做了很多通識教育方面的研究工作，也負責國內大學通識教育的評鑑工作，又加入中華民國通識教育協會多年，一直擔任理事方面的工作，且目前的研究、教學工作都與國內大學通識教育有關。

● 潘教授

黃教授除了學術上的鑽研之外，也透過評鑑來瞭解國內通識教育的實施情形，所以特別請您來談這個議題。

二、通識教育的意涵

● 潘教授

談通識教育的時候，必須回頭思考教育的本質與教育的目的是什麼？我們經常說教育是要培養一個「全人」、一個「文化人」，可是，今天社會受到功利主義影響，在大學裡頭講究的是專業能力的培養，最近甚至還想把大學就業率放到大學評鑑指標裡頭。此種作法讓我們不得不重新思考大學之存在目的？而通識教育存在大學的意義又是什麼？首先，要麻煩黃教授先來談談通識教育的意涵。

◆ 通識教育意涵的沿革：從博雅教育而來

• 黃教授

　　大學通識教育的意涵可以分成兩個主要階段,西方最早不叫通識教育,而叫做「文雅教育」。早期西方所有大學生上的文雅教育科目是「文法」、「邏輯」、「修辭」此三藝,再加上「幾何」、「算術」、「天文」、「音樂」此四藝,合稱「七藝」(seven class)。我國以往則有「大學」、「中庸」、「論語」、「孟子」四書,再加上「經」、「史」、「子」、「集」五經。不管是西方的七藝,或是我國的四書五經,這些內容大致上都是形而上的學科,所以它叫做"libert art"。"libert"的意思也就是英文的"liberty"(自由),意即人不受限於現實社會、生活等固有的物質型態,而要在精神上超脫出來,所以稱為"libert education"。從這些科目來看,不管是音樂、天文、邏輯、文法,皆非著重職業技藝上的培養。"libert education"是對照於當年的"vocational education"(職業教育)而來的。一般人在中下階層所受的教育都是職業教育,都是一種實際的、技藝的教育,既然到了大學以上,層次就應該更高,應該超脫在職業教育之上,應該在實際、技藝之上,追求精神的境界,所以那時候叫做「博雅教育」。但是,這樣的文雅教育到了二十世紀以後,因為每個人都要工作,所以不認為職業教育就是低一等的層次,因此現在不叫"libert education",而叫做"general education"。"general education"(通識教育)一詞,是對應於現在的各種科目,各科、各系的科目就叫做"special education"(專門教育)。譬如,學土木的就有鋼筋、混凝土、結構力學等專門科目。除卻專門科目(special education)以外,學生還要學很多通識教育(general education),此種大學教育才是「專業教育」(professional education)。

◆ 大學專業教育＝專門教育＋通識教育

• 黃教授

　　國內常常將這兩個名詞弄混,一個是「專業」(professional),

一個是「專門」（special），若大學一百二十八個學分裡有一百個學分是專門科目，有二十八個學分是通識教育，那麼必須把一百個專門教育加上二十八個通識教育，合起來才叫專業教育（professional education）。總而言之，僅有專門教育就只是限制在職業、各科系上，必須加上文雅教育精神、通識教育精神，這樣才能真正達到大學教育的本質和精義。假如今天大學只注重職業部份、重視學生畢業後能夠有多少出路，這樣的層次太低了，沒有真正達到通識教育，甚至沒有真正達到大學專業教育的理想境界。

• 潘教授

因此，就整個通識教育意涵的沿革來看，本來叫做博雅教育或文雅教育，一直轉變到現在成為我們通稱的「通識教育」。再者，我們在談 liberal education 或 libert education 的時候，通常談的是有錢人所受的教育，然而，現在我們所談的通識教育，就較無階級性了，所以這之中也有一種階級意識的轉變。

另外，您提到第二個滿重要的重點在於，大學的專業教育應包含什麼樣的內容才是完整的？黃教授認為應該有通識教育一環和專門教育一環，兩個結合起來，才叫做培養專業能力的大學教育。不過，談到大學通識教育，我們可能也要往前追溯，中小學的部份呢？是不是也要在中小學強調三藝、七藝？

◆ 中小學教育本身就是一種通識教育

• 黃教授

中小學本身就是通識教育，就是國民素養的一種移植，而不是為某一種特定行業做準備。只是，到了大學以後，因為大學分科分得太細，所以只有專門教育是不夠的。以土木系來講，所讀的科目不管是鋼筋、混凝土、結構力學等，都是它的專門教育，但是學生必須讀上一點美學，這樣他蓋出來的房子才能符合美的要求；不只是讀美學而已，仍要注意到工程的倫理，假設他蓋的房子很粗糙，一碰到九二一

地震學校的建築就垮下來，影響到好多人的生命，那麼他就沒有工程倫理，偷工減料；第三，他還要讀生態學，假如他蓋的房子很美、也很堅固，但是破壞了周遭環境，這樣就是沒有生態觀念。因此，一個讀土木系的學生，除了原來的鋼筋、混凝土科目之外，還要讀美學、工程倫理和生態學，而這些都是通識教育的重要範圍。

三、通識教育的重要性

・潘教授

我們以前似乎並不強調大學通識教育的重要性。我記得大約是在民國七十幾年之後，國內才陸陸續續談通識教育。為何以往不談通識教育，卻於七十幾年後特別強調通識教育呢？

◆ 通識教育發展的歷史脈絡

・黃教授

國內最早是在民國六十年代、東海大學剛成立不久時，推行了「宏通教育」，也就是希望學生有「廣博的視野、開闊的胸襟」的教育，推行了將近十多年。後來，因為沒有再補助這方面的教育經費，所以就逐漸地萎縮下去。一直到民國七十三年，台大實施了「共同教育」，大家才又逐漸開始推行共同教育。到了民國七十六，教育部便正式規定國內所有大學院校都要有共同科的教育，學生除了要讀國文、英文、中國近代史、國父思想、我國憲法之外，還要有八個學分的通識教育。因此，當時的通識教育是涵蓋在共同科的二十八個學分裡面，其中八個學分是通識教育，包含人文、社會、自然科技三方面，所以那時候還是一個比較狹隘的通識教育。

又經過十年，到了民國八十三年，就把共同科的名稱改變，全部叫做「通識教育」。它有一個很重要的意義：對於一個國文系學生來說，國文系已經是他的專門科目，天天讀中文了，為何還要再讀六個學分的大一國文？外文系的學生來說，英文本就是他的專門教育，然

其共同科中又有六個學分的英文，不是又多了六個學分的英文？對法律系的同學也是一樣，民法、憲法已經是他的專門教育，但是他又要讀中國憲法。科目彼此之間有所重疊，因此我們建議國文系的同學不需要再讀大一國文，英文系同學不需要再讀大一英文，法律系同學不需要再讀中華民國憲法，歷史系同學不需要再讀中國通史、中國近代史。因此，這二十八個學分，就叫做彈性科目。意即，學生可以多修專門科目以外的科目。例如，外文系同學可以將原來大一英文的六個學分，拿去修社會科、自然科。法律系同學不必再修中華民國憲法，可以把原來的學分改修其他科目。歷史系同學也不必再修中國通史、中國近代史，可以多修一點社會科或自然科。因此，這二十八個學分全部都叫做通識教育，而通識教育也由原來的八個學分變成二十八個學分，之後就沒有共同科這個名稱了。

四、通識教育的課程設計

● 潘教授

　　黃教授提及歷史脈絡的發展，讓我也想起國內通識教育走過的這一段歷程。當時有所謂大學必修科目共二十個學分，還有點綴性的八個學分通識課程，可見當時對通識課程的概念並不是掌握得那麼好、那麼精確，很多共同必修科目的學分，也可以作為通識課程。所以，民國八十三年之後，又重新調整必修科目。不過，這也涉及到如果今天有二十八個學分的通識課程，甚至有些學校擴充到四十幾個學分的通識課程，那麼要用什麼樣的理念來設計這樣的通識課程呢？易言之，原本教育部定有二十個共同必修科目，經過大法官釋憲後，實施大學自主，大學可自定科目了，於是教育部就不能規定各校要修那二十個學分。因此，我們可以看到對於這二十八個，甚至是四十幾個通識教育學分的課程設計，每個學校都不太一樣，這其中有無依循什麼理念來設計通識課程？

◆ 國內通識教育的學分數較爲不足

·黃教授

依從大法官的解釋，大學課程可以自主，所以並不限定通識課程一定要二十八個學分，也可以比二十八個學分多或少。目前國內大部分的學校還是維持在二十八上下二個學分，不過也有學校通識課程學分數很多，例如南華大學就高達四十幾個學分，也有一些學校就只剩下十八個學分，情況不一而足。

如果從百分比來看，國內大學學位的學分假設有一百二十八個，通識若有二十八的學分，就佔了一百二十八學分裡的百分之二十二，這個百分比是很少的。但是，就美國的學校而言，絕大部分的大學，通識學分都佔了百分之三十五左右，日本也是佔了百分之三十五左右，這就表示美國和日本的通識教育學分數都比我們高。美國一些著名大學，如芝加哥大學、哈佛大學、耶魯大學，這些學校的通識教育百分比更高，佔了百分之四十，哈佛大學甚至高達百分之四十五。

◆ 哈佛通識教育的課程設計：以培育未來領袖爲鵠的

·黃教授

我曾經訪問過哈佛大學，他們通識學分數那麼高的主要原因，是因爲他們體悟到，在現代，專門科目很快就隨著時間而改變。常於三、五年後，在大學裡所讀的東西，其時效性很快就過去了。因此，大學畢業生在學校裡面所得到的，不管是知識或技藝，真正能夠應用到工作職場上的，最多只能撐個五年到十年，之後一定會改變。因此，大學畢業生畢業以後，前面十年用到的知識和技藝，可能是他大學所讀的。但在畢業十年、二十年後，就不是做原來的低階工作，而是中階管理人才，那時他所需要的是人與人之間的溝通管理能力。到了畢業三十年，通常都當了廠長、總經理，此時他需要做判斷、做決策的能力，其所需之知識已非當年大學時候所讀的專門科目，而應爲廣博、宏通地對人文、社會、自然的總體融合了解。

因此，大學如果有太多專門科目要修，而通識教育太少，那麼在未來快速轉變的時代裡是不夠用的。美國很多大學有鑑於此，就把專門科目的比例由百分之七十逐漸降到百分之六十五上下。而哈佛大學只有百分之五十五是專門科目，百分之四十五是通識教育，其以爲哈佛大學是一所卓越的頂尖大學，學生畢業之後都是要當社會的領導人，而領導人要讀的東西就是通識教育，因爲通識教育是最廣博、最有效的知識。所以，國內很多卓越大學、尖端大學更應增加通識教育的學分數，否則只限於專門科目，學生未來將跳脫不開原來學科的限制。因此，我建議國內應該把現在只有百分之二十二的通識學分，調整到至少要有百分之三十的通識學分。也許不一定要達到美國和日本的百分之三十五，但是至少要達到百分之三十，這樣才比較合理，也較能符應未來世界潮流的發展。

◆ 「通識課程」有別於附加體育、軍訓、勞動服務的「共通課程」

• 潘教授

剛剛您提到通識教育在學分數上的安排，哈佛大學甚至佔了百分之四十到五十之多，而國內目前只佔了百分之二十二左右。如果我們從另一個角度來看通識課程內涵設計的問題，我們會看到有些學校雖然有通識課程，可是通識課程中還包含著共同課程，亦即將以前共同必修科的科目也放進通識課程中。易言之，雖然帽子掛著通識課程，可是裡頭還區分爲兩大區塊（共同必修科、通識），甚至有些學校把這兩大區塊的課程稱爲「共通課程」，黃教授您有什麼看法呢？

• 黃教授

「共通課程」與「通識課程」的確容易在名詞上混淆，很多大學的共通課程就是把原來的通識課程，再加上體育還有軍訓，甚至是勞動服務，一起合稱爲「共通課程」。若從通識教育的本質、精神來看，共通教育的體育和軍訓不應該屬於通識教育的範疇，兩者之間仍應有

所區別。目前，國內為了行政機構方便起見，把原來的通識課程再加上軍訓、體育、勞動服務一起當作通識課程。原來的通識課程是二十八學分，體育、軍訓、勞動服務都是沒有學分的課程，只是要花時間去修習，所以有些學校就把這些科目全部叫做「共通教育」或「共同教育」。

然，若從「形式範圍」來講，真正的通識課程包括了人文、社會、自然科技三大方面：「人文」部分包括了歷史、藝術，第二個是「社會科學」，而「自然科技」包括生命科學和非生命科學，這些才是通識教育課程的範圍所在。若從「意義範圍」來說，「通識」一詞真正的本質內涵，應該是注重精神的自由、心靈的滿足、生命的尊重、生活的價值、資源的善用、宇宙的和諧，這樣一種本質的課程才是通識教育意涵所在。所以，不管是人文的、社會的，或者自然的，它們共同追求的一定是人類精神、生命、宇宙等方面。由此觀點來看，目前的體育和軍訓課並不在通識課程的範圍內，因此共通課程與通識課程兩者在本質上是有所區別的。

◆ 「共同科目」包含在通識教育裡頭

• 潘教授

若回到我剛剛所問的問題上，目前的課程設計有的把共同科目也放進去，例如有國文、英文、近代史這些課程，它的大帽子是通識課

程，可是其內裡卻是這些共同科目，您認為這些科目也是通識教育的一環嗎？

• 黃教授

這些應該也屬於通識教育的範圍，因為國文、英文本來就在人文領域裡面，所以仍屬於通識課程。

• 潘教授

如此一來，「通識」的意涵到底是什麼呢？如果化學系來開一個

化學概論，是否也可以叫做通識課程？易言之，通識課程的設計可不可以只是單一學科的設計，還是跨學科的設計呢？

◆ **通識課程乃爲非本科系學生提供的概論性課程**

• 黃教授

如果開化學概論這堂課，就要看是誰去修習，才能知道它是不是通識課程。假如他已經是理學院、工學院的學生，就不應該再修化學概論，因爲他已於理學院、工學院裡面修過化學概論了。但是文學院或社會科學院的同學修化學概論，就可以算是修習通識課程中人文、社會、自然三大類的自然類。不過，很重要的一點是，開化學概論的教師若是在理學院、工學院開這堂課，那麼就是純粹談化學本身的專門科目。但如果這位老師是在文學院、社會科學院上化學概論，那麼他的重點就不在於化學的本身，而是在談化學與人文、化學與文學院學生有什麼關係、化學與社會學院學生有什麼關係了。從這樣的角度來看，同樣的一個老師，開同樣的一門化學概論，但是因爲對象不同，重點也就不一樣。而如果這堂課是開在人文學院、社會科學院裡面，就可以算是通識課程。

• 潘教授

假若由此角度切入，在本科系開化學概論時，事實上是專門科目的一環了，但若是開設給其他學系的學生修習，於內容上就必須與人文、社會結合，這樣就可算是通識課程的一環。進一步而言，若爲一個很艱深的專門科目，事實上是否就不適合放在通識課程中讓學生修習？

• 黃教授

是的。舉例來說，交通大學的學生希望開一門通識課程，叫做「後現代的福賽爾現象學」，我就問這個同學你讀過「哲學概論」嗎？如果沒讀過哲學概論，也未讀過福賽爾，一開始就要讀後現代現象學，這是不太可能的。這門課是哲學研究所博士班的專門科目，而非大學的通識科目。

五、結語

● 潘教授

　　今天我們談了很多通識課程的基本概念、本質與目的。事實上，國內實施這麼多年的通識課程，也引發出不少問題，值得我們進一步再去深思。因此，下次論壇我們要探討的主題就是通識教育目前的制度與課程實施情形。

國內大學通識教育的實踐

主持人：潘慧玲（國立台灣師範大學教育學系教授兼教研中心主任）

討論人：黃坤錦（國立交通大學教育研究所教授）

論壇日期：2003 年 09 月 07 日

✸討論題綱✸

【國內大學通識教育的實踐】

一、前言

二、國內外通識教育的實施現況

◆ 國內：課程規劃遷就於現有師資

◆ 國內：通識課程選修自由，易偏失

◆ 國外：分類必修、完全自由選修或核心選修

◆ 國內以哈佛大學核心選修方式最合適

◆ 通識課程的設計應有邏輯順序安排

三、通識教育的運作

◆ 缺失：缺乏「通識教育委員會」機制的設立

◆ 缺失：通識教育中心的功能有待加強

◆ 缺失：通識教育的師資不足

◆ 期望：全校老師需共同投入通識教育

◆ 期望：各系所優秀教師的熱烈投入

四、通識教育的展望

◆ 落實通識教育的規劃理想

五、結語

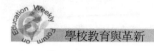
一、前言

●潘教授

　　我們經常說教育的終極目的，是希望個人能夠實踐生命價值。然而，在愈來愈走向專精化的社會中，來檢視我們的大學教育時，可以發現我們離全人教育的目標仍然很遠。上次論壇我們對於大學通識教育的意涵以及國內的沿革做了一些討論與分析，今天就要進一步來檢討國內通識教育的實踐情形。同樣邀請到國立交通大學教育研究所黃坤錦教授來到一週教育論壇，談大學通識教育的課題。

二、國內外通識教育的實施現況

●潘教授

　　從民國七十六年就有通識課程的設計，至今已有十幾年的光陰，可是我們可以看到通識教育的精神並無眞正落實，應該要做一番檢討。這可以分成幾個部分來看：首先，若由課程設計來看，通識教育在大學已經有許多年的歷史，而您本身也做了大學通識教育的評鑑，看了很多學校課程設計實施的狀況，您對國內通識教育的評價如何？

◆　國內：課程規劃遷就於現有師資

●黃教授

　　民國八十八年，教育部針對全國五十八所大學做了一個大規模的評鑑，在九十學年和九十一學年，又針對技職院校和科技大學做了兩次訪評。訪評的結果得到一個很重要的概念，即訪評時每一所學校的通識教育都會標舉著以全人教育爲目標，來培養有見識的人。但是，很可惜的是，當它落實到課程安排設計、行政組織、經費時，理想目標與實際課程設計、行政組織資源之間就有了很大的落差。譬如，以課程來看，很多學校的課程設計並無明確的學理依據，所開的科目與科目之間亦無條理性的整合。這可能是因爲國內剛剛實施通識教育，

時間並不是很長，很多都是遷就學校既有的師資，依據老師的專長來開課。因此，假設學校有十五位、二十位老師，學校就根據他們的專長來開課，而不是全校先規劃學生應該上些什麼通識課程，先做一個理論上、邏輯上的安排設計，然後才請老師根據課程安排來上課。如果有欠缺的師資，就必須等到三年、五年之後，這位老師退休離開了，才能依據原先規劃的通識課程來聘請所需的師資。因此，如此縫縫補補的，邊做邊修，我們亦瞭解各校有這些際情況。不過，各校實際負責人亦已瞭解此趨勢，最近這一兩年訪評時，我們也看到一個可喜的現象，即各大學院校在聘新人的時候，尤其聘通識教育師資時，皆會根據學校目前缺哪些領域的老師，來聘請這方面的師資。因此，可預見在兩、三年之內，這種現象應該可以逐漸改善。

‧潘教授

現實因素是讓通識教育不能順利推展的要件。如果就課程設計本身來看，您說目前比較遷就現實師資的限制，那麼目前開課的情形如何？我們可以看到大學開課的類型不太一樣，中外也有所不同。國內多是以學科性質來歸類，因此您也提到有人文、社會、自然這幾個不同的領域。我也曾經看過議題式的安排設計，比如哈佛大學。黃教授鑽研哈佛大學通識課程多年，是不是能與大家談一談國內外大學大致是如何設計課程的？

◆ 國內：通識課程選修自由，易偏失

‧黃教授

目前國內大學在通識教育的課程設計上，主要分成人文、社會、自然三大類，但規範學生選課的方式並不明確。譬如有二十八個學分的通識課程，雖然學校課程分為人文、社會、自然，但是有一些學生可能在二十八個學分裡面有二十個全部都選社會類，因為他對現在的社會問題比較關心，而其他的八學分全部修人文，自然類則完全沒有修。因此，在他的通識教育裡面，也修到的絕大部分是社會，第二部分是人文，而自然類課程就完全沒有修到了，所以在學生選課的規範

上並不很明確。

◆ **國外：分類必修、完全自由選修或核心選修**

• 黃教授

　　國外大學就有很明確的規範，分為三種類型：第一種類型的學校，以芝加哥大學為例，它規範學生所有通識課程幾乎都是必修的。假如有三十二個學分的通識課程，則所有科目幾乎都是必修，而且這些科目大概都是西方的經典名著，像柏拉圖、亞里斯多德、莎士比亞這樣的經典名著。這些大學的理念在於，他們認為大學生要讀通識的科目，就要讀人類的經典，經過歷史篩選出來、值得我們去讀的經典，而不要讀現在雜七雜八、一大堆垃圾類的東西，這樣才可以讓學生立萬古而常新，所以幾乎所有科目都是必修，他們認為這樣對學生才有好處，這一類課程叫做「分類必修」。

　　第二類正好與第一類相反，是以 UC Berkeley 和 Brown 兩個大學為例。這兩所大學的通識課程完全是自由選修。假如有二十八或三十二個學分的通識課程，學校只要求學生在四年內把二十八學分或三十二學分修滿，至於學生到底修什麼科目，由學生自己去決定。學校會開很多科目，讓學生自由選修。第二類學校的理念是認為大學生已經是二十歲左右的人了，自己欠缺什麼東西，可以自己去做選擇，教師不必越俎代庖，不要訂這麼多規範，讓他自己去學就可以了，這是「完全自由選修」的一類。

　　第三類是介於第一類和第二類中間，以哈佛大學為例，它將通識課程叫做"core class"核心課程。哈佛分成六個核心課程：人文、藝術、社會三大類，再把三大類細分為六個領域，每一個領域裡面有很多科目。譬如，人文領域裡面就有詩詞、小說。學生一定要修六個領域，不過六個領域裡面有很多科目，可以讓學生自由選擇。所以要求的是大範圍，至於細部則讓學生做選擇。

◆ 國內以哈佛大學核心選修方式最合適

• 黃教授

打一個比喻來說，剛剛第一類芝加哥大學的分類必修，就好像吃套餐，飯店裡有A餐、B餐、C餐，A餐第一道菜是什麼、第二道菜是什麼、第三道菜是什麼，廚師都已經規定好了。意思是廚師是最有營養學經驗的，可以幫客人安排菜色，就像老師可以幫學生安排課程一樣。第二類的布朗大學就好像吃自助餐，千百種菜色客人可以隨便挑，客人可能全部都挑肉類，蔬菜類完全不吃，這樣營養就會不均衡。第三類哈佛大學也是自助餐，但是自助餐裡規定蔬菜類一定要拿一道，肉類一定要拿一道，海產類一定要拿一道，甜點類一定要拿一道，每一類一定要選一道，但是選什麼東西可以自己決定，既不是完全必修也不是完全選修。我認為哈佛大學的課程安排比較適合國內的國情和學生，因為如果國內要仿效芝加哥大學採行完全必修，現在的大學生也不會接受。然，完全自由選修，的確可能造成學生只選某一類課程，忽略掉其他類課程，這樣實在太偏食了，不符合通識教育的精神。所以，還是以哈佛大學中庸穩健的方式會比較好。

◆ 通識課程的設計應有邏輯順序安排

• 潘教授

所以，現在國外各個學校通識教育的課程設計情形不一樣，有的設有規範，有的沒有，各領域的修習方式也不同。我看到有些學校設計通識課程時，除了以人文、社會、自然為主軸來設計外，還有一些思維與方法的課程，偏重思辯能力的訓練，您認為如何？

• 黃教授

這會發生一些問題，首先，學生可能選了「思辯與方法」這門課，下一門課可能是「邏輯」，再下一門課可能又是有關邏輯方面的課程。所以，他在二十八個學分裡面可能修了好多有關這方面的學分。相對而言，其他課就修得很少，於是會產生偏失。第二點，思維其實是比較艱深的課，之前應先修習過「邏輯」或「理哲學」，然後再來修「思

維」會比較好，所以兩、三門課之間應該有先後的順序安排。就像哈佛大學的課程安排，就規範了學生修這門課之前，要先修過什麼課程，才能修比較高深的課程。因此，即使是通識課學分也還是有前後修習的順序，有比較粗淺的課程、有比較中間的課程，亦有較高深的課程，應有進階性的課程安排設計。然，國內目前仍未有此種課程設計方式，學生要修什麼就去修，未來在課程安排設計時，應該要就此問題再做考慮。

三、通識教育的運作

● 潘教授

除了規定修習方法，還有一個問題是應該開設什麼科目？我們曾做過檢討，學校爲何會在通識教育裡面開設「寵物飼養」或「寶石鑑定」這些科目，有無什麼原則可以讓學校眞正瞭解通識教育的精神所在，而開設出合宜的課程？

◆ 缺失：缺乏「通識教育委員會」機制的設立

● 黃教授

我們在評鑑時，一再呼籲學校一定要有一個全校性的通識教育委員會，並設置一個課程審查小組，讓全校老師共同參與通識課程的教課安排。而老師要開什麼課，一定得在一學期甚至是一學年以前，交到通識教育課程委員會裡頭，來檢視老師的教學大綱、目標、上課的內容和要達成的教育目的，經過委員會通過以後，才讓老師開這樣一門課，而不是開學到了，臨時找一些老師來開通識課程。

國內目前就欠缺通識教育委員會這樣一個機制，其實各系所要開什麼課都會事先安排設計，但通識課程就較無安排設計，於是造成通識教育比較弱的現況。其實，像「寶石鑑定」、「寵物保健」這類課程，在以前一定不能稱作通識教育，但現在，若「寵物保健」講述的是人與寵物之間如何尊重彼此的生命權、如何相互瞭解等大範圍，而非講

述如何幫貓狗洗澡，但也不是說不可以開「寵物保健」這門課，只是要將「保健」的意義定在哪裡？目的在哪裡？若是定位為「人與其他動物、萬物之間如何能夠和諧」上，那麼此亦可作為通識教育的切入點之一。

因此，主要的重點在於課程的內容是什麼。相對的，即使有科目名稱好像「很通識」，像「哲學概論」，但教師上課天天都在批評當前時局，都在謾罵政治，哲學概論課程裡根本沒有談到什麼是哲學意義、哲學與人生，那麼即使名稱看起來很好，但是真正內容卻沒有符合課程名稱，這也不是一個很恰當的通識課程。所以，通識教育一方面要重視課程設計的審查，另方面就是要評鑑。上完一個學期之後，一定要讓學生針對這一學期老師上課的內容作一番檢討，看看上課內容與教學大綱有沒有相符？學生獲得什麼東西？經過評鑑之後，通識教育委員會就可以依此結果決定下學期是否還要開這堂課。

• 潘教授

通識教育委員會是掌握課程品質非常重要的機制，而衍伸出來的是您提到的很重要的重點：一個是學校行政組織問題，一個是師資問題。談到行政組織，您提到課程不能隨便開，要有一個審查機制，有的學校成立「共通科目委員會」、「共通課程委員會」，或者「共同科目委員會」等等，各校名稱不一，行政組織的部份要如何配合，還要請黃教授和我們仔細談。另外一個部分是若空有科目、老師卻沒有通識教育的觀念，那麼課程還是無法真正落實，也無法發揮通識的精神。那麼我們的師資呢？老師們是否皆已具備通識教育的觀念了？

◆ 缺失：通識教育中心的功能有待加強

• 黃教授

在行政組織方面，目前各大專院校已有「通識教育中心」，但很可惜的是這個中心的位階和功能還不太足夠，通常只停留在安排課程上，加上人手不足，往往只有一位主任、一位助理，有時候連助理都沒有，變成一個主任上上下下所有的事情都要做，在學校裡就不太容

易發揮功能。因此，我建議除了成立通識中心以外，在通識中心之上，最好有一個全校性的「通識教育委員會」。不管名稱是通識教育委員會或共通教育委員會，都要由校長、副校長或教務長來做召集人，而參與的人員除了各學院院長或通識中心以外，也讓一些關心學校通識教育課程的老師加入，如此通識教育才能在校務、學務、總務方面真正落實、推動。可惜的是，通識教育中心常常處於校園的角落，而且通識中心主任的職務位階不高，加上人手很少，經費更是欠缺，常常不易發揮功能，此點是有待加強的。

- 潘教授

有的學校甚至連通識教育中心都沒有。

- 黃教授

對，有的學校沒有通識教育中心，只將通識教育掛在教務處課務組裡面。很多剛剛成立的技職院校、科技大學，都可以看到這樣的情形，他們無一專責單位來負責通識教育。不過，即使有了專責單位還是不夠，還要有全校性的委員會來負責，經常做審議規劃，然後由通識中心主任當執行秘書，真正來推動，遇到問題，再到通識教育委員會來凝聚全校性共識，共同來解決問題。

- 潘教授

沒錯，就是要把通識教育當作全校性的事情，而非僅由通識中心一個單位來辦理。

◆ 缺失：通識教育的師資不足

- 黃教授

是的。第二個談到師資的素質，經過訪評的結果，不管是一般大學、科技大學，還是技職院校，大致上師資源頭都是不足的，通識教育的老師負荷量非常大。一般科系老師，如教授、副教授、講師一個禮拜有八、九，或十節課，大概一個人平均一個禮拜有九節課，部分科任老師是八節到九節課。然，通識課程的老師常常超過八節或九節

課，上十二節甚至是十六節課以上的大有人在。主因是學校認為通識老師可以任教的科目很多，聘請來的師資就不必這麼多，所以教學的負荷就很重。第二個原因是，通識老師教的科目單元很多，不像專門課程的老師在系裡面只專精一兩門課程。譬如，土木系開了個鋼筋混凝土課，也許一個系裡面就有兩、三個班，所以老師一年內也許只需要開一門到二門他專精的科目，他可以好好上這門課；可是，通識課老師平均一學期大概都要開三門課，上、下學期各三門課，一年就有六個科目，老師哪有那麼大的本事，能夠對六個學科都充分瞭解？這點也是十分需要改善的地方。

• **潘教授**

那麼，要如何讓老師們掌握住通識教育的精神？

◆ **期望：全校老師需共同投入通識教育**

• **黃教授**

我們常常覺得通識教育的老師大部分都滿有熱忱的，不過，有時候會受限於教學負擔過重。其實，一般科目的老師有點瞧不起教通識科目的老師，認為通識科目比較簡單，但是事實並非如此。交通大學曾經建議各系所老師（即使是教專門科目的老師），在五年之內一定要有一年任教通識課程。即使老師教了很多年的專門科目，也要規劃在未來兩年或三年內開一門通識課，等到他真正上這門課之後，就會發現其實通識課並不好教，得好好準備，而且之後就不會再輕視通識教育。其實，通識教育對老師也有幫助，因為以前他只負責專門科目，但是現在還要思考如何將專門科目讓其他科系的學生也能夠瞭解，或者如何將本行知識講給非本行的人更容易瞭解、更有興趣關懷、對學生幫助更大。如果能夠做到這樣，通識教育的師資來源就不限於只有通識教育中心所聘請的少數幾位老師，這些老師的教學負擔也不會在這麼繁重，因為有許多專門科系的老師可以來協助通識課程，全校的老師幾乎都是通識教育老師，每個人擔任一、兩門在通識方面很有研究的課程。而且，有了全校老師的共同投入，就不會有人再忽視通識

教育，誤認爲它是門很簡單、很輕鬆，甚至是被人家瞧不起的科目。

• 潘教授

　　這就是我想進一步請教黃教授的問題，本來通識教育應該是全校的事情，全校的師資都應該提供這樣的課程，而不應限於通識教育中心的老師們，因爲通識老師不可能專精這麼多不同的科目。然，若已設立了一個通識教育中心，本身也有通識教育中心員額編制的老師，又邀其他科系老師投入通識教育，會不會反而造成一些困境呢？

◆　期望：各系所優秀教師的熱烈投入

• 黃教授

　　國內有兩種不同的情形，一種是像交通大學這種以理工科系爲主的學校，因爲學校老師大部分都是學理工科系，但是通識共同科聘來的老師都是人文社會科，所以不屬於原有的那些科系，於是便有通識中心這一批人存在。還有一種是像台大這樣的綜合大學，這些大學多半一開始就是綜合型的學校，各個系所都有，所以就不需要有共同科的通識教育中心專任老師，因爲通識教育師資可以來自各個系所。因此，要看這所學校的歷史發展因素。台大亦有其缺點，很多台大老師都不願意上通識課，覺得上專門科目比較受重視。若他是數學系，會覺得到外文系講數學，好像很簡單，或者法律系教授不願意到歷史系講法律。所以，學校裡面要有一個機制，規範服務幾年的老師要輪一次通識教育，而且教的時候要選好的老師，而非像現在，多半都是系所裡面某位老師開課不足，就到通識教育裡頭去補。相反地，應該是由這個系所裡頭資深的、研究做得最好、教學最好、人生閱歷最豐富的老師來上通識課，這樣對學生的通識教育才有實質上的幫助，而通識教育老師才會受到別人的尊敬。

四、通識教育的展望

● 潘教授

　　如此看來，我們必須對通識教育重新認識、重新重視，因為以往它時常是被冷落在一旁的課程。最後，請黃教授談一談國外的作法，或者在您多年經驗的累積下，對國內通識教育的未來有什麼樣的展望？

◆　落實通識教育的規劃理想

● 黃教授

　　我到哈佛大學做了許多研究，哈佛大學辦學成效做得好，不是因為經費多、人才好，而是這所大學真的非常用心。哈佛大學給學生厚厚一本修課手冊，裡頭詳列了上一年每位老師的上課評鑑結果，在哈佛書店裡頭也有這本手冊，讓每個學生都可以瞭解哪位老師上得如何。另外，學校也會將明年、後年準備要開的通識課科目、內容印出來，讓學生知道、預選，或者提前規劃明年、後年要上的科目。他們的通識教育是非常有規劃的，不像我們國內通識教育通常是臨時想開什麼課，就開什麼課。譬如，現在大家很注重「生死學」，於是馬上就可以開「生死學」，但是「生死學」的內容是什麼？講不到一個學期就無疾而終了，這就是欠缺規畫。因此，我們未來的通識教育首重完善的規畫。特別是現在大家已經知道要重視通識教育的重要性和必要性，但是可惜的是沒有積極落實，實實在在地規劃，這點是國內未來通識教育要努力的方向。

五、結語

● 潘教授

　　所以，未來努力的方向在於系統性、規畫性地落實通識教育，讓通識教育不再成爲高等教育課程裡頭的附屬課程，而能真正彰顯它期望學生成爲全人、博雅公民的精神。非常感謝黃教授來到一週教育論壇，談了很多值得我們進一步省思的問題，並給予我們相當多的啓示與建議，希望國內通識教育能有更好的發展。

大學評鑑的學理與國內外發展概況

主持人：潘慧玲（國立台灣師範大學教育學系教授兼教研中心主任）
討論人：王保進（台北市立師範學院國民教育所副教授）
論壇日期：2003 年 07 月 06 日

❋討論題綱❋

【大學評鑑的學理與國內外發展概況】

一、前言

二、國內大學評鑑制度　◆ 類似美國

三、大學評鑑的目的
　◆ 確認品質、改善品質、績效責任
　◆ 我國大學評鑑的目的未定位
　◆ 美國大學評鑑的目的在於績效責任的最低效標認可

四、檢視我國大學評鑑的實施與結果應用
　◆ 應首重品質改進，再追求績效責任
　◆ 評鑑結果應積極納入校務發展計畫

五、理想的大學評鑑標準設定
　◆ 應仿效各國成立評鑑專責機構，事前公佈評鑑標準

六、大學自我評鑑四大階段
　◆ 第一階段：準備，成立前置規劃小組
　◆ 第二階段：組織，成立指導小組
　◆ 第三階段：執行，成立任務小組
　◆ 第四階段：報告撰寫，由指導小組擇一格式撰寫

七、大學評鑑與聲望調查的差異
　◆ 大學評鑑為專業導向，聲望調查為消費者商業導向

八、結語

一、前言

•潘教授

　　國內從民國六十四年開始實施大學評鑑,至今已有二十多年的歷史。近幾年來,教育部除了較為積極地推動大學外部評鑑外,也鼓勵大學進行自我評鑑。因此,大學評鑑的目的、類別、實施方式以及引起哪些爭議是我們今天要討論的重點,特別請到台北市立師院王保進教授來和我們談大學評鑑的問題。我知道王教授本身對於大學評鑑有很長的研究歷史,好像從博士學位開始就已經投入大學評鑑的研究了。

•王教授

　　對,那時候是做評鑑指標部分的研究。

二、國內大學評鑑制度

•潘教授

　　這幾年我看到您陸陸續續在關懷此課題,最近也幫教育部做一個有關設立大學評鑑中心的研究。根據我多年的分析、觀察,我認為國內這套大學評鑑比較類似於美國的制度,您的看法呢?

◆ 類似美國

•王教授

　　應該是介於美國與英國制度之間,我們和他們之間最大的差異在於,我們少了一個專責的評鑑單位,這也是為什麼教育部這麼積極推動專責評鑑單位的原因。另外,還有一個比較大的差異是,美國通常是屬於「事前的認同」,也就是學者設計評鑑單位的時候,會根據一些標準來審查其是否達到設置的標準,而國內通常是屬於事後檢討的。除此之外,我國評鑑的做法和美國制度基本上是類似的。

• 潘教授

對，若更精確地說，國內的制度事實上是未經認可的，而美國做的是一個認可的制度，但整個實施的方式其實和美國非常類似。因此，大致上來說我們會有一套評鑑的標準制度，讓學校自評，之後我們再去訪評，事實上整個實施程序就是美國的那套制度。而王教授也特別提及，我們進行大學評鑑的時候並不是採取事前的認可，沒有要求學程的設立必須符合什麼最低標準，而是在學校「正在進行式」中，來檢視這個大學的品質。若由此角度切入大學評鑑，美國認可制度的目的爲何？而國內的大學評鑑是否也要走向這樣一個認可制度呢？

三、大學評鑑的目的

◆ 確認品質、改善品質、績效責任

• 王教授

目前世界上幾個主要國家在做評鑑的時候，目的除了希望協助學校或學子可以發展特色，還有另外兩個重要目的，一個是改善品質，另一個是確定其績效責任。基本上，美國的認可制度沒有特別強調要改善品質或績效責任，他們最主要的目的還是在於品質的確認。根據目前研究發現，要同時在一次評鑑裡頭達到品質改善與績效責任，事實上是有困難的。因爲「品質改善」一項，希望學校盡量暴露出缺點，加以改善，而「績效責任」一項則寄望能夠比較出誰好誰壞，所以在評鑑過程中這兩者通常是互相衝突的。因此，目前國際各主要國家在做大學評鑑的時候，其目的主要在於品質改善，少數國家像英國、法國才比較強調績效責任。

另外，我們也可以從評鑑的類型來看評鑑的目的。一般而言，幾乎所有國家的評鑑都分成兩個部分，一個是所謂的「機構評鑑」，第二個就是「專業評鑑」。就國內來說，機構評鑑類似我們過去所做的「校務評鑑」，而專業評鑑則大概就類似於最近幾年規劃的「學年評

鑑」，或者其他國家所做的「學程評鑑」。校務評鑑（機構評鑑）這部分的重點在於品質改善，亦即針對學校自我評鑑機制，檢視行政運作過程是否符合品質要求，重點著眼於改善；專業評鑑部分則是 quality enhancement（品質提升）或者 quality assessment（品質評估）。機構評鑑與專業評鑑不同的重視程度，便使得各國走向強調品質改善或強調績效責任等不同的路。

◆ 我國大學評鑑的目的未定位

• 潘教授

「機構評鑑」與「專業評鑑」二者是有所不同的。那麼國內大學評鑑的發展，突顯的是哪個目的？

• 王教授

從六十四年實施大學評鑑到現在，我大概看過幾次大學評鑑的實施計畫。國內有一個很弔詭的現象，就是可以在評鑑目的中看到希望協助各系所改善品質的目的，但又有希望能確定其績效責任的目的。因此，過去國內評鑑一直飽受爭議的地方就在於它的基本目的並不清楚，而各校對於這樣的評鑑標準也不盡滿意，因此評鑑結果難免就引起很大的爭議。未來，若要改善國內的評鑑制度，首要應該先把什麼是"quality"弄清楚，如此才能清楚定義究竟評鑑的目的是走向改善品質，抑或走向績效責任？

◆ 美國大學評鑑的目的在於績效責任的最低效標認可

• 潘教授

剛剛您提到，事實上美國的認可制度也沒有釐清績效責任與品質改進這兩個目的孰重孰輕。易言之，透過評鑑的過程，我們要知道只是這個大學是否達到「最低的標準」，因為「認可」不是達到「高標」，而是達到「低標」，而大學評鑑的目的，應該是讓人民了解辦學機構到底有無最低的品質保證，我想這是「認可」最主要的目的。若從這個角度來看，美國的認可制度是如何同時兼顧績效責任或是品質保證

的改進呢？

● 王教授

美國的評鑑大概都是以四年到五年為一個循環，在實施前一年會先公佈認可標準，所以基本上是屬於「效標參照」，亦即每個學校根據公布標準來自我評鑑。接下來，再由各個區域的認可協會或其他專業的認可協會、專業同儕到學校實地訪視，看看學校目前的自我評鑑結果，以及其辦學品質有沒有達到預定的效標。若能達到效標，就給予認可。這樣做有點類似績效責任。至於，那些未達標準的學程或學校，認可協會也會針對各個項目提出建議，也許還會進一步給予帶有附帶條件的認可，或者延後認可及不予認可。若是不予認可，就要針對缺點加以改善，其後再提出新的申請。美國的大學評鑑基本上是由民間的自願單位來辦理，目的只是要看看這所大學有無達到一定的辦學標準，因此引起的爭議比較不大。而國內之所以會引起很大的爭議，是因為我們的評鑑結果通常會涉及經費補助的問題。因此，若不釐清品質改善和績效責任，那麼後面的經費補助就無法進行下去。

四、檢視我國大學評鑑的實施與結果應用

● 潘教授

您提到美國評鑑的執行機構不是官方，但我國則經常是由教育部主導為多。我記得過去的實施歷程中，也曾經一度委託民間電機學會來做專業的評鑑，但大多數都是由教育部來主導，這點和美國確實有很大的不同。另外，美國績效責任的認定在於評鑑者認可不認可這個學程的設立，而這正是績效責任的彰顯。相對的，國內的大學評鑑從六十四年到現在已有二十多年了，其中引起很大爭議的地方就是經費補助的部分，可是很多大學評鑑並不涉及經費的補助。因此，我想請問王教授，若大學評鑑要側重績效責任，那麼要用什麼樣的措施？一個當然是和經費補助連結，一個部分可能像美國一樣，和認可制度連

結，您認為何者較好？另外，我們好像做了很多大學評鑑，可是結果都不了了之，也未看到後續的品質改進。您對於這個現象的看法如何呢？

◆ 應首重品質改進，再追求績效責任

• 王教授

我看過那麼多國家的評鑑制度，比較不贊成國內一開始就將大學評鑑與績效責任扯上關係，我認為應該先從協助品質改善做起，讓各個學校先建立起自我的評鑑機制。其實，我從八十二年做國內評鑑至今，明顯發現在國內大家都認為評鑑很重要，可是事實上一般大學卻不太清楚要如何自我評鑑。我記得第一次評鑑的對象是師資培育學程，當時教育學程都是由進修部辦理，所以我們看到有些學校進行「自我評鑑」的方式，就是開進修部的委員會議或導師會議，大家坐下來針對標準討論之後，便認為已經自我評鑑了。其實，如果國內還不太了解評鑑的真正內涵是什麼，就貿然做績效責任的評鑑，再加上目前又沒有一個專業機構來負責研擬工作，那麼可能會遇到很大的困境。所以，我比較贊成國內一開始先做品質改善的部分。

◆ 評鑑結果應積極納入校務發展計畫

• 王教授

目前，國內的評鑑模式大概都是在評鑑完以後就不了了之，這是非常可惜的。我認為可以參考國外的作法，我們上國外各大學校院的網站，都可以很清楚看到他們有一個由學術副校長領導的策略規劃部門，負責評鑑的規劃工作。亦即，目前他們的評鑑工作是與策略規畫（在教育界則稱為教務發展計畫）結合，當評鑑結束之後，他們會根據評鑑的結果來擬定未來四至五年的教務發展計劃。至於在教務發展計畫的內容上，最近這幾年國內又有一個滿重要的趨勢，就是把標竿學習（benchmarking）的觀念導引進來，檢視目前有哪些地方表現不好，並找一個在功能上最佳的實務學校或者學程，把它當成標竿夥

伴來學習。所以，國內評鑑已經慢慢走向減少政府管制、不強勢干涉學校評鑑、鼓勵學校自我評鑑，並將評鑑納入學校行政運作的過程中，與學校的校務發展計畫結合，針對缺失的部分進行所謂的標竿學習。我認為國內大學評鑑最為可惜之處，就是我們也許花了很多時間、人力做評鑑規畫，評鑑做完之後的結果，卻通常被學校擺在旁邊，沒有進一步再應用。其實教育部應該順勢鼓勵各校把評鑑結果納入中長程校務發展計畫裡面，這樣也許就可以讓評鑑真正發揮它的效果。

五、理想的大學評鑑標準設定

● 潘教授

前面我們提到評鑑的標準是非常重要的一環，因為它幫助我們如何評量品質的優劣。另外，我想請教王教授的是，教育部這幾年到底有什麼樣的推動鼓勵措施？評鑑標準應該如何制定才比較符合理想呢？

◆ 應仿效各國成立評鑑專責機構，事前公佈評鑑標準

● 王教授

目前，世界各主要國家都是成立一個評鑑專責機構，其下擁有一個評鑑標準的規畫與擬訂小組，由他們來做長期研擬與修正的工作。以美國的認可制來講，依據評鑑循環是四年或五年，來決定評鑑標準是每四或五年修訂一次。在修訂的過程中，會讓各大學相關學程的代表充分參與，而評鑑標準的訂定都是在討論中由下而上，慢慢形成共識，並且一定會在下一個循環實施的前一年，先公布給大學知道，讓各大學有充分的時間準備自我評鑑。英國的評鑑亦是如此，無論是教學評鑑或者是研究評鑑都會事先公佈評鑑標準，特別是教學評鑑的標準會在兩年前就公布。故，國外在擬定評鑑標準的過程中，皆是由專業人士加上各大學代表共同討論研擬出來的，且此標準還會在評鑑前一年就公布。而國內比較可惜一點是，我們缺乏一個專責單位，所以

一直都是由教育部來做，教育部會委託幾個學者以專案的方式來進行，也許是訪談、也許是晤談或問卷調查，來了解各大學的意象，並訂出標準來，而比較少是做由下而上來形成評鑑標準。再者，評鑑標準的公布時間通常都非常倉促，而各校也因為沒有參與評鑑標準的制定過程，所以並不瞭解標準的內涵究竟指的是什麼，再加上教育部進行大學評鑑前說明會時，也未能解釋徹底、詳實，因此，各校在準備評鑑的過程中，對於評鑑標準的認知都很模糊。

• 潘教授

對，整個過程並未涵蓋民主參與的歷程，這可能是因為教育部有時候必須在很短的時間內消化預算、把案子做出來，於是都是委託學者在很趕的時間內完成這些專案。因此，如何將評鑑制度化是非常重要的。

• 潘教授

就評鑑標準來看，國外每四年就定期比對一次，而我們都是在急促的時間裡完成，這樣可能較不恰當。如果能夠評鑑制度化，讓每個大學知道多久接受一次評鑑，並且至少在一年前（甚至可以如英國一樣在兩年前）公布評鑑標準，就可以形成一個引領方針。我常認為國家有時候是「不教而殺」，就是沒有告訴你我的評鑑標準是什麼，然後臨時就公布之後，就要學校倉促成軍準備自我評鑑，難怪自我評鑑的進行方式會變成大家開個會，然後對照每個題目做的程度如何，勾一勾就完結了。其實，自我評鑑是整個評鑑過程中很重要的一環，那麼究竟要如何進行呢？目前可能還有很多人不是很理解這個精神與概念，請王教授來談一談。

六、大學自我評鑑四大階段

◆ 第一階段：準備，成立前置規劃小組

● 王教授

　　如果大家對於自我評鑑有興趣，有個學者叫凱爾士，寫了一本自我評鑑的書值得參考。凱爾士實際參與過十二個先進國家的評鑑實務，所以是國際上公認的評鑑權威。我們可以將那本書當作一個理想，作為學校規劃自我評鑑的參考。在書中，他把整個評鑑過程分為四個階段：首先是準備階段。在準備階段應先釐清是哪一種自我評鑑。目前，自我評鑑有兩種，一個是"self-evaluation"，通常是由外部機構辦理，在國內則是教育部辦理，然後再交給各校自我評鑑。另一種是"self-study"，指學校根據本身教務發展的需求而做的評鑑，並不是由外面的人來發動。我們比較鼓勵做的自我評鑑，是學校可以因本身需要，與校務發展結合而規劃進行的自我評鑑。然而，不管是哪一種自我評鑑，都應該在準備階段就先成立所謂的「前置規劃小組」。以歐美學校為例，他們通常都是由副校長擔任召集人，根據外部評鑑標準或校內自訂的評鑑標準，來規劃自我評鑑相關事宜，包括人員的遴選、說明會的辦理、人員的訓練、工作小組的組成等。

◆ 第二階段：組織，成立指導小組

● 王教授

　　完成規劃後，前置評鑑小組便自動轉至第二階段，成為組織的指導小組，在整個過程中扮演執行、溝通與協調的角色。換言之，指導小組既是溝通者、協調者，也是一個執行者的角色，而且指導小組通常是由前置工作小組轉換過來的。再來，就是第三個執行階段。

◆ 第三階段：執行，成立任務小組

● 王教授

　　第三個執行階段很重要的一個特點是成立很多的「任務小組」

（task group），由他們來負責評鑑的工作。工作小組通常是根據評鑑標準來設立的，如果每一項評鑑標準都很獨特，那麼每個評鑑標準成立一個工作小組。目前國際上的評鑑標準已經慢慢和標竿結合，所以評鑑標準頂多只有十一、十二個，很少超過十二個以上，而且性質相似的評鑑標準就由一個工作小組來負責。因此，國外進行評鑑的學校，一般都會組成五到七個工作小組來負責評鑑工作。工作小組會透過訪談、問卷調查、企業家雇主座談或畢業生座談的方式，針對負責的評鑑標準項目，蒐集相關資訊，再來檢視學校在這個標準上的表現如何，有什麼優勢，有什麼樣缺失，並針對必需改善的缺失提出建議。最後，再由指導小組負責自我評鑑報告的撰寫工作。

◆ 第四階段：報告撰寫，由指導小組擇一格式撰寫

• 王教授

凱爾士的那本書裡面，建議了三種自我評鑑報告撰寫的格式，第一種格式是依照外部標準來逐一做自我評鑑，第二個是按照學校的特定主題或一般主題來做自我評鑑報告撰寫，第三個是按照學校設校宗旨或教育目標來做自我評鑑報告的撰寫。總而言之，自我評鑑流程分為「準備」、「組織」、「執行」，還有「報告撰寫」這幾個階段。

• 潘教授

這四個階段王教授介紹的非常清楚，而王教授也將凱爾士這本自我評鑑書籍翻譯成中文了，有興趣的讀者可以進一步閱讀。

七、大學評鑑與聲望調查的差異

• 潘教授

接下來的問題是，我們經常聽到「學校排行榜」這一類的名詞，例如美國經常會公布誰是全美前十名學校等等，這種聲望調查和大學評鑑有何關聯或差異？

◆ 大學評鑑爲專業導向，聲望調查爲消費者商業導向

• 王教授

　　我從幾個角度來比較他們相似或不同的地方：首先，在「職責」部分，大學評鑑工作通常是由專業機構來做，而排行榜則是民間雜誌排的。有關「負責人員」部分，評鑑是由專業人士來做，而排行榜則可能由專業性不是這麼高的人來負責。在「功能」部分，評鑑的主要功能在於績效責任或者品質改善，可是排行榜主要焦點則是學校聲望的調查。在「評鑑內容」部分，專業評鑑對於"input"到最後的"output"都有十分詳盡的規劃與評鑑標準，可是排行榜大概只是依照學校公佈的一些統計數據，或者加上他們編製的問卷調查數據來呈現結果。在「評鑑標準」部分，評鑑比較強調的是「質的標準」與「量的標準」兼有之，可是排行榜卻完全只有量化指標。其實，1985 年之後，英國評鑑也曾經有一陣子十分強調"performance affect"，亦即完全以量化標準來決定經費補助的依據；可是，後來他們發覺這樣是行不通的，所以現在世界上主要國家做評鑑的時候，大部份都採質量並重的方式來進行，可是排行榜一直都還是量化指標而已。最後，在「評鑑進行方式」上，大學評鑑包括自我評鑑與外部評鑑，也就是先由學校內部做自我評鑑，再由在這個學門裡頭具學術聲望的人，甚至是具國際學術聲望的人，到學校裡作實地訪視，檢證他們自我評鑑的效度做得如何。可是，排行榜通常只是外部問卷調查而已。兩者唯一相同的地方僅在於他們都會對外公開評鑑結果。至於，後續結果如何應用？大學評鑑部份是隨著目的的不同而有不同的應用。例如，以改善爲目的的評鑑，可能就與校務發展計畫相結合，或者要求學校擬出改善的行動方案；如果是績效爲目的，可能會與經費補助相結合，國內甚至會以它做爲系所增班、減班的依據。然而，就排行榜來說，結果的公布主要是給學生當作選填志願的參考。總而言之，如果我們簡單地區別兩者，評鑑比較屬於專業導向，而排行榜則較屬於消費者或商業導向。

● **潘教授**

如果就一個消費者而言，應該如何參考這兩份結果？

● **王教授**

目前除了美國"News Work"做的排行榜較被認同外，中國大陸每年也做了排行榜的調查。不過，中國大陸排行榜的調查結果通常是群起攻之。至於其他國家，就很少看到有這種排行榜的調查，而他們的學生選填志願時，事實上是參照專業機構公布於網路上的評鑑結果。另一個值得注意的地方是，在歐洲國家，他們並不認為唸大學是一件很重要的事，而且基本上歐洲每一所大學的品質都是相當一致的，不像我們國內大學品質差異較大，加上中國人「學而優則仕」的觀念影響，國人就比較在乎哪所大學比較好。

● **潘教授**

所以，大家還是可以參考排行榜的結果，只是如果要真正了解大學的品質，還是要從大學評鑑的結果來了解。

八、結語

● **潘教授**

今天我們從王教授那裡獲得不少有關國內外大學評鑑的理論與實務，介紹了評鑑的目的、執行方式與步驟，也深入淺出地比較了國內外大學評鑑的做法，以及大學學校排行榜究竟與大學專業評鑑有何不同，希望這樣的探討內容不僅有助於國內大學評鑑相關學者人士更加深入瞭解評鑑的意涵，還能提供家長與學子如何選擇他們的理想學校。下週的論壇，我們將聚焦於國內評鑑實施的細節上，探討如此的評鑑究竟發揮了什麼功能？有沒有需要改善之處？

教育部大學評鑑工作的推動要項

主持人：潘慧玲（國立台灣師範大學教育學系教授兼教研中心主任）

討論人：王保進（台北市立師範學院國民教育所副教授）

論壇日期：2003 年 07 月 13 日

❉討論題綱❉

【教育部大學評鑑工作的推動要項】

一、前言

二、教育部大學評鑑工作的推動
- ◆ 學門劃分
- ◆ 學門評鑑
- ◆ 校務評鑑
- ◆ 澄清自我評鑑學理認知
- ◆ 成立大學評鑑中心
- ◆ 學門評鑑的實施現況

三、學門評鑑與校務評鑑
- ◆ 學門評鑑與校務評鑑應分開進行
- ◆ 學門評鑑打破以往系所評鑑的區隔
- ◆ 校務評鑑的七大內涵

四、「學術自主」與「政府介入」的天秤兩端
- ◆ 趨中平衡的國際潮流

五、量化、質化評鑑標準的權衡與標竿評鑑
- ◆ 多以質為研究取徑、質量結合為結果呈現
- ◆ 標竿化評鑑標準為國際趨勢

六、大學評鑑結果的運用與外國經驗
- ◆ 評鑑結果公開的前提：專業評鑑
- ◆ 評鑑結果勿速與經費補助連結：借鏡英法

七、大學評鑑的未來展望

八、結語

一、前言

● 潘教授

　　國內大學評鑑自民國六十年代便已開啓，至今也有三十年的光陰，然而成效與評價一直有不同的聲音存在。上次論壇我們請到台北市立師範學院國民教育所王保進教授來談國內外的大學評鑑概況，今天仍舊邀請王教授就此問題深入探討國內的發展情形，特別是近幾年教育部非常積極地推動相關的評鑑措施，對於大學評鑑似乎有另一番願景待達成。可否請王教授談一談，過去幾年教育部積極投入大學評鑑研究工作的情形如何。

二、教育部大學評鑑工作的推動

◆ 學門劃分

● 王教授

　　關於大學評鑑，這幾年教育部有幾個比較重要的工作：第一個是學門劃分的工作。如果要按照系所來做評鑑，目前國內系所超過兩百個以上，勢必無法負擔如此龐大的人力，因此考慮以學門爲單位。而且，在國際上也是以學門的觀念來做。其實「學門」是國內的專業用語，在英國，研究評鑑的單位叫做"unit of assessment"，也就是所謂的「評鑑單位」或者「評估單位」；做教學評鑑的時候，則採用"subject"這個字。又如荷蘭或丹麥，是以"discipline"爲單位。美國的"specialiged program accreditation"（專業認可），也是以一個"program"的觀念來做的。因此，目前教育部正積極規劃學門劃分，並已委託國立台北師院張玉成校長負責此專案，他們已有一個初步的成果出來，大概類似於其他國家，共劃分爲五、六十個學門左右，各位若有興趣，可以在教育部網站上找到這份資料。

◆ 學門評鑑

• 王教授

　　第二個工作是進行學門評鑑的工作。其實,我們在八十一年、八十二年時,曾經試辦過學年評鑑,當時是以機械學門與管理學門為對象,試辦成果很不錯,可是換了教育部長之後就不了了之了。目前學門評鑑是走國際化走向,這學年度上學期已經完成管理學門的評鑑,這次管理學門的評鑑規畫,已經十分類似目前國際上的學門評鑑措施。比較可惜的是,目前我們仍舊缺乏一個專責單位,使得規劃時面臨了一些困境。另外,目前資訊學門與化學學門也在規劃評鑑工作。總之,未來這幾年學門評鑑會是一個相當重要的發展。

◆ 校務評鑑

• 王教授

　　第三個是過去做的校務評鑑。以前的校務評鑑是無所不評:教學評、研究評、行政評,什麼都評,可是事實上並沒有辦法做那麼多事情。因此,把校務評鑑分門別類,學術部份交給學門評鑑來做,而校務評鑑就只針對學校的行政運作,也就是整個評鑑機制來進行所謂"quality audit"(品質審核)就可以,不需要再涉及教學與研究部分。

◆ 澄清自我評鑑學理認知

• 王教授

　　第四個重要工作是澄清大家對自我評鑑的認知,這也是國內大學評鑑遇到的較大困境。因此,這幾年來(包括九十學年度、九十一學年度),教育部積極地補助各大學建立自我評鑑機制。在九十與九十一兩個學年度共分成五個類別:綜合大學、私立大學、醫學方面的大學、師範院校、新設立的大學院校,在這五個類別之下來進行審核的工作,每個案子補助最高八十萬的經費,加上學校的配合管理,希望藉此補助措施可以讓各大學儘快建立一個自我評鑑機制,無論是校務

或者學門的自我評鑑機制都可以。

◆ 成立大學評鑑中心

● **王教授**

最後一個工作項目就是目前正在籌設的「大學評鑑中心」，這是立法院要求教育部做的，而教育部現在也積極回應，希望可以規劃一個大學評鑑的專責機構。

◆ 學門評鑑的實施現況

● **潘教授**

您提到教育部在推動、實施學門評鑑，這個「學門評鑑」還是跟以前一樣嗎？

● **王教授**

目前的「管理學門評鑑」，是教育部委託中華民國管理科學學會來辦，如果將來評鑑中心真的通過（不過，是否能夠通過，與行政院、立法院能否通過經費補助有關，目前評鑑中心是朝歐洲走向），那麼暫時還是由教育部來負責學門評鑑的規畫與實施工作，或者委託比較健全的學會來進行。不過後者並不是一個有利的發展，因為國內學術人口市場太小，若委託學門來做評鑑，大家可能就拼命想爭取學會裡的理事長或與理事相關的職務，這對國內學術生態的發展而言，未必是一件好事。

三、學門評鑑與校務評鑑

◆ 學門評鑑與校務評鑑應分開進行

● **潘教授**

有關學門的劃分問題，今天我們談大學評鑑時，經常會分成兩個部分，一個是大學的校務評鑑，一個是大學的學門評鑑。校務評鑑是針對大學的機構來評鑑，而學門評鑑目前是針對各系所做評鑑。因

此，剛剛王教授特別提到以後的教務評鑑要把教學、研究拿開，因為教學、研究事實上是學門的部分，也就是系所本身應該要做的。

◆ 學門評鑑打破以往系所評鑑的區隔

● 潘教授

另外，我想進一步請教王教授，我們原本就有所謂的系所評鑑，一般大學都把它歸為所謂的學門評鑑，那麼現在教育部又特別規劃學門的劃分，這與我們目前所做的系所評鑑究竟有什麼不同？

● 王教授

以系所評鑑而言，目前全國資訊學門共有一百三十一個系所，每一個大學少則一個系所，多則四、五個系所，如果以系所為評鑑單位，自我評鑑的部分勢必會人仰馬翻，而且會有很多事情是重複進行的。事實上，國外做學門評鑑時，就是把幾個在課程或設系目標上類似的系所合併起來，以所謂的"unit of assessment"或者"subject"這樣的觀念來進行。比如，以資訊學門而言，美國的資訊學門分成兩部分，一個是"computing"，一個是"information system"，兩者的差別在於前者比較偏工程或純粹"computer science"部分，後者比較偏資訊管理部分，也就是軟體工程。在就軟體工程部份，他們把各學校裡面與軟體相關的系所（包括資訊管理、財務資訊管理、教育資料科技、教學科技），合併成一個"information system"學門學程，由這四個系所共同來準備自我評鑑工作，這樣一來，一方面可以節省人力，二方面可以節省不必要的重複工作。

● 潘教授

所以變成以四個系所為一個單位，而他們的評鑑標準都是一樣的，如此一來困難度是不是也會增大呢？因為以一個系所本身來發動評鑑時，比較容易做到溝通協調，現在有四個系所合在一塊兒，會不會有問題？

• 王教授

以目前來看，國外相關學術研究報告好像尚未遇到這樣的困境，國內會不會遇到此問題，我就不清楚了，因為這個做法確實會涉及到經費分配的問題，因此要四個系所合作確實有點難度。

• 潘教授

是以，當我們重新劃分學門、推學門評鑑時，可能還要預先思考推動過程會遇到什麼困難。

• 王教授

我建議教育部可以參考其他國家的經驗，比如剛開始以六十個學門為基準，詳細說明此六十個學門的基本性質之後，再由各系所自己認定其較接近哪一學門，爾後參加該學門的評鑑工作，並由一級行政單位（包括校長、校務長、院長）來做協調的工作，如此可能比較不會有那麼多的爭議存在。

◆ 校務評鑑的七大內涵

• 潘教授

另外，您提到校務評鑑部分要把研究、教學拿開，事實上台灣師範大學在規劃自我評鑑的時候，就是把那個部分拿開的，因為研究、教學是歸於系所評鑑的部分。可是，究竟校務評鑑要包括哪些部分？行政部分與整體運作不一定能夠清楚劃分，您認為校務評鑑應該涵蓋哪些項目比較合理？

• 王教授

教務評鑑一般是針對行政運作部分，也就是整體行政歷程來做。目前各國做得比較多的主題，首先是有關設校宗旨與教育目標部分，第二則是校務發展計畫，第三是基本行政運作過程，第四是學生服務（包括學務處），第五是圖書館資訊資源，第六是學校硬體設備，第七是畢業生，或者叫做"student output"、"student outcome"等學生結果的部分，也就是看學生的升學與就業情況，以及企業界對該校畢

業生的評價。因此，評鑑內容並未涉及各系所的教學與研究，這兩部份就由學門評鑑來負責。

四、「學術自主」與「政府介入」的天秤兩端

● 潘教授

最後一個要討論的是自我評鑑。關於自我評鑑，大家應該有一個正確的觀念，自我評鑑的進行不是依據外部評鑑的評鑑標準，比如有一百個項目，開個會檢查是不是有達到這一百個項目，就算完成評鑑。事實上，它應該是一段很長的過程。我看過美國有所大學花了半年到一年的時間來做自我評鑑。現在教育部也鼓勵各大學要做自我評鑑，台灣師範大學事實上也申請了，去年就開始發動，雖然補助款最高額只有八十萬，但是不可能只花八十萬，我們實際花了幾百萬做大學自我評鑑。不過，這個大學自我評鑑不是以前那種由教育部發動主導、由外部訪評人員到校參訪的評鑑，我們所做的自我評鑑包括了兩個部分：自評與他評。於他評部份，我們邀請了很多外部專家，甚至是國外學者到學校各系進行評鑑工作，我認為此自我評鑑進行得不錯。

其實，在大學評鑑的推動過程裡頭，總會讓人思索，到底政府要介入多少才適當？因為現在政府介入很多，而我們也一直提到，美國都是由民間專業機構負責評鑑工作。究竟學術自主與政府介入這兩者要如何平衡？

◆ 趨中平衡的國際潮流

● 王教授

有關政府介入與大學自主，正如天秤的兩端，不太容易拿捏。不過，近幾年可以看到一個比較共同的走向，即過去比較強調分權、強調大學自主的國家，像美國、英國，這幾年他們的政府就透過所謂補助款的方式，慢慢地強力介入大學運作。比如，美國到二○○二年為

止，已有三十五個州開始推動所謂的"performance funding"（執行基金）計算方案，亦即聯邦政府對各大學的補助款，是依照各大學在政府所訂的"performance indicator"（執行指標）上的表現，來決定補助額度的多寡。而英國從一九八六年開始至今，已做完五個有關研究品質評鑑的循環，這個研究品質評鑑也涉及到經費補助的問題。而過去比較中央集權的國家，慢慢地開始釋放一些權力給大學，政府不再對大學過多管制，例如荷蘭。荷蘭以前只有十三所國立大學，全部都是由教育部來隸管，不管是評鑑或其他事務，全部都由教育部來做。可是，現在他們卻強調各大學本身做自我評鑑，政府只做所謂"maintenance evaluation"（維持性評鑑）的工作。如果學校真的做不好，才由政府組一個專家小組，到學校對整個評鑑機制做健康檢查的工作並給予建議。如此一來，既可以確保政府對大學的管制，也可以確保大學的自主權。總之，目前國際共同的走向都是慢慢走向均權的方向，亦即大家都從極端往中間靠攏。

五、量化、質化評鑑標準的權衡與標竿評鑑

‧潘教授

除了這個問題之外，事實上還有前面提到的評鑑標準也是一個問題。我們要如何權衡量與質的評鑑標準？我看過美國的一些做法，比如他們有"NCATE"，即「美國師範培育學程認可機構」，他們用了非常多質的評鑑指標，完全沒有量化指標了。那麼國內在選擇上，要如何取捨考量呢？

◆ 多以質為研究取徑、質量結合為結果呈現

‧王教授

目前除了英國的研究品質評鑑因為涉及經費補助，需要一些客觀依據以外，其他國家大概都是走質的評鑑。事實上，改變的地方僅在於評鑑標準的敘述是以質的方式、問題式的方式來敘述；至於各校呈

現自我評鑑報告的時候，要用質或者量的表現方式，則由各校自行選擇。以目前情況來看，在呈現資料上，多半都強調同時結合質與量的資料。至於英國的研究評鑑，因為涉及經費補助，所以比較強調教授個人的研究生產力（量），他們會請專家學者來判斷究竟這位教授的研究生產力有無達到國際學術的標準。另外，還要看各系所的研究發展計畫以及未來研究規畫如何，而這部分就比較屬於質的部分了。因此，目前國際趨勢大概都是走質與量的整合。

◆ 標竿化評鑑標準為國際趨勢

● 王教授

不過，國際還有一個很重要的共同趨勢，就是標竿化評鑑標準。過去的評鑑標準都是逐條條列，以 NCATE 來講，上一次一九九五年的評鑑標準總共有二十個，下面又細分了六十四項指標；可是，到了二〇〇二年，就簡化成只有六項指標。而美國很多的區域認可協會及專業認可機構（包括美國資訊學門 ABAT 正在進行的資訊學門評鑑），還有荷蘭、丹麥、英國、瑞典以及澳大利亞這些國家，都慢慢強調要把評鑑標準加以統整化、系統化，轉為以標竿的方式來呈現。

為什麼會以標竿的方式來做？這就涉及到過去這幾年高等教育一直在推動的"TQM"（全面品質管理）與"ISO"。大學裡的 TQM 與 ISO 主要應用在行政層級上，無法進入大學最重要的核心—教學部分，因此其功能並不算彰顯。可是，標竿化品質管理目前在大學的應用成果，事實上是非常成功的。在標竿化品質管理的過程當中，必須針對學校的某一個功能，選擇最佳的實務學校為標竿，也可以以企業界為標竿。而為了讓評鑑可以協助各校做標竿化品質管理，勢必僅會用一個"function"的觀念來做評鑑，不會像過去在 function 下又設十至二十條評鑑標準，這樣評完以後，就像是「眼睛是眼睛，鼻子是鼻子，嘴巴是嘴巴，可是兜在一起就不太像人」。因此，我們認為應該要以整體的面貌來看。例如，在圖書館資源上，到底學校有何整體優勢與缺失？如果這個圖書館有待改善的地方，那麼就可以選取其他於此項

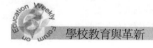

目上表現非常好的大學為標竿,來進行標竿學習的工作。總之,目前國際上的評鑑標準有一個很重要的走向,就是把評鑑標準整合起來,變成比較簡單的幾項評鑑標準,最多只有十二個,提供給各校,讓他們自行決定要用量或者質的方式來表示。

- 潘教授

評鑑標準越來越走向統整化與簡化,項目也越來越少。

六、大學評鑑結果的運用與外國經驗

- 潘教授

另外,想請教王教授的是關於評鑑結果的公布與運用問題。大學評鑑的結果適合在什麼時候公布?又要如何運用這個評鑑結果?然後怎麼用這個評鑑結果?要不要與經費補助連結?如何連結比較合理?

◆ 評鑑結果公開的前提:專業評鑑

- 王教授

公佈評鑑結果是世界各國都可以接受的,國內大學應該也有這樣的勇氣。其實,過去反對公布結果主要是因為評鑑者可能不是非常專業所致。我記得以前師範教育是由電機學門方面的專業人士來評鑑,學電機的學者真的懂教育嗎?這個實在很難說,所以很多學校都沒辦法信服這樣的評鑑結果。相較於歐美國家,他們是由此領域的專業人士,甚至是國際知名學者來進行評鑑,所以各校對評鑑結果的公開都能接受。如果將來國內也可以由大學評鑑中心來負責做專業評鑑,那麼我想評鑑結果也可以公開為大眾周知。

◆ 評鑑結果勿速與經費補助連結:借鏡英法

- 王教授

關於經費補助,我建議國內大學評鑑不要一開始就與經費補助扯

上關係。就像私立大學中長程校務發展計畫，每年為了經費補助，甚至有學校到法院按鈴申告教育部瀆職，要他們公開道歉，我想這是非常悲哀的事情。剛開始評鑑制度尚未建立起來的時候，最好先協助學校做品質改善，等到各校品質都到達一定程度後，再來做績效。至於績效要不要與經費補助扯上關係，也可再考慮。國際上，將大學評鑑與經費補助扯上關係的有法國，這是因為他們的制度非常特殊，法國的大學評鑑中心直接隸屬於總統府，評鑑報告也完全不經過教育部，所以大學評鑑中心委員的學術地位相當崇高，如果將做出來的評鑑報告直接作為經費補助依據，是沒有問題的。另一個是英國研究經費補助，他們一直實施到現在。我們可以發現英國很多一流學術人才寧願跑到企業界工作，而不願留在大學，因為大學待遇通常比較低，因此他們的研究評鑑制度其實不甚理想，才會導致英國高等教育優良師資紛紛轉向業界。於是，他們只好邀請開發中國家（包括印度、韓國）的學者來英國當老師。事實上，英國的大學校長都非常擔心將研究與經費補助扯上關係的做法，對英國將來的學術品質發展究竟是件好事或壞事？

● 潘教授

　　國內要不要如此快速讓評鑑結果與經費結合，的確需要好好思考。剛剛提到英國的評鑑分為教學評鑑與研究評鑑，目前研究評鑑的結果與經費相結合，那麼教學評鑑的結果呢？

● 王教授

　　英國真的是一個非常有趣的例子，世界各國做評鑑的時候，教學與研究幾乎都結合在一起，唯一分開的就是英國和荷蘭。可是，荷蘭的研究評鑑與教學評鑑並不與經費扯上關係，而英國的研究評鑑與經費補助扯上關係，但是教學評鑑卻不和經費補助扯上關係。因此，目前英國就衍生出一個很嚴重的問題，也就是大學「重研究、輕教學」現象，在聘用教授時，那些學術生產力好的學者，在市場上就非常具有吸引力，每年都有很多人挖角，導致學校彼此之間的關係都很不

好。尤有甚者，英國教育部計算補助款時，雖然是以評估單位來評鑑，可是評鑑補助卻是補助給學校，讓學校內部自行分配，而不是補助給受評單位，導致各大學之間彼此鬥爭。另一個更嚴重的問題是，為了要有研究成果，科技整合的東西就沒有人要做了，而比較創新領域的東西，也不太有人願意做，大家都希望可以積極看到成果、搶到經費。總之，學術界非常擔心英國這樣的做法。

● 潘教授

原本評鑑的目的是要促進學校發展、改進大學品質，如果依照目前的情況來看，英國的評鑑反而做得過火了，導致很多負作用發生。王教授對於很多國家的大學評鑑頗有研究，比如北歐四小國或英法，甚至對澳洲也有一些了解。可不可以為我們介紹幾個值得借鏡的他國經驗？

● 王教授

世界上幾個主要先進國家的評鑑制度，都是仿效英國的品質保證制度。所以這些國家大學評鑑的專責單位幾乎都是在九○年代以後才設立的。比如，挪威就是在二○○三年一月才開始成立運作，所以我們國家應該不算晚。這些學習英國的國家，目前都修正了英國的制度，而將教學與研究合在一起做，整個評鑑便分成了所謂的「校務品質審核」和「學門品質評估」。校務品質審核是就學校行政運作來評鑑，而學門品質評估則就教學與研究同時來做，而評鑑的結果主要是拿來改善品質。這些國家至少都做過一個或兩個循環的品質改善，所以現在他們希望可以開始導入經費補助的工作。

七、大學評鑑的未來展望

● 潘教授

最後，我們要談談國內大學評鑑的展望如何？

● **王教授**

　　首先，最重要的是成立專責機構。第二，是盡快完成學門劃分。第三，我們的自我評鑑一直忽略掉大學校長的部分，似乎大學校長在評鑑過程中都是置身事外的，我認為應該利用大學校長會議，讓大學校長體認到自我評鑑的重要性，讓他願意在學校公開場合中，承諾或支持自我評鑑的實施。第四，是專業同儕資料庫的建立，國內人力本來就比較少，因此必須積極建立專業人力資料庫。第五，是建立評鑑標準，如果可以設立大學評鑑中心，下面就可以有一個專門小組負責做評鑑標準的規畫工作。此外，我曾經向教育部建議，是不是可以每個學門選擇兩位學者，讓他們到美國或英國研習，回來之後做為種子評鑑教師？事實上，這趟兩個月的研習花不了多少錢，可能花個幾百萬就可以為國內培養出很多的種子教師。

八、結語

● **潘教授**

　　今天談了很多國內大學評鑑的相關問題，從教育部推動的相關措施，到未來大學評鑑的展望，王教授都給了我們相當具體的解析與建議。目前大學評鑑中心的規畫仍持續進行，希望藉此能夠讓大學評鑑更制度化、專業化。

大學整併之理念與國外案例

主持人：潘慧玲（國立台灣師範大學教育學系教授兼教研中心主任）

討論人：戴曉霞（國立交通大學教育研究所教授）

論壇日期：2003 年 09 月 14 日

❋討論題綱❋

【大學整併之理念與國外案例】

一、前言

二、大學整併的目的
- ◆ 解決經營危機
- ◆ 提高高等教育課程深廣度及行政效率
- ◆ 追求大學卓越發展
- ◆ 整合、分享大學資源

三、大學整併的意涵與類型
- ◆ 教育部的分類：校內整合、校際整合、學校合併
- ◆ 第一類：聯盟
- ◆ 第二類：附屬
- ◆ 第三類：邦聯
- ◆ 第四類：合併
- ◆ 第五類：兼併

四、大學整併的動力
- ◆ 動力來源外部多於內部
- ◆ 一九八〇年代新自由主義的影響：追求三"E"
- ◆ 全球化、高等教育市場競爭的時勢所趨

五、國外大學整併之借鏡
- ◆ 國外大學整併的案例介紹
- ◆ 國外大學整併的成效
- ◆ 大學整併成功與否端視立場而定

六、結語

一、前言

● 潘教授

若大家留意近年來的教育改革,會發現在「廣設高中、大學」的口號下,九十一學年度台灣已有一百四十八所公私立大學校院,大學密度之高,恐怕是世界上多數國家所望塵莫及的。然而,量的擴增並不保證質的提昇!因此,為了增加學校的競爭力,並發揮最大規模的經濟效益,教育部目前正在積極推動大學整併。關於大學整併的由來、意涵、目的及其利弊得失的分析,是今天要討論的重點,特別請到交通大學教育研究所戴曉霞教授來到一週教育論壇談這個主題。在此之前,請戴教授先簡單的自我介紹。

● 戴教授

我任教於國立交通大學教育研究所,個人的專長偏重在高等教育的相關研究,包括其大眾化、市場化、全球化、國際化等相關議題。當然,「大學整併」亦為我近年來關注的研究問題。

二、大學整併的目的

● 潘教授

談到大學整併,國內是有脈絡可循的。在一九九五年,中華民國教育報告書中,就已提到對於規模過小、缺乏競爭力的學校,建議應考慮與其他學校合併,讓資源做更有效的運用。一九九九年,也公布了一份地區性國立大學校院整併試辦計畫。到了二〇〇〇年,嘉義師範學院和嘉義技術學院便合併為嘉義大學。回顧整個發展脈絡,主要是因為國內這幾年大學數量過多,所以進行整併。如果我們追根溯源來看,世界各國也有很多整併的做法,那麼他們整併大學的目的是什麼?

◆ 解決經營危機

• 戴教授

　　我們可從三個角度來看大學整併的目的。我們談「整併」時，常會想到企業的整併。大概在十九世紀末、二十世紀初，美國有一波大規模的的企業整併，當時許多大學校院也碰到和企業相關、類似的問題，例如經營不善，所以也仿效企業以整併、合併或是兼併來解決問題，特別是美國的私立校院。因此，整併的第一個目的是解決問題，也就是要解決大學校院（特別是比較小型的學院）招生不足或經費不足的問題，解決的方法有時候是把小學院賣給某一個比較大的學校來解決相關的問題。

◆ 提高高等教育課程深廣度及行政效率

• 戴教授

　　其實，大學整併以「解決問題」為目的的情況近年來較為少見，現在通常是解決「規模過小」的問題，因為規模過小可能會使開設的課程廣度不足，學生在這樣的學校裡面，常得不到綜合性的教育。此外，規模過小的學校，其效率通常也較低，因為即使學校小，一樣要有圖書館、要有一套行政體系，所有的相關設施都要有，它的固定成本自然就會比較高。因此，大學整併的第二個目的通常是在解決大學校院規模過小的問題，特別是在學院方面。

◆ 追求大學卓越發展

• 戴教授

　　第三個目的是近年來提倡大學整併時的主要訴求，特別是研究型大學的整併，皆著眼於卓越的追求。希望藉由整併研究型大學，讓這些學校不但在課程上更有彈性、擁有更寬廣的視野，同時可以吸收到更好的學生、素質更高的老師，在教學以及研究上也有更好的績效。

◆ 整合、分享大學資源

• 潘教授

上面這些大學整併，主要是學校與學校合併的做法，另外一種整併，則不一定是學校合併，而是資源共享。因此，除了這三類之外，我們也可以在一些大學整併的相關文件裡頭，看到「大學資源整合、共享」亦為整併的目的之一。

三、大學整併的意涵與類型

◆ 教育部的分類：校內整合、校際整合、學校合併

• 潘教授

因此，我們再來要談的第二個問題是，究竟「大學整併」的意涵是什麼？它可以區分為哪幾種類型？我們可以看到教育部官方文件所談的大學整併，分為「校內的整合」、「校際的整合」和所謂的「學校合併」，例如資源整合就是屬於校際整合的一類。您對於這種整合的分類方法有什麼看法？

◆ 第一類：聯盟

• 戴教授

潘教授提到一個非常重要的問題，到底「整併」是什麼？假若我們從字面來看，會想說其為「整合」和「合併」構成的「整併」。但是，「整合」又是什麼呢？我從許多文獻以及自己的研究結果，將它分為五類。第一類就是您提到的「資源共享」，或者稱為「聯盟」、「策略聯盟」，這是最廣義的一種整併。亦即將一些大學校院聯合起來，有時候不僅是大學校院間的連結，亦可為異質性的機構，例如博物館、美術館等非營利機構，都可與大學連結，當然不同的連結，目的就不一樣。有時候是為了採購，因為如果能夠大量採購，就可以把價錢壓低；有時候是為了學校圖書館的共同利用，或者是選課上的共同利

用。總之，這是最寬廣的一種整併方式，也是一種聯盟。在這個聯盟之中，假若是由 A、B、C 三校結成，那麼這三所學校是各自獨立的，只有在一小部份上有交集，交集的設定則要依其目的而定，可能是聯合採購、聯合開課，或者共同使用圖書館。

◆ 第二類：附屬

• 戴教授

第二類整併是所謂的「附屬」，通常在大學、醫學院和醫院之間最為常見。國外有一些醫學院是獨立的，因此假如學生需要一些醫學以外的課程，醫學院本身就較難提供，師資也會較為不足，所以常與大學形成一種附屬的關係（醫院也常與大學附屬）。此時，假設大學 A、醫學院 B，在 A＋B 之後，它們還是各自獨立的，由醫學院本身來提供醫學相關課程，而學位的頒授則是由大學來做，也就是醫學院本身不能單獨頒授學位。

◆ 第三類：邦聯

• 戴教授

第三種是所謂的「邦聯」，它是一種比較鬆散式的結合，不過這種結合方式又比「聯盟」強得多。最典型的例子如英國牛津大學、劍橋大學都屬於邦聯。亦即，牛津大學或劍橋大學是一個「主大學」，之下有許多學院，基本上這些學院的資產是獨立的，主要負責大學部門的招生與教學，提供完善的生活照顧與指導。而大學（university）部分，則提供研究生的招生與教學，以及一些共同的設備，譬如較大型的實驗室、圖書館等耗費大的投資。

• 潘教授

那麼我們常聽到"Kings College"是屬於哪類呢？

• 戴教授

它們是在大學之下，可是本身的資產是獨立的。若學院之校友非常傑出，捐贈很多，校務基金就會十分充足，該學院也就比較富有。

此時，在主大學與學院之間還有一個協調功能，避免某個學院因為較為富有，而收取較低的學費，或者各學院間的講學金差距過大，同時協調各學院收取大概一致的學費標準。另外，大學也是學院對政府的唯一窗口，也就是政府提供公共經費時，不會把經費撥給各個學院，而是透過主大學（例如劍橋或牛津大學），再把經費撥給各個學院。

● 潘教授

那麼牛津或劍橋大學本身有沒有自己的學院？我們知道學院是負責大學部的招生，而大學則負責研究所的招生。那麼於大學之下，有無依據各個不同的學科性質而設立的研究所？例如，有無教育研究所？或者教育學院、理學院、工學院等呢？

● 戴教授

這就不是以「學院」為分界依據，而是以「系」為分界方式來進行研究生的教學。這就是第三種邦聯類型的大學整併，有一點鬆又不是太鬆，各個學院之間，都有其自主性，可是又受到大學的節制。

◆ 第四類：合併

● 戴教授

我們最近在談的「整併」，主要是後面這兩種，一個是「合併」，一個是「兼併」。這兩種有什麼不同呢？合併指的是，假如 A 與 B 要合併，通常 A 和 B 的規模相當，A＋B 合併之後變成 C，也就是 A 與 B 都不見了，再取一個新的校名，有新的校長，整個行政體系也要完全融合。在國內比較典型的例子就是嘉義大學。我們看到嘉義師範學院與嘉義技術學院都是屬於專業學院，經過整併以後，它們原來的名字都不見了，變成「嘉義大學」，這是所謂的合併。

◆ 第五類：兼併

● 戴教授

兼併則不同於合併，兼併的兩校（A 與 B）規模有很大的差距。譬如，A 是一個綜合性大學，B 可能是一個專業學院，在 A＋B 之後，

就變成 A，而 B 就不見了，因爲它原來規模就小很多，兼併之後 B 被 A 納了進來。在國外有一個很成功的例子，就是多倫多大學，裡頭有一個「安大略教育研究所」。這是一個非常著名的研究所，主要從事研究生教育，本身並沒有設立大學部，不負責大學生教育，它在多倫多地區，是唯一可以頒授博士學位的研究所。然而，它的人數比多倫多大學少很多，後者有五萬個學生，而安大略教育研究所則大概有五千個學生。後來，在地方政府的主導下，多倫多大學把安大略教育研究所併了進來，這就是一個很典型的「兼併」的例子，所以 A＋B 之後，就只剩下 A 了。

- 潘教授

整體而言，我們可歸納整併之意涵，包括廣義與狹義兩種：就廣義而言，有聯盟、附屬、邦聯、合併、兼併等五種；如果狹義來看，則只有合併與兼併兩類。

- 戴教授

我想應該可以如此歸納。

- 潘教授

如台師大與台科大之合併，就是比較狹義的合併案。現已確定合併案破局了，然其中仍有很多問題值得探討。

- 戴教授

此案應爲合併，因爲兩個學校的規模相當。

四、大學整併的動力

- 潘教授

另外一個問題是，大學整併的動力何在？由政府來主導？還是讓大學自發進行？剛剛提到有些大學遇到了很大的壓力，所以非整併不可，因此大學的整併有時候是由大學自發的。不過，國內目前的整併

則由政府主導居多，請戴教授為我們分析，大學整併的動力主要是從哪些方面而來？

◆ 動力來源外部多於內部

• 戴教授

大學整併的動力可從外部與內部來看。由國外案例看來，內部動力比較少，大家多半都是「多一事不如少一事」，很少主動提議合併或者兼併。當然，有時候為了爭取更多的資源，就會主動兼併或合併，不過，基本上大學整併的動力還是以外部動力居多。

◆ 一九八○年代新自由主義的影響：追求三"E"

• 戴教授

我們可看到，許多國家的大學整併都是政府來主導下的產物，為何政府要主導這樣的合併或兼併呢？這是受到一個更大的脈絡力量所影響。國外很多大學整併的例子都是發生在一九八○年代之後，為什麼是在一九八○年代呢？這和一九八○年代「新自由主義」的興起有很大的關係。新自由主義主張「大市場、小政府」。亦即，政府當然有存在的必要性，可是政府小一點比大一點好，因為當福利國家政府變得很大時，就會非常沒效率。因此，一九八○年代新自由主義帶來的就是一種自由化的政策。例如，將國營企業改成民營化，或者是政府再造運動，這些都是要把政府的規模縮小。而當政府的規模縮小之後，在它之下的國營公司、公立大學等等，也同樣都面臨了效率不佳的質疑。於是，在新自由主義追求效率的大環境之下，我們最常談的就是這三個"E"，一個是"economy"經濟，一個是"effectiveness"效能，另外一個是"efficiency"效率。為了追求 economy，所以規模太小的要變大；沒有效能，就要追求更好的效能、追其更大的績效；沒有效率，就要提昇效率。因此，受到這一個大思潮所影響，我們可以看到不少國家都出現了由政府來主導大學整併的趨勢。

◆ 全球化、高等教育市場競爭的時勢所趨

• 戴教授

　　第二個外部力量是全球化。我們現在談整併不只是針對「規模」，而是談「卓越」。整併與卓越有什麼關係呢？為什麼政府整天談卓越呢？這與全球化有很大的關係。因為全球化之後，市場競爭越來越激烈，其中也包括了高等教育的市場競爭。WTO 貿易障礙移除之後，教育變成一種「服務」，許多國家的大學都朝向多國大學的形式發展。所以，如果我們的大學不能追求卓越，那麼我們可能會面臨來自國外的威脅。現在國際學生的流動已經不必然是學生到國外留學，這些大學還會自己送上門來。總之，為了提昇國家競爭力，當然也為了防衛、捍衛國內的教育市場，所以大學必須朝向一個卓越化的方面來發展，這也是為什麼大學整併政策常常與卓越結合在一起的原因。

五、國外大學整併之借鏡

◆ 國外大學整併的案例介紹

• 潘教授

　　所以「追求績效」、「追求卓越」與「大學整併」是相互關聯的。事實上，我們看到國外的整併案例非常多，像日本、澳洲、英國、美國都有。例如，日本有九十九所大學，相關報導指出其中二十幾所大學做了合併。請戴教授談談國外案例的合併情形與做法，以提供我們借鏡。

• 戴教授

　　我們來看幾個大規模進行的國家。首先，我們最熟知的就是澳洲。為了提昇澳洲高等教育學院的教育，澳洲政府「強迫」大學與學院合併，或者學院與學院之間要合併。所謂「強迫」，亦即提高經費給予的門檻，規定一定要有兩千人以上的學生，才能獲得公共經費。澳洲有些學校的規模很小，僅有幾百人而已，如此一來，不合併就拿

不到政府的經費，進而可能威脅到學校的經營了。

所以，在一九九○年代初期，澳洲進行了一個大規模的大學與學院的整併，而這個整併的績效是相當明顯的。有的大學和附近學院整併、有的則是附近學院之間自行整併，只有很少數的學院因為地理位置過遠，沒辦法與他校整併，才另設專案讓它通過，其他學校則都進行了整併。於是，原來澳洲有九十幾所大學校院，後來只剩下四十所左右，整併成果非常明顯。在這一波整併過程中，我們看到像雪梨大學等規模本來就已經很大的大學，也參與整併，這就是潘教授所說的內部動力。為何這麼大規模的大學還要進行整併？因為它怕別的大學整併之後，規模超過它，以後獲得資源的能力會受到限制，為了爭取更多的資源，它們也參與這一波的整併。

從此例可知，有時政府政策要成功，就需要非常明確的政策，正如澳洲非常明確地以學生人數為經費補助的門檻，如此才能給大學壓力，讓它願意朝向整併這條路。當然，這條路並不必然是一條很好走的路，機構的整併是非常複雜、耗時又費力的一件事！

◆ 國外大學整併的成效

•潘教授

那麼整併的成效呢？目前有沒有評估？

•戴教授

目前做了一些評估，但研究仍不是很完整。譬如，針對被整併的學院研究時，發現整併對於教學是有幫助的，因為學生選課的範圍擴大了，課程的種類增加了，選課的彈性也增加了，所以在課程方面有很明顯的幫助。可是，在文化融合的議題上，就是個難題。每個學校都有各自不同的文化，這種學校文化與其他的組織文化是一樣的。當不同的學校文化碰撞之前，是無法預想會有什麼情況，甚至不知道自己的學校文化是什麼？碰撞之後才知道，原來我和你的文化有這麼大的差異！原來什麼是我自己的文化！所以在文化的融合上會產生一

點困擾。另外，還有一些問題是來自於校區的距離過遠。原本整併是為了尋求更大的效率，包括希望能夠降低單位成本，後來卻因為校區相距過遠，必須提供交通車；或者行政體系沒有辦法單一化，使得每個校區都得維持原來的行政體系，效能的提昇就不是太明顯。不過，目前進行的研究還不是很多，這也是因為整併常常需要相當的時間，也許在若干年之後，其成效及問題才會慢慢明朗。

◆ 大學整併成功與否端視立場而定

● 潘教授

那麼在國外整併的經驗裡頭，有沒有比較成功，可以讓我們借鏡的呢？

● 戴教授

「成功」這個詞很難定義，譬如剛剛提到的多倫多大學與安大略教育研究所的合併案，他們都認為非常成功，可是有一個單位卻覺得這個案子並不成功。原來多倫多大學本身就有一個負責師資培育的教育學院，現在和安大略教育研究所合併之後，多倫多大學裡頭原來負責師資培育的教育學院，就淪為二等國民，他們認為合併之後反而失去了自主性。所以「成不成功」應該從很多層次來看。對地方政府而言是成功的，因為本來得支出額外費用給安大略教育研究所，在與多倫多大學合併之後，就不需要額外的經費補助；對於多倫多大學而言，它獲得了一個聲譽很好的研究所，所以也認為是很成功的；對安大略教育研究所來說，他們也認為與多倫多大學合併之後，可以獲得更多的資源，以及和其他學院合作的機會，所以也認為此合併案是很成功的。因此，我認為要判斷成功與否，得看是站在誰的立場而言？是短期還是長期來看？

● 潘教授

若針對所謂的「追求卓越、績效」來看，它們是否成功呢？

• **戴教授**

　是成功的。

六、結語

• **潘教授**

　　儘管新自由主義與全球化浪潮引起教育社會學界人士不小的批評，然而卻也是不可遏抑、不容小覷的時代潮流。隨之而來的高等教育市場化、追求卓越績效等理念，也牽引著大學整併之路數。今天非常感謝戴教授跟我們分析大學整併的目的、意涵與類型，還為我們介紹國外的案例，讓我們對於大學整併有更深入的瞭解。下次論壇，我們還要深入解析國內大學整併的情況，並比較國內外的做法。

為台灣的大學整併把脈

主持人：潘慧玲（國立台灣師範大學教育學系教授兼教研中心主任）

討論人：戴曉霞（國立交通大學教育研究所教授）

論壇日期：2003 年 09 月 21 日

✾討論題綱✾

【為台灣的大學整併把脈】

一、前言

二、檢視國內的大學整併

◆ 教育部三大整併類型均有定義不清之虞，難以發揮功能

◆「整併政策」與「卓越計畫」不能混淆

三、國內的大學合併案例

◆ 師範體系校院興起合併風潮

四、大學整併的成功要素

◆ 天時、地利、人和

◆ 加拿大整併案的優勢

◆ 台師大與台科大整併案的劣勢

◆ 立法程序有益於大學整併的成功

◆ 教育部應有明確的指導原則

◆ 整併雙方應捨棄固有立場、擁抱共同理想

五、結語

一、前言

‧潘教授

上次論壇我們邀請交通大學教育研究所戴曉霞教授來談大學整併的議題，我們談到了大學整併的意涵可大可小。狹義而言，大學整併包含合併與兼併；廣義來說，則再加上聯盟、附屬、邦聯。另外，戴教授也為我們介紹了澳洲與加拿大的大學整併案例。看完了國外的成功案例，今天我們就要和戴教授一起來討論國內的大學整併情形，藉由比較國內、外案例之優缺，為國內大學整併的發展把脈。

二、檢視國內的大學整併

◆ 教育部三大整併類型均有定義不清之虞，難以發揮功能

‧潘教授

如果從廣義的觀點來看，國內有些大學整併屬於聯盟式的。譬如，九十一年三月，清大、交大、中央與陽明籌組了一個「台灣聯合大學系統」；之後台大、政大、中山與成功籌組了一個「台灣大學系統」；而我們台灣師大也不落人後，與中興、台北大學和中正大學也籌組了一個「台灣綜合大學系統」；至於師範院校部分，則另外籌組了「台灣聯合師範大學系統」。依您來看，台灣的大學有了這麼多聯盟，教育部也開始補助大量的經費來鼓勵大家成立聯盟，這樣的做法就可以真正發揮資源共享的功能嗎？

‧戴教授

教育部推動研究型大學整併，並將大學整併分為三大類：「大學系統」、「校內的整合」以及「校際的合作」，結果成了很有趣的南北大會串、南北大整合。後來經過審查，在大學系統方面只有台灣聯大通過，也獲得額外的經費，其它的聯盟好像就煙消雲散了，後來也未有後續動作。

再者，在「校內整合」一類上，也有定義上的疑問，教育部將校內的整合也定義為整併之一。然而，不管是從廣義或狹義來看整併，國外的案例都沒有把校內的整合劃分在整併的政策之內。當然，校內確實也需要整合，例如同一所大學卻重複購買相同的儀器、圖書，甚至人員職責也有所重疊，若能透過校內整合，讓大家能夠跨領域地合作，會是很好的做法。然而，這並不是就是所謂的「大學整併」，國外也從未有學校將校內的整合稱為大學整併。

第三，在校際的合作上，也有定義不清的問題，例如「聯盟」是一種大學系統的整併，卻也是一種校際合作。況且「大學系統」也是一種滿含混的定義，「系統」這個詞語本身定義就可大可小。我們可以說台灣所有的大學校院，是一個"Taiwan Type System"，亦可說台灣的公立大學本身自成一個系統而與私立大學有別。因此，何為「系統」？其範圍太大、太含混了。綜言之，我們希望大學整併的定義與分類能更為精確些。

• **潘教授**

您並不認為大學系統的建立是聯盟的一種方式？

• **戴教授**

我個人比較不贊成。若把它當成「系統」，便很難在政策裡明確規範。例如它最後要呈現什麼面貌？台灣聯大要不要組合成一個單一的大學？是否要有一個共同的校長？需不需要有共同的校務會議？有無同一套行政體系？假若我們以「系統」來稱呼它，就很難想像它最後會是什麼樣的景況。

國外大學合併時政策往往相當明確，因為他們的政府為了推動大學整併，都會給予這些大學額外的經費，因此這些宣稱要整併的校院拿了經費之後，就必須真正執行實質的整併，不能只有「書面」的整併。是故，在大學整併的政策上，國外政府的要求都是相當明確、具體的。譬如，澳洲是以學生人數為門檻，學生少於兩千人的學校就拿

不到經費。其它國家有的規定整併的結果只能有一個校長、一個行政體系、一個校務會議來。所以「大學系統」並不是一個適當的名稱，因為這個詞語本身太過含糊，很難預期之後的結果。

◆ 「整併政策」與「卓越計畫」不能混淆

• 潘教授

若我們以狹義的整併意涵來進行大學整併，事實上更是困難。之前我們談過國外的經驗，發現要整併成功，路是非常漫長的。因此，若於合併前，先以校際合作的方式來進行，可能是比較可行的辦法。因此，教育部鼓勵校際之間互通有無，可成立研究中心，彼此支援，亦可成立如台灣聯大這樣的系統。您認為此做法能否益於促進國內資源運用的效益？

• 戴教授

資源共享的方向並沒有錯，但此政策並非「整併政策」！亦即，我們當然希望大學之間可以增進合作、提升互補性。然而，這些都是卓越計畫中的內容，希望大學的發展可以跨領域、跨校。假如教育部希望大學進行的是實質的整併，那麼就不是以研究中心或計畫作為審查的對象，因為經費可能會與卓越計畫的經費重複。總之，我認為如果只是為了追求卓越、為了促進校際合作，當然是相當好的，但是這並不能算做整併政策下的經費預算。假如強調大學真的需要整併，那麼就要定出更明確的目標，而非僅為研究中心或計畫的合作而已！

三、國內的大學合併案例

◆ 師範體系校院興起合併風潮

• 潘教授

我們進一步來談合併。教育部十分希望學校推動合併案，我們曾經提到的台灣師大與台灣科大是一個例子（目前已經宣佈合併案無法

繼續）。其次，有台北市立師院與台北市立體育學院、花蓮師院與東華大學、高雄師大與高雄應用科大、屏師與屏東科大以及屏東商業技術學院。再者，還有一個是勤益技術學院與台中技術學院和台中護專等等。我們看到國內已有好幾個案子正在進行了，請您來分析國內大學合案併的這些做法究竟可不可行？而這些學校都是以什麼方式推動？產生了什麼問題？

● 戴教授

　　剛剛您所提的這些合併案，主要是以師範體系為主，包括師範大學、師範學院和其他校院之間的整併。事實上，這幾年來關於「師範學院何去何從」也是一個相當重要的議題。這個問題可能導致幾個結果：一個是看看它可不可能整併為一個教育大學？另一個是能否與地理位置比較相近的學院或大學整合？目前我們看到的成功例子就是之前提到的嘉義大學。嘉義大學是由嘉義師範學院與嘉義技術學院合併而成的，很多人都說它是一個相當成功的案例，因為這兩個學院互補性很強，地理位置也滿近的，都在嘉義市（雖然分了四個校區），最重要的是，它獲得了相當充裕的額外經費。因此，整個看來，推動的過程與成果都很不錯。然，大學整併的成果要從很多層次、角度來看，還需要時間來證實它是否成功。

四、大學整併的成功要素

◆ 天時、地利、人和

● 戴教授

　　看了嘉義大學的案例後，再來看看其它的師範學院與同地區的大學或學院之間的整併，就會發現他們未有如此「天時、地利、人和」的條件。何謂「天時、地利、人和」呢？無論於國內或是國外之例子皆指出，大學整併須額外的經費，因此在「天時」上，要看教育部有沒有足夠財力？或者有無足夠的壓力？能否創造一個有利於整併的

環境？。「地利」指的是兩所學校之間夠不夠靠近？假如距離太遠，要做到 efficiency 恐怕是很難的，特別是校區太多的案例。而在「人和」上，則必須實際嘗試才知道，因為這牽涉到組織文化間的差異，假如組織文化的差異過大，也許名義上是合併了，然，是否能真正進行實質的合併，恐怕有很大的困難。而這些都有待政府政策加以引導。

◆ 加拿大整併案的優勢

• 潘教授

上次論壇我們談到，若從績效與卓越的角度，來看加拿大多倫多大學和安大略教育研究所的整併案是否成功，則可以得到正面的答案。此整併案是否就是擁有良好的「天時、地利、人和」，所以容易成功？

• 戴教授

應該是的。先從「地利」來看，多倫多大學和安大略教育研究所只隔了一個街口，所以地理位置非常相近。在「天時」上，安大略教育研究所成立之初，就是一個研究導向的教育機構，獲得政府額外的經費補助，因此從一九六〇年代成立至今，此研究所之辦學都非常成功。後來，因為政府經費減縮，決定取消它的額外經費補助。這時，安大略教育研究所必須和一個較大的大學合併，才能解決經費上的壓力，特別是他們還有負債的部分，於是他們就找了多倫多大學來進行整併。合併時，因為多倫多大學有五萬個學生之多，而安大略教育研究所的學生差不多只有兩千左右，規模很小，所以算是一個兼併形式的大學整併案例。至於「人合」的部分，原本是不合的，因為安大略教育研究所在研究上有相當傑出的表現，當初對於要被併入多倫多大學，是心存疑慮的！而且安大略研究所本身是以批判精神著稱，並非如此容易接受被兼併之提議。因此，在整個談判的過程中他們都非常小心、仔細，所有的規畫皆要經過沙盤推演，把可能的問題都設想過了，才終於整併成功。在這個談判的過程中碰到困難時，還請了 Simon Fraser 校長來做第三者調人，綜合兩邊的歧見，讓談判容易進行。

是以，他們經歷了兩年多的時間，才把整個兼併案談成。雖然人原來是不合的，因為彼此的組織文化不同，且彼此互信的基礎也不夠，但是經過長時間詳細的規畫之後，安大略教育研究所獲得了相當優厚的條件，也就是他們可以保留機構的名稱，成為「多倫多大學安大略教育研究所」，因此在組織的認同上，就沒有太大的影響，同時還獲得了其它的好處。譬如，在經費上他們獲得了多倫多大學的經費，特別是多倫多大學是一個研究型大學，所以還得到與其他學院合作的機會。最後，安大略教育研究所的老師與學生，對於這個整併結果都相當滿意。

• 潘教授

從計畫的規擬至真正合併，他們花了兩年多的時間，事實上這是相當快速的，因為大學整併案子需要的時間非常長。

• 戴教授

是的，他們的整併案歷時算短。不過，雙方談整併計畫的時候，還聘請校外專家來研商，大家都做過非常詳細的思考。而且每次簽訂任何協定，都具有法律效力，他們希望不要「先禮後兵」，而是「先兵後友」。所以，即使一開始的氣氛很嚴肅，但是對於後來的整併結果卻是很滿意的。

◆ 台師大與台科大整併案的劣勢

• 潘教授

歸納而言，大學整併案的成功與否，「天時、地利、人和」的條件是相當重要的。如台灣師大與台科大的例子來說，在「天時」上，當初台灣師大與台科大的合併案，是受到教育部經費補助的允諾。然，目前教育部財政緊縮，合併後可以獲得多少經費補助，事實上都還是未知數，也為這個整併案增添破局的變數。另外，就「地利」來說，台師大與台科大其實是滿靠近的，所以沒有問題，但「人和」可就困難多了。兩個不同的學校，當然會有其不同的組織文化，需要相

當多的折衝，才能真正把兩個學校併在一塊，而這還牽涉到一個很重要的環節，就是整併計畫的規擬。換句話說，若兩個學校規模相當，那麼合併時，關於未來的願景、學校組織、行政架構、學院設置等應該如何規劃的問題，就是十分棘手的事。究竟是要一套掛子（行政體系只有一個）就好？抑或是各設其行政人員？這些都是影響兩校合併的重要因素。因此，除了您所談的「天時、地利、人和」等條件之外，我們也需要考慮合併計畫書的周延性、政府的介入程度、教育部的角色。

◆ 立法程序有益於大學整併的成功

• 戴教授

您提的台師大與台科大的例子就很具體，亦為一個值得觀察的案例，雖然最後是破局的情況。為什麼這個案子連談判的過程都無法成功？其中確實有些天時、地利、人和的問題。不過，以國外的例子來看，大學整併有一個非常重要的主導因素，就是政府的政策，而這也是國內與國外整併案最大的不同。我們可以從幾個角度來看這個問題。首先，國內的整併政策並沒有經過立法程序。而國外不管是零星的個案，還是系統性的整併（像澳洲、荷蘭、挪威都曾經進行大規模的技術學院整併），他們都會透過立法程序。為什麼要立法呢？因為整併需要的時間長，動輒兩、三年才能夠完成。不僅如此，還會牽涉到財產、校產的轉移，也會牽涉到建築物產權的轉移。另外，關於人員的安置也會受到影響。之前我們提到整併的目的之一，就是要提高效率、降低單位成本。行政體系要發揮效率，就要減少人員的數量，就會造成人員的資遣或另行安置，因此一定要有立法的程序保障。如果沒有立法的過程，有時候隨著教育部長的更迭，政策可能又要全面更換，這樣的動盪對於整併案來說，將是相當不利，因此國外都會透過立法程序來保障。

◆ 教育部應有明確的指導原則

• 戴教授

再者，剛剛您也提到究竟教育部要扮演什麼樣的角色？首先，在制定政策上，國外的政府當局都是以明確的政策規範來引導大學整併，譬如以最低學生人數為門檻，或者規定整併後的學校行政只能有一個校長、一個校務會議、一個行政體系，這些都是明確規定的，甚至時間進裎都有所規範，大概都是在兩、三年之內就要完成。

第二，假如都照教育部安排來進行，那麼教育部就會給予額外的經費，營造有利的誘因與環境，來帶動學校的整併。亦即，教育部的角色是賞罰分明的，只要照著政策進行就會有額外的經費，不照著做也會有處罰，可能在經費、招生上會有些影響。

第三，以嘉義大學的例子來看，教育部為了這個案子成立專案小組，在整個整併過程中著力甚多，這和國外不太一樣。國外的教育部只訂定整併的原則，至於整併的過程，教育部都不會涉入，通常是另外組成委員會，由委員會來協助整併，或者由公正的第三者來進行整併過程的協調。例如多倫多大學與安大略教育研究所的整併案，因為雙方常有利益的衝突，也會互相猜疑，所以發生問題時，就需要有人出來仲介、調停。當時，他們請了 Simon Fraser 的校長出來做調人，打破僵局，讓談判的過程持續進行。

◆ 整併雙方應捐棄固有立場、擁抱共同理想

• 潘教授

在大學整併的過程中，「主體性」是我們非常關切的一個問題，可以分成兩個部分來談。首先，您剛剛提到教育部應該要有明確的政策，還要設定一個時間期限，過了期限就不補助了！可是，我認為整併這件事應該要慎重考慮，不能急的。我們曾經笑稱這好像結婚一樣，兩個學校從陌生到步入禮堂結婚，需要情感的培養，不是一蹴可成的。如果教育部真的設了時間期限，會讓整併的大學認為大學之間

要不要結婚是我們的事,教育部為什麼要如此強硬地告訴我們什麼時候一定要結成婚?第二,真正整併之後,一個學校怎麼還能保持它的主體性?

● 戴教授

當然,結婚是要培養感情的,可是就大學整併來講,如果沒有共同的願景,事實上大家不會花時間來培養感情,通常多是等著瞧的態度。所以我認為必須有適度的壓力,時間也要訂得適當,不能太短,特別是大型的學校。另外,若雙方皆有意整併,那麼雙方就不能太過度強調主體性的問題,因為我們要創造的是一個新的共同文化,而不是保有原來的主體性,否則就只能成為一種書面的整併,而不可能達到實質的整併。

五、結語

● 潘教授

非常謝謝交通大學教育研究所戴曉霞教授來和我們討論大學整併的議題。這一路走來,大學整併還有許多問題值得深思,如何讓我們的大學教育追求卓越、追求績效,的確是所有高等教育工作者與政府當局都應審慎思考的問題。

第四篇：
大陸教育

留學大陸

主持人：潘慧玲（國立台灣師範大學教育學系教授兼教研中心主任）

討論人：周祝瑛（國立政治大學教育學系教授）

論壇日期：2002 年 06 月 02 日

✸討論題綱✸

【留學大陸】

一、前言

二、大陸教育發展概況

 ◆ 大陸教育制度隨政治而波動

 ◆ 大陸教育的三大特點

 ◆ 大陸學制因地制宜

三、赴大陸求學的動機

 ◆ 親近中國文化、擴大就學機會、開拓兩岸商機

四、大陸留學因應策略

 ◆ 不鼓勵赴大陸求學、擱置「大陸學歷採認辦法」

五、結語

一、前言

‧潘教授

　　台灣自從解嚴之後，兩岸的文教交流日益頻繁，其間受到政治因素的影響，因此熱絡程度不一，不過我們可以看到一個主要趨勢，那就是台灣學生赴大陸求學的人數逐漸增多。根據資料顯示，目前到大陸就讀高等教育的台灣學生大概有三千多人左右，留學大陸的人潮不斷增加也引發一些值得探討的問題。譬如，台灣學生赴大陸求學的動機是什麼？他們適應的狀況如何？大陸學歷採認的問題，以及教育西進的問題等等。因此，今天特別請到政大教育學系周教授教授來與我們談談這些議題。

二、大陸教育發展概況

‧潘教授

　　我們知道周教授您專攻比較教育，對大陸教育素有研究，因此特別請您來談一談留學大陸的問題。可否先談談您對大陸教育方面的研究。

◆ 大陸教育制度隨政治而波動

‧周教授

　　我長期關心與觀察大陸教育，約二十年前開始，我的碩士論文即是針對大陸高等教育改革的議題，之後赴國外進修，再回到國內服務，這些年來也在政大開設相關的課程。最近剛完成一本有關留學大陸 *Must Know* 的著作，書中紀錄這些年研究大陸教育的一些心得。從一九七八年文化大革命結束之後至今，大陸教育的發展較為穩定，這二十多年來可說是近來大陸教育發展的精華階段。大陸常隨著政治風向的轉變而在教育上有很大的波動。譬如，三反、五反，而文化大革命的時候，大學有六、七年沒有招生考試，所有學生都是推薦入學，

造成大學的學術水準急遽下降。文革結束之後鄧小平上台，重新確認大陸改革開放的路線，認爲要透過教育來培養人才，這個政策繼定之後，整個教育便如火如荼地進行改革工作。

◆ 大陸教育的三大特點

● 周教授

在教育上，大陸與台灣最大的不同有：第一、在學制上，台灣的學制從民國十一年開始模仿美國的教育制度，是六三三四制，即使到了民國三十八年遷台之後，學制仍沒有太多的變化，也沒有受到太多政治活動的干擾；而大陸則不同，尤其是在一九七八、一九七九年文化大革命結束之前，一方面是模仿蘇聯的俄化階段，另方面又嘗試以共產主義馬列毛思想來建立具有中國特色的社會主義。所以，大陸學制的變換至少有七次之多，而這其中的根本構想就是盡量縮短學制，所以小學到國中階段可能六年或七年就可以唸完，大學甚至更短。但是到了一九七八、一九七九年之後，情況有了改變，現在的學制也是六三三四，但也有些地方是五四三四，像上海等都市地區大部分都是以五年爲主。初中階段，原則上是三年到四年左右，高中三年，大學則是四年以上，碩士班三年，博士班三年，制度上大致是這樣。

另外，有一個很重要的特點是，在一九四九年時將近百分之九十的人口是文盲或半文盲，尤其是以農民人口居多。爲在短期內推廣掃盲運動，故十分強調成人教育。與台灣不同的是，台灣較重視正規的學校教育，所以成人教育裡的補校或空中大學其人口比例並沒有很大。而大陸則十分注重成人教育這一環，從小學、初中、高中，甚至到大學或學歷檢定等，這部分的人數佔了非常多，並發揮非常重要的功能。在大陸的學制裡，正規學校體系與成人教育體系是並列的，而大學也分兩種，一種叫「普通高校」，亦即一般的大學院校。一種叫「成人高校」，包括電視大學、廣播大學、函授以及各種企業單位辦的學校等，這一環裡的人數非常多，其培養出來的人才甚至不亞於普通高校。

第三個特色就是大陸教育規模非常之大。例如,大陸小學生的人數就將近上億,佔了全世界小學生的百分之二十左右,也就是說全世界五個小學生裡頭就有一個是大陸的學生,但是它的教育經費卻非常少。

◆ **大陸學制因地制宜**

• **潘教授**

周教授提到大陸的學制有六三三四及五三三四制,我大概在西元一九八九年前也做了一些大陸方面的研究,發現大陸調整了初中階段的年限,到目前為止,這兩種學制哪一種算是主流的發展?

• **周教授**

不能說哪一種是主流,因為農村與城市有所不同,基本上城市以五年制較多,就我所知廣州、上海等地都是五年制,而農村則多以六年制為主。大陸教育有一特點是,喜歡選擇在城市(例如上海地區)做教育實驗,譬如課程改革、學制改革、英文考試改革,包括大學聯考改革(大陸叫高考改革)。從都市地方開始做起,做了之後做調整,然後再擴大至其他地區。

• **潘教授**

對,這倒是真的,因為當初我們在做大陸研究時,他們喊出一本多綱、適應各地的差異,於是就有不同的版本出現,的確也有許多實驗在大陸各地實行。

三、赴大陸求學的動機

• **潘教授**

剛剛我們談到台灣大約有三千多人到大陸就讀大學教育,為何有如此多學生到大陸去?

• 周教授

　　這三千多將近四千人主要是透過正規管道，即港澳台聯合招生考試所招收的考生，大部分都是全日制的學生。另外，台灣還有許多大學先修班、大學高中附設的補習班或是短期進修的人數，這些將近有兩萬人。尤其是今（民國九十一）年四月底的研究所考試，去年十二月報名時公佈的報名人數就有一千多人，是前年的兩倍以上，這顯示越來越多台灣學生選擇到大陸求學。

◆ 親近中國文化、擴大就學機會、開拓兩岸商機

• 周教授

　　我在兩年前的實證研究發現，有些學生基於個人意願而前往，可能台灣高等教育中有些科系無法滿足個人需要，如考古、人類學、中文、歷史等與中國文化有關的科系，而學生卻可以在大陸得到滿足。另外，有些人因為在台灣大學聯考不理想或沒考上，或是一些科系（如中醫）在台灣競爭非常激烈，所以就到大陸去報考。而這幾年最大的變化是，有不少大學生畢業之後就到大陸念研究所，其科目集中在法律、會計、經貿，其原因一方面是因為家學的關係，親戚朋友中有台商的，或是準備做有關兩岸貿易的工作。另外，就是要去卡位的，在當地考取法律或會計師的執照，打算將來遊走兩岸的，所以現在有越來越多的學生著力於兩岸的發展。

四、大陸留學因應策略

• 潘教授

　　面對這麼多人到大陸求學，我們應該有什麼政策呢？我們該怎麼看待這個潮流？

• 周教授

　　基本上我把到大陸唸書的學生叫做「準留學」，因為「留學」的概念必須是到語言、文化不同的國度裡去求學，而且必須經過文化衝

擊、調適的過程。無可否認的是，到大陸求學語言上沒有障礙，雖然簡體字與繁體字有所不同，但文字的轉換學習並不困難，而文化方面也有相近之處，這些準留學生的適應期比較短，也比較容易進入狀況。

◆ 不鼓勵赴大陸求學、擱置「大陸學歷採認辦法」

• 周教授

在五、六年前，吳京擔任教育部長時曾公布「大陸學歷採認辦法」，之後曾引起軒然大波，而監察院也糾正教育部的作法，認為教育部沒有事先溝通好，而且開放七十三所大陸大學的規模太大，所以後來教育部無限期擱置至今，尚處研擬階段。最近黃榮村上台之後，也曾說「大陸學歷採認」是教育兩顆地雷之一。也有人說兩岸加入WTO之後，教育的交流本來就不可免，在互惠雙方國民待遇的規定之下，學歷的認證遲早要加以規範的。目前兩岸在 WTO 談判中尚未談到學歷的部分，所以對台灣來說還有一段時間可以研擬對策。大陸留學是近十年的潮流，尤其這五六年來人數較多，但是兩岸關係畢竟比較特別，所以政策上在「兩岸關係法」裡並不鼓勵台灣人民到大陸求學。不過，雖然政策上不鼓勵，但這是一個事實，因此，我所接觸到的大陸留學生，很多是從實際的角度為了個人生涯規畫、興趣，為了滿足個人需要而到大陸求學，至於學歷認證之議題就先擱置不論。

五、結語

• 潘教授

非常謝謝周教授來與我們談留學大陸教育的議題，今天我們從大陸教育概況談起，了解政治對大陸教育的影響，並且也對大陸教育體制有了輪廓性的認識。接著，我們探討台灣留學大陸的動機與現況；最後，提到大陸留學的因應策略。在下次論壇中，我們還要繼續邀請教周教授來談有關大陸學歷採任以及教育西進的議題，更深入來剖析兩岸教育的交流情形。

大陸學歷採認（一）與教育西進

主持人：潘慧玲（國立台灣師範大學教育學系教授兼教研中心主任）

討論人：周祝瑛（國立政治大學教育學系教授）

論壇日期：2002 年 06 月 09 日

✷討論題綱✷

> ### 【大陸學歷採認（一）與教育西進】
>
> 一、前言
>
> 二、大陸學歷採認的爭議與對策
>
> ◆ 憂心政治意識型態的影響
>
> ◆ 疑慮升高市場競爭
>
> ◆ 台生教育辦學不力
>
> ◆ 對策——從國家整體角度思維大陸學歷採認議題
>
> 三、大陸學歷採認因對象而有疏嚴之別
>
> ◆ 台生從嚴而論
>
> 四、「大陸學歷採認辦法」的具體建議
>
> ◆ 升格至國家層級議題、WTO 教育條文待決、避免躁進代以漸進政策
>
> 五、教育西進議題
>
> ◆ 背景——便於台商子弟就讀
>
> ◆ 目的——滿足台商需求、擴展大學發展
>
> ◆ 限制——高等教育未開放、教育西進招生對象僅限台生
>
> ◆ 考量——釐清法令規章、整握社會背景
>
> 六、結語

一、前言

● 潘教授

接續上週熱烈討論的留學大陸議題，今天我們仍邀請政治大學教育學系周祝瑛教授，繼續來與我們談談有關大陸學歷採任以及教育西進的問題。

二、大陸學歷採認的爭議與對策

● 潘教授

民國八十年九月十八日公佈實施的「兩岸人民關係條例」中，規定了台灣人民前往大陸地區求學採報備制，大陸學歷的採認與檢核辦法由教育行政主管機關來訂定。方才周教授提到的「大陸學歷採認與檢核辦法」在民國八十六年十月就公布了，也擬定了七十三所要採認的大陸高等學校名單，但由於兩岸關係的緊張與爭議，監察院認為研議不夠嚴謹，因此直至目前為止，有關大陸學歷採認的問題一直還沒有解決。我們很想瞭解整個爭議的問題背景到底是什麼？爭議點又是什麼？

◆ 憂心政治意識型態的影響

● 周教授

主要的爭議點可以從國家安全及個人發展兩個角度去看：從國家安全的角度來看，不少人認為目前兩岸還處在敵對狀態，如果我們的學生到大陸求學，將來回到台灣後，不管從事何種工作（尤其從事公務系統，譬如說公務人員或教師），都會擔憂是否會危及國家安全，並且憂心這些學生到大陸會被洗腦。

● 潘教授

若是高等教育階段學生就無所謂洗腦的問題了。

• 周教授

　　其實國內的有關單位一直很擔心這個問題,他們發現大陸大學招待我們的學生到西安等名勝古蹟參觀,介紹所謂的祖國文化等,他們認為這就具有洗腦的作用。可是兩年前我在教育部做過的研究發現,在當地小學、幼兒園唸書的台商孩子,比較容易受到影響。而在台灣受過教育之後再到大陸求學的台生,有八成以上的人認為沒什麼改變。

• 潘教授

　　因為在台灣受教育時,其價值觀已經大致成型了。

• 周教授

　　一方面從民主國度到一個管制嚴格的國家裡,他會比較格格不入。另方面,大陸也很有彈性,在大學裡並不要求港澳台、外籍、華僑學生修思想政治課程,也沒有這方面的考試。

• 潘教授

　　若如此,此理由便不存在,無法成為大陸學歷不採認之理由。

• 周教授

　　可是國內仍是有許多人擔心這個部分。其實,求學是憲法保障的人民基本權利,況且世界各國都承認大陸學歷,唯獨台灣不承認。另外,在兩岸關係法裡規定教育部必須要制訂大陸學歷檢核採認辦法,但是教育部卻遲遲沒有完成,諸此種種是否會影響人民的權利也引起不少爭議。

◆ 疑慮升高市場競爭

• 周教授

　　而延宕大陸學歷採認的爭議點,除了國家安全與個人發展兩個部分之外,還有一些反對聲浪,譬如私立學校、中醫藥界認為國內的人數已經飽和了,再讓學生出去唸書,回來之後會惡化就業競爭。再者,因為中醫是一個投資報酬率相當高的行業,讓大陸的台生回來考中醫

會造成緊張競爭。

◆ 台生教育辦學不力

● 周教授

也有人認為大陸的學校好壞參差不齊，許多學校給予台灣學生優惠，但在課程上卻只教台灣學生六成的課程內容。

● 潘教授

台灣與大陸的學生沒有一起上課嗎？

● 周教授

很多時候是沒有一起上課的。教育部提出的七十三所大學中，如清華大學、南開大學還有中山大學等，都有開設所謂的「台生專班」，台生人數只要一、二十人就可開課。且台生之收費大概是本地生的四倍以上，這對大陸大學來說是很重要的收入，亦可提升學校的資源。

● 潘教授

若單獨開班又給予這麼多的優惠待遇，台生入學是否會比較容易？

● 周教授

入學分大學部、碩士班、博士班，而有不同的招生方式：大學部每年四月報名，六月考試，有所謂的港澳台聯合招生考試，考上之後就可以就學，若考不上或成績不理想，有些學校有高考補習班或先修班，可以先修一些課程，一年之後再參加校內考試，通過之後就可以進入大學。

● 潘教授

大陸可能因為經濟的因素，希望藉由吸引台生過去以增加收入，也可能是因為政治的因素，要我們藉此認同大陸，所以在教育品質上就不可能做到我們所需求的。例如，他們雖然會另開一個專班，但不可能將百分之百的課程全部教給你。教育品質的問題急需我們關切。

• 周教授

上個月大陸副總理錢其琛曾表示非常歡迎台灣學生,也特別提到要對這些學生一視同仁,且保證教育品質,但事實上很難做到。政治面雖然可以如此宣稱,但在執行上卻困難重重,例如有些高校開設的專班,到底是學校本身願意的?還是台灣要求的?其實很難判斷。所以,就曾出現專班邀請大陸教授來台灣講學的情況,因為大陸研究所必需修習的學分不像台灣那麼多,所以就可以把時間湊齊集中一起上課,於是我們會擔心不知道品質如何。還有一個困難點是,任何國家的教育品質很難由其他國家加以評定,在這種情況下也就再加深了學歷探認的困難度。

◆ 對策——從國家整體角度思維大陸學歷探認議題

• 潘教授

回到剛剛討論的學歷探認問題,其爭議點一方面是因為意識型態國家安全的問題,另方面是因為人民生涯發展權利的問題,對於這個問題我們應該怎麼解決呢?

• 周教授

從民主國家的角度來看,必須維護人民基本權利,但就兩岸的關係而言,因為大陸始終不放棄對台使用武力,因此國家安全也不能不考量。教育部長曾說過,希望提升到國家整體的角度去看大陸學歷探認,而不僅僅考慮人民的需求,也要考量大陸的教育制度、水準,最後也許是採取承認的方式,但如何承認、承認多少仍有很大的討論空間。

• 潘教授

然,有許多人認為我們必須將問題回到教育的基本面來談,不要停留在政治的意識型態來談。

• 周教授

其實在三、四年前,我曾寫過幾篇文章呼籲讓政治的歸政治,教

育的歸教育。主要的想法是，台灣學生到大陸求學是一個趨勢，要尊重人民的選擇，況且長期以來我們對大陸的了解都太少了，不管是大陸官方或人民的思維皆缺乏。所以，我一直是從教育的角度、希冀能培養兩岸人才的角度，妥善運用這些在大陸求學、在大陸住過許多年，且對大陸人民的思維相當清楚的留學生來協助政府，作為兩岸政策的諮詢對象。

然，這一、二年來，我慢慢地調整我的想法，主要是因為大陸對台招生規模逐漸開放，前面也提到免修政治課程、免考試、住宿條件好，而且入學方式多元，但這其間也逐漸產生一個問題，因為優待台生，所以有許多學生當空中飛人，只在當地停留一個月或幾天左右，兼職式地唸書，原本必須在當地念三年的博士、碩士，台生可能花一年半的時間就拿到學位，這種求學方式讓我對赴大陸求學做了重新思考。再者，我發現越來越多人到當地求學之後不夠尊重當地的教育體制，而大陸學校對台灣和內地的學生也有不同的要求水準，只教導台灣學生六成的課程內容，因此，我們不禁要質疑這些學生的能力。由於越來越多負面傳聞，導致我逐漸對大陸學歷採認的看法趨於保守。另外，有感於台灣高等教育大幅開放，我可以預期將來大陸學歷承認之後，會有越來越多人選擇到大陸去，如此一來台灣的高等教育勢必走向精緻化，而且許多私立學校也會面臨嚴重的招生問題。所以，對大陸學歷採認我開始有不同的看法。

• 潘教授

國內高等教育擴增得非常厲害，目前大概有一百五十所的大專院校，我們自己就形成很大的競爭了，若台灣學生到國外唸書回來以後，一樣也會造成競爭。其實，這是一個自然的趨勢，因為國內學校數多，本來競爭就會越來越激烈。他們可以選擇到國外或國內受教育，只是大陸比較便宜，所以很多人就到大陸求學。

• 周教授

其實，便宜的學費並非主要因素。

• **潘教授**

　　加上大陸有些科系可滿足個人需求。

• **周教授**

　　且語言上較無障礙，溝通也較方便。

• **潘教授**

　　那麼在學費上沒有比較便宜嗎？

• **周教授**

　　就一個大學生而言，台灣學生的學費是當地學生的四倍以上，一年學費大概是台幣六、七萬，碩博班大概要十萬左右，生活費還要另外收費。過去我們一直認為在大陸求學很便宜，其實，現在大陸學費也做了調整。

三、大陸學歷採認因對象而有疏嚴之別

• **潘教授**

　　學歷採認也牽涉到採認對象的問題，譬如有些是從大陸來台依親定居的，有些是台生到大陸求學，另外，有些是台商子弟學校（現在在東莞也辦了一間學校）…，其指涉的是很多不同的對象。

◆ 台生從嚴而論

• **周教授**

　　一九九二年「兩岸關係條例」以及一九九七年的採認辦法中，便把採認對象分開來。一般而言，來台定居的大陸人士比較少，因此只要書面採認即可。而台灣學生到大陸求學，除了要報備之外，並且只能前往教育部承認的學校就讀，回來之後還要經過書面審查及學歷甄試，因為我們並不鼓勵學生赴大陸求學，所以對台灣學生趨向從嚴。就採認的單位來看，必須是大陸的正規學校，其它如成人教育、遠距教學、具有共產主義思想的系所等，以及某些研究單位：社科院、自

然科學院等，這些學歷都是不予採認的。目前採認的部分只以大學為主，而且還要經過正式的、大陸教育部的入學管道，如果是透過補習班、插班等方式，都是不予承認。

四、「大陸學歷採認辦法」的具體建議

• 潘教授

總結而言，周教授對於政府的大陸學歷採認辦法有何具體建議？

◆ 升格至國家層級議題、WTO 教育條文待決、避免躁進代以漸進政策

• 周教授

我很同意黃榮村部長所提的，大陸學歷採認的問題牽涉到國家對大陸的政策，在文教交流上是一個重要的指標性政策，應該升格至國家階層的認定。另外，加入 WTO 提供了兩岸文教交流一個新的架構，WTO 的精神即為將外國人視同本國人，雖然，目前並不需急迫解決學歷採認的問題，但雙方在教育服務業條文的簽處上會慢慢開始有所變化。第三，目前兩岸關係仍處於曖昧不清的階段，在此種狀況下並不需要大幅度地承認大陸學歷，代之以著手修改兩岸關係法裡有關大陸學歷的部分，重新思維定位問題。當具體辦法出來之後，一開始可以從嚴，採近程、中程、遠程的方式逐年調整。例如，早期香港地區對台灣及大陸學歷的採認方式，是採取個案辦理，在民間成立類似「學歷檢驗局」的機構，作為檢核兩岸學歷的中介機構，如此做法可以不得罪未被採認的學校。是以，一開始的規範可嚴格訂定清楚，爾後再慢慢修正，幅度慢慢擴大，國內也會逐漸產生共識，等到對大陸的學制、高等教育認識更深之後，屆時便可走向正軌了。

五、教育西進議題

◆ 背景——便於台商子弟就讀

• 潘教授

前面我們談到台灣學生到大陸就學產生的學歷探認問題，另外還有個問題就是台商子弟到大陸就學的問題。當我們開始談教育西進到大陸之前，要先說明相關的背景。去年陸委會體認到台商子弟就讀大陸學校的法律定位之重要性，而提出了兩岸關係條例修正案，同意以後台商可以向教育部申請備案，在大陸設立學校，教育台灣到大陸的人民。目前可以設立的有國中、國小及幼稚園，而周教授提到高中也開放設辦了。我們想要進一步瞭解教育西進政策的目的在為何？僅止於解決台商子女就學的問題嗎？

◆ 目的——滿足台商需求、擴展大學發展

• 周教授

從人道的角度來看，台商子女學校的出現是隨著台商西進而衍生出的一個現象，再加上國內學校的快速擴充，國內大學必須尋找海外的發展，於是台灣開始設立許多進修推廣班，而台商也出現要求的聲音。九十一年五月二十三日教育部剛通過「大學推廣教育實施辦法」，開放國內大學可以到大陸及其他境外地區辦理推廣教育學分班，這對國內高等教育的發展是一個重要的里程碑。國內大學資源越來越緊縮，而隨著出生率降低，未來大學生人數會越來越少，所以必須要開拓成人教育這一塊，所以大學不僅是針對本國人招生，還可以對大陸台商及境外人士招生。教育西進可以為國內的大學尋找更好的發展，包括充實自己的實力、擴增自己的影響力及增加海外的市場，這些都是很重要的發展趨勢。

• 潘教授

所以周教授是支持教育西進的政策？

● 周教授

大陸是一塊大餅，我們不去別人也會去，在這種情況下，同文、同種又有語言優勢，文化方面亦有借鏡之處，爲何我們不去呢？

● 潘教授

以往討論教育西進之過程中，事實上也引發了一些爭議，不過現在已塵埃落定，我們已開放教育西進。

● 周教授

教育部法令規定大學到大陸招生只能招收台商，不能招收大陸人士，可是對大陸而言，台灣的大學必須和大陸的某所大學或教育機構合辦，才能在當地招生。因此，我們招收台商、大陸那邊招收陸商，或許兩邊一起上課也不一定，台灣這邊有台灣派去的教授，大陸那邊有大陸的教授，這將會是很有趣的發展。

◆ 限制——高等教育未開放、教育西進招生對象僅限台生

● 潘教授

剛才我們提到教育西進的開放可以設置幼稚園、小學、國中與高中，可是推廣進修班卻一定要跟大陸的大學合作，反而不可以自己獨立設校？

● 周教授

本來大陸同意可以與外國人士合作辦私立學校，尤其在 WTO 條款裡頭亦提及。而台商子弟學校是民辦教育，是屬於所謂的「社會力量辦學條款」，學校仍屬私立學校性質，而其校長、董事必須是大陸籍人士，可是，事實上台商子弟學校的校長是由台灣指派，此乃因大陸特別爲了台灣人開放法令上的例外。台商子弟學校從幼稚園到高中階段都有，而大學學歷不被承認，因爲任何一個中華民國國民只要在義務教育範圍內都可以回台灣升學，但因爲高中不在義務教育範圍內，所以爲了台商子弟，陸委會現在開放到高中階段。而未來大學能否開放，就要視大陸的學歷採認，因爲學歷採認主要針對專科、大學

以及研究所,所以目前對於台商子弟來講,能辦到高中已經相當不容易了。

- **潘教授**

　　事實上,我們的教育西進從幼兒園到高中階段,都僅針對台商子弟,無法對大陸人民做招生。

- **周教授**

　　基本上,大陸的民辦教育並不鼓勵辦中小學,因為這還是義務教育階段(大陸也是九年義務教育)。但是大陸非常鼓勵辦理高職以上的培訓,並且在成人教育裡開設許多應用、商業方面的科系,而目前在台灣的教育西進裡有六、七所到大陸辦理的私立大學或私立專科學校,包括育達等校。

◆ **考量——釐清法令規章、整握社會背景**

- **潘教授**

　　關於教育西進,我們是否有相關的問題需要考量?

- **周教授**

　　首先,必須弄清楚大陸本身的法令規章,以及與當地人士合作辦學的方法。另者,因大陸與台灣仍有許多差異,所以許多地方會是很大的問題,如人脈的熟悉等,我們也常看到有些人到大陸辦學然後無功折返,常是因為現實的問題所致。

六、結語

- **潘教授**

　　一如大學學歷採認制度,當我們談教育西進時,還是要有許多地方要謹慎規劃。最後,請周教授談一談,如果家長想將小孩送到大陸留學的話,您的態度是如何?

● **周教授**

現在兩岸還沒有合法的仲介機構，如果要透過仲介機構最好還是小心謹慎，沒有所謂繳交幾十萬就能保證進入某校的辦法。另外，到大陸留學要從長計議，除了徵求孩子的志願，也要思考孩子未來的規畫，不僅是三、五年，還要考慮孩子將來唸完書的出路在哪裡？整個大陸的學歷尚未塵埃落定，這部分是相當冒險的，一切還是要謹慎。

● **潘教授**

我們非常感謝政大周教授教授，今天來到一週教育論壇與我們談大陸學歷採認的問題，也進一步深入剖析了教育西進的議題，讓大家對大陸教育有了相當的認識，也提供了計劃到大陸求學的學生一個參考、思慮的方向。

大陸學歷採認（二）與大陸留學

主持人：潘慧玲（國立台灣師範大學教育學系教授兼教研中心主任）

討論人：劉勝驥（國立政治大學國關中心主任）

論壇日期：2003 年 11 月 09 日

❋討論題綱❋

【大陸學歷採認（二）與大陸留學」】

一、前言

二、大陸學歷採認的相關議題

- ◆ 由民間機構採認，適用範圍僅限民間企業
- ◆ 採認大陸學歷的兩難——意識型態滲透與高教衝擊

三、台灣留學生在大陸的足跡

- ◆ 就學情況複雜，人數難以估計
- ◆ 駐足之處以南部居多，北部則多研究生

四、大陸留學的魅力與敗絮

- ◆ 魅力一：大陸中醫學院的朝聖潮
- ◆ 魅力二：大陸市場衍生之相關職業需求
- ◆ 魅力三：藝術學門的硬底子功夫
- ◆ 敗絮一：學術要求不高
- ◆ 敗絮二：台生班昂貴，學生素質卻不高
- ◆ 敗絮三：師資參差不齊

五、結語

一、前言

•潘教授

隨著九月份全國教育發展會議的召開，大陸學歷採認再度引發爭議。前教育部長郭爲藩教授主張推動兩岸大學雙連學位，並設立財團法人負責認證學位，以漸進、管制的方式，達到認證大陸學歷的目標。對於此提案，黃榮村部長也表示認同，不過，他認爲官方是否能眞正採認大陸學歷，職權不在教育部，而在陸委會的主管行政機關。另外，大陸學歷認證的討論也牽引出目前約有數千個學生到大陸求學的事實。所以，今天我們就來談大陸學歷採認以及台灣學生在大陸的議題。特別邀情到政大劉勝驥教授來和我們探討這些問題。

二、大陸學歷採認的相關議題

•潘教授

我們知道您寫了一本書，書名是「台灣學生在中國」。在這本書的構思過程中，您也做了好幾個專案。

•劉教授

是的，我針對台灣學生做了三個專案研究。其實學歷認證是從吳京擔任教育部長的時候就開始談了，今年只是老案重提。

•潘教授

那麼您的看法如何？

◆ 由民間機構採認，適用範圍僅限民間企業

•劉教授

吳部長和楊部長在任時就有些問題存在，例如大陸學歷採認將對國內大專院校形成衝擊，招生問題會影響到台灣高教的存在。再者，大陸教科書裡有政治意識形態存在，不管是對國民黨、台灣，或者是共產黨的政治意識形態皆未摘除，所以要政府承認大陸學歷是有很大

的困難。然，目前仍有愈來愈多的台生前仆後繼地到大陸求學，或從大陸學成歸國，於是就有學者提出由民間來評鑑，這倒是個可行的辦法。

• 潘教授

可是，如果只有民間進行學歷的採認，那麼當公家機關要任用的時候，這些學子沒有得到政府的採認該怎麼辦呢？

• 劉教授

政府能否接受民間採任的這個問題，可以從兩方面來談：第一，若民間採證系統不經政府之手，就像美國每年前一百名學校的排序也是由民間機構經手、評鑑一樣，而台灣如果也可以發展出這樣一個有公信力的民間機構，則其評鑑結果就可作為政府的依據。然，中華民國的教育仍然走集權制度，政府要管一切的評鑑，包括對教授證書的評鑑，因此民間的評鑑只能在私人企業任用。

• 潘教授

我們可以慢慢從民間學歷採認做起，建立其公信力，再朝向讓政府來採認。

• 劉教授

所以，它是過渡性的發展。

◆ 採認大陸學歷的兩難——意識型態滲透與高教衝擊

• 潘教授

不過，若先從民間做起，是否也會碰到您前面提出的兩個問題？

• 劉教授

但這樣做還是可以先緩和三萬名返台台生的壓力，對政治的安定與現實的妥協，還是起了作用。

• 潘教授

這的確是個妥協的做法。不過，您前面提到大陸學歷採認顧慮到

兩個問題：一個是大陸教科書沒有摘除意識形態的部分；二是採認他們的學歷會對台灣的學校產生衝擊，這些問題有無解決辦法？

● 劉教授

大陸教科書對台灣不利的地方相當多，而且這種情勢從小學、中學到大學都有。黃政傑教授在主持教科書研究時，以內容分析法發現大陸教科書裡頭有相當多政治意識形態的存在，不僅是國文，連英數都有！關於大學的部分，我也蒐集了一百多種，並作了六百多頁的報告，發現幾乎有一半的書都存在著意識形態，不過愈後面出版的書意識形態愈少，但早期的書意識型態就非常濃厚。此乃大陸堅持無產階級專政、堅持社會主義，這些堅持在他們憲法裡沒有改變。而且，他們認為教育要為政治服務，於是在客觀或主觀上，只要一談到教育的哲學理念，皆主張要為他們的社會主義宣傳。因此，過去國共衝突時，他們基於政權的本質做了與我們差異甚鉅的詮釋，對我們而言，這是不能接受的。單就此部分，教育當局就不會認可他們的教科書。過去吳京擔任教育部長時，也主張不承認大陸所有的師範體系。當時的北師大、華東師大是非常好的學校，但是就是因為師大裡面政治教育課程的比例較一般大學高，所以我們無法接受。

其次，採認大陸學歷對我們高校的衝擊也會很大，台灣有一百多所大專院校，目前有些技術學院和私立大學已經面臨招生困難的窘境，一旦承認大陸學歷，再加上學費低廉的誘因，會讓我們剛蓬勃起來的高教受到打壓。因此，開放與不開放便處於兩難之間。

● 潘教授

開放與不開放各有其利弊得失。關於大陸教科書存有意識形態的問題，黃政傑教授在教育研究中心擔任主任時就做過一系列大陸教科書的內容分析研究，我也參與這個研究。我特別記得他們的數學教科書習題有一題是：五面五星旗加五面五星旗，等於多少面五星旗？這就是典型政治意識型態滲入各學科內容的例子。

三、台灣留學生在大陸的足跡

◆ 就學情況複雜，人數難以估計

● 潘教授

再來要談的是，我們看到相關資料顯示有很多台生到大陸求學，其中也包括兼職的學生或補習班的學生等，總共至少有七、八千人在彼岸求學。這個統計數字是否正確？

● 劉教授

台生在大陸可分爲兩種：一是台商子弟在當地就讀中小學；另一種是指台灣學生到大陸就讀大學專科及研究所，後者是在台灣完成高中以上的學歷，才前往大陸，這部分的數字無法估計。您說的七、八千人，其實是升學補習班輔導到大陸就學時所做的估計，但就大陸高教司的說法，若直接算就讀的人數，到去年大概是接近四千人。但若依各校錄取人數，其實並沒有到四千多人。大陸高教司改革後，校長有權利擴增百分之十五的自費生，尤其大陸南部某些中醫學院招收台生是很賺錢的！至於補習班爲何會估計七、八千人？因爲很多台生是經由補習班或仲介到大陸，但這些人不見得全部都能進大學。於四月和十月兩次放榜中，有些人被錄取、有些沒錄取，另外有些人進入預科準備第二年重考，或者努力使分數及格就能補正。至於有些連預科都沒進去的人，會到補習學校（像廣州、廈門的補習學校）補習。所以，有些台生會待在大陸補習學校補習，然後再參加考試，這些滯留大陸的台生，也被補習班算入總數。另外，因爲中醫體系複雜，所以唸中醫的台生有些進入四年制的體系、有些是寒暑假班、有些參加補習班的遊學團，十二週後再參加自學考試（在大陸高教制度中，自學考試及格就相當於大學同等學歷），這些台生雖不是高考名額，但是仍在大陸成人教育體系之中，所以補習班也將之算入。

◆ 駐足之處以南部居多，北部則多研究生

• 潘教授

總的來說，不管是高教或大陸成人高教，甚至補習學校，在大陸約有七、八千位台生。這些台生大部分是在哪些縣市求學？有沒有其他不同的入學形式？

• 劉教授

以南部較多。廣州、廈門、福建、上海，尤以上海、廣州為最，北京也不少。品質方面，上海以下以大學生為主，北京以研究生為主。

• 潘教授

為何會有如此之區別？

• 劉教授

因為大陸的重點大學多在北京，但是北京離台灣較遠，旅費和生活費也較高，而南部和上海距離台商家庭較近，所以學生多在南部。至於北京，一般都是研究生去，因為要自理生活瑣事。

四、大陸留學的魅力與敗絮

◆ 魅力一：大陸中醫學院的朝聖潮

• 潘教授

近幾年，我們可以看到台生一波波到大陸求學，其中不乏政商名流的子弟。為什麼大陸會吸引這麼多的台灣子弟？

• 劉教授

對呀！像是國民黨立委游月霞都到大陸求學。這是因為台灣博士班不是那麼容易考取，但到了大陸就可以靠人脈關係輕鬆錄取。早期到大陸留學的人，是因為在台灣有心學醫但未錄取，而與台灣相較之下，到大陸學醫不是那麼的困難，所以都紛紛到大陸學醫。在大陸，他們第一流的學生未必會讀醫科，大陸重理工大過於醫科，尤其是中

醫。雖然台灣不承認大陸學歷，但是中醫資格是採檢核制的，所以未有阻礙。大陸的中醫學院為吸引台生，還特別辦了台生班，等於開了大門，所以有些中藥行老闆、員工到大陸學中醫有其便利之處。

◆ 魅力二：大陸市場衍生之相關職業需求

• 劉教授

再者，大陸經濟改革後，約有七十萬名台商湧入經商，台商經商就會產生某些必須的業務，在台灣，律師、會計師也不易考取，而且如果要熟悉大陸業務和法規就得到大陸去唸，台商有了這些需求，相對就有台生選擇這樣的路。

◆ 魅力三：藝術學門的硬底子功夫

• 劉教授

當然到大陸念書可以是全面的，可以依照興趣來選擇各科系，大陸開放的學校也越來越多，從早期開放六所，至今有一百多所大專院校供台生就讀。大陸目前合法的高校有一千多所，但是有些軍警學校是不開放給台生就讀的。另外，有些學校程度太差、宿舍和校園環境太差，就不會開放給台生就讀。我個人認為大部分的大陸學校都不值得台生去讀，因為台灣大學都可以和北大相抗衡。若一定要去，可唸台灣沒有的科系，像是中醫。台灣過去只有中國醫藥學院，現在慈濟和長庚才設中醫學系，但畢竟大陸在中醫方面還是比較專門。其次，體育、舞蹈、美術等等，大陸都下過苦工，跟隨那些一流的老師、學生學習，的確可以獲益良多。尤其是，近來大陸電影頻頻獲獎，或許北京電影學院也是個可以考慮的地方，台生可用拜師學藝的心情來唸這些大陸專門的學校。不過整體而言，我還是希望台灣的學生能在台灣一百多所大學中來追求高等教育。

◆ 敗絮一：學術要求不高

• 潘教授

剛剛提到大陸開放一百五十多所大專院校供台生就讀，而台灣也

有一百多所大學供台灣學生就讀，若依劉教授提出的比較，我們可以知道並不是所有大陸的科系都是那麼地好，反而是中醫、體育和電影藝術這一類，比較值得參考。

- 劉教授

尤其是我們師範文法科的老師，特別覺得文法科系不適合到大陸進行師範教育，因為大陸的師範教育中政治比重滿多的。另外，我也發現文法科學生的碩博士論文品質不大好，因為他們老師的要求不高。或許現在為了要在國際市場上競爭，所以會逐漸提高他們的素質，但他們的老師趕不上我們的老師，因為十年文革的關係，所以文法科老師的著作有了斷層的現象。因此，我認為除非台商要找知曉大陸相關法規的律師、會計師，否則文法科還是適合在台灣唸。

◆ 敗絮二：台生班昂貴，學生素質卻不高

- 潘教授

剛剛劉教授提到大陸中醫學院專門為台生開設台生班，其他領域也有這種情形嗎？

- 劉教授

其他領域是沒有的。廣州、廈門的中醫大學都有開設台生班，首要原因是台生素質不高，若與一般班競爭，根本考不進去，台生班是降低入學標準的班級；再者，台生和大陸本地生繳交的學費相去甚遠，我們交三、四千美金，他們交三、四千人民幣，其實廣州中醫大學新蓋的大廈，就是台生班學生貢獻的錢；第三，台生班學生不上政治意識形態的課程。

◆ 敗絮三：師資參差不齊

- 潘教授

台生對不同的大學會有不同的適應情況，若再加上大陸老師有斷層的情況，那麼我們的學習就無法受到嚴格的訓練和要求。大陸有沒有師資比較好的大學呢？

● 劉教授

　　大陸比較好的大學就是所謂的重點大學，除了這些大學，其他大學的教授素質都不能達到一定的標準。因此，我還是建議有心赴大陸求學的台灣學生繼續根留台灣，除非是念中醫、體育、藝術等專門科系。

五、結語

● 潘教授

　　今天我們從大學學歷探認辦法談起，提到目前大陸學歷探認乃先由民間機構開始辦理，也探討了學歷探認的政治兩難困境。接著，我們大致了解了台灣留學生在大陸的概況，以及大陸的高等教育辦學情形。在下次論壇裡，我們要再進一步探究台灣留學生在中國的情形，看看是否真如劉教授所言，除了中醫與藝術學門之外，台灣學生就讀高等教育的最佳選擇，仍在台灣！

台灣學生在大陸

主持人：潘慧玲（國立台灣師範大學教育學系教授兼教研中心主任）

討論人：劉勝驥（國立政治大學國關中心主任）

論壇日期：2003 年 11 月 16 日

※討論題綱※

【台灣學生在大陸】

一、前言

二、大陸對台招生政策

◆ 台生入學制度與收費標準

◆ 提供另一條路或作為學業生涯之跳板

三、台商子弟的教育問題

◆ 台商子弟的入學管道——以進入大陸重點學校居多

◆ 跨區就讀重點學校得繳贊助費

四、台灣學生在大陸的適應情形

五、結語

一、前言

● 潘教授

在上次論壇中，我們除了探究大陸學歷採認的問題，還大致談了大陸留學的整體概況以及台灣留學生在大陸的情形。此次論壇我們仍然邀請政大劉勝驥教授，針對在大陸留學的台灣學生，或在大陸就學的台商子弟之學習情形，深入探討，揭開這一波波「西方取經」的真實面貌。

二、大陸對台招生政策

● 潘教授

前次論壇我們和政大劉勝驥教授談到「台灣學生在大陸」之後，這次我們希望從大陸對台生的教育政策，及台生就學現況等相關問題與因應，做個全面性的探討。我看到您的書籍中寫到，為了探討台灣學生您在大陸走訪了不少地方，曾經到過廣東、上海、山東、北京，甚至還沿著粵漢鐵路到湖南、湖北、北京，沿途一方面訪談、一方面做問卷調查，花了很多時間來了解這些留學生的狀況。首先，要請教劉教授的第一個問題是，有關大陸對於台灣子弟的招生政策。上次節目提到台生可分為兩部分：一部分是大學生和研究生；另一部分是台商子弟。若就這兩部分來談，他們分別的政策為何？

◆ 台生入學制度與收費標準

● 劉教授

一九五○年代，大陸對台招生的政策是將台生等同於僑生，所以把台生安置在如暨南大學、華僑大學等這種招收僑生的學校裡頭；到了一九八○年代，才單獨把台生區隔出來，融合港澳生和台生為一類，另案錄取，而且入學錄取標準亦不同於大陸學生。於學費方面，一九五○年代因為台生是公費生，所以學費免費；一九八○年代，僑

生不收學費與書費，台生則比照辦理；一九八七年以後，仍然降低台生的入學錄取標準，但要收學費與書費；一九九〇年以後，轉成高標準收取學費、住宿費用，也就是錄取標準依舊從寬，但學費方面就採取高標準，因為這時候，大陸公費生制度取消了，所以台生就收較高的費用。但相對的，大陸給予台生的設備就比大陸學生好很多。

• 潘教授

大陸的對台招生政策是較為優惠的。之前，我們提到大陸研究生的錄取率高過一半，與台灣相較，這算是相當高的錄取率。

• 劉教授

的確較為容易。

• 潘教授

那麼研究生的學費高嗎？

• 劉教授

台生進入大學本科的話，一年的學雜費從一千到一千五百美元不等，至於中醫學院因為特別開設台生班，所以大陸六個中醫學院的一年學雜費從兩千五百到四千美元不等，醫學院的學費是非常高的。

◆ 提供另一條路或作為學業生涯之跳板

• 潘教授

不過，大學本科學生一年的學雜費也要台幣四萬多，是筆不小的費用，為什麼還是有這麼多台生願意去？

• 劉教授

早期到大陸念書似乎比較省，但隨著書費、雜費的提高，此種想法早已不合時宜。而今之所以仍能吸引到這麼多台生，主要是因為這些台生在台灣可能花錢也唸不到這麼好的學校，尤其是有心學醫的人，這是第一點原因。第二點，因為大陸許多重點大學被國際承認，所以之後若要轉到美國唸博士班，會比從台灣去來得容易很多！

三、台商子弟的教育問題

• 潘教授

那麼關於台商子弟的部分呢？

◆ 台商子弟的入學管道——以進入大陸重點學校居多

• 劉教授

本來大陸對台商子弟的學校安排是就地安置，若要跨區到重點學校就讀，可經由台辦安排。但後者由於本身不在重點學校的學區內，所以就必須對學校有所贊助，南部要一萬人民幣左右，上海就要二、三萬人民幣。即使如此，台商父母還是認為這是值得的，因為上海有些學校從小一就開始英語教育。近來，有些台商提出開辦自己的學校，因為大陸的學校課程裡充滿了政治意識形態。所以，大部分台商父母不是把小孩送到國際學校或民辦學校，就是自己辦學，或者讓小孩回到台灣升學。自己辦學亦即所謂的「台商子弟學校」，這點大陸一直都是同意的，像上海、廣州、東莞等地，都有台商子弟學校的設立。大陸當局同意開設台商子弟學校不是沒有原因的，這叫做「築巢引鳳」，因為這樣一來，台商子弟在大陸念書，台商家庭也就等於在大陸生根，台商的資金將會更加穩定，這是大陸方面的想法。至於台商的想法，一來是因為小孩若不在大陸讀書，妻小為了小孩唸書回台灣而分隔兩地，久之先生若有二心，容易造成家庭問題；二來台商子弟在大陸念書，台商較能兼顧事業與家庭，於是就有幾所台商子弟學校應運而生。像是東莞收了九百多個學生、上海也收了三百多個台商子弟。

• 潘教授

台商子弟有多個入學管道：一個是進入當地的學校；另一個就是進入國際學校或是台商子弟學校。

• 劉教授

其實這三種學校是三種不同的升學管道。

- **潘教授**

　　那麼哪一類學校招收的台生較多呢？

- **劉教授**

　　台生有一半以上是進入大陸的公立學校，且大部分是重點學校，這是為什麼呢？像上海，雖有台商子弟學校，但大陸地大物博，無法涵蓋所有台商居住的地方，所以很多台商還是會將小孩送至較近的大陸重點學校就讀，況且重點學校的師資和環境都不錯、學費又便宜，只是入學所需的贊助費不少！不過這裡有個問題出現，若台商子弟國小三、四年級才插班入學，就得降一級就讀，因為大陸的數學進度教的比台灣快，所以剛插班的台灣學生數學成績普遍不佳。再者，大陸使用簡體字，於是在溝通方面就會有問題出現。不過我耳聞有個台灣去的國中生，經過補習班補救教學後，覺得大陸教育很好（我指的是像上海這類中心城市的學校），回台後還考上北一女！所以，我們不得不承認台灣教改推動後，讓學生太輕鬆了，無形中降低學生程度。另外，大陸的公立重點學校仍然會給台商家長帶來抉擇的壓力，因為課程中仍然充滿了政治意識型態。至於國際學校，雖然沒有這方面問題，但學費太貴、學生太輕鬆。而台商自辦的學校學費介於大陸公立學校與國際學校之間，大概等於大陸的民辦學校。值得一提的是，台商子弟學校的課程是依照台灣的教本而略有差異，像「認識台灣」這類型的課程在那邊是不可以教的，所以只好舉辦台商子弟夏令營，好讓他們暑假回來台灣進行補救教學。

◆ 跨區就讀重點學校得繳贊助費

- **潘教授**

　　大陸有沒有要求進入當地中小學的台商子弟，繳交不同的學費呢？

- **劉教授**

　　這倒是沒有，只是要求贊助費。在一開始入學的時候要交一萬人民幣，之後只要交學雜費即可（這是因為大陸實施義務教育）。不過，

若要跨學區就讀，則必須交贊助費，不只是規定台商，就算是當地大戶人家想跨學區讓他們的小孩進入重點學校就讀，也得繳交這一筆贊助費。目前我聽到最高的贊助費是上海的三萬元。前一陣子，武漢要辦台商子弟學校，武漢台商的黃會長跟我說，台商學校要聘請台灣老師任教，而一個台灣老師的費用可請三個大陸老師，這樣算起來學生一學期得交兩萬人民幣的學費，結果沒有台商要去，因為相較之下跨學區進入大陸重點學校只要在入學前交一次一萬人民幣的贊助費即可，之後的學費是很便宜的，況且他們的升學率又高，例如上海最好的重點學校－上海中學，開辦的國際班保證百分之九十九上清華這種重點大學，再加上他們的設備又好，所以有一半以上的台商子弟選擇進入大陸重點學校就讀。不過，唯一美中不足的是，課程中充斥著政治意識形態。

• 潘教授

剛剛劉教授提到大陸重點學校的設備相當好，讓我想到七、八年前曾去東北參觀他們的重點學校，設備的確很好。

• 劉教授

是的，如上海南山小學的桌球社團就有三、四十個國手在教小學生打桌球。

四、台灣學生在大陸的適應情形

• 潘教授

一般而言，在大陸唸大學及研究所的學生，他們的適應情形如何呢？

• 劉教授

衣食住行難免因為文化的差異而有所不同，一開始適應不良是正常的，不過由於台生的生活起居，幾乎都與大陸學生分開，所以適應

的問題不大。只是有些台生為了保護自身安全,會盡量跟大陸學生穿著一樣、使用的東西也盡量同等級,雖然口音無法改變,但乍看之下,與大陸學生幾乎沒太大的差別,這種做法或多或少還是可以保障台生的安全。在旅遊和運動方面,台生常趁假期到處遊山玩水,所以台生在大陸讀大學是很快樂的,尤其大陸大學的招生是全國性的,所以大陸各地都有台生,彼此可以互相照顧,若有適應上的問題,也很快就會改善。台生在大陸生活最需要適應的是人際關係,因為無論如何,台生在經濟條件上比大陸學生好很多,因此金錢問題便成為人際相處的重大課題。

• 潘教授

以上您所說的是台生生活方面的適應狀況,那麼台生的學業適應情形呢?

• 劉教授

有些跟不上課程進度的台生,會跟大陸學生借筆記,或是直接從老師那裡下工夫,不過也可能會因為送老師禮物,而被大陸學生看不起,但是也不見得所有台生皆是如此,有些台生甚至在大陸成為大陸學生學習的模範,從台灣去的台生有好有壞,情形不一。另外,在生活適應方面大致上都還好,不過一旦兩岸發生政治危機時,台生會感到緊張,有些台生就會假裝自己是大陸學生,以避免不必要的糾紛。

五、結語

• 潘教授

最後,請劉教授就整體來談,台生在大陸求學會遇到什麼樣的問題?應該怎麼解決?

• 劉教授

只要「不卑不亢、與人為善」,學生的社會還是比較單純的,台

生只要記得切勿隨意炫耀財富，就可免掉許多不必要的麻煩。

● 潘教授

　　非常感謝政大國關中心主任劉勝驥教授，從各種角度跟我們探討台灣學生在大陸求學的整體情形，讓我們了解到大陸求學有什麼樣的入學管道，以及在大陸求學的生活、學業適應問題，這些對於不是很清楚大陸教育，或有意到大陸求學的人，是很有幫助的。

第五篇：
學校革新經驗

開平高中的人文教改工程

主持人：潘慧玲（國立台灣師範大學教育學系教授兼教研中心主任）

討論人：夏惠汶（台北市私立開平高中校長）

論壇日期：2002 年 07 月 14 日

✻討論題綱✻

【開平高中的革新課程與扁平化行政組織】

一、前言

◆ 從建築到教育之路

◆ 突破學科領域疆界、發展綜合主題教學

二、「人文教改工程」之基本理念

三、自我負責的教育

◆ 民主牆

四、開平的概況——餐飲為主的綜合高中

五、在開平的足跡

◆ 發展重點學校

◆ 凝聚學校認同

◆ 革新社會科學概論課程

◆ 統整裁併科系

◆ 採用激勵的責任薪水制

六、結語

一、前言

潘教授

如果您持續關心教育論壇，可以發現談論重要、具即時性教育議題是我們的特色。先前我們曾針對九年一貫課程進行一系列的論壇，這一次打算製作另外一系列的論壇，介紹一些異於傳統的學校。第一個要介紹的是開平高中所推動的人文教育改革，今天我們請到開平高中的夏惠汶校長來與我們談談。

夏校長從一九八九年擔任開平高中校長到現在大概有十三年的時間，在這之間推動了很多教育改革工作。我看了您的背景，發現您在大學的時候主修建築，碩士階段讀公共行政，博士學位又讀哲學，這些學歷背景如何觸發您辦學的理念？

◆ 從建築到教育之路

• 夏校長

其實我在大學的時候便對教育很有興趣。我生長於一個極為嚴格的家庭，父母有非常多的要求，那時我覺得為什麼人要活得這麼苦，要學那麼多東西，早上從五點起床後就要背英文、讀聖經等。後來，我發現那是父母對我們的好意，都希望能「望子成龍、望女成鳳」。於是，引發了我一個想法：為什麼對孩子好，卻會讓孩子那麼不舒服？是不是有一種方法既能夠讓孩子好又能讓他覺得很舒服？所以，在大學時便有心想投入教育。但因為從事教育工作既辛苦又沒什麼錢，於是，我想總應該賺點錢，先讓自己累積點財富，因而就學了建築。

從事建築工作一段時間之後，一直覺得要去學點什麼東西，但從建築走到教育有點遠，所以，我想先從管理方面著手看是否機會，於是，便從營建管理慢慢走到行政，之後始真正參與教育工作。那時候我白天從事營造建築工作，晚上到學校兼課，開始教一些建築製圖，也帶了一個導師班。慢慢地，我對教育工作越來越有興趣，但仍

覺得自己在這方面能力還是很有限。在一次機會裡，我便放掉一切，決定去探索到底我要的是什麼？便開始研讀哲學。在這個歷程裡，我最大的成長就是真正看到了人活著的意義與目的到底是什麼，以及我們應該如何讓一個人發揮他生命中的意義與價值。當這個「終極」的問題有了方向之後，我就比較清楚我要做的是什麼了。

因此，當我選擇回到教育，在開平從事教育改革的時候，我便是抱持著這樣的心情，一定要幫助學生自在自得，讓他真的能夠找到生命中的價值與意義。

二、「人文教改工程」之基本理念

● 潘教授

夏校長寫了一本《一位頑童校長的辦學歷程》，[1]記載您從以前到現在想法的轉變。為了有系統地讓大家比較瞭解開平高中推動教改的想法，可否先請夏校長談談你們號稱的「人文教改工程」其背後的基本理念是什麼？

● 夏校長

我一直覺得過去的教育要求孩子們要有很多的知識或技能，大人總說「要有一技之長」，或者讀大學也要讀理工科（那時候理工電機一定是第一優先，當然醫學院也是），而人文方面的學科（例如法律系、國文系、英文系）大概都排在最後。隨著時間過去，我在從事建築時發現，即使給再好的單價，也無法要求建築工人把一條水平線或垂直線拉得非常直。我後來猜想是不是工人的薪水不夠多？給多一點工資是不是就能做到？事實上，是沒有辦法的，因為他的能力就只到那裡。後來到國外，我發現他們直線就是直線、橫線就是橫線，我認為這就是工人的敬業精神，他一定要把這件事做好，沒有做好就不放手，但是台灣的工人卻只要求做到能夠交差就好。這背後隱藏的是什

---

[1] 本書相關書訊，詳見本單元之編輯小語。

麼？就是一個「價值觀」。即便某天有人付二倍的錢請他做好，他還是會因為沒有養成這個習慣而無法達到。

我進入教育界在夜間部教建築製圖及營造法的時候，便希望學生能用心，把工作當作自己的事情來做好它。買房子的時候常有人抱怨台灣的手工亂七八糟、偷工減料，有時候真不能怪建築商，大部分的責任應該在那些工人身上，因為即使付更多的錢他也無法做好，而我們又無法二十四小時監督。於是，我從這裡引發出一個想法，即如何幫助一個人做到他份內該做的事，而且很敬業地、很紮實地完成這些事，如果每一個人均能如此，社會自然會有次序。我便以這個想法為起點走到教育。

至於「人文教改工程」的理念，很多人問「人文」究竟是什麼？有人說米開朗基羅的畫是人文，貝多芬的音樂是人文，事實上，早在《易經》中便有「觀天文以查時變，觀人文以查天象」，天有天文、地有地文、水有水文、木頭有木頭文，人就有人文，亦即一個成長過程的紋路。你看到一個人成長的脈絡，就能分辨「妳好漂亮」這句話是稱讚還是諷刺，這完全依據我對說者的認識，如果深刻瞭解說者，就比較容易猜出這句話背後的意思是什麼。而過去的教育只談知識的灌輸、技術的訓練，忘記知識和技術最終的目標是人的智慧，亦即關懷人與社會的需要，然後統整內在自我與外在社會，最終得到一個圓滿的決定、作法或互動。所以，我們在開平推展人文的時候，首先談到人與人之間的相處，瞭解相處中如何表達情緒、宣洩情緒。

三、自我負責的教育

● 潘教授

我認為人文教育很重要的精神就是把一個「生物人」變成一個「社會人」、一個「文化人」。如同夏校長提到的「幫助一個孩子對自己負責，且能適當表達自己的情緒」，諸如此類，均是把個體當成有價值

的人，並使之知悉如何發展自己，我認為這是開平高中特別重視的課題。不過，要進一步問夏校長的是，我們看到了您刊載的相關資料與數據，也知道您曾拜訪夏山學校，而基本的人本理念與想法也在開平高中裡實際推展了，但是我們仍然要問，如何養成孩子對自己負責、對他人負責？

◆ 民主牆

● 夏校長

　　這是一個很大的問題，我們花了很長的時間都不敢肯定地說我們已經做到，但我們已經在路上了。推展「人文教改工程」的第二年，我在學校裡立一個「民主牆」，精確的說法應該稱做「宣洩牆」，意思是學生可以在那片牆上寫任何他想說的話，老師也可以寫。但如果寫出不雅的文字怎麼辦？於是，我們便規定不雅的文字不要寫，但什麼是「雅」？什麼是「不雅」？後來乾脆決定不加任何的設限。我們的用意乃在於幫助孩子在那個空間裡暢所欲言，也沒有所謂的秋後算帳。於是，學生常偷偷摸摸地寫，寫完就跑掉，很怕被別人發現。一開始的確有些不雅的文字出現，學校的老師質疑這種語言是否能在校園裡出現，擔心若不加以制止的話以後學生會無法無天。經過辯論後，我們認為如果小孩心中真的有這些感覺，他不在這邊寫也會寫在廁所的牆上，而寫在民主牆上他的感覺及語言才會被看到，我們也才能知道原來孩子有這麼多問題。醫生最怕的是不知道病人的病因在哪，知道病因後，我們可以慢慢治療；而一個孩子在開平會有三年的時間，當我們知道問題後，有三年的時間來幫助他趨向成熟。所以，我們計劃引發孩子從「敢說話」開始到「會說話」（所謂「會說話」是指據理力爭），最後發展為「有效的發言」，而開平的孩子現在已經走到「會說話」的程度，所以，他們寫文章或發言時，已經會運用很多理由。慢慢地，有些人開始學習有效的發言，他們發覺即使對學校講一堆道理，學校也不一定會接受，他便開始想辦法達到目的。所以，

從敢說話到會說話、再從會說話到有效的發言,這個歷程要經過相當長的時間。在民主牆的活動中,我們花了許多時間才慢慢使孩子們敢寫出真正想說的話,包括對於老師的不滿,有時候學生甚至還會指名道姓。不過現在學生除了指名道姓地批評之外,他還署名。我們並未要求學生署名,而且我們對民主牆的期待是不要把它當作文字,把它當作一幅畫,盡情宣洩心中的話。對於上面的言論你可以回應,也可以不回應,因為真正可以解決問題的場域不是在民主牆上,而是透過學校其他的行政管道來解決,例如,與校長有約、寫會議記錄或投書等,這些反應我們都會正式回答,但我們不回答民主牆上的問題,它只是讓你暢所欲言。

- **潘教授**

可是學生要怎麼學習會說話呢?因為即便是秋後不算帳也只是培養學生敢說話,那麼要怎麼樣才算是說對話?而且老師本身的容忍度可以有多大?他要以什麼教學態度來帶孩子?

- **夏校長**

最近三年我們將民主牆放在學校的正中間,學生開始大膽寫,即便其他學生或老師經過他也不在乎。當這些不雅的語言出現時,老師的壓力比學生還大,開始憂心同儕怎麼看他?其他學生怎麼看他?主管怎麼看他?還有校外的人怎麼看他?當然經過十年之後,我們能夠承受之程度都相當足夠。這其中還有一個最為重要的關鍵,亦即當孩子出現不雅的語言時,雖然不知道是誰,但我們可以在教學過程中告訴孩子應該以什麼方式表達情緒比較有效而不會不雅。如果真有一些話題是全校性的,我們會趁大家共同聚會的時間討論這個話題。在討論的過程裡就會出現不同的聲音。

四、開平的概況——餐飲為主的綜合高中

• 潘教授

接下來可否請夏校長先描述一下開平的概況。

• 夏校長

我們學校差不多有將近有一千人左右的學生,夜間部大約有四百人左右,而老師大約有一百人左右。我們設有餐飲科,分為中餐組、西餐組、烘焙、餐飲服務與管理;我們還設有綜合高中,因為綜合高中是我五、六年前極力爭取的,我們是首辦的實驗學校,我喜歡綜合高中的教育理念及精神,因為「教育鬆綁」、「規則鬆綁」讓我們有很多教育自主的空間,而我們也把這樣的精神融入在餐飲教學裡;另外,我們還有資料處理科,不過今天起便不再招生。因此,開平乃是以餐飲為主軸的綜合高中。

五、在開平的足跡

• 潘教授

夏校長從一九八九年到開平高中,至今已歷經十幾年,您推動了哪些教育理念?而實現人文教育理想的具體做法又是如何呢?

◆ 發展重點學校

• 夏校長

第一年我分別從幾個角度著手。因為開平高中科系太多,而且是工商職業學校,所以我開始找尋有效的合併,定出二個方向:資訊與英文,全力發展這兩科。某次偶然機會中,得以和嚴長壽先生取得共同發展餐飲的共識,於是,第二年我們便成立了餐飲科。過程中,我們不斷與他討論,並請了幾個顧問規劃。餐飲科成立了以後,端盤子要學三年,家長一開始非常質疑,然而至今,餐飲變成了熱門的顯學,許多大學都成立了餐飲系。

◆ 凝聚學校認同

• 夏校長

行政上，我最早著力的是訓導處，思索訓導處可以舉辦什麼活動以帶給學生活力？當時我花了很多時間投入學生活動，每個活動都要有意義與價值。例如，其中一個是「選拔開平人」，讓開平的學生有歸屬感，並由大家共同討論開平人形象的內容。然後，我們又辦了母親節活動以及辯論比賽，從這些活動中讓孩子擁有發揮創造的空間。

◆ 革新社會科學概論課程

• 夏校長

課程方面的改革則是在第三年時進行，當時的「社會科學概論」課程，其上、下冊各偏重歷史與地理，而我把課程整個抽離出來，變成一個單元式的教學。有時我們談音樂，從音樂的打擊樂器教到古典樂、弦樂，從古典的音樂到現代的音樂，做了完整的音樂欣賞介紹。我們有藝術課程，也有生活性的課程，例如，我們有參訪孤兒院、把愛心送出去的課程。是以，社會科學概論這一門課轉變為以六、七個單元為一主題的整合式教學，不再隨便被借來上別的課程。

◆ 統整裁併科系

• 夏校長

在行政結構上，我們統整了全校的科系，逐年裁併一個科系，例如我們最早裁掉電工科，後來汽車科也取消。

• 潘教授

這個舉措是因為你覺得市場已經不需要嗎？

• 夏校長

我們汽車科很優秀，但我覺得不適合在都市的小環境裡辦汽車科，它需要很大的空間，例如發動引擎的時候會產生很多廢氣，鄰居

會受不了，在都市住宅區裡不僅會產生汽車廢氣，還有因板金整天敲得不得安寧。所以，基於這些原因，我逐漸把開平定位為小而精緻、並偏重於服務業的學校。因此，我花了五年時間逐漸歸併科系，最後變成以餐飲、資訊、綜合高中為主的學校。

◆ 採用激勵的責任薪水制

• 夏校長

行政結構方面，我在一九九六年的時候，以三年的時間釐清薪水結構的觀念，原本教育界的薪水結構是根據年資、學歷，一步一步累積，現在我們開始發動「責任薪水制」，在這個薪資範圍裡就得承擔

同樣程度的責任，而我們所有的事務都是透過面對面討論的所形成，透過與主管討論獲得授權的方式，但若不滿意你可以再往上一個層級持續溝通與對話。

• 潘教授

那豈不是都與你討論嗎？

• 夏校長

不見得，若是主任在，便先與主任討論，主任跟我討論他這個部門的整個結構，然後再與他的工作伙伴討論。在這個過程裡有很多爭辯，針對他們的質疑，我們也開了人評會（「人事評審委員會」之簡稱）來做說明。面對衝突，我們採取不畏艱難面對面討論的方式。一九九六年綜合高中開始試辦後，學校在課程上有很大的自主權力可以將課程重組或分科，我們開始思考綜合高中要培養怎麼樣的人？我們要上些什麼課？要如何上？當時，全國課程手冊都是以我們學校的課程手冊做為藍本，並參照這個藍本進行修正，一路走來，我們的確花了滿長的時間準備這些先備的條件。學校裡面有一個政策是，任何老師只要願意走這條路，基本上，學校不會解聘教師，我們不會要求老師離開，即使他的想法跟我們不一樣，我們也可以接受，但大前提是

他要認同並願意走這條路，只是他要走快一點或走慢一點，或是還不太會走，或願意花點時間去瞭解、觀察，這些都是許可的，在這個地方，我想營造一個可以不斷論辯卻安全的環境。

● **潘教授**

開平高中一路走來，首先重新定位了這個學校的發展方向，為了要向前推進，因此採用了責任薪水制。但學校革新時老師的文化是很重要的，你如何帶動他們？薪水是很重要的控制機制，然而他們的心態是否也要跟著調整？他們的價值觀是否也能夠跟著學校革新的腳步往前推？可否談談這個部分。

● **夏校長**

其實若說責任薪水制是一種控制，不如說是一種激勵，我認為它是一個激勵的工具。而價值的引導是不斷發生的，透過不斷地認真對話，才可以把價值觀釐清，知道我們的相同點在哪裡、不同點在哪裡，如此才能繼續往前走。

六、結語

開平高中是我們一系列另類教育論壇的首要討論學校，它在夏校長極富開放教育精神的帶領下，逐漸走出自己的特色。夏校長在開平耕耘人文教改工程的這幾年，不僅發展重點學校、凝聚學校認同、統整裁併科系等，還設置頗富意義的民主牆，培養孩子有效說話以及批判思考的能力。夏校長在開平的努力不僅只於此，下次論壇，我們將繼續談夏校長在開平另一項重要的建樹——革新課程與扁平化行政組織。

編輯小語

● 開平高中教改之進一步探索：

書名	摸著石頭過河 ：一位 頑童校長的辦學歷程	
作者	夏惠汶	
出版資料	初版：2002/04	出版：師大書苑
內容介紹	開平開中夏惠汶校長，是爲與眾不同的校長，他堅持「愛孩子、陪孩子、不要管孩子」，只有三條校規的學校經營方式，學生自由卻不放縱，他讓每個孩子都能「快樂、學習、有成就」，到底他有什麼法寶呢？本書帶您一起揭開謎底——民主牆、家族老師、學群制、「與校長有約」……。	

（資料與圖片來源：師大書苑有限公司
http://www.shtabook.com.tw/TN/TN18.htm）

開平高中的革新課程與扁平化行政組織

主持人：潘慧玲（國立台灣師範大學教育學系教授兼教研中心主任）

討論人：夏惠汶（台北市私立開平高中校長）

論壇日期：2002 年 07 月 21 日

☀討論題綱☀

【開平高中的革新課程與扁平化行政組織】

一、前言

二、開平推動革新課程的狀況

◆ 活動引導學生多元能力的培養

◆ 突破學科領域疆界、發展綜合主題教學

◆ 重視知識深度甚於廣度

三、行政組織扁平化

◆ 權力下放、教訓輔合一

◆ 取消導師制

四、結語

一、前言

• 潘教授

上回的論壇中，我們介紹了開平高中的人文教改工程，今天我們要繼續探討開平高中的課程革新與組織扁平化的情形，來看看開平高中除了在教育理念上有所創新之外，如何在課程內容以及學校行政組織上革新再造。今天，仍然邀請到開平高中夏惠汶校長來繼續與我們談談他在開平的經驗。

二、開平推動革新課程的狀況

• 潘教授

開平在推動人文教育的過程裡，課程統整是核心的作法。為了配合課程統整，組織結構也做了扁平化的調整，所以，我們找不到傳統學校的基本處室（如教務處、訓導處）。而老師與學生也有一個平等的對話機制、對話平台。因此，請夏校長與我們分享開平的這些具體作法。首先，我們從課程統整談起，談談開平高中推動革新課程的狀況。

◆ 活動引導學生多元能力的培養

• 夏校長

我們乃是從學生本位來看課程。孩子到學校來到底學到了些什麼？我們希望他畢業後具備什麼能力？我們希望孩子畢業以後能夠有成就、能夠受歡迎，若能如此，那麼他後面的路便能一帆風順。開平是餐飲學校，學生大概有幾個出路。第一，畢業後可以繼續在國內升學；第二，他也可能花一兩年的時間進入就業市場磨練，然後再繼續升學，我們滿鼓勵學生這麼規劃；第三，直接到國外體驗，或走國外升學的路線。學校對學生的這三類生涯規劃都有完善的輔導安排。

我們學校學生膽子大、敢說話，因為他受過民主牆的訓練，所以，他一到大學很容易就擔任班級幹部，到職場後，也會因為他受過專業訓練，再加上我們有敢說話、富批判思考、創造力的特質，而會備受歡迎。於是，為了達到這樣的目標，我們在原來的基礎裡思索一個有能力、受歡迎的孩子需要具備什麼能力？我們發現幾個面向，首先，基礎實務工作能力要強，他本身的記憶能力要夠；第二，他要知道如何協調溝通，知道怎麼與人家相處；第三，他要有企畫能力，亦即思考組織的能力。我們把這幾個能力統合起來，看看現在的學科可否教育出這樣的能力來？現在的學科有國文、英文、餐飲概論、中餐實習、西餐實習，那麼我們要如何從中培育上述的能力？

　　於是，我們先把這些學科暫時拋開，設計一些特殊的企畫案，比如新生入學時舉辦「文化野宴」，就是烤肉。不要小看烤肉，烤肉是一個文化，過程中我們要思考到「到底有幾個人要去烤肉？」五個人還是十個人，烤肉的份量就不同；然後「你要烤什麼？」有的人喜歡吃這個、有的人喜歡吃那個，這要經過一些討論；「烤牛肉或烤什麼要帶不同的道具」，烤肉內容不一樣，道具就會有所不同。在這個過程中有許多要思考的地方，於是，學生要設計出一份企畫案，並且需說明「為什麼要去外雙溪或陽明山烤」，他能夠把這回烤肉的原因、背景、過程交代清楚，並設計出一份企劃案，那麼在這個過程中他便學會了很多東西，比如學會使用文書處理、練習表達能力等。

◆ 突破學科領域疆界、發展綜合主題教學

‧潘教授

　　開平實施的課程統整是每個領域都打破學科的限制？還是安排一個單元、做一些活動，來讓他學習各種不同知識？

‧夏校長

　　學科限制幾乎全部打破了。我們會安排很多不同的主題式單元，進行主題式的教學，相關的學科會融入在其中。例如，烤肉活動是在

開學後二個月時舉辦，而此之前會有這個主題基本概念的講述部分，並且在這個主題之下發展出很多不同的課程，由老師從不同的角度來授課。最後，這個主題呈現出來以後，成績也跟著出來。開平沒有開國文課、英文課、數學課，但學生一定要具備國文、英文、數學能力才能完成他的主題任務。

● 潘教授

傳統的分科教學非常容易進行，每個科目都有很系統的知識，不過這當然有個問題，即很多生活能力、統整學習的能力沒有辦法在學科分裂下培養。如果開平把國文、英文、數學等傳統學科界線都加以打破，那要如何統整這一套東西？如何兼具基本能力、表達能力、基礎實務、協調溝通、思考企畫等統整能力的培養？

● 夏校長

我們回到預設的目標，我們希望孩子有能力、受歡迎。其定位在於是不是受到業界的歡迎？被大學歡迎？他是不是學會如何學習的能力？如果他有這個能力便可以到大學作更高層次的研究，學習更深的知識。我們掌握這個主要目標之後，回過頭來分析三個學年度裡的課程。我們設定了精確的標準，明訂最後的成就指標，再逐一往前推，設定學生二年級、一年級必須具備什麼能力，並細分一上、一下、二上等六個階段的能力指標。之後，研究各階段能力指標可以用什麼辦法、策略、主題來完成。

這個研究過程不是一天二天便能完成，而是累積好多年的經驗之後才慢慢回過頭來整理這個部分。整理出來以後，我們便進展到今年推動的跨學科統整課程，其所需的經驗我們早已具備，只是進一步再發展策略與方法，並設定特定的評估機制。廣泛推展以後有了更豐富的內涵概念，我們將之分門別類於每個學區、每個主題中，從主題為單位視其與國文、數學、英文的關係是什麼。這些只有老師預先知道，學生則完全不知道，因為我們學校沒有教科書，我們認為教科書會限

制學習的範圍,雖然它非常有次序、有系統,但會被這樣的系統給限制住,而沒有教科書的時候,學生就必須不斷去思考。例如,最近他們在進行飯店展,必須在參觀不同飯店其最主要的營業項目與生存條件是什麼等等之後寫出報告。家長告訴我,學生常找資料找到晚上一、二點,他還要家長帶他們去飯店看一看、吃個飯,還問很多問題。在這個過程裡我們看到學生蒐集資訊的能力、學習的能力,這樣的能力是活的,他自己蒐集資訊,經過消化整理以後經由他自己的語言呈現出來,而我們有每一年級需完成的指標,透過這個指標來看他是否達到。學生在這個學習過程中是很快樂的,因為他完成了一個主題。

◆ 重視知識深度甚於廣度

● 潘教授

這次的九年一貫課程改革也希望能彰顯課程統整的精神,但在實施上卻有很大的困難,例如主題教學不一定能夠全面照顧到不同學科的傳統知識,有些學科甚至沒有關連,無法將它們都統整在一起,而有些學科事實上也可能被遺漏了,開平高中怎麼處理這樣的問題?

● 夏校長

這確實是重點問題。不僅是主題無法涵蓋所有學科,即使一個主題涵蓋再周延,也無法保證學生會觸碰到每個部分。我在澳洲讀書時,我的小孩也在當地讀地理課程。台灣的地理課教國家、城市時,都是讀哪個地方產鋼最多,哪個地方產鐵第一名,在澳洲不是這樣子讀地理。學期中每個孩子選一個城市,例如選新加坡、選紐約、選倫敦,這個學期就做這個城市,我的孩子選日本、選東京,我那時還疑慮只學日本會不會太少?到學期快結束時,老師花兩三個禮拜的時間讓每個同學上台發表。後來我才發現學生學習東京時,他就找到很多資料,學到蒐集資訊、如何剪貼、如何排列資料。而在發表的過程中,你會看到孩子聽孩子講話比聽老師講話還專心,有時候還會哄堂大笑。所以,當一個班級將所有城市講完之後,同學們就知道世界上好

幾個城市的特色是什麼，其中還包括了在尋找資料時互通有無的幫助，在其中學生當然有學到東西。宇宙裡的東西是學不完的，只要找到一個方法或目標腳踏實地來學，它便有觸類旁通的效果。所以，當我們進行主題時，可能這個同學負責採購，那個同學負責資料的蒐集，另外的同學可能負責資料的編輯，他們都只涉獵到中間的一個環節，但成品出來後，他們要互相討論、辯論，也學習到如何互相溝通、經驗交流。因此，表面上好像是沒有學到全部的東西，但其實他在自己的領域裡是踩得很穩的。這個主題裡他可能作資料的編輯，下個主題他可能會做資料的蒐集或者是別的工作，於是，會有不同的任務，在不同活動裡扮演不同的角色。其實，既使在過去學科分立狀態下也不是每個同學都能學好每一科，因為那些東西跟他的生命是沒有關聯的，他就是不想學。生命中其實有很多不同的選擇，我們的作法是讓孩子分組也好、個人也好，他可以自己選擇最有興趣的主題，紮實地切入，雖然沒有全部涉獵，但他是該領域的專家，並完成一份投入心血的報告。

三、行政組織扁平化

◆ 權力下放、教訓輔合一

• 潘教授

現在我們再來談談開平學校組織扁平化的問題，我們很想瞭解為什麼貴校沒有傳統的各處室組織。

• 夏惠平

其實我們不是刻意要扁平化，這是因為課程統整之後所需，原因是學生問題變多，學生有更多自發性的想法，如果還是從前傳統的金字塔組織，則無法滿足學生即時的需求。例如，若主題式教學排課後要給教務組簽，簽完以後經過校長簽，公文往來繁瑣將來不及應付學

生的即時課程安排需求，所以，我們便把排課的權力下放到學群裡。學群的老師掌握各階段要達成的目標後，設定幾個主題，並且有充裕空間隨時安排誰要多上幾個課，比如發現學生電腦能力不夠，那麼就要多排點電腦課程，學習 PowerPoint，讓學生能夠整理文件，這是傳統排課做不到的，因為傳統排課一個禮拜二堂或四堂的電腦課，剛坐上去都還沒暖身、找資料就下課了，但現在可以安排一整天的電腦課，而排課的彈性就交給學群。

● **潘教授**

所以每個課可能不一樣囉？

● **夏校長**

一個月裡至少會有二次不同的課表，前第一、二週也許是一個課表，第三、四週也許會根據他們發展的程度、寫報告或蒐集資料的程度而有一些調整。因為調整的幅度與速度變動太大，教務處行政排課是來不及的，故我們乾脆下放給學群。至於教務處便只掌握精神原則，例如設定這學期的目標精神，並監看發展的歷程是否扣緊目標。學群開會討論時，行政最多一人出席學群討論，目的在監督內容是否嚴謹，是否扣緊目標。於是，教務處的事務減少了，只需要認證教師開出來的學分是否可行，因此，我們裁撤教學組，而只有學分認證組，至於教學就交給學群。其實雖說扁平化，但主任老師都還留在學校。

● **潘教授**

那原來的教務主任還是教務主任？

● **夏校長**

他就不再被稱為教務主任了，他也是一個主任老師，是所謂的資深老師，可能擔任一個課程，也可能幫忙老師統整規劃課程使之不致走調，亦即我們不再有教務主任的行政職權。扁平化以後，主任的工作也許可以被校長收回，變成大中央集權，但還有一條路是往下釋

放，而這是我們所希望的。我們希望百分之十抉擇性的事務回到校長團隊來做決策性的討論，其他權力就下放給學群老師或組長讓他們決定。所以，開平學校組織的扁平化並非刻意而為的，而是為了配合課程的需求不得不演變的。

- **潘教授**

    現在教務處只有一個叫學分認證組，那麼其他各組呢？

- **夏校長**

    還有註冊組。

- **潘教授**

    故只剩下這二組，其他權力都下放給老師。不過權力下放給老師也會增加老師的責任與負擔，而且老師們在學群裡也要負責機動性的排課，總是有行政業務要做，再加上教學，負荷好像不輕。事實上，貴校現在也把導師取消了，而是叫做「關懷老師」。我記得高二是七個班，七個班有三百多個學生，那麼一個學群八個老師對三百多個學生教課，還要認識每個學生，這樣的行政負荷不是很重嗎？

- **夏校長**

    從某個角度來講，行政負荷好像很重。不過我們從另一面看行政，其真正的目的就是推動政策，過程裡可能有很多書面作業，也可能不需要書面政策，比如我們要辦一個 party，若大家相互信任、分工清楚，是不需要書面作業的，最怕沒有良好的溝通。所以，當我們把權力下放時，學群的管理程序精簡了，透過立即的溝通，彈性安排學生當下需要的課程。在八位老師中，會有一位比較偏重行政工作，事實上，我們還有別的老師會在需要時提供支援。餐飲學校有三分之一的時間是在實習場域進行實習工作，事實上，一個班一星期只有三天在校本部上課，其他時間就在實習場域裡，所以，這種彈性課程運作起來絕對是有其辛苦的部分，但這份工作充滿生命力和活力，會讓

人上癮的。

◆ 取消導師制

• 潘教授

開平高中教訓輔這三個部分的業務已經合一，並落實在老師身上，也裁撤了許多處室，但為什麼還要取消導師制呢？

• 夏校長

我們並非刻意要取消導師制。我們相信孩子有不同的興趣，也會隨成長而不斷改變興趣，開平雖是以年級、班級為主，但是學生分組和分班則是看學區的需要，隨時會排列組合出不同的班來，不再有固定的班級；再者，在我的經驗中，學生會因為與導師之間的關係，而影響上課的情緒，這個情緒必須持續到學期或學年結束，但是關懷老師是以雙向選擇的方式進行，便可解構這個部分。

四、結語

• 潘教授

可否請夏校長整體評估推動這一系列革新工作最大的困難是什麼？最大驕傲是什麼？

• 夏校長

其中的問題十分艱鉅，一路走過來每天都要死很多細胞、白很多頭髮。兩個主要難題之一是家長給我們很大的壓力，例如家長會質疑為什麼繳了那麼多學費，卻連教科書也沒有，我們就要花很多時間去說明。另外，在學校裡老師會質疑沒有教科書怎麼教，學生有時候也會希望能有一個導師。但是，逐一突破這些困境之後，學生慢慢發現他有自己的空間，也逐漸學會安排自己的學習生活。

• 潘教授

　　一般人對開平高中學生的印象是非常有自信心，能夠處理自己問題，我想這也是很大的驕傲。開平高中是我們教育論壇另類教育主題第一個介紹的學校，在這兩次論壇中我們聽到夏校長許多寶貴的辦校經驗。的確，學校教育的成功，需要多方面的配合與協助，但我認為教育者不斷自我成長的教育理念，是辦學成功的關鍵因素，而夏校長就是我們學習的對象，希望能給許多教育者一些啟發。

全人實驗學校的創校歷程與教育理念

主持人：潘慧玲（國立台灣師範大學教育學系教授兼教研中心主任）

討論人：黃政雄（全人實驗學校校長兼全國教師會秘書長）

論壇日期：2002 年 07 月 28 日

❀討論題綱❀

【全人實驗學校的創校歷程與教育理念】

一、前言
  ◆ 「老鬍子」的接棒人

二、全人實驗學校篳路藍縷的創校歷程
  ◆ 從理想到實踐
  ◆ 「法」的支持

三、揭開全人實驗學校的神秘面紗
  ◆ 遠離塵囂的世外桃花源
  ◆ 精緻、適性的學習園

四、全人實驗學校的教育理念
  ◆ 「無所不能、有所不為」
  ◆ 發展個人的個性與潛能
  ◆ 探索自身、解放自身，並培養自律

五、結語

一、前言

·潘教授

這十幾年來台灣社會愈來愈多元，對於教育改革的呼聲也愈來愈急迫，面對長期一元式的傳統教育，體制內外的教育機構都開始出現反動、產生了變革。在上次論壇中，我們介紹了體制內的教育革新，談到的是台北市開平高中的人文教改工程經驗，今天要介紹的是體制外的學校創新教育，請到的是全人實驗學校黃政雄校長。

◆ 「老鬍子」的接棒人

·潘教授

當我們談全人教育實驗學校時，難免會憶及「老鬍子」陳延平校長，不過現在他已不接手學校教務，那麼黃校長是何時接任學校教務的？

·黃校長

我在去（民國九十）年四月的時候開始接校長，當時陳校長由於身體不舒服，常發生氣喘、頭痛的病狀，故決定要專心作畫。

·潘教授

您去（民國九十）年四月接任至今也有一段時間了，接任前也是在全人實驗學校服務嗎？

·黃校長

全人創校的時候我就在了。

二、全人實驗學校篳路藍縷的創校歷程

·潘教授

能否跟我們談談全人學校的創校歷程？

◆ 從理想到實踐

• **黃校長**

　　這所學校創立於民國八十四年創立，當時有一批家長透過四一〇教改組成「台灣民間興學促進會」，裡面有三個主要人物，也就是「老鬍子」陳延平先生、徐明偉先生，以及劉信良先生（徐明偉、劉信良先生為台中人本辦公室的工作人員）。他們聚集了一批家長，討論要組成一所屬於自己的學校。不過他們沒有財團支持或政府補助，後來他們想出了一個很「絕」的辦法，讓每個要進入這間學校的學生的家長各出資三百多萬，當時聚合了 13 個家長，就募集了三千多萬。有了經費之後，便開始找地，後來因為地緣關係，就在台中附近卓蘭內灣海拔五百多公尺左右的山區找到了一塊地。這時又出現了另一個問題，以當時辦一所私立高中所需的基金、校舍等各種的設備而言，這筆錢經費是不夠的，再加上大家認為當時的《私立學校法》本身是不合理、違背憲法精神、阻礙民間興學的，所以，大家決定要突破這個法令。於是，買了這塊大概一甲八分的地之後，先以農舍的名義蓋校舍，它的旁邊都是杉木林、果園。開工之後，除了一開始參與的那幾位家長之外，另外還有聞風而來的家長，聚集了大概 27 位學生。值得一提的是，這所學校是其中一位家長徐明偉所搭蓋，因為他本身即是開立建設公司，故我們由此節省許多發包的錢。第一年我們還面臨了許多問題，當時地方查報、縣政府來看了之後，還給我們斷水斷電的處罰。

• **潘教授**

　　因為你們不符合規定。

• **黃校長**

　　他們把我們比照成八大行業，[2]故要斷水斷電，隔一段時間之後

又下令限期拆除。其實創校那年我們就向教育部提出申請，可是教育部把申請案移給省政府，說這是地方政府所管，而地方政府又說於法無據。直到後來有幾位立法委員關心這個問題（教育部范巽綠次長是當時的立法院教育委員，還有另外四位教育委員），便邀請教育部國教司、中教司等相關單位，還有縣政府教育局到學校會勘，會勘以後大家對這樣的理念非常支持，但卻一致說於法無據。

◆ 「法」的支持

● 潘教授

　　那是因為《私立學校法》限制太嚴格了？

● 黃校長

　　對。後來這四位委員回去之後便非常積極的修法，提出《高級中學法修正草案》，並在立法院通過了。他們在這個法案裡增加一條「民間得辦理實驗教育」的條文，而教育部去（民國九十）年便根據該法訂定了《實驗高級中學申請設立辦法》。我們也於去（民國九十）年七月正式根據這個法，向教育部提出申請案，並在去（民國九十）年十一月二日招開第一次審議委員會。這個會由專家學者及教育部次長主持，教育部裡的司長、廳長，以及與會的大家也都一致支持。其實我們是因為私校法過於嚴格限制，所以當初沒有採行法的途徑而違反了許多法，但現在法案通過了，我們則須要補足之前未完成的程序，例如使用地目必須變更為學校用地，學校也必須成立正式的財團法人。這兩項工作目前都正在進行中，財團法人的資料已經送到教育部備查，地目變更也進行到第一個程序，也就是到教育部轉送農委會審查，然後到縣政府進行審查。

● 潘教授

　　如此說來，這十幾年來雖然教育已逐漸鬆綁，但我們對於民間興學還有許多嚴格的規定，以致於如全人學校就篳路藍縷耕耘了七年之

久，現在終於獲得教育部立案的審定通過，要恭喜全人學校突破了這一關，因為我們知道目前還有許多體制外的學校，尚未獲得教育部的審查通過。

- 黃校長

對，一些體制外的學校，如種籽小學、森林小學基本上還是掛在其他小學的實驗計畫之下，只有全人是能夠獨立設校的。

- 潘教授

這也是因為你們適用了修訂之後的高級中學法裡《實驗高級中學申請設立辦法》之條件，而其他體制外的學校因為還沒有相關的法理依據，故尚未能獨立設校。不過，我記得《國民教育法施行細則》修訂之後，[3] 事實上，也開始允許辦理實驗教育，可是他們還沒有完善的法源依據來立案通過。

- 黃校長

我知道森小主張不要「實驗學校」，他要的是「理念學校」，他要推動的是「理念學校法」，也就是把森小視為正式學校而不是實驗計劃，因為實驗計畫有時間限制，而且每年都要向審議委員會提實驗報告。

- 潘教授

謝謝黃校長跟我們分享全人實驗學校篳路藍縷的經驗。

---

[3] 《國民教育法施行細則》於民國九十三年七月六日修訂後公布對實驗教育之相關規定如第六條：
本法第四條第四項所稱非學校型態之實驗教育，指學校教育以外，以實驗課程為主要目的、不在固定校區或以其他方式所實施之教育。
直轄市、縣（市）政府依本法第四條第四項訂定非學校型態之實驗教育辦法時，應邀請家長、教師、學校行政人員代表、教育學者專家及其他相關人士參與。

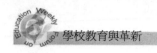

三、揭開全人實驗學校的神秘面紗

◆ 遠離塵囂的世外桃花源

• 潘教授

我們知道全人學校為了安排一個比較好的學習環境,故在卓蘭找到一個地方設校。卓蘭是一個遠離都市塵囂位居隱蔽山林的地方,我看到報導指出,卓蘭整個山丘錯錯落落地種滿了橘子樹,沿路走來都會聞到橘子香。能否跟我們介紹一下學校的位置、規模、師生人數等資料,讓我們瞭解一下。

• 黃校長

我們學校離卓蘭大概十二公里,開車約須十五分鐘,一個名為叫做大坪頂的地方。從卓蘭市區開始往東邊開,到內灣國小左轉開始爬坡。到大坪頂以後,就會看到許多橘子樹、桃花。尤其在開花季節時去,那裡滿片都是桃花,還有金黃色的橘子。大坪頂是很平的一塊地,大概有一百甲,我們學校便位在大坪頂的中間。很多人第一次來的時候,會經過小路,穿過大概三米廣的杉木林,然後看到許多建築物、籃球場,忽然間豁然開朗,好像到了一片桃花源。我們學校的生態資源很豐富,因為我們在山林裡面,除了樹木以外還有很多昆蟲,例如在每年四月會有很多的螢火蟲,整個校園都是。往下走還有一條小溪,溪裡有各種樹蛙、青竹絲、龜殼花,那邊的生態非常豐富。

• 潘教授

看起來是一個很好的學習環境,是您們刻意找的地方嗎?

• 黃校長

我們是刻意找比較靠近大自然的地方,當初也到埔里很多山區找過,那時候埔里的地價被炒得很高,再加上有創校家長的朋友在這邊工作,介紹了這塊地,大家來看過之後也都很喜歡,所以便這麼決定。

◆ 精緻、適性的學習園

• 潘教授

現在學校的規模多大？

• 黃校長

現在有六十一個學生。

• 潘教授

是不同的年齡群嗎？

• 黃校長

我們招收的學生是從小學五年級滿十歲，一直到十八歲，每年大概招收七、八個，我們最大規模是在六十五到七十位學生之間。之所以從十歲開始招收是有特別的想法，因為人在十歲時，他的抽象能力開始發展，可以開始接受藝術、及抽象的知識或思想。

• 潘教授

那麼老師有多少人呢？

• 黃校長

目前老師有十二個，師生比大概是一比五左右。

• 潘教授

民國八十四年創校第一年有二十七位學生，到今年成長至六十一位學生，這是很大的成長。那麼這十二位老師要負責不同年齡層的教學工作嗎？

• 黃校長

對。

- 潘教授

這對他們是一個很大的挑戰。

- 黃校長

我們還有約十二個兼任老師，這些老師是從外面所聘請，譬如教授陶藝、雕塑、繪畫、戲劇、電腦、日文的老師，因為課程數沒有這麼多，但學生又必須要經常性的學習，所以，我們就會從外面聘請兼任老師。我們兼任的老師很多，學生今年大概有二十幾門課可以選。

- 潘教授

是從幾年級可以開始選修？

- 黃校長

我們都沒有限制選修課，不同年齡層都可以選。

- 潘教授

從這些部分我們可以瞭解，全人實驗學校是一個很精緻、小規模的實驗學校，師生比大概有一比五，又擁有很好的學習環境，事實上是令人非常嚮往的。

四、全人實驗學校的教育理念

◆ 「無所不能、有所不為」

- 潘教授

進一步，我們想要知道全人學校所秉持的教育理念是什麼？如果我們從全人學校的校名來看，大概可以看出它的教育目標是指向全人的培養。我在相關的資料中也看到陳延平校長以前曾提過說，全人的教育是要幫助孩子學會將來如何運用自己這條命，換句話說，最終目的就是要成為「無所不能、有所不為」的自律的自由人，這是「老鬍

子」陳校長的話，不知道黃校長如何闡述全人學校的理念？

◆ 發展個人的個性與潛能

● 黃校長

　　老鬍子校長所說的基本上是我們的理想——「無所不能、有所不為」，不過那是很高的境界。我們的師生比雖然是一比五，可是每個老師都被整的非常辛苦。我們一開始的理想是「如何引導學習者透過自身的體驗、探索與成長，來求得思想、心靈的解放以及內在的最大發展」。其實我一直認為教育的最終目標，是在發展人的個性與潛能，所以，我們提供學生一個自由與包容度非常大的環境，讓他沒有恐懼、很自由地探索。我們的目標其實是希望學生在探索的過程中找到自己的興趣、找到內在的渴望，之後再去塑造他未來想要過的生命。為了配合這樣的理念，我們在生活及學習上鼓勵學生探索。當然，在探索的過程裡，最辛苦的就是老師，因為學生會不斷地在生活常規及學習上試探老師忍耐及能力的底線。例如，在學習上，學生常常會問一些難以回答的問題，並且一直追問，但老師在師培的過程裡，並沒有受過這樣的訓練，常常很快就被問倒，比較好的老師會想辦法找答案，可是如果老師面子拉不下來，就會跟學生發生衝突。有一次有個學生在歷史課問老師：「我怎麼知道我所學的東西是真的發生過？」老師遇到這種問題一開始都會愣住，一時沒辦法給學生滿意的答案，學生就到圖書館自己找答案，或者問其他的老師。另外，學生還會在生活上向學校挑戰，對於學校的規範，學生會步步進逼，例如校規雖然規定晚上十一點要熄燈、不能自行下山，但是他們會開始突破這些規範，如果學校稍一疏忽，他們就會把規範底線降低，這是我們最辛苦的地方。

　　可是，在這個過程中，我們也看到學生的敏銳度與成熟度不斷地成長，譬如，有個學生在森小讀了三年之後才到我們學校，他剛來的時候是國一，一直到他升上二年級都不進課堂上課，我問他到底會不

會寫字，寫篇文章來試試吧！他寫了一篇六百多字的文章，裡面卻有二百多個錯別字及注音。後來國三辦了校刊之後，他因為想投稿武俠小說，便擺個電子辭典在旁邊，邊查邊寫，共寫了兩萬多字，之後請人家幫他修改標點符號，完成了一篇很棒的武俠小說，不管在佈局、遣辭用句都非常豐富。其後他受到鼓勵之後就開始寫作散文、小說，想不到他十六歲寫了一篇文章獲得苗栗縣文學獎，讓許多專業創作的人看了很驚訝，一個十六歲的小孩竟然可以寫一篇這麼深刻的文章。其實他對音樂、思想、文學都非常有興趣，但基本能力不夠紮實，於是，他又回去補強基本能力。他已經六年沒學英文了，但現在他每天花三個小時學，我們都可以看到他進展得非常快。

◆ **探索自身、解放自身，並培養自律**

• **潘教授**

　　全人學校最主要的精神乃是要引導學生透過自身的探索，尋求自身的解放，說起來其實很抽象。不過，從剛才令人印象深刻的小故事中我們發現，你們很希望學生在學習過程中，沒有恐懼、很自由地去探索，我認為這是我們傳統學校沒有辦法做到的，因為我們的孩子在許多外在要求的規約下，都希望達到所謂的成功，如果達不到標準，或者成績達不到幾分，就會有很大的挫折感，以至於畏懼失敗變成生活裡的一個陰影。您們在探索的過程當中，如何讓學生勇於探索、沒有恐懼？

• **黃校長**

　　我們學校確實做到這一點，但卻也帶來很多副作用。例如，我們透過自治會訂定規範，其實對學生違反規定的尺度都很鬆，只是警告或是判定處罰，但並無確實執行，學生來了幾年之後就會瞭解學校不會真的對自己怎麼樣，也就安心了，甚至會私下把規範的底限放寬。

● 潘教授

為什麼學生會如此沒有恐懼？您們營造了怎麼樣的學習環境？

● 黃校長

在學生探索的過程當中，做錯事所應該得到的懲罰，是非常寬鬆的，可能只是談一談，所以很多人不會對處罰感到恐懼。我想大部分的人很少因為自律而遵守規範，大都是因為害怕、恐懼處罰或輿論的制裁才遵守規範，但當他沒有外在處罰的恐懼時，他就會完全放鬆。

● 潘教授

可是如果按照認知心理學來看，人會從「他律」然後到「自律」階段，如果全人學校沒有透過外在的規約，那麼孩子們怎麼能夠一下子就發展到自律階段？

● 黃校長

其實發展到自律階段是一個很漫長的過程，基本上小孩子十歲進入這所學校之前所過的都是他律的生活，因而當他來到這所學校，發覺學校給他很大的生活空間，他就會開始探索。一開始他可能會先翹一、兩節課，或者沒有請假就偷跑下山，如果倒楣被抓到就會被罰一小時勞動，這時候他可能還會想，如果沒去執行勞動處罰，好像也不會發生什麼事。這一年來，我一直在反省底線不斷撤退，對孩子的影響是不是有正面也有負面的效果。

五、結語

● 潘教授

這次另類教育論壇邀請了全人實驗學校黃校長，來與我們談全人的辦學歷程與教育理念。從黃校長的介紹中，我們知道全人是一個在與大自然為鄰的桃花源裡，由一群人經過篳路藍縷的歷程而創建的實

驗學校。在這個學校裡頭，精緻、人性化的學校制度與內容，重視孩子潛能、個性發展的教學方法，以及培養孩子成為「無所不能、有所不為」自律之自由人的教育理念，在我們心中形構出教育的美麗烏托邦。全人學校不僅實現了創校者的教育理想，也為當前傳統教育提供另一個學習對象。

全人實驗學校自由開放的教育實踐

主持人：潘慧玲（國立台灣師範大學教育學系教授兼教研中心主任）

討論人：黃政雄（全人實驗學校校長兼全國教師會秘書長）

論壇日期：2002 年 08 月 04 日

❋討論題綱❋

【全人實驗學校自由開放的教育實踐】

一、前言

二、全人實驗學校的特色—自由與寬容

三、藝術的創作精神是教育實踐之基調

　　◆ 藝術創作為其核心教育活動

四、全人實驗學校的「彈性教學」

　　◆ 教材彈性、多元，教學廣納意見

　　◆ 混齡、能力分組的適性教學

　　◆ 「合法」與「非法」的彈性教學

　　◆ 到大自然的懷抱裡學習！

　　◆ 揚棄八股的制式評量，重視互動與潛能開發

五、反思與檢討

　　◆ 創造與基本知能之間的拉鋸

　　◆ 自由與放任之間的模糊

六、結語

一、前言

•潘教授

　　台灣自四一○教改後，民間就出現了許多熱心人士辦理體制外學校。上次論壇中，我們特別邀請全人實驗學校黃政雄校長來到我們節目，談談他們學校的辦學情形，今天我們很高興再次邀請黃校長，繼續深入了解全人實驗學校。上次論壇中，我們已描繪出全人的大致輪廓，這次我們要深入全人這個桃花源，來了解其於教育上的實踐情況。

二、全人實驗學校的特色—自由與寬容

•潘教授

　　首先，請問黃校長您會如何描述全人學校的特色呢？

•黃校長

　　全人最主要的特色是「自由」與「寬容」。自由有兩個意義：外在自由及內在自由。上次我們談到的自律，就是內在自由；而外在自由表現在鼓勵學生探索，我們的學生放假時，會邀同學從學校騎腳踏車到中橫、花蓮、墾丁去，也有學生會去爬山、攀岩，或是組樂團、自己作曲，這些都是外在的探索。全人最大的特色就是學生擁有很大的外在探索空間，而我們最希望的就是他們能在探索中找到自己的興趣。另外一個特色是寬容，我們學校希望營造一個沒有恐懼的環境，讓孩子勇於探索、挑戰大人。我們沒有制度性的壓迫，在學校，孩子與老師是處於平等的地位，不管在生活或知識上，都可以挑戰大人。

三、藝術的創作精神是教育實踐之基調

● 潘教授

再來,我們想進一步了解學校如何設計課程與教學活動來幫助孩子成長?

● 黃校長

基本上,我們把科目分成人文及科學,首先,我們會先引起學生對科目的興趣,並打開其內在視野。譬如繪畫,我們不先教學生繪畫技巧,而是鼓勵學生以任何方式表現一個主題。一開始,學生可能會無所適從,可是經過第五、六張畫之後,就可以看到學生有許多與內在連結而產生的表現。

◆ 藝術創作為其核心教育活動

● 潘教授

您提到的繪畫是人文課程的一環。我從相關的報導裡看到,創校的陳校長本身是學繪畫的,所以,在辦學的過程中,繪畫是否成為學校的核心教育活動?

● 黃校長

應該說「藝術創作」是核心教育活動,我們有音樂、攝影、雕塑、戲劇、陶藝課。基本上,我們把藝術分為創作與欣賞兩個領域,這兩個領域是每個學期的必修。在一般學校裡,藝術可能只是配角,但對我們來說我們卻是玩真的,學生如果在藝術創作與欣賞上沒有達到一定程度,我們是不會讓他畢業的。

● 潘教授

那麼除了藝術、欣賞之外,人文部分還安排什麼樣的學習科目?

- 黃校長

一般學校體制有的科目我們都有，像中文、英文、科學、數學、社會等基礎科目。比較特別的是，我們每年都會安排學生爬一次三千多公尺以上的高山，這是一個整合性的課程，除了讓孩子學習生態知識以外，爬山過程中人與人之間的互相幫助、孩子與大自然的親密接觸，都是我們的學習重點。創校七年，至今一共爬過七次大山。

- 潘教授

故在人文課程的安排方面，一般學校有的基本科目，全人也都安排讓學生學習，只不過在藝術創作與欣賞方面，您們發揮了與眾不同的理念？

- 黃校長

應該說這個理念貫穿於人文或知識課程之間，重新看待老師在學生學習過程中所扮演的角色。過去老師的傳統角色是一個很聰明的人，帶著許多知識來教給學生；現在我們則認為老師應該扮演精神導師的角色，不提供現成的答案，而是在課堂中與學生對話，讓學生提出問題、答案，老師再加以反問，師生就在這個辨證過程中互動。全人不論是在繪畫、科學等課程上，都是往這個目標前進，目的是要引發學生獨立判斷的能力與創造力。

- 潘教授

我看到全人的一些報導提到，在繪畫課程裡，全人不是那麼注重技巧的傳授，事實上，您們也將辦學的過程看做是一個創作的歷程。能否談談學校教學如何與創作歷程理念結合？

- 黃校長

全人最主要的想法是要打開學生的內在視野，讓學生看到好的東西。有人會質疑學生怎麼會看懂那些好的東西，但就我們七年來的經

驗，我們學會不要把學生當笨蛋，你越把他當笨蛋，他就會變成笨蛋。教學的時候，學生會去注意他看得懂的部分，譬如在電影課看電影、閱讀世界名著、欣賞藝術作品、繪畫創作時，我們發覺學生常會有讓你驚喜的地方。我們就是讓學生接觸這些好的東西，把內在視野打開，找到自己內在的渴望，至於那些技法不足的部分，之後再慢慢補足。

- **潘教授**

那麼您如何讓學生發覺他內在的渴望？老師們要如何引發學生內心的渴望？

- **黃校長**

首先，就是提供學生更多的可能性，第二，是昇華他的感覺。譬如音樂課時，大家帶來自己喜歡的音樂，一起分享，抒發自己的情感。另一個是拓展經驗，讓他接觸很多不同的領域；另外，學生比較喜歡的部分我們也可以協助他深入探索。

四、全人實驗學校的「彈性教學」

◆ 教材彈性、多元，教學廣納意見

- **潘教授**

如此從整體全人學校的教學活動來看，您們是否不使用教科書？

- **黃校長**

我們不一定使用部編的教科書，我們給老師很大的自由來選擇教材。而在基礎知識性課程上，我們只要求要具系統性，一開始我們並沒有強求，後來，我們發覺學生需要系統性地累積知識，才能學得起來。總之，基本上，不管老師選擇美國、日本、中國大陸或部編的教科書都是可以的。

- 潘教授

那麼老師們如何編輯、選輯這些教材？我們知道現在推行九年一貫課程，教育部已經逐步下放權力給學校，老師自主發展的空間也增大了，所以，現在老師都必須知道如何選編教材。這個部分體制外的學校已經做了好幾年，能否提供如何準備教材的經驗給大家？

- 黃校長

除非有某個教材的口碑相當好，否則其實每一種教材都差不多，老師一開始選擇教材時，是透過他自己的網絡還有學校提供的顧問，來選定一個教材。其實，我們主張的精神是做中學，也就是在實際的教學過程中，依學生的反應來調整教材。我們每個大週有一個教學會議，將老師的教學過程攝影下來，並邀請全校老師或外聘的顧問一起來討論上課情形，並加以檢討，包括討論教材在實際使用中會發生哪些困難，而後可以做小小的調整，並在這之中累積經驗。

- 潘教授

那麼是老師個別選編教材，還是由一群老師一起討論如何選編教材？

- 黃校長

基本上，是老師們一起選編教材。老師必須在教學會議中針對他選的教材提出報告。譬如提出整個八年的教學結構，再細論某個班要上什麼。我們的課程研討會是對外開放的，常常有外面的老師或家長來參與。

- 潘教授

事實上，老師會面臨很多挑戰，因為很多人都要來看他的教學。

- 黃校長

我們的家長都很有想法，老師面臨很大的挑戰，而且我們學生也

很有意見。

- **潘教授**

    這樣也有助於老師的專業成長。

◆ 混齡、能力分組的適性教學

- **潘教授**

    另外，您提到學校裡有十二個老師，能否說明這幾位老師如何分配以進行班級教學？

- **黃校長**

    我們學校是打破一般的班級概念，我們沒有固定的班級，是混齡，並依照實際能力來分組的，招收的年齡層有八年（從十歲到十八歲），分成六個組。在一堂英文課裡，可能國一、國二、國三的學生都有。學生每一科的能力都不一樣，那麼就按照每一科的個別能力來分組。

- **潘教授**

    每一科都是混齡、依能力來分組，您說八個年級分成六個組，那麼每個老師要擔負幾班的教學？

- **黃校長**

    每個老師大約要負擔四班的教學，另外，老師也可以按照他的專長興趣開一個選修課。譬如，中文老師可能會開文學創作、文學欣賞的課，社會科老師可能喜歡開社會時事導讀。基本上，每個老師會有四個班。另外，老師還要負責擔任導師，每個老師會有五個學生，每個大週都要與學生談話一次，瞭解學生這大週的生活、學習、及人際關係情況。

- 潘教授

那麼老師一個禮拜大概會有多少堂的教學時數？

- 黃校長

以「一大週」（全人是連續上課十天、休假四天，因為學生都是從外地來的）來算，一個老師大約是二十四堂課。

◆ 「合法」與「非法」的彈性教學

- 潘教授

全人學校在教學安排上，有沒有更大的彈性，例如讓學生自己學習而不用進到課堂裡學習？

- 黃校長

彈性的做法有兩種，一個是合法的，一個是非法的。所謂「合法」是指孩子可以向學校提出一個自學計劃，那麼他就可以不必進入教室學習。這個自學計劃可以是全面的自學，也可以只選擇幾科來自學，自學計劃要包括教材內容、學習進度、學習方式、評量方式等，並由教學組邀請任課老師及他的導師（甚至於當他全面自學時，還要邀請他的家長），一起來審核教學計劃；而「非法」的部分，就是孩子翹課，孩子翹課的原因可能是偶發的，例如剛好很專心地在練彈室練樂器而沒有進教室上課。如果是偶發事件，我們就口頭提醒，倘若是持續的，而且每一科都這樣，那麼我們就會深入了解原因。我們學校每大週會有一個輔導會議，針對學生的學習、生活的非正常狀況成立個案，持續地了解、關心，並提出對策與檢討。

◆ 到大自然的懷抱裡學習！

- 潘教授

前面黃校長也提到，全人每年都會安排帶學生爬山，在這個活動裡，有沒有設計學習單之類的教學，讓孩子更能體認爬山的教育意

涵？

• 黃校長

我們的爬山活動是由登山界非常有名的歐陽台生教練帶領，[4]他會設計一些學習單以獲得學生的回饋。爬山是多面性的、可學習的東西很多，而我們設定的最低目標，是讓孩子學會如何與大自然相處，並且欣賞大自然的景色，讓他們喜歡爬山。再者，讓孩子在爬山的過程中，學會如何與人互動、互相幫忙，以及學習登山技巧。再進階就是學到一些動植物、地質、天文的知識，這個部分我們第一、二年做得比較多，後來慢慢就比較少，因為這是整合型課程，除非有專職的人設計這個活動，否則我們無法全面兼顧。所以，我們現在只能顧及到讓學生能喜歡自然、喜歡登山，而在知識部分加入老師的個別專長，例如有的老師喜歡生物，就可以帶進植物知識。

• 潘教授

另外，我們知道全人學校的環境有相當多生態資源，那麼您們如何運用這些生態資源，並設計成為教學活動的一部份？

• 黃校長

我們從第一年至今每年都會開設一堂課叫做「大坪頂自然觀察」，原本是「人文與自然觀察」，「人文」意謂推及到附近的農家，以探究他們的文化、經濟生產活動。後來我們發覺整合性課程須要投注全校的人力，故便改成「自然觀察」，由生物老師帶領，觀察學校附近動植物的生態，並且不定期邀請外面的專家來講課，例如邀請「特有生物中心」來幫我們介紹附近的植物。我們有一個家長是台大昆蟲系專門研究昆蟲的教授，我們也請他來介紹這邊的昆蟲。另外，我們也與科博館合作課程，把學生帶到科博館上課。

---

[4] 歐陽台生之生平簡介請見本單元編輯小語。

● **潘教授**

這堂課有多少時間？

● **黃校長**

每一個大週大概有三堂課，課堂上學生大都在野外觀察、畫圖鑑、寫報告。

● **潘教授**

所以是一個全校性的活動？

● **黃校長**

一開始是全校性的活動，後來已經修過的學生就不必再修，現在變成是新生的必修。

◆ 揚棄八股的制式評量，重視互動與潛能開發

● **潘教授**

進一步想要請教的是有關教學評量的部分，前面我們談到全人的教學設計大多是要引發學生內心的渴望、要引導他自由地探索，可是我們要如何得知他已經學到了？您們如何瞭解學生的學習狀況？

● **黃校長**

一般的評量方式非常多，但我覺得最重要的評量是在課堂上的互動，例如學生平常回去有沒有準備、做功課，其實在課堂討論的過程中，可以看得很清楚。第二，是孩子的書面報告還有延伸閱讀。再來，因為全人是住宿學校，所以，我們可以從平常的聊天當中，瞭解學生的成長情況。最後，我們從去年開始也舉辦期中考與期末考的紙筆測驗，但比較特別的是，我們不限定考試時間。因此，我們重視的不是學生的實際成績，而是他的學習過程。老師可能出十題學生完全沒有做過的數學題目，那麼他想一題的時間可能就要超兩個小時，所以，我們給他很多的時間讓他寫到高興，唯有這樣，我們才能看到他真正

的思考能力與潛力，他的思想也可以獲得充分的開展。至於一般限定時間的考試，一個小時就要做十題、十五題，我認為是在考學生的熟練度，而不是考他的潛力、思考能力。我們認為最後一年要面對大考之前，可以再補強學生的熟練度。

五、反思與檢討

•潘教授

最後我們來談一談全人學校歷經七年的努力，有沒有什麼需要進一步反思與檢討的問題？

◆ 創造與基本知能之間的拉鋸

•黃校長

最大的問題在於，因為學生還不夠成熟，沒有辦法瞭解學校的全部理念。例如，我們雖然企圖要打開學生的內在視野，並不表示基礎訓練或傳統知識不重要，但學生卻會如此解讀。也就是說我們透過創造，讓學生看到好的東西，先把內在視野打開，進而引導出內在的渴望。可是引出來之後，他的基本知識卻不一定有隨之成長，於是乎，學習到了某個地方就會停頓下來。所以，要從事真正有意義的創造，一定要建立在他自己精通的領域上，這一點是全人兩年來不斷反省、不斷與學生溝通所獲得的心得。總之，在探索的同時不必然要排除基本訓練，基礎訓練雖然很苦，但是重點就在於要讓學生瞭解吃苦的意義。相較於一般體制學校，學生一直很辛苦，不過他內在視野沒有打開，感覺好像學習唯一的意義就是為了考試、升學，而我們的學生剛好進入了另一個極端。這個過程很像黑格爾正反合的辯證過程，從體制內跳到另一個極端，現在必須進入第三個階段，要昇化這個理念。所以，我們得補足我們不足的部分，加強學生在基礎知識上的訓練。

◆ 自由與放任之間的模糊

• 潘教授

上禮拜我們談到全人學校對於規範學生生活常規有一套特別的做法，一般傳統學校裡頭有記過、嘉獎等基本校規獎懲，可是在全人學校，做法就不一樣了，而有所謂的法庭公約之類的。這個做法是否曾引發出什麼問題？

• 黃校長

這麼做有好處也有壞處。我們主要是透過自治會、生活小組、法庭來執行自治會所訂定的校規與生活公約，問題是在執行時權威性不夠，特別是學校寬容的理念常常被學生解讀成「反正我做錯事你要寬容」，但寬容並不能當作一種權利來加以訴求。學校的初衷是想讓學生有比較大的空間，但是學生往往把寬容當成了口號，使得我們的底線一直撤退，學生卻一直挑戰，於是校規與公約執行起來效果甚為不彰。所以，我們覺得有必要重新檢討這個底線，這學期我們就著手進行全校性的檢討。當每個人都享有完全的自由時，每個人都變成了不自由，因為如此一來人與人之間的干擾太大了，反而沒有自由。有一次我問學生：你們覺得自己常常受到干擾的舉手，幾乎每一個人都舉手，於是乎我便會覺得這個學校是個不自由的學校，因為每個人都受到了干擾，而最大的原因就在於底線不斷被學生挑戰。

六、結語

• 潘教授

黃校長提到，今年有三個學生在學力測驗上表現不錯，也就是說整體評估起來，當全人學校的學生準備升學而努力唸書時，也會發揮其良好的潛能。今天非常謝謝黃校長到我們的一周教育論壇來分享他們的經驗，就像陳校長所說的，教育是一個創作的過程，所以，我

們也發現全人學校不斷在嘗試探索的過程裡頭，慢慢調整自己的腳步，希望能在營造一個自由、開放的學習環境時，也讓每個孩子懂得自律，並且擁有基本知能，我們樂見全人未來的茁壯。

編輯小語

- 與山偕行——歐陽台生之生平簡介：

國內的「山友」，很少人不知道「歐陽台生」這號人物，熱情、幽默、真誠、樸拙，歐陽台生是那種讓人見過一次就會引為知己的人。他是天生的爬山能手，也是國內首屈一指的登山領隊。在三十六歲那一年，他卻決定放下一切，飛向陌生的國度從 ABC 學起，再到國際首屈一指的登山學校，在攝氏零度上下的山區，重新學習他最引以為豪的登山技能，為的是在山象奇偉、百岳林立的台灣辦一所登山學校，讓更多的愛山人能學習登山的技巧，充分享受並尊重自然之美。

你知道嗎？人可以連續十七天不吃東西只喝水，靠著身體的脂肪存活！專擅登山救難的歐陽台生說，「但是很多在山裡迷路的人，往往不出三天，就自己被自己嚇死了！」更何況，歐陽台生清楚山林間蘊藏著無窮盡的生機。

走在郊山的人工步道上，歐陽台生不急不徐的指出「雜草堆」中的火炭母草、昭和草、芒草等近十種植物的可食部位，輕咬一口芒草嫩莖的歐陽台生笑著說，「小朋友來上戶外課時，最喜歡吃芒草的嫩莖了，他們說像是吃小甘蔗！」

一、眷村登山虎

歐陽台生，成長於桃園眷村。家境清寒的他有過五十年代許多小孩相同的童年——牧牛，也成為促使他走入山林的第一步。「眷村小孩的家境多數清苦，沒有什麼娛樂，到山裡面亂走亂晃是最好的去處，」歐陽台生說，平時不上課時，眷村裡的大小孩就帶著小小孩上桃園郊區的山上玩去。

歐陽說，那時的山林對孩子們而言，是個大遊樂場，可以探險、可以作陷阱捕大山老鼠打牙祭，尤其當時最熱門的電影《龍門客棧》，就在他老家附近的深林裡開拍，來回得走上五、六個小

時的腳程到現場看人家拍片，小小年紀的歐陽台生可是一點都不嫌累，得空就喜歡往山裡頭鑽。

上了高職，歐陽台生與三位同班同學組成小小的假日登山隊，歐陽台生記得，第一次的野外過夜是在關西蝙蝠洞，他回想著：「那時我們四個人帶了二十個饅頭和肉鬆，就這樣過了一夜，沒什麼特別印象。」

印象最深刻的一次是「遠征」台北最高峰七星山，當時曾有台大登山社三個學生在此發生山難。歐陽台生想著，七星山應該是座難度相當高的山，所以四個人戰戰兢兢地帶了二十包泡麵、十斤木炭、還有過多的大棉襖，兩兩一組，拿根扁擔一前一後的挑著所有家當，由指北針帶路，筆直地奔向台北最高峰。

四個人一路披荊斬棘、手腳並用，經過一整天的折騰，終於上了七星山頂，在山上緊緊相擁過了一夜，登山途中還是因為一組人失足落下，剛好滾到步道旁，才發現原來上七星山其實有步道可行，隔天早上四人才循著步道下山返家。這次烏龍事件，卻點燃了歐陽的登山熱情，並在專科時期更為投入。

二、天生好手

歐陽台生桃園高工畢業後，再進入亞東工專紡織科，無非是希望能早點工作，減輕家計。生活雖然艱難，他還是努力打工加入登山社，過去的老同學也支持他，幫他購買登山裝備。

提起當時的登山文化，歐陽說：「早期台灣登山活動是軍隊轉型的登山文化，鋁架背包、鋼杯、S帶、汽化爐、軍鞋就是當時所謂的登山用品，雖然一點都不符合人體工學，但當時已經很滿足。」

十九歲時，歐陽台生登上生平第一座百岳，也是他登山潛力的啟蒙──雪山，「當我們登山社一夥人爬上雪山後，返回369山莊時，全體社員都出現高山症，唯獨我適應得相當好，」第一次

上百岳的歐陽，還自告奮勇地為所有人步行到一小時外的水源地打水、洗碗，顯然天賦異稟，中途還因為走得太快踢翻了鍋碗，花了三倍時間撿拾！

自雪山歸來之後，登山社長惜才，常常以半價的旅費鼓勵歐陽參加登山活動。歐陽當時也常常以第一個攻頂的成績，報答學長們的鼓勵。

即使服兵役，歐陽台生一有假期就是去爬山，常常從軍營直奔大山，往往穿著軍褲，連文書兵的公事包也一起帶上山，歐陽身邊還留有一張穿軍褲爬奇萊大山的照片呢。

三、公務體系逃兵

退伍後的歐陽，並沒有進入紡織本科的工作，反而選擇最愛的山做為工作的主要領域。戶外生活雜誌記者、渡假休閒雜誌副主編、甚至到旅行社服務，最後到梨山果園工作，只為不離開他最熱愛的山林。

歐陽對山林的熱愛與熟悉，令當時籌備中的玉山國家公園處長葉世文印象深刻，特別邀請他來參與玉山國家公園的籌備調查工作，並在玉山國家公園成立後成為企劃課員，負擔起救難、營地、步道、巡山員等工作。

愛山的歐陽在玉山本應如魚得水，無奈公務人員的固定生活模式，因循消極的工作屬性和好講是非的環境，讓本性樸實、積極任事的歐陽相當不適應。

舉個例子來說，歐陽在玉山發現了九處可做直昇機停機坪的平坦地帶，想提供給空軍參考，以做為救難用途，他曾上公文並詳加繪圖標明。但是直屬長官的考慮是，「空軍有熟人嗎？」讓他當場傻住，這份公文也因而冰封了一年，直到隔年歐陽因為體檢之故遇到空軍醫官，得知確有需要，回去立即報告長官，這份

公文才重見天日。

　　雖然歐陽的熱情在行政體系中格格不入，但他也不忘感恩，尤其在玉山國家公園的四年間，得有機會被派出國攀登尼泊爾的高橋山(5630公尺)、阿根廷的阿空加瓜山(6959公尺)，並跟著國內攝影家莊明景，習得高山攝影技巧。其中至國外登高山、見識登山專家裝備的精良、登山知識的先進與素質的整齊，從而埋下成立登山學校，為台灣引進登山文化的因緣。

四、鴨仔聽雷

　　離開玉山國家公園後，歐陽以豐富的登山經驗與常識，繼續在他專長的領域中成為講員與嚮導，「當時我一年講上八十八場演講，整天就像是錄音帶一樣，不斷的播放重複的知識與話語，讓我頓時意識到自己已經沒有什麼可以給人了。」他因此決定走入校園，重新拾回ABC吸收新知，此時他已三十六歲。

　　民國八十一年，歐陽靠著朋友幫忙，好不容易湊了五十餘萬，負笈美國的亞利桑那語言學校，進修荒蕪許久的英文，「那時我才終於懂得什麼叫『鴨仔聽雷』。」

　　但他不氣餒，美國老師、同學也很願意幫助這個憨厚而胸懷壯志的台灣青年，於是在一年多緊鑼密鼓的語言訓練之後，歐陽便飛往加拿大的YAMNUSKA登山學校，重新學習他最引以為傲的登山知識。

　　在YAMNUSKA登山學校，歐陽終日在攝氏十度上下的室外學習健行、攀岩、滑雪、野外急救等課程。令歐陽佩服的是，學校的專業與確實，教練與學員的比例至多是一比六，甚至有時到一比二，讓學員能充分求知與練習。而YAMNUSKA的課程豐富紮實，也讓歐陽驚覺，「原來台灣的登山知識，整整落後國際三十年！」還有一次獨木舟一百公里航行的訓練，歐陽發現領隊走錯方向，立即告知指導教練，教練卻正色的說，「你應該直接向領

隊說明，為什麼跟我說呢？」他又驚覺，原來過去學校中凡事報告老師的習慣，造成他不習慣和同儕溝通，卻專會向老師打小報告。

環保觀念也是學習重點，國外登山隊到底怎麼做？歐陽曾撰文，「有一團體，一字縱隊排開越過草原，到達為苔蘚覆蓋的高地。他們將所有帳蓬集中搭在接近湖岸的一小塊區域中，搭帳完成後，在營地四周挖掘排水溝，預備萬一下雨時，將水直接導入湖中。領隊又指示隊員去收集石塊，來建立營火用火圈，並挖了一個深一公尺的洞作為公共廁所。那天夜裡，他們利用慶祝之火燒了垃圾，掩埋了晚餐的剩餘菜飯。」

登山環保的做法繁多，比如選擇包裝較少的登山食物，計算精準的登山伙食及燃料，都會減少登山所造成的廢棄物。排泄物部分，也有考量周詳的解決方法，如遠離水源地、步道、在紮營區挖「貓洞」掩埋排泄物，不留一點「遺跡」。

他還提及在今年攀登麥肯尼峰途中，一個美國人因為找不到冰河裂隙處理糞便，只好一直帶著他積存了許多天，重達二十公斤的大便袋（裝排泄物的袋子），執意的尋找冰河裂隙丟棄，「除了腳印，不留任何痕跡；除了照片，不取一草一物；除了殺時間，不獵殺任何生物。」這也就是登山環保的最佳精神指標，歐陽說，台灣還有很長的路要走。

五、爬心靈的那座山

自加拿大返國近十年，歐陽台生除了設計登山課程、帶領登山隊、寫專欄外，還和幾位朋友開辦了一所小型的戶外學校，並引進國外山野救難訓練，提昇國內救難專業能力。而最讓歐陽台生心心念念的是，想要以漸進式的作法改變登山者對山野的態度，在他的心目中，登山是帶人去爬心靈的那座山，而不是如台灣多數的登山者，忙著喘氣、忙著炊煮、聊天，將都市的生活步調也一起帶到山上來。

歐陽說，「有一回帶一個華裔加拿大人去爬山，路經一地，他直說這裡真美，我就請他坐下來，好好享受五分鐘。我發現他在那五分鐘裡，眼睛不但閉了起來，聞到了意外的味道，心靈更感受到互動，就連表情都變了，他更激動的對我說：我終於知道什麼是桃花源了！」

　　另有一回他帶兩位師大學生爬能高、安東軍山，並進行晚餐之後的靜音（不說話的課程），沒想到第一次參與靜音課程的大男生，居然跑到歐陽台生的帳篷來，抱著歐陽台生大哭後離開；而另一個女生也跑來抱著歐陽台生哭了整整一小時後就累得睡著了，隔天大家都不提前一晚大哭的事，但是歐陽台生知道，那一天晚上，大家都曾和內心那個純真、沒有矯飾的三歲小孩對話。

　　如果你也愛山，不管是實體或是理想，不妨讓歐陽台生帶你一程，在山林中釋放身心，學習緘默，找回自己。

● 參考文獻

與山偕行——歐陽台生。2005 年 9 月 5 日，取自
http://www.sinorama.com.tw/ch/show_issue.php3?id=2001129012
080C.TXT&page=1

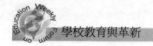

雅歌小學的創建與多元智能理念

主持人：潘慧玲（國立台灣師範大學教育學系教授兼教研中心主任）

討論人：孫德珍（新竹縣公辦民營大坪國小雅歌實驗計畫校長）

論壇日期：2002 年 08 月 11 日

❋ 討論題綱 ❋

【雅歌小學的創建與多元智能理念】

一、前言

二、回首來時路——投入教育工作之緣由

三、多元智能與雅歌小學

◆ 多元智能為雅歌辦學之核心理念

◆ 小巧精緻的雅歌小學

四、「有感覺」的教育——喚醒孩子的心

◆ 抓氣球，走出框框！

◆ 認養、裝飾你的課桌椅

五、多元智能的課程設計

六、結語

一、前言

● 潘教授

　　處於多元社會的台灣，教育走向也越來越開放。如何使教育得以適應不同性向的孩子，是教育工作者的職責。欣喜的是，有許多人多年來不斷地辛苦耕耘，不管是在體制內抑或體制外的教育機制中，我們都可以看到努力的軌跡。在今天的一週教育論壇裡，我們要繼續介紹體制外的教育。特別請到雅歌小學的孫德珍校長來介紹雅歌小學。

二、回首來時路——投入教育工作之緣由

● 潘教授

　　我知道您是在民國八十二年左右開始投入教育紮根的工作。當時我與陳舜芬教授一起在教改會的溝通組幫忙，我們為了要傳播教育改革的訊息，而希望在基層建立教育改革組織網，以與民間教改人士接觸，所以，當時就曉得您在推動多元智能的教育工作。可不可以先跟我們談談大致的歷程？

● 孫校長

　　我於民國六十四年從台北女師專（民國九十四年八月一日改制為台北市立教育大學）畢業，擔任過三年的小學老師，一直對教育甚有興趣。後來，我到美國念大學，那段期間我碰到一些不錯的教授，在那裡我有了很大的改變，我發現以前即使我的功課很好，但我並沒有真正學會怎麼學習，在美國，從那些教授身上才慢慢見識到如何學習。台灣也有許多人不知道真正的學習方式，只是一直背，很多感覺沒有被打開。從那時開始我就特別關心、思考如何自我成長的問題。後來，一九八三年回國後，我在一所專科學校任教，看到許多學生對生命沒有什麼盼望，也沒有學習的興趣，只想畢業嫁人。但我帶的這一班卻有許多人願意繼續讀書，也有人出國留學，有些人學成歸國後

已經在大學裡面任教。我班上學生的成就與學校之前的情況比較起來，讓很多人感到不可思議。值得思考的是，如果我們從另一個角度來看，這些可以有成就的人，他們原本卻是被別人視爲平庸之輩，這是我對教育十分心痛的地方。我認爲我們的教育是有問題的，於是便決定往教育方向走，因此，便辭職到教師研習會工作。我在教師研習會時，正好有機會隨著省輔導團巡迴全國，到各個鄉鎮去瞭解基層老師的需求與困難，這給了我很大震撼——原來基層有這麼多專家未曾料到的問題。

　　之後結了婚，我就專心在家裡做胎教、陪孩子成長。一直到我第二次去美國，便將重心放在教育方面，尤其是教育改革議題上。念博士班時，我親自到幼稚園觀察他們的教學，比較、研究許多不同的教學法、不同的學校。其中我參觀了美國的一所"Team school"，它是第一所多元智能的實驗學校，那所學校的教學法讓我十分感動。因此，回到台灣之後，我更覺得這是應該要做的事，於是便慢慢地投入這裡。

三、多元智能與雅歌小學

● 潘教授

　　過去孫校長也有很長一段時間從事與教育有關的工作，並從裡頭發現許多教育問題，之後也願意繼續投入教育改革的工作。另外，可不可以談談創辦雅歌小學之前，您一直在投入的多元智能教學，以及如何進入創校過程？

● 孫校長

　　我於一九九三年回國後，便在新竹師院音樂系任教。當時的制度規定教授必須要有臨床教學經驗，也就是如果是從事國小師資培育的工作，那麼必須先在國小任教，如此才能示範給這些未來的老師們，

讓他們知道將來該怎麼做。所以，當時我便到附小及其附設的幼稚園教課。那些幼稚園老師對我很好，他們希望我培訓他們做多元智能的課程。其實他們並沒有主動考慮到多元智能，只是希望我帶著他們發展一些比較新的東西，而因為我很喜歡多元智能理論，於是，就帶著他們發展了半年，架構出課程。第二年我們將課程付諸實驗時，效果非常好，直到現在，我都覺得那是最成功的一次，因為那時資源很多，老師也很配合，大家的意願都很高。之後，這批孩子畢業了要上小學，我們認為需要找小學來發展，因此，我就開始在新竹縣寶山國小山湖分校，從事體制內的教改工作。在寶山實施大概兩年之後，我覺得我們太過超前當時的制度，很多東西老師們還不太能瞭解，再加上參與的人有太多的選擇，所以，便決定走出體制，希望找到一群很想做的人一起發展出模式，先讓大家看看多元智能到底是什麼。從那時走出體制到現在，如果從幼稚園算起的話，也已經有八年了。

- 潘教授

您推動多元智能的教育工作，是從寶山國小的實驗階段，一直到雅歌小學的創立。雅歌小學是哪一年創立的？

- 孫校長

雅歌小學是民國八十六年創立的。

- 潘教授

至今大概有五年的光陰，那麼您的教育理念是銜接、一致的嗎？

- 孫校長

是銜接的，都是多元智能的教育理念。其實這八年的教育理念都沒有斷過，雖然我們的校園曾經遷校，但從幼稚園到現在，多元智能的課程都是很完整的。

◆ 多元智能為雅歌辦學之核心理念

•潘教授

可不可以談談，為何您要如此強調多元智能是您辦學的核心理念？

•孫校長

因為我發現在台灣的環境裡，大家的價值觀相當單一，或是太過主流。很多孩子因為學習風格與其他人不同，就被輕易放棄。其實多元智能強調的是：我們要讓孩子找到他學得最好的方法，而老師也設法以各種管道跟孩子溝通，這點是傳統教育比較弱的一環。在雅歌有一句話：「沒有學不會的孩子，只有找不到方法的老師」。我們最大的目標就是尋找讓每個孩子都學得會的方法，這就是多元智能理論的方向。在雅歌，我們給孩子兩個舞台，一個是智能舞台——要讓孩子學得會，另一個是生命舞台——要讓孩子願意學。另外，我們也發現多元智能強調學習環境，如果我們沒有先營造環境，再怎麼推動教育改革，都相當地辛苦，因為他們沒有團隊、沒有環境，每個人都是單打獨鬥，那麼成果就很難累積。所以，我們當時決定一定要營造一個好的學習環境。除了營造環境之外，我個人認為「教育之道無他，愛與榜樣而已」，所以，我想如果在學校裡大人可以示範如何彼此相愛，示範熱愛學習、求成長，那麼我們的孩子很自然地就會朝著這個方向發展。我們重視「愛」以及「榜樣」，也就是愛孩子，讓孩子信任老師，願意聽他的話，之後就是榜樣示範，老師這樣做，孩子因為崇拜老師就會跟著這樣做。

◆ 小巧精緻的雅歌小學

•潘教授

請您進一步介紹雅歌小學所在的位置、學校規模、師生人數。

- 孫校長

雅歌小學現在位於新竹縣的峨眉鄉獅頭山的下面,學校規模其實很小,一到六年級總共有四十五位學生,八位專任老師,十幾位兼任老師。

- 潘教授

非常感謝孫校長,從您帶來的 PowerPoint 中,我瞭解了雅歌小學大致的狀況,還有很漂亮的美國式木屋的學校建築。孩子們在這種學習環境裡一定非常快樂。

四、「有感覺」的教育——喚醒孩子的心

- 潘教授

再來,我們想請問孫校長的是,為何您要創辦雅歌小學這個體制外的學校呢?

- 孫校長

其實知識教育已經有很多人在努力,國家也花了很多錢,但知識教育往往疏忽了「感覺」的層面,而直接跨入認知的抽象思考。就像方才我所說,我們的孩子還沒有先學習如何學習,他就進入了學習。結果,當他的學習遇到困難時,我們卻不知道他的困難在哪裡,還認為他不用心、懶惰,其實是我們沒有發現真正的問題點。感覺層面是學習的準備階段,也是所有學習風格發展的基礎,因此,「讓孩子對所學的東西有感覺」相當的重要。如果當我們跟孩子說把課本打開時,他們就把心門關起來,那麼我們如何讓孩子對要學的東西心存期盼?更不必期盼他們的眼睛是發亮的,或者全心參與的。

- 潘教授

我想感覺是很重要的,一如我自己在教學時也常跟學生們講,如

果你對你所念的書沒有感覺，那麼它就不會變成你的東西。所以，我想進一步請問孫校長，在雅歌小學裡如何進行所謂有感覺的教育？

◆ 抓氣球，走出框框！

• 孫校長

例如，一般人聽到開學典禮會覺得很無聊，但在雅歌，開學典禮就是一堂課，大家非常快樂地期待的一堂課。一九九五年，在山湖分校的開學典禮中，有個節目為「抓氣球，走出框框」，有個三年級學生的作品就寫到：「今天的開學典禮很特別，學校灌了很多氣球，為了怕氣球亂飛，就用線把氣球綁住，再用木頭把線捆住，氣球乖乖地待在天花板的框框下。老師讓我們每個人都抓一個氣球，走出框框。到了操場，當現場喊：『一、二、三、放！』，我們就把氣球放了。看著氣球飛得那麼遠、那麼高、那麼美麗，我心裡好舒服。老師說，每個小孩天生就有上升的潛力，新的實驗課程要讓每個人走出框框，在智慧的瀚海裡擁有自己的天空。」其實老師在這堂課裡並未發任何課文，也沒有訓話、講話，單單就在活動裡，孩子的心就一層一層地被喚醒了，他是有感覺的。我們看到他對氣球的感覺是認為氣球好可憐，乖乖地待在天花板的框框下。其實孩子對環境是有感覺的，我們就是要用這樣的情境激發他，而不是用很多的教條框住他。

我們那天一開始灌了些氣球，然後讓家長來賓進入禮堂，等著小朋友進來。這樣做其實有點顛覆的意味，家長來賓就座後，再讓老師帶著小朋友進來，之後小朋友就坐在舞台的中間，我們叫做「把孩子的舞台還給孩子」，每個小孩都要上台說話。有個孩子說：「我今年十歲，我不抽煙、不喝酒，我是個好小孩。我希望將來這個學校可以……。」這麼一個很簡單的介紹，就讓每個孩子都得到他的舞台。之後，我們希望小朋友能「抓氣球，走出框框」，把氣球拿出去，到操場上放，當天還有點心可以吃。小朋友都非常地興奮，覺得這個開學典禮好「特別」啊！之後我們就在課程上討論，問小朋友：「說說

看，什麼叫『特別』？你說它特別，那麼它跟以前有什麼不一樣？」
結果他們舉出十八樣不同的地方，其中有一樣是：「以前的開學典禮
都是大人講話，小朋友就不能講話。以前都沒有……，現在有……。」

- **潘教授**

　那你們都沒有講話嗎？

- **孫校長**

　我們其實是配合講話。孩子訝異的不是大人有沒有講話，而是他
們竟然可以講話，他們變成主角了。而且他們還可以說出自己有什麼
期望，以前都是大人說：現在開學了，我對你們有什麼期望。他們永
遠是被期望的，但是，這次他們覺得很不一樣。

◆ 認養、裝飾你的課桌椅

- **孫校長**

　之後我們到了芎林，那時非常辛苦，因為我們沒有錢，所以就
租了一間農舍，除了牆壁以外，真的什麼都沒有，還是老師、家長一
起把農舍裝飾起來的。那時有些校長就問我，他們有些報廢的課桌
椅，不知道我嫌不嫌棄？那些桌椅有些髒、有些刮痕，我說：「沒關
係！」但有些家長就會說：「這些桌椅這麼髒，我們乾脆買一套吧！」
我說：「沒關係！這樣很好。」之後，我們開始設計一堂「我們來改
變」的課程，讓每個小朋友領養一套課桌椅，並且當這套課桌椅的小
主人。在領養之前還要拍照，看看這張課桌椅原本是什麼樣子。一個
禮拜之後再拍一張，看看你這個小主人能不能改變這套課桌椅的生
命。結果，他們有的人拿刷子、砂紙把課桌椅磨平，還有人想辦法把
凹洞補平，或者擦上油漆裝飾。起初家長和老師都認為小朋友一定會
挑最好的課桌椅，但是我認為他們一定會挑最爛的，果然，很
多小朋友都要挑最爛的，因為他們都想看到最大的改變。之後，他們
花了整整一個禮拜努力刷、洗、抹這套課桌椅。那時候老師們並沒要

求他們要愛護公物，也沒有趁機會罵那些破壞課桌椅的人，但是孩子們卻在日記裡頭寫著：「親愛的桌子啊，我是你的小主人某某某，我看到你被刮成這個樣子，我就覺得你以前的主人不太好，以後我一定會好好愛護你的」。也有人寫著：「我今天幫你漆上了什麼，你看起來煥然一新了，你的命運從此就改變了」。

• 潘教授

這是老師要求的，還是孩子自己寫的？

• 孫校長

這是我們每天的基本作業，叫做「美的分享」，亦即小朋友每天都要寫一張，到了學期末我們就把它裝訂成一本書。所以，雅歌的孩子每學期一定會出版兩本書，一本是《美的分享》，也就是他的學習記錄，一本是他的研究報告。我們透過這個《美的分享》可以看到孩子每天都在成長，更重要的是他內心善良的部分慢慢被喚醒。所以，當他經歷過認養課桌椅的活動後，他就會比較珍惜他的課桌椅，這就是我們所謂「有感覺」的教育，讓孩子從內在開始參與，而不是表面上被強迫。

• 潘教授

您分享的這個經驗，讓我們覺得雅歌小學把很多日常生活裡的東西變成了教學活動，這是滿可貴的經驗，讓孩子們從照顧課桌椅開始體會什麼是有感覺。

五、多元智能的課程設計

• 潘教授

另外，我想再請問孫校長的就是，如何在課程裡貫穿多元智能這個核心概念？

● 孫校長

　　我們在師資培訓時就會把整學期的課程架構出來。比如，我們有三年一輪（每三年輪一次）的主題，而今年是三年的第一年，談的是「關連」，我們希望孩子能打開「人與自己的關連」、「人與人的關連」、「人與自然環境的關連」，如果這部分沒有被打開，那麼人就會變得很冷漠、不在乎，他們會覺得：這關我什麼事？另方面，我們也讓孩子得以更認識自己與自然環境。第二年是「和諧同工」，探討的是如何與人和諧相處？如何與大自然和諧相處？第三年是「我們來改變」，討論我們可以做什麼？我怎麼改變自己？怎麼改變環境問題？怎麼改變大自然的問題？在三年輪一次的主題裡，有很濃厚的人文思考，而要進行這些課程之前，老師必須要做兩件事：第一件是熟悉課程標準，例如，如果我要教五年級的數學，那麼我就必須知道五年級的孩子必須具備什麼樣的能力，還要思考如何讓孩子在數學部分有所發展。

● 潘教授

　　可是，這與主題有什麼關連呢？

● 孫校長

　　其關連在於，比如這學期是「關連」主題中第二個學期，我們有兩個方案：一個是生命的改變，一個是環境的改變，所有的課程設計都繞著這兩個方案打轉。我們這學期有一個很重要的成果展，要演出一齣歌劇，為了這個目標，學生就要學很多東西，各科的老師也就在這個目標下規劃課程的發展。比如自然科老師為了配合「生命的改變」，就設計讓孩子養蝌蚪來觀察生命的變化，還要學習如何紀錄、觀察，或者栽種植物等。我們找的題材都與這樣的人文思考有關，之後慢慢地搭配起來。所以，老師必須知道該如何以多元智能的方式來設計課程；另外，他也要知道如何達到課程標準的目標。

六、結語

● 潘教授

　　今天非常感謝孫德珍校長來到一週教育論壇與我們討論雅歌小學創辦的經過與雅歌小學目前的狀況，更談到了他們秉持著多元智能的理念來設計課程。下次論壇我們要繼續與大家分享，雅歌小學在課程與教學的細部作法上，是如何進行的。

人本教育在雅歌

主持人：潘慧玲（國立台灣師範大學教育學系教授兼教研中心主任）

討論人：孫德珍（新竹縣公辦民營大坪國小雅歌實驗計畫校長）

論壇日期：2002 年 08 月 18 日

※ 討論題綱 ※

【人本教育在雅歌】

一、前言

二、ARCO——喚醒、實現、環境、奉獻

三、貓頭鷹誓言

四、多元智能的課程設計

◆ 以統整課程含納多元智能

◆ 「研究課」

五、以藝術教育為觸媒的人文教育

六、雅歌的道德規約教育

◆ 尊重老師、尊重自己、尊重環境

◆ 以價值澄清法讓孩子學會自律

七、雅歌面臨的問題與孩子發展的成果

八、結語

一、前言

·潘教授

在上次論壇中,我們邀請到雅歌小學孫德珍校長,與大家分享雅歌小學創辦的歷程與秉持的教育理念。今天,仍舊邀請孫校長來與我們談談雅歌小學。

二、ARCO——喚醒、實現、環境、奉獻

●潘教授

我們知道雅歌小學的英文校名叫做"ARCO",A—R—C—O,可不可以談談這代表什麼意涵?

●孫校長

"ARCO"是義大利文,意思是「弓」,我們希望我們的孩子在生命的歷程中,就像是握著一把弓,他有明確的射擊目標,可以射得遠、射得準。而多元智能就好像七彩的箭,為他的生命射出一到彩虹。ARCO 的四個字母,A—R—C—O,各代表雅歌人相信的理念。A——"Awakening",指的是「喚醒」,雅歌人相信教育的意義不在輸入知識,而在喚醒智能。雅歌就是根據多元智能的理論,提供孩子一個智能舞台,幫助每個孩子溶解他的弱勢領域,發展他的強勢領域,讓每個孩子都有成功的機會。R——"Realization",指的是「實現」,雅歌人相信只有讓每個人擇其所愛,才會讓他們愛其所擇。於是,雅歌根據內在動機理論,提供孩子一個生命舞台,幫助每個孩子積極成長,實現自我、貢獻社會。C——"Circumstances",指的是「環境」。雅歌人相信陪孩子學習需要先營造環境,所以,雅歌積極營造學習環境,以多感官的學習來提升學習吸收率,並透過藝術教育強調注意力、專注,以及自動化的技巧,以增進學習效果。在雅歌,有些特別的課程目的是在幫助孩子學習,這些課程本身就是一種環境。O——"Offering",指的是「奉獻」,雅歌人相信教育之道無他,愛與榜樣

而已，雅歌的家長無怨地配合，雅歌的老師不悔地奉獻，親師積極合作，幫助孩子在品格第一的前提下建立良好的習慣。所以這四個字是我們深信的四種理念。

這麼多年走下來，我們彼此之間也會因爲理念不合產生衝突而走掉一些人，不過，在每次震盪之後，我們都會重新思考自己所相信的教育應該是怎麼樣的？更清楚地釐清一些理念。當這些理念越來越清楚，就成爲了我們的共識，使我們在辦學時越來越有根據，而這也是爲什麼雅歌的團隊越來越堅強的原因。

• 潘教授

ARCO 這個理念也能讓學生瞭解嗎？

• 孫校長

是的，學生應該都可以瞭解，因爲孩子參與很多學校的事情，而這個理念隨時都在生活中落實，所以他們都可以了解。

三、貓頭鷹誓言

• 潘教授

那麼雅歌希望孩子成爲什麼樣的人呢？

• 孫校長

學校裡有個社團叫「貓頭鷹社」，我們告訴孩子這個社團的目的是想培育一些願意完成品格的人。那麼我們希望孩子參與這個社團時能夠達到什麼目標呢？O 這個字代表三種品格，第一個是奉獻——"offering"，亦即我願意奉獻自己爲別人祝福，雅歌要培育將來可以參與社會的孩子。而要參與建設，他必須先透過教育來發展自己，所以第二種品格是智慧——"wisdom"，雅歌是一個多元智能的學校，所以智慧是一個很重要的指標。第三個就是愛——"love"，希望我們的孩子願意被愛、愛人，成爲別人的安慰。有的人可以被愛，

但他無法愛人；有的人可以愛人，卻無法接受被愛，事實上，這是從小由環境與不良的互動所造成的。在雅歌，我們希望提供健全的環境給孩子。總之，一個是我願意奉獻，成為別人的祝福，一個是我願意追求智慧，成為別人的幫助，一個是我願意被愛、愛人，成為別人的安慰。這三條孩子都非常熟悉，我們叫它「貓頭鷹誓言」。

四、多元智能的課程設計

● 潘教授

　　這三個部分包括了認知、情意與實踐的面向。那麼雅歌是透過什麼樣的課程，來培養孩子成為一個貓頭鷹呢？我們知道雅歌小學是以多元智能為核心教育理念，而多元智能是美國哈佛大學的 Howard Gardner 教授所提出的，主要是要人們反思智能的性質，其實我們具有多種不同的智能，有體能、音樂、數理、人際等，大約有八種不同的智能，不再侷限於數理能力、或語文能力而已。所以，我想要進一步瞭解雅歌小學如何以多元智能的架構，來規劃不同種類的課程，讓雅歌的孩子真正成為「貓頭鷹」呢？

● 孫校長

　　我們認為多元智能是一種管道，我們要思考的是如何讓孩子學得更好、學得會、而且更喜歡學。所以，在雅歌學的不是「多元」智能，而是採各種方式去學。至於學什麼呢？我們有三年一輪的主題，第一年是「關連」，我與自己、與別人、與環境有什麼關連？因此，有三個向度：他人、自己、環境。第二年我們發展「和諧同工」，我們如何與自己、與人、與自然和諧？有些人一輩子都沒辦法與自己和諧，也就是「跟自己過不去」。第三年是「我們來改變」，我們希望先讓孩子感動，進而發展出行動，讓他們瞭解從古至今人類運用多少智慧來改變這個世界。例如，我們讓孩子閱讀傳記，然後問三個很重要的問題：這個偉人相信什麼？他的信念有沒有幫助他度過最艱難的時期？

如果有，那麼這就是真理。第二個是這些偉人有沒有夢想？為什麼他們的生命有光有熱呢？因為他們有夢想，他知道他想做什麼，而且很努力地去實現。第三個是完成品格，儘管偉人有夢想，但是如果沒有品格，還是無法成功。我們讓孩子分析這些偉人有哪些品格？他們有沒有共通的品格？如果你要成為一個科學家，需要哪些品格？有一次，我們發現成為科學家得具備一種品格是「忍受枯燥」，當時我們都很震撼，因為大家心裡想，雅歌的課程這麼有趣，那我們會不會沒有辦法成為科學家？這種想法很好笑吧！所以，我們以三年一貫的主題讓孩子對他要學的東西產生感覺，至於課程標準規範孩子應該具有的能力，在生活中就可以落實了。

◆ 以統整課程含納多元智能

● 潘教授

那麼雅歌的課程還是課程標準裡的科目嗎？比方國語、數學，這些都有？

● 孫校長

對，我們都有。但是我們比較趨向統整，所以，雅歌的老師必須比一般老師更重視課程標準，因為我們要統整，要把這些標準「藏」到生活中，就更需要知道課程標準的目標為何。

所謂多元智能的學習環境，就是表面上不能歸類於哪種科目的課程，例如舞彩帶，它看起來不像語文課，可是老師要怎麼讓孩子寫出在繽紛彩帶舞動下，結合力與美？如果只看畫面，或是想像彩帶有很多顏色，那麼孩子寫出來的文章是沒有感覺的。所以，必須讓孩子用身體來耍彩帶，讓他們親自體驗如何使彩帶在五分鐘之內不落地，孩子必須以肢體動覺還學習，並真實地感受。又，例如讓孩子學成語，這看起來似乎是語文課的東西，但我們讓孩子「抽」成語，抽到一個成語之後便立刻分組，編出戲劇來表演。比如「狐假虎威」，他就必須考慮得找幾個人、說什麼話才能呈現這個成語的意思。事實上，這

麼做能夠幫助孩子更深度地瞭解成語的意涵，而且他還要編劇，於是，他用上了語文智能，也運用到身體動覺，人際、內省等智能。

◆ 「研究課」

• 潘教授

　　另外，雅歌還有一個「研究課」，它的內容是什麼？

• 孫校長

　　研究課是雅歌的一項特色。因為孩子的學習（或是一般人的學習）與學習方式有關。如果透過講義來學，大概只能吸收百分之十。如果有人講解，可以吸收百分之二十。如果是親眼去看，就能吸收百分之三十。如果又看、又聽到講解，最多吸收百分之五十。所以，「以老師為中心」的教學，最高的吸收率是百分之五十。如果我們要超越這個吸收率，就必須以學生為中心，讓學生去體驗、去經歷，那麼他的吸收率將達到百分之七十，這時候，老師是否講得很精彩已經沒有關係了。如果學生進一步做研究或是教導其他人，那麼他的吸收率將可達到百分之九十。因此，我們有了「研究課」，這個研究課就是教會孩子學習如何學習。

　　雅歌的孩子從一年級到六年級，每個孩子每個禮拜都要上一堂的研究課，老師就像主持人一樣，訪問每個小朋友，讓他們回答問題，因此，全班都知道誰在研究什麼，而且他們隨時可以 call-in。研究課的設計是讓孩子選一個題材，引導他不斷地尋找、整理相關資料，最後學期末要發表。所謂發表，不是呈現他的研究報告，而是要把全校學生教會，所以，他必須要選擇一個方法讓人家一聽就知道他在講什麼，而且還有當場 call-in 提問。例如，有一次一位小朋友發表「蜜蜂的窩」，現場一位來賓 call-in，問：「蜜蜂的窩與螞蟻的窩有什麼不同？」他低下頭想了一想，下面就有家長埋怨這位來賓：「人家才二年級，你就把他考倒了。」但是這位小朋友抬起頭來說：「這樣說好不好，螞蟻窩是不可能有六角型的，這是滿容易就可以分辨的。」那

時候我們才明白，他並不是被考倒了，而是在想怎麼講大人才聽得懂。

其實他是仿效老師平常的教學，當學生聽不懂時，老師就會轉換呈現的方式，使用孩子聽得懂的語言。

總之，研究課讓孩子學習如何學習，例如我們教孩子如何找資料、抓重點，如何探討文獻。如果他拿了一堆資料，但還是無法整理成表格，我們就覺得他還沒有做到探討的功夫，故文獻探討不能東抄西抄。另方面，他必須能夠說出重點，文獻探討部分應該包含別人說什麼、書上說什麼，而他自己的經驗是什麼，這樣才能完成一篇研究。

五、以藝術教育為觸媒的人文教育

• 潘教授

另外，雅歌小學特別凸顯音樂、戲劇的部分，這好像是雅歌很重要的特色。是不是可以請孫校長談一下？

• 孫校長

我覺得這是一個錯覺，很多人一看到雅歌之名，便以爲它是音樂學校。其實音樂在這裡只是扮演觸媒的角色，它是一種多感官的教育，讓孩子在很小的時候就學會用多種感官打開他的感覺。因此，我們用鈴木教育，[5]是讓孩子學會怎麼專注，怎麼跟自己和諧。從另一個角度來看，雅歌重視藝術教育（包括所有的藝術），但雅歌的目地並不是要培養音樂家、畫家，而是希望透過學習藝術對環境產生感覺，這就是學習的準備，也就是注意力。有注意力之後，學生開始學習要在哪些地方專注、哪些地方可以忽略，有取有捨。猶如讀書就該抓重點，如果沒有重點，整本書有讀如同沒有讀。我們常教孩子要如何剪掉不重要的地方，而留下重點。所以，雅歌的孩子很會思考，因爲我們有這樣的訓練。雅歌的藝術教育主要在教孩子如何對環境有感

---

[5] 鈴木教育法係由鈴木鎮一先生針對音樂領域所創的獨特幼兒教育方法，其教育理念與教學方法詳見本單元編輯小語。

覺，如何整理自己。這是透過藝術教育達成的人文教育，這也是一種品格的培養。

六、雅歌的道德規約教育

• 潘教授

目前有些體制外的學校讓孩子學習規則，但卻不透過外在規則的制約來學習，故他們廢掉很多規則，比方校規等。那麼雅歌小學如何進行規則的教育，讓他們從他律可以過渡到自律的階段？

◆ 尊重老師、尊重自己、尊重環境

• 孫校長

在雅歌，我們先讓孩子很嚮往這個學校，並跟他立約三條，第一條：尊重老師。在雅歌，老師最大，如果犯錯，經過老師的提醒，你必須停下來聽聽老師的話。第二個就是尊重自己。在雅歌，自己也很大，不要讓別人羞辱你，你自己也不要羞辱自己，因此，該做的事要做，會讓自己丟臉的事不要做。第三個，尊重環境。如果你想要做什麼事情，你可以說：「我想要做什麼。」但是如果你想要做的事會妨礙到別人、會破壞環境，那麼你就必須控制。比方，有個小朋友想要研究蜥蜴，也想養蜥蜴，但是他又不能去抓，因此，他便過來向我申請，他表示因為蜥蜴跑來跑去，他沒辦法固定地觀察蜥蜴，這樣是不科學的。我便要他寫個申請表，第一，告訴我你的基礎知識，第二，告訴我你有沒有能力在某個時間之前有耐心地持續研究下去，並且還要有保證人。第三，你的研究有什麼學術價值，值得讓蜥蜴冒著生命危險。於是。這孩子真的很認真地做了調查，提了這份申請書，之後他的申請書通過了，我們就讓他養蜥蜴，後來他還成為蜥蜴專家。在雅歌，所有的孩子都遵守這三條約定，當然，每天都會有問題發生，但我們很願意一點一滴地處理問題，讓孩子們服氣。

- **潘教授**

孩子如何知道規則的底限在哪裡呢？

◆ **以價值澄清法讓孩子學會自律**

- **孫校長**

在雅歌，我們會讓孩子自己講講看這麼做有什麼錯，讓孩子釐清冒犯與侵犯有什麼不同。例如，如果有兩個孩子起衝突，有個人會告狀另一個人冒犯他，我們就會問這個冒犯別人的孩子：「你知不知道他不喜歡你這樣做？」我們也會問被冒犯的人：「你有沒有告訴他你不喜歡他這樣做？」如果他沒有說，這便算是冒犯，我們就會請他告訴另一個人他不喜歡別人這樣做；如果這個人已經說過了，下次又再犯，這便是侵犯，就需要大家一起來討論。我們也教孩子要說出自己的感覺，並且傾向以比較理性的方式處理。我們願意跟孩子們談，讓他知道我們尊重他，在雅歌，每個人都有這樣的權力。我們目前最大的處罰就是回家休息一天，不能來學校，這會讓孩子哭的，因為他真的太喜歡上學了。

- **潘教授**

從這一點來說，雅歌真的是很成功，孩子都這麼喜歡上學。

七、雅歌面臨的問題與孩子發展的成果

- **潘教授**

雅歌從民國八十六年成立以來，共有四十五個學生，這一路走來，歷經五年的光陰。在這推動的過程裡，孫校長有沒有遇到什麼問題？

- **孫校長**

問題真的很多，常常有人問我多元智能有什麼缺點？我也曾經被

問倒過。依我的個性，我傾向於去解決問題，"Make it possible."所以，一路走來，真的很辛苦。當然，也有許多人認為我們在做不可能的事，但是我們真的完成了。在雅歌，有句話是「當愛夠深，沒有什麼不可能」。有時候，我們會面對連家長都放棄、連老師都精疲力竭了的孩子，但當我們想到這句話，又打起精神。所以，對我們來說，最重要的事就是幫助每個孩子再站起來。至於從政治的角度來看，我們的教育能不能成功？會達到什麼目的？這都交給歷史去判斷吧！我們能做的，就是不要錯過身邊的這些孩子。

- **潘教授**

　　不過社會大眾也想瞭解，經由雅歌如此用心地教育，這些孩子有什麼成果？

- **孫校長**

　　雅歌最年長的畢業生目前在一般國中就讀三年級，他們的適應情況都算不錯，我們一點也不擔心他們的成績，因為雅歌的孩子都知道如何規劃時間。所以，當孩子進入國中之後，家長非但不擔心，反而覺得孩子很主動。而在與同學相處的部分，他們認為班上的同學好多，他們的朋友也很多，這點讓我鬆了一口氣。原本我擔心他們以前在這麼小的學校讀書，現在到這麼大的班級裡會不會不適應？當然，他們也會看到一些問題，不過因為已經懂得思考，所以，他們會去分析某些事情是不能跟著做的，某些事該拒絕，而某些事卻該挺身而出。有些學校向我反應，我們的孩子會給老師回饋，會去鼓勵老師、安慰老師，他們對孩子的這些特質感到很訝異。但是在雅歌，孩子有這樣的反應是很自然的，因為老師與孩子很親近，所以他們會去關心老師。因此，當他們進入體制內，他們懂得去思考問題、規劃自己，我想這是滿好的成果。

八、結語

● 潘教授

雅歌經過多年的努力，但到現在仍尚未得到教育部的立案通過。孫校長也曾向我提過，雅歌要朝公辦民營的方式來發展。

● 孫校長

對，目前我們很積極地努力，希望可以很快地實現。

● 潘教授

那我們祝福雅歌，希望目前的教育體制能夠支持雅歌，繼續實現雅歌人本的、人文的、藝術教育的、「有感覺」的，以及全人的教育理念。也希望其他體制內外的學校可以從雅歌的辦學經驗中，汲取菁華，讓孩子更快樂地學習！

🤓編輯小語

• 鈴木教育法：

　　鈴木音樂教學，原稱爲才能教育，是日本鈴木鎮一發展的一種獨特教學法。首先，鈴木鎮一將這教學法應用在小提琴教學，後來被引介到美國，得到很大的迴響，並陸續被應用到其他樂器或其他學門，例如鋼琴或長笛教學，以及曾被嘗試應用到數學的教學。當今，世界各地很多關心音樂教學的教師們，對這一種教學法充滿興趣。以下本文就鈴木音樂教學發展背景、理論基礎、教學特色，及鈴木教學在一般音樂教學的應用，分項簡介：

一、發展背景

鈴木鎮一(Shinichi Suzuki——一八九八～一九九八) 出身於日本音樂世家，父親擁有當時日本最大的小提琴製造工廠。他二十三歲留學德國，跟隨克林葛(Karl Klinger)學習小提琴，無論是小提琴的演奏技巧或對音樂的態度，都深受克林葛影響。後來，他返回日本和兄弟組弦樂四重奏到處演奏，並且從事小提琴教學。根據幾年的教學經驗，他發現了學習和環境有密不可分的關係，也體會出年齡和學習小提琴的關係，領悟了音樂和語言妙不可分的關聯。一九五八年他在日本東京發表了母語學習的概念，他在《才能教育》書中，表示音樂教育只是手段，高超人格和偉大理想的培育，才是音樂教育的最後目標。他主張以音樂啓發兒童單純的心靈，透過音樂培養兒童偉大的情操和人生的理想，創造人類更完美的下一代，爲人類謀福祉。鈴木鎮一透過音樂教學實踐其理想，強調才能不是天生的，才能須經由後天培育，以正確的教育方法，優良的師資，配合適當的學習年齡，良好的學習不只在日本很多學生因鈴木鎮一而及早受到音樂栽培，一九六四年，鈴木鎮一帶領十位小朋友受邀在美國全美音樂教師協會演出，引起重視隨之興起一股鈴木教學法風潮，在美國陸續有鈴木提琴教學的推廣機構，嘉惠學子不可細數。在日本，至一九六六年止，就約有一百二十位鈴木小提琴教師和六千位小提琴學生分散在各地。鈴木鎮一不但創造了學習小提琴的新模式，打破了演自歐洲傳統的小提琴學習方式。

二、理論基礎

鈴木音樂教學的理論基礎，可整理為以下十項：（一）才能並非天賦論；（二）母語式的教學；（三）教育自零歲起；（四）沒有失敗的教育；（五）能力滋養能力；（六）人是環境之子；（七）學習越早越好；（八）練習越多越好；（九）學習環境要好；（十）教學法要更好。

三、教學特色

鈴木音樂教學有以下十點特色：（一）才能教育應當及早開始；（二）讓兒童聆聽音樂；（三）父母親陪同學習；（四）父母親應陪同小孩每天練習；（五）背譜演奏；（六）認譜教學；（七）完整的課程；（八）精選教材；（九）合作而非競爭的學習方式；（十）遊戲的學習方式。

四、鈴木教學法在一般音樂教學的運用

鈴木教學最可貴的是藉由音樂教學為愛的手段培育新的下一代，把傳統樂器教學著重訓練的方式，引導為人性的啟發，適性的培育方式，以下僅就鈴木音樂觀念和教學原則的應用分述：

（一）以愛為出發，相信人人皆可學音樂

父母一旦了解鈴木教學的精神，他們一定會懷著無限的希望教育子女。教師們一旦了解鈴木教學的精神，教育子弟一定能有教無類。一般音樂教學，著重的是音樂涵養與基本能力，不需具備天才式的超人能力。

父母，教師都具備相同的觀念，能熱愛兒童，喜愛兒童教學，音樂教育的第一步就成功了一大半。能夠以愛出發，學習氣氛愉快，才能引起兒童真正的喜好，然後進行更深一層的教學。

（二）按部就班，循序漸進

任何學習都要求循序漸進，由簡而繁進而產生學習遷移，邁向既廣又深的學習結果。鈴木的教學進度要求，正可作為參考，教師了解按部就班的教學進度，教學自然能有系統，教材的選擇自然不但能顧及多數學生，也能想到少數學生的

程度，尊重個別差異。尤其當教師了解母語學習的精隨後，對兒童學習的進度，會更有耐心的去配合兒童的發展期待漸進的學習成果。一般音樂教育，學校老師要能靈活的跳開進度的束縛，配合學生的程度彈性的選用教材。

（三）正向積極的鼓勵

　　學習的增強原則，常涵蓋各種不同的方法，鈴木教學法建議教師永遠採用正向積極的方法鼓勵學生學習。我國的教育文化自古以來深受「嚴師出高徒」，「不打不成器」，「君子不重則不威」……等觀念影響，師生互動方式一向責難過於鼓勵，很不適合一般音樂教學。教師們正好可思索並引用鈴木對音樂教學的態度來鼓勵學生們，引導學生享受音樂的樂趣。

（四）聆聽音樂

　　聆聽音樂本身就是一種學習，經由聆聽音樂的過程，兒童習得音樂的基本要素及培養了對音樂的感覺。聽得多才有可能唱得好、彈得順，合奏感覺才能對。

（五）趣味的學習

　　對大部份的小學生而言，在戶外玩耍遠比在室內學音樂要來得有趣多了，教師如能正視這現象，就了解應該想盡辦法引起學生的學習興趣，無論是上課的氣氛，學習的過程，或是學習的方法，都得盡可能趣味化，學生才願意繼續學習。

（六）反覆練習

　　一般音樂教學仍需要注重練習，經過反覆的練習，音樂的技能才能熟練，無論歌唱，讀譜，樂器演奏，皆需要靠不斷的練習，以達熟能生巧的境界，進而產生新的技能或更深的音樂體會，此一練習原則，可以適用到任何一項的音樂教學。

（七）樂器教學的應用

　　九年一貫課程實施後，直笛仍是小學階段的主要樂器，這一樂器經濟實用，簡單易學，人人可以擁有，如能充分的應用鈴木教學的原則，小學生可以很自然的接受，不但能學得很有興趣而且很有成果。學校指定以外的其他任何樂器，也可以引用鈴木教學的原則學習，成功的例子已不少。有的老師和家長常擔心孩子

或學生不會看譜能否學樂器？疑惑是否一定要先學鋼琴才能學其他樂器？沒有音感能否開始學樂器？如果她們能深刻的了解鈴木教學，這些擔心和憂慮都是多餘不是嗎？

六、結語

　　鈴木教學發展自日本，風形於美國，過去幾十年並沒有在我國掀起大的旋風，誠屬可惜，因為鈴木教學的基礎哲理簡易，發展卻是無窮盡，值得參考引用，唯以往受制於師資訓練不足推廣不易，當前國內有不少人對這一教學法非常熱愛，有關鈴木教學的討論著作不斷的出現，鈴木教學活動在社會上也推動得很蓬勃，不久的將來成果指日可待，相信這一教學法不但對我國的小提琴教學有幫助，對一般的音樂教學也會有很大的助益。

（資料來源：鈴木音樂教學。2007 年 07 月 01 日，取自

http://www.npttc.edu.tw/adm/practic/%B9a%A4%EC%AD%B5%BC%D6%B1%D0%B

E%C7.doc）

北市自主學習班的創建歷程與精神理念

主持人：潘慧玲（國立台灣師範大學教育學系教授兼教研中心主任）

討論人：李雅卿（台北市自主學習班計畫召集人）

論壇日期：2002 年 08 月 25 日

✳ 討論題綱 ✳

【北市自主學習班的創建歷程與精神理念】

一、前言

　　◆ 楔子

二、北市自主學習班的創建歷程

　　◆ 自主學習班在北政

　　◆ 自主學習班在景文

三、北市自主學習班的精神與教育理念

　　◆ 自主學習班的精神——六年一貫、四二學制

　　◆ 自主學習班的教育理念——生命態度、生活教育

　　◆ 自主學習班的教育理念——討論文化

四、結語

一、前言

● 潘教授

在日常教育生活中，常可發現人有千百種，而這千百種的人需要的正是多元而非一元的教育型態，這也是所謂的因材施教。所以，有感於傳統制式教育沒辦法滿足不同孩子的需求，台灣近年來有不少有心人士致力於另類教育學校的經營。因此，今天我們特別邀請到台北市自主學習實驗計畫的召集人李雅卿老師來到一週教育論壇，談談自主學習實驗計畫。李老師事實上也是種子學院的創辦人，您一路走來先有種籽學苑，然後又實施自主學習班的計畫，不曉得您是如何開始這一連串的教育實驗？

◆ 楔子

● 李老師

其實做這些事情是因應小孩們的邀請，因為我自己本身有兩個孩子。一開始，我是主婦聯盟的成員之一，我們有個教育委員會，常常思考一些教育的問題。後來，在毛毛蟲兒童哲學基金會裡，我們都覺得台灣的孩子應該有很多思考的可能性。於是，在來來去去的過程裡，時常會發覺很多孩子在現有的教育制度裡很難感到快樂，有時候不是每個人都可以在那個框框裡面過得很好，再加上我自己的孩子也有一些經驗，以及後來在我的兒童哲學教室裡，和孩子談到學校應該是個什麼樣的地方時，就有孩子說如果有一個學校能夠讓孩子參與，那麼他們會學得更好。我問他們：「真的嗎？」小孩子就說：「對啊，你們大人從來沒給小孩子機會啊，所以我們沒有機會證明。」我覺得這非常有趣，那時候正好我的孩子跟著我去德國又回來台灣生活，所以，就想也許我們可以在台灣找到一點空間，做一點嘗試與努力，沒想到從一開始到現在已經八年了。

● 潘教授

八年了，是有一段歷史。所以，真的是要適應各個孩子不同的需

求，您便因此而創辦了不同的學校。

二、北市自主學習班的創建歷程

◆ 自主學習班在北政

• 潘教授

我們知道自主學習計畫最早開始進行是在民國八十七年的台北市北政國中。

• 李老師

這是我們中學部的計畫。

• 潘教授

那麼這個計畫的緣起是什麼呢？當初怎麼想要實施這個計畫？

• 李老師

這個應該從兩段來講，從我們這邊來看，我們一直希望可以在台灣有機會做這樣的教育實驗，希望從幼稚園開始一直做到高中。我們的小學部種籽學苑一直做得頗為穩定。民國八十七年時，北政國中因為本身的規模很小，故學生逐漸流失，教育局還曾經打算要把學校改成「成人教育中心」，意即要廢掉國中部。那時候家長還到市議會陳情，我還記得陳情的標語是「辦教育又不是做生意」，雖然教育成本很高（因為孩子很少），但是他們還是希望能把學校留下來，他們質疑為什麼台北市不能有機會從事體制內的教育改革嘗試？他們希望能夠把北政國中改成一個森林中學。

• 潘教授

這些完全是家長自發性的。

• 李老師

是的。他們覺得如果一個學校面臨被廢掉的情境，氣氛會變得很低迷，再加上北政是全校自學方案的學校，一些關心教育的中產階級

父母會把孩子送到那裡就讀，他們都覺得自學方案是好的，是正常的，是適性教育，故把孩子送過去。那時候家長還找許多不同的教改團體，問他們要不要做北政國中的森林教學計畫，可是很多人都覺得在一所舊學校做森林教學是一件很辛苦的事，但是我們卻認為在體制之內做是對的，我們覺得這個點子不錯，如果有機會可以試試看。

• 潘教授

　　本來想做中學？

• 李老師

　　對。後來家長會在教育局的一個討論公辦民營的研討會裡，聽到我的小學經驗論文，裡面提到如果台北市有機會作類似的中學計畫，將會有多好。與會的學者專家都覺得這是一個非常好的事情，他們覺得這是一個很好的小投資，又有很大的可能性，大家都滿贊成的。可是教育局擔心如果議會反對，那麼恐怕就會很難進行，因此，家長會便到台北市議會遊說。到了民國八十七年，我們這個案子是台北市議會三讀通過的案子，也就是市議會通過，也得到台北市教育局支持的一個案子。

• 潘教授

　　我原本也傾向於體制內的教育改革，我認為這是最容易做的，而且容易紮根。可是，問題在於體制內有很多現有法規的限制，這與您在體制外所推動的種籽學苑可能有很大的不同。

• 李老師

　　種籽學苑也是體制內的。

• 潘教授

　　種籽學苑也是體制內的，它不是私立的學校？

• 李老師

　　我自己是學法律的，我一直覺得一個現代民主國家的義務教育應

該是多元的。以我國對教育的投資來講，要做各種不同的可能嘗試是不夠用的，因為過去大家過於強調一致化，希望我們可以把這個想法打開，就像現在開始鼓勵學校本位、鼓勵多元化。如果體制之內可以做這類的教育改革，那麼每一位納稅義務人都有機會得到教育選擇的機會，否則如果是以私立學校的方式進行，教育費用非常貴，經濟弱勢的家庭就沒有辦法進來了。因此，我們從種籽學苑開始，便沒有想過要做私立學校，而種子學苑一直都是使用政府的經費，等同於一般公立學校的資源。

● 潘教授

那麼當時自主實驗班在北政國中的實施過程中，北政就變成一個學校有兩套制度？

● 李老師

因為教育政策有所改變。民國八十七年剛開始時，在我們的認知裡，我們是要做一個舊校轉新的工作，也就是美國所謂的"charter school"，亦即在一所學生流失的學校中，以一個不同的教育理念與作法，讓學生重新回來這所學校。

● 潘教授

對，我們叫做「特許學校」。

● 李老師

是的，不過我不喜歡「特許」這兩個字，因為聽起來很像特權，但事實上，這個名詞的意思是給予一定的發展空間。

總之，原本我們要做"charter school"，因此，並不是一個學校兩個制度並行。當時我們還預設如果做得不錯，試辦一年之後整個學校就要考慮轉型，如果試辦成效不好那麼實驗計畫就得結束。然而，在這個過程中，市長改選了，隨之教育政策亦改變，於是就變成一個學校兩個制度。當然，這並不是一件好事，因為北政很小。

- **潘教授**

　　第一年只有一個自主的學習班，那麼當時整個北政國中總共有幾個班？

- **李老師**

　　北政國中當時的編制有六個班，所以，等於是五個自學方案班，加上一個實驗班。

- **潘教授**

　　您說如果實驗成功，整個北政國中就要做轉型。

- **李老師**

　　是的，預計逐年慢慢來。

- **潘教授**

　　所謂的「轉型」，預計轉成什麼面貌？

- **李老師**

　　後來因為大環境改變，因此，我們就沒有多做計畫考慮了。

◆ 自主學習班在景文

- **潘教授**

　　您在北政國中服務三年之後，現在轉到台北市私立景文高中服務。

- **李老師**

　　是的，也是因為當時一校兩制，大家相處得不是那麼和善，所以，北政國中原來的教職員以及反對實驗計畫留在那邊的人，都希望北政國中回復到非常單純的日子。因此，去（民九十）年教育局做了一個易地續辦的決議，因為我們每年的評鑑都通過了，因此，也很難說要把整個實驗計畫結束，後來決定要易地續辦，把現有的三年做完。那個時候我們就開始找校地，向景文高中借十個教室。現在我們到了景文高中就再也沒有一校兩制的困擾了，大家處得很好。我常常在想台

灣的孩子如果有機會受到比較多的尊重，能夠比較自覺，以台灣孩子的特質以及我們文化的底子，這些孩子都可以長得非常非常漂亮。我時常覺得台灣孩子眼睛裡的恐懼太多了，而我很高興實驗計畫教出了許多光光亮亮的小孩。

三、北市自主學習班的精神與教育理念

• 潘教授

　　自主學習班從民國八十七年在北政國中開始，直到現在搬到景文高中繼續辦理，可不可以談談當時在北政國中大約有多少孩子？目前在景文高中情況又是如何？

• 李老師

　　根據我們的合約，教育局核定的班級人數是每班三十人，故三年應該有九十個孩子。可是，我們在北政國中的時候，因為有些家長非常想讓孩子進來就讀，因此我們有一段時間是超收的，最高人數是一百零五個孩子，然是經由教育局同意核定超收。後來，去（民國九十）年為了遷校找不到校地，有段時間曾經決定要關閉實驗計畫，那時候教育局為了保護孩子，專案分發這些學生，所以，在那次的遷校過程中，我們很多孩子接受了專案分發，現在實驗計畫裡面的學生數是三個班七十九個人。

◆ 自主學習班的精神——六年一貫、四二學制

• 潘教授

　　可不可以進一步談談這個計畫的主要精神？

• 李老師

　　基本上，小學與中學的計畫是不一樣的思考模式，就像學生要從原來的他律變成自律，或者從對學習沒有自覺到有自覺，其實是需要一個轉型的過程。特別是台灣傳統教育並不會特別鼓勵學生的自覺與

多元思考，所以，小學畢業生進入實驗計畫之後需要兩年的轉型期，才能對自己有較多的了解，對自己的未來有些期許與意志力的成長。因此，若根據現有的三三學制，等孩子轉型成功就已經到畢業年齡，無法進行良好的學習，因此，我們一開始的提案就主張六年一貫、四二學制的設計。也就是前面有四年的時間，分成兩個學程，一個是必修學程，共十二科基本能力，另外還有六十個優勢能力探測的選修學分。孩子要在這四年裡面把十二個必修科、六十個選修學分都弄清楚之後，才有可能進入最後兩年的自主學程。在最後兩年自主學程中，學校、老師與學生的地位則互換，這時候學生是主要的提案者，而學校就成為支持者。

◆ 自主學習班的教育理念——生命態度、生活教育

• 潘教授

對於這整個實驗計畫您所抱持的教育理念是什麼呢？

• 李老師

對我們而言自主學習從來就不是一種教育方式，而是一個生命態度。一個人到這世界上來走一圈，總要知道自己是一個什麼樣的人，一定要了解自己，然後接受自己，自己的優勢、限制、長處、短處為何，然後再從這個地方出發。基本上，我們認為每個人都應該培養他了解環境的能力，並且讓自己在那個環境當中，找到一個最好的對應可能性，然後實踐。

• 潘教授

要有行動的勇氣。

• 李老師

而且在實踐的過程中，還要常常保持反省、常常修正，讓自己的生命一直往上走，這就是我們的生命態度。抱持如此生命態度的人，基本上，比較符合民主社會要的民主公民，他們對生命也比較積極，知道人與人之間合作的必要，能夠愛自己，也可以接受別人、愛別人。

學校層次方面，我們分成兩部分來思考，一個部份是我們眞的十分在乎孩子的生活層面，也就是他的人格養成，他如何接受自己，如何與環境正向互動，我們叫它做「生活教育」。在生活教育上，我們與世界上其他民主國家、民主學校一樣，以學生直接參與的方式進行，因此，我們的孩子沒有校規，只有孩子自己訂定的生活公約。學校生活中的最高權力機構是師生一起參加的生活會議，而重大的生活事項也都是大家票票相等，在大家共同討論中決定的。就像在學程的安排上，三個學程中前兩個學程是由學校負擔大部分的排課責任，但學校基本上也提供了各種可能性，讓孩子依據自己的性向，進一步做學術準備。因此，如果我們的孩子覺得學校排的課和他的需求是符合的，他就可以選課；如果覺得學校排的東西和他的進度不符，或者是與他的風格不符，基本上，我們是允許學生用自己的方式來學習，然後回來做檢測；或者如果孩子覺得學校提供的東西沒有辦法滿足他的需要，我們也允許孩子做校外的學習。我們認爲學校的存在是幫助學生發展，而學生就則有充足的機會作他自己的學習規劃，按照自己的速度來學習。例如英文學科課程部分，我們採取混齡大編組，不同年齡的孩子便可以依照不同的速度，找到合適的組別上課。

- 潘教授

　　這是否從一年級開始就一直都是這麼做？

- 李老師

　　前面四年都是混齡編組。最後兩年自主學程是由學生提出自主規劃學程。

- 潘教授

　　您提到學校教育就是一種對生命的態度，讓孩子了解自己、接受自己、培養重要的能力、了解環境等，您還提到生活人格教育裡採用生活公約、生活會議等方式進行，這些教育方法如何幫助您達到目的？您是否認爲傳統教育有所缺失，所以想要加以改善？

- **李老師**

　　我並沒有認為傳統教育不夠好，只是覺得時代不一樣了。如果我們還在當年的農業時代，社會是靜止的，變化是很小的，那麼我可以同意原來的教育。但是現在時代變了，社會的變動相當的快速，過去我們所仰仗的經驗或者知識也一直在變化。然小孩的成長期很長，知識不能只仰賴學校來教，而這也是九年一貫課程的精神所在。所以，我們倒不覺得學校教育不好，只是覺得當時的教育有那麼多的威權、那麼多的管理，還有惡質的升學競爭，如此是教不出我們要的孩子。如果我們要教出一個良質的孩子，也許原來的教育可以做到，但同時卻有更多的孩子會被犧牲掉，因為原來教育裡頭有滿多的威權管理、惡質競爭，或者是不誠實的部分，這些都會讓孩子很難尊敬成人，但孩子沒有什麼資源和大人對抗，只好鬧情緒，因此，就會有許多小孩拒絕上學，我覺得那是不好的。

◆ 自主學習班的教育理念——討論文化

- **潘教授**

　　教育有幾個不同的層面，一個部分是認知的，一個部分是情意的，例如孩子是不是喜歡上學等，還有是否具有實踐能力。在自主學習班的實施過程裡，您們如何讓孩子培養出他的能力？

- **李老師**

　　我們學校有一個非常重要的文化，稱作討論文化。我們常常說大人和孩子其實是共學的人，我們一起學，一起用這樣的生命態度過日子，看看是不是日子會過得更好一點，生活中每天都有點新的創造，讓自己快樂一點。所以，至少現在我很開心，在過程裡面會覺得自己一直在長大。這樣的教育理念也不是我們自己創造的，全世界這麼多的另類教育學校、民主學校歷史都比我們長，早就在我們之前提出這些理念，而我們做任何設計之前，當然會去看一看人家曾經做過的事情，就像我們現在也會為了後面的人而留下記錄。

四、結語

● 潘教授

　　不過，我們也會質疑另類學校的規模比較小，會不會因此比較容易實施這些教育理念？希望李老師再多花一點時間來和我們繼續分享。今天謝謝李老師來到一週教育論壇，談了很多有關北市自主學習班的教育理念，您還提到學習班相當注重生活層面與認知層面的學習，而我也想進一步了解在生活層面人格教育上，如何讓孩子由他律變成自律？這些都留待下次李老師繼續與我們討論。

北市自主學習班的課程設計與教學實踐

主持人：潘慧玲（國立台灣師範大學教育學系教授兼教研中心主任）

討論人：李雅卿（台北市自主學習班計畫召集人）

論壇日期：2002 年 09 月 01 日

❋討論題綱❋

【北市自主學習班的課程設計與教學實踐】

一、前言

二、自主學習班的規畫

◆ 必修、選修與自主學習學程

三、自主學習班與一般學校課程規劃的異同

◆ 強調「算學」而非「數學」

◆ 重視性別平等教育與生活課程

◆ 參照國家學科課程設計

四、自主學習班的學習體制

◆ 混齡，依學科能力分層

五、自主學習班的課程與教學

◆ 課程統整設計

◆ 經典選讀課程

◆ 主題式教學

◆ 劇團教學

六、自主學習班的升學與生活教育

◆ 兩年「自主學程」規劃升學與就業生涯

◆ 法庭制的生活教育

七、檢討與未來展望

八、結語

一、前言

• 潘教授

　　這幾個禮拜以來，一週教育論壇陸續介紹了幾所另類、異於一般學校教育型態的教育機構，包括台北市開平高中人文教改工程、全人實驗中學、雅歌實驗小學以及台北市自主學習班。今天，我們要繼續和大家談台北市自主學習班，邀請到學習班的計畫召集人李雅卿老師，來談自主學習實驗計畫的實施部分。

二、自主學習班的課程規畫

◆ 必修、選修與自主學習學程

• 潘教授

　　民國八十七年此計畫於北政國中開始實施，今（民九十一）年易地至景文高中繼續辦理。上次論壇中李老師和大家分享了自主學習班之教育理念，十分側重人格教育，在認知方面，也重視孩子要學習帶著走的基本能力。此次我們要進一步請李老師來談談課程設計的部分，我們知道自主學習班的課程包含有必修、選修課程，還有自主學習的學程，請李老師先細談此部分。

• 李老師

　　必修學程部分，學習的是現代民主公民必須的基本能力及學習能力。有十二門的兩年必修課程，第一門是母語，即中文，還有英文、算學、基礎科學、美育、體育、史地、青少年法律、基本生活能力、健康與性、學習理論、學習方法等。學生的必修課程必須達到一定的基本能力才可以畢業。

三、自主學習班與一般學校課程規劃的異同

• 潘教授

這些必修課程和我們現在的課程標準有何殊異？

◆ 強調「算學」而非「數學」

• 李老師

有些微的差異存在。例如數學部分，我們在必修部分規定得比較少，因爲我們要求的是「算學」。現在一般的國中數學是「數學」層次，而我們要求加強算學的原因是，算學能力是個體生活基本必要的能力，但數學則並非是每個人都可以念的，尤其是有些人天生數學能力不好，要他做數學的抽象思考，除了讓他感到挫折之外，其實沒有太多好處。其實我們當時就數學這一科爭議了很久，後來決定算學是必修，而數學列爲選修。我們有些孩子數學學得非常快，具有這方面的優勢，雖然年齡只有十六、七歲，可是她的數學已經到高中層次，甚至可以往大學數學學習。可是，有些孩子有數學方面的障礙，則這樣的孩子至少要把算學上的概念弄清楚，還要會使用計算機，否則以後他過日子會很困難。

◆ 重視性別平等教育與生活課程

• 李老師

再者，有一些學科的時數我們就比體制內要求更多一點。例如健康與性，一般學校的健康教育只開設一年一小時的學習，我們整整開了兩年。青少年已經到了青春期，需要眞實了解身體與心理的轉變，我們不希望孩子對性感到曖昧或神秘，我們希望培養孩子明朗的兩性關係。台灣在性教育部分，大家往往比較擔心，但在實驗計畫裡，我們看到了一個明朗的互動。孩子在性方面的知識是夠的，性的尊重是好的，兩性的相處是明朗的，這些重要的課程我們開設的時數較多。另外，其他諸如生活基本能力的課我們也很重視，孩子對於食、

衣、住、行的能力一定要有，培養他們會自己做飯、修水管、縫衣服，所以，實驗計畫的小孩都有自助旅行的能力。對我們而言，每學期一次的大旅行就是整合課程的一個活動，所以這類課程我們就會比一般學校更加重視。

◆ **參照國家學科課程設計**

• 李老師

　　另外，學科的部分，其實國家花了相當大的精力研究各個學科，所以，我們大部分都會參照學校的課程標準，或者直接採用國立編譯館的書，或者讓老師自主選擇教材。總之，基本上我們會參照孩子的程度與教育本質來選擇教材。例如初學英文時，我們是讓孩子從真正的口語，也就是從生活英語開始，而且因為我們好不容易有這樣的教育機會，所以，每個老師都會把他的教育夢想在這裡實現。

四、自主學習班的學習體制

• 潘教授

　　目前景文高中已經有國中二、三年級的孩子。

• 李老師

　　對我們來說是二年級、三年級、四年級的孩子，因為我們的體制是六年一貫。

◆ **混齡，依學科能力分層**

• 潘教授

　　四年級就是一般體制中的高一學生，故目前有三個年齡層的孩子在景文高中就讀，景文也和以前在北政國中時期一樣是混齡學習嗎？

• 李老師

　　最大的不同是我們沒有新生。

- **潘教授**

  三個年級每個孩子學習的東西會相同嗎？

- **李老師**

  沒有什麼同或不同，因為每一個孩子都有他不同的學習階段。

- **潘教授**

  每個人都是依照他的速度往上進階，找一個合適的起點層級往上走嗎？一般學校分級採高一、高二分級，不同年級會有不同的教材，那麼您們分成幾層呢？

- **李老師**

  例如數學有五個層級，英文有九個層級，而科學除了一開始的基礎科學之外，其他則跟著國訂的教材往前走。

- **潘教授**

  當層級沒有配合年級時，學生可以在什麼時機跳躍換成別的層級呢？

- **李老師**

  基本上，我們是以一個學期為單位，孩子在學期初時要選課，而老師事先會把課程規畫書寫好，發給每個孩子一本厚厚的課程規畫書。其中有一些是「長線課程」，例如中文、英文，有些是單元課程，像經典選讀就只有一學期，有些是兩年的課程，如文史課是斷代史、中文和歷史的結合。總之，一開始會先將課程規劃清楚，學生先試課兩個星期，然後再正式上課。

- **潘教授**

  「試課」就代表他們還可以轉換班級？

- **李老師**

  當然，如果選了課後悔那就很麻煩。

- **潘教授**

  只有選修課可以轉換班級嗎？

- **李老師**

  必修課也可以。

- **潘教授**

  必修課轉換班級時，是否需要挑一個適合他層級的班級？

- **李老師**

  我們現在學生少，事實上，不可能有 A、B 兩組，如果學生夠多能分成兩組是很棒的，因為不同老師有不同風格。不過，基本上孩子會有不同的解決方式，如果他認為跟著課程上課是最好的，他可以選擇跟課；如果他認為跟著課程上課是痛苦的，他就可以和老師商量能否自己學，學完之後再來參加考試、檢測。

五、自主學習班的課程與教學

◆ 課程統整設計

- **潘教授**

  我看到您們在課程的安排上和一般學校不同，譬如史地合在一起上，不像一般學校分為歷史、地裡，您們和現在要推行的九年一貫整合概念是一樣的，那麼您們在實施上有沒有什麼困難？老師有何準備？

- **李老師**

  第一年進行史地合科的時候，對老師而言是一個很大的挑戰，但我們不希望老師們這麼惶恐，所以，當時我們採歷史老師和地理老師一起上課、分享鐘點的方式來進行，彼此會兼對方的課堂，然後就可以慢慢培養史地統合的能力。

- **潘教授**

  那麼課程內容是史地分開還是整合？

- **李老師**

  由兩個老師來討論。

- **潘教授**

  那麼呈現出來的就是整合性的教材？

- **李老師**

  我相信一開始並不會做得太好，地理老師只會想他的地理，歷史老師亦只會想他的歷史，只是這兩個老師開始有討論、整合的嘗試。

◆ 經典選讀課程

- **潘教授**

  接下來，請您談談自主學習班裡所謂的經典選讀。

- **李老師**

  這是我們專精課程的的選修課，是為那些對某些主題特別有興趣的孩子開的。去年西洋政治經典選讀的選書是柏拉圖，孩子上得非常開心。

- **潘教授**

  有很多孩子選修嗎？

- **李老師**

  聽說有八個，他們念柏拉圖的《理想國》，《理想國》談的是政治學的基本概念，課堂上課是以對話方式進行，孩子的討論非常精彩，期末報告也做得非常用心。另外，文史課也是專精課，授課老師整合中文和斷代歷史，例如明清即是一個斷代，他們會談明清時期重要的歷史人物、重要的經典著作，學生就會去看這些經典著作，或詩、或小說，學生會針對研究的對象，閱讀其著作，然後撰寫報告。上學期期末他們發表了「今人看古人」主題的報告，非常有趣，表達他們

對古人的一些想法。我們去年的「生命思考」也是屬於專精課程，直接談到了生命的態度與自覺，有段時間孩子只要一看到老師，就會說「形而上的老師」到了，很有趣。

◆ 主題式教學

● 李老師

一般的通識課程和普通國、高中差不多，有一些則屬於主題式教學。

● 潘教授

主題式教學指的是另外的部分？

● 李老師

有的老師上課就是採主題的方式來進行。

● 潘教授

指的是在原來的科目範圍內採主題式教學。

● 李老師

都有，我們也會全校一起進行一個主題。譬如，這學期我們搬到景文之後，因為景文的操場太小，所以，覺得體能有點衰退，我們認為年輕人應該身體健康，它是一切的根本。兩次體適能測下來，老師們就和孩子談共同體訓的計畫，於是，這學期我們便決定排定共同體訓，紮紮實實地訓練體能，同時決定登雪山。所以，現在每個禮拜四，孩子就必須接受紮實的訓練，例如負重、登高、腿力等訓練，五月登雪山時，所有孩子全體都成功登頂。在這個過程中，孩子和我們都有很豐富的體驗，登上高山發現台灣多麼美，走的時候，我們也都把垃圾背下山，心裡很高興自己對這個世界做了一些美好的事。這次活動我們和北縣山嶽協會合作，他們有八位嚮導來幫忙，一方面幫我們平日體訓，二方面作登山訓練，然後帶領我們上雪山。這些嚮導陪我們和孩子相處五天，我們從他們身上學到許多。且因為這次活動，我們

的生活會議決議每年要爬一座高山。

- **潘教授**

　　聽李老師這麼說，雪山的情景好像就呈現在眼前。

◆ 劇團教學

- **潘教授**

　　剛剛我們談到自主學習班的課程包括必修、選修以及自主學程三個部分，我們知道在選修部分有相當大的彈性空間，設計一些真的很不錯的科目，例如經典選讀、文史哲之類的，聽說你們還有劇團，這又是怎麼一回事？

- **李老師**

　　戲劇是一種大規模的整合。人只能活一次，如果我們可以從故事或別人的生命經驗裡面，以不同的層面切割，其實可以讓自己「活很多次」，所以我們在小學裡頭就有劇團的成立。

- **潘教授**

　　是在當出種籽學院的時候就成立了嗎？

- **李老師**

　　現在還有，中學生劇團一開始時是屬於學生社團，後來參加的人太多了，就變成課程，過一陣子慢慢比較成熟之後，便乾脆成立實驗劇坊，這也是課程之一。我們每個星期都有劇團公演，歡迎大家來玩，裡面有孩子的各種動態展示。第一場公演是由我們劇坊社長在指南國小指導的子弟兵回來開場，之後是孩子生態觀察與雪山的分享，最後才是我們的年度大公演，公演的項目叫做「窗外寂寞」，是由學生們自導自演的，四年級第一線演員全部都上台演出，非常精彩。

- **潘教授**

　　全由四年級的學生來演嗎？

- 李老師

因爲去年四年級學生將舞台讓出來,自己做幕後的工作,這次他們上自主學程,要給自己留一個紀念,所以,都由他們來演出,其他的學生就作幕後工作,每一個學生都會參與劇坊幕前幕後工作。

六、自主學習班的升學與生活教育

◆ 兩年「自主學程」規劃升學與就業生涯

- 潘教授

我們進一步想要瞭解的是,選修學分總共六十個,這些選修學分和一般的升學科目不太一樣,所以,在時間有限的情況下,一般學校都是安排和升學有關的科目,那麼這樣的學分安排會不會影響自主學習班學生準備入學的問題?

- 李老師

我們最後有兩年的時間是「自主學程」,就是當學生已經很清楚自己的優勢,對自己的人生規畫也有了初步構想之後,他有兩年的時間來準備。

- 潘教授

孩子要用兩年的時間來想,那麼要用什麼方式讓他進入其理想的大學?

- 李老師

現在大學入學方式多元化,我們的孩子有的會申請入學,不然就考基本學力測驗。對我們來說,升大學不是我們的目標,而是他人生的一個階段,所以,要如何達成這個目標,是孩子自己要完成的事,學校會盡力幫助他們,但如果學校幫不了忙,他就要自己想辦法,因此,並不是每個學生都要升大學。我們有一個孩子打算高中畢業就要就業,於是,他在這段時間裡考了證照,他爲自己的人生做人生規劃,

我們其實沒有太多焦慮。

◆ 法庭制的生活教育

• 潘教授

自主學習班也包含生活教育部分，學校制定了生活公約，實施法庭制，也就是沒有制式化的校規，和一般學校由成人規範校規要學生遵守的模式是不同的。不過，我們常聽到一些另類學校採較爲開放的方式來實施生活教育時，學生難免就會去試探學校的底限，不曉得您們是不是也有類似的困擾？

• 李老師

新生剛進來的前三個月的確有這樣的問題，通常前三個月法庭的案件會直線上升，第三個月之後就會直線下降。現在是沒有新生的時期，法庭也隨之休庭，因爲沒有人會犯規。而您剛剛談到試探底限的問題，這就是討論的重要性，每個孩子透過討論的過程與機制，就可以瞭解人我的界線：私領域方面，別人一定會尊重你，絕對不會干涉你：但是在公領域裡，大家就得照規矩，在我們的實驗計畫裡，很少有學生會試探底限甚至造成困擾，因爲他不需試探，就很清楚底限所在。我們曾經有轉學進來的孩子，一開始想要試探底限，但是後來他發現沒有用。

• 潘教授

您們是透過什麼方式讓孩子知道一定要遵守規則？

• 李老師

因爲我們有法庭制，如果學生違反公約一定會被告到法庭去。法庭不是一個懲罰人的地方，而是一個教育的地方，法官會讓孩子瞭解事情背後的原因，探討爲什麼他會這樣做？這樣的行爲將會造成別人什麼困擾？我們實驗計畫的法庭制度不是成人辦的，而是學生要的，一開時我們認爲孩子需要這樣的學習型態，後來去年學生發起「救校運動」，將之前沒有繼續辦理的法庭制度重新開張。也就是因爲這

是學生要的學校制度，所以，他們很珍惜這樣的機會。當然，實驗計畫裡有各式各樣的孩子，有的孩子自律能力不是很好，那麼其他的孩子就會跟他說：「如果你要在這裡唸書，你就不要找大家的麻煩，因為這是我們大家的實驗計畫。如果你覺得合適，你就留下，不合適就到別的地方去」。其實實驗計畫從來不攔阻別人出去，反而是大家不易進來。而且，自從制度規範不准招收新生以來，我們的法庭幾乎都是休庭狀態。

七、檢討與未來展望

● 潘教授

自主學習班實施多年，如果整體檢討的話，您認為裡面是否存在著某些問題？

● 李老師

我們現在的實驗計畫和當時設計有相當大的落差，原來我們是以學校型態來設計，現在不能續招新生，使得學校型態的理想完全破滅，故相對的，學習型態也必須和原來的設計不一樣。

如果我們以原來的實驗計畫來看現在的實驗計畫，會發現它有一個非常清楚的轉折，這個轉折的優點在於，至少我們可以由此證明下列幾項：第一，在有一定彈性空間的體制之內，接受政府相同的經費進行不同的教育嘗試時，錢一定足夠；第二，如果體制內的教師有他的教育夢想，那麼他們是有實現夢想的能力。當年，我們招募志願老師來參加，很多人就說一定不可能實現夢想，但我們說一定可能，如今至少證明國家的師資培育是成功的，他們的能力已經受到肯定。其實，有很多老師因為任教太久，或者沒有實現教育理想的機會，因此，才會固著在結構之中。如果九年一貫教育改革能夠獲得第一線教師的支持，讓他們認為這是他們實現教育理念的機會，那麼我認為九年一貫是有可能實踐的。

另外，因為我們學校不能招收新生，而且在招收學生上又有一些制度上的要求，所以學生自律的轉變就不是在一個常態的情況下進行，這是因為政策不斷變動的關係。這些部分與我們原來所預期的是否一致？關於這點我個人抱持著審慎的態度來看這個實驗計畫。

- 潘教授

　　這個實驗計畫會繼續嗎？

- 李老師

　　我們簽約到現在只剩四年了，而且不能繼續招收新生，因此，很遺憾地無法繼續。

- 潘教授

　　也就是做完四年就會告一個段落？

- 李老師

　　根據合約是如此。當然，很多人覺得很可惜。

- 潘教授

　　那麼如果問您自主學習班的未來展望，您會侷限在這四年？

- 李老師

　　根據合約，我們會把這四年好好做完，至於未來難以預測，得看這個社會的需求。

八、結語

- 潘教授

　　今天常感謝李老師老師來我們一週教育論壇介紹自主學習實驗計畫，讓我們清楚了解了整個實驗班的實施細部，下次論壇我們要來談另一個另類學校的經驗。

編輯小語

- 北市自主學習實驗計畫簡介——教育的夢與眞實

　　有一位十三歲的孩子問：為什麼我們會那麼清楚我們所處的世界是個「眞實」的世界？

　　他說：「我常在做某件事時，忽然像是定格一樣的停止下來，然後腦中很快閃過一個題目：我眞的在做這件事嗎？還是我仍在未醒的夢中？人家說夢是沒有感覺的，但是我在夢裡哭過、笑過、恐懼過、憤怒過。醒來後發現臉頰上的淚痕，你說，那些夢中的感覺，不是眞實的嗎？」

　　到底「眞實」與「夢」之間有沒有界線？

　　「台北市自主學習實驗計畫」就像上面的疑問，讓人懷疑它到底是一個教改之夢？還是一個存在的眞實？

這個實驗教育是這樣的：
——台北市教育局核准支持，民間參與，掛籍景文，家長毋需另行付費的實驗。
——含必修、選修、自主三個學程的國、高中六年一貫的中學實驗。
——唯一採用師生平權設計，讓學生能夠透過生活會議，和教師共同參與校務的實驗。
——以生活公約取代傳統校規，用法庭維持校園正義的實驗。
——學生可以自選導師、自排課表，按照自己的學習速度而非統一進度上課的實驗。
——重視人格養成，以討論做為生活方式，以傾聽、合作彼此支持，善化人我關係的實驗。
——以協助學生了解自己、接納自己，培養學生了解環境，尋求個人與環境間最佳互動可能，並能著手追求的生命實驗。

　　這樣的校園，在台北縣烏來鄉信賢村有國小階段，一直持續招生的「種子苑」；在台北市有中學階段，不再續招新生（也就是只有國二、國

三、高一三個班,每班核定學生數三十人)的「自主學習實驗」。

　　這個被聯合國教科文組織負責另類教育研究的學者譽為「亞洲最好的另類教育之一」,也是「中學生教改聯盟」認為最尊重學生權益的校園典範,更是教育部、法務部認為真正落實民主法治教育的學校。它的存在是靠所有參與親、師、生的教育信念而存在的。因此,有人說它是個真實的教育之夢,我們希望有朝一日它能成為教育的真實。

(資料來源:**北市自主學習實驗計畫簡介——教育的夢與真實。**

2005 年 9 月 5 日,取自 http://www.alearn.org.tw/alearn_schools/index_tp_al_plan.html)

點燃生命光芒的慈心華德福教育

主持人：潘慧玲（國立台灣師範大學教育學系教授兼教研中心主任）

與談人：張純淑（慈心華德福教育實驗國小校長）

論壇日期：2002 年 09 月 08 日

※討論題綱※

【點燃生命光芒的慈心華德福教育】

一、前言

二、張校長的教育工作小傳
- ◆ 發現華德福
- ◆ 點燃孩子生命的光芒

三、華德福教育的核心理念
- ◆ 華德福教育的淵源與概況
- ◆ 以大自然來為孩子守護感官
- ◆ 營造一個自然、人本的教育環境

四、台灣慈心華德福學校的創校始末

五、華德福教育理念的「全球在地化」

六、結語

一、前言

● 潘教授

接連幾次論壇爲大家介紹異於傳統的教育型態，在這一系列的節目裡，今天要談的是位於宜蘭的慈心華德福實驗學校。華德福學校（Waldorf School）起源於第一次世界大戰戰敗後的德國，當時候有一位發展「人智學」（Anthroposophy）的思想家魯道夫‧史代納（R. Steiner），爲了透過教育方式實現社會正義的理念，於是在一九一九年創設德國第一所華德福學校，之後便形成全球性的教育運動浪潮。目前爲止，全世界大概有七百多所華德福學校，在亞洲，日本、新加坡、印度、台灣也都有華德福學校，今天特別邀請慈心華德福實驗學校張純淑校長來到我們的論壇。

二、張校長的教育工作小傳

● 潘教授

張校長，我知道您從事教育工作有好多年了。

● 張校長

三十年了。

● 潘教授

在辦教育的過程裡，您如何把自己的學校轉型成華德福學校呢？

● 張校長

我擔任了將近七年的小學老師之後，因爲某個因緣，讓我爲更幼小的孩子創辦了一個幼稚園。這一路走來，從幼稚園創辦到現在二十六年，我一直不斷地在改變教育方式。改變的原因，是因爲看到當某個教育讓父母很放心的時候，孩子就不快樂。不過當我們轉型爲以大自然爲主的學習模式時，孩子非常快樂，但父母卻很不安心。一路走到開放教育時，老師又感覺到好像失去所有的依靠一樣。家長會問：

「孩子在學校這樣玩，那我們在家裡玩就可以了」，老師便很緊張。所以，我一直努力地想，到底怎麼樣才能讓孩子、老師與家長都處在一個平衡的、共同成長的環境裡？

◆ 發現華德福

● 張校長

早期我花了滿長的時間在研擬教材教法，我有好一段時間在世界各國及全台灣參觀其他學校的辦學，在這個尋找的過程裡，我恍然察覺這個問題的關鍵在於人，而不在於教材教法。十一年前，我有個機會到德國參觀，德國的華德福教育是全世界最早的一所，他們的教育體制是從幼稚園到十二年級，並且還有成人教育的師資。我參與一些藝術課程的學習之後，就想如果我可以在這樣一個環境裡為孩子工作，那麼我一定是全世界最幸福的人。可是想歸想，一個人的力量其實很微薄。直到六年多前，有一個老師說他願意跟我一起來試試華德福教育，所以，我們兩個人就各自帶一個班級進行華德福教育。在不到一個學期的轉型過程裡，其他老師就一起跟進來了。轉型期前期，我們不斷地為孩子探索一個適合孩子成長的理想教學模式。

◆ 點燃孩子生命的光芒

● 潘教授

慈心是在一九六七年所創辦，這幾十年來您非常用心，不斷地為小朋友尋求一個最理想的教育方式。不過，就像您所講的，有時候家長放心的，孩子的學習就沒有那麼快樂，也不是他所要的。所以，您認為華德福實驗學校可以解決這個兩難問題。那麼您覺得最感動您的是什麼呢？為什麼您覺得這條路是正確、應該走的一條路呢？

● 張校長

在這六年的轉型過程裡，我內心真的有好多好多的感動，我覺得真正感動的是，有一群大人真的願意放下身段、放下舊有的經驗，甚至舊有的思維觀點，重新學習、重新面對，然後透過藝術的練習，找

尋共識。轉型的這幾年下來，我們都清楚知道一件事情，即我們絕對不再以知識及記憶的灌輸來對待孩子，也不侷限於以智能的發展及個人的成就來期待孩子，而是要點燃孩子生命的光芒、內在的光芒，讓他們能夠充滿信心，以樂觀的態度來面對人世間的責任。我希望能夠自然、和諧、真誠、美善地來教育孩子，而這是我們這群真心想為孩子做事的人，回饋社會人群的禮物。

三、華德福教育的核心理念

● 潘教授

張校長提到要點燃孩子內心的光芒，這就涉及教育理念以及實踐手段的問題。我剛也提到史代納發展了一套人智學，我想這是華德福學校一個很重要的思想核心，可不可以向我們先介紹一下華德福的思想核心、教育理念是什麼？

◆ 華德福教育的淵源與概況

● 張校長

我們整個教育環境帶給孩子的，並不是他們真正想要的東西，而華德福教育其實是就是在回應現代教育的危機與需要。華德福教育在世界各國也被稱為「史代納教育」或「人智學教育」，它是從幼稚園一直到高中十二年級一貫完整的教育體系，其中分為幼兒階段、一到八年級階段，以及九到十二年級三個階段。第一所華德福學校創辦於德國，它的宗旨是希望以助長的教育來取代公立學校以篩選原則為中心的垂直式教育體系。而史代納以獨特的創造力建立了一套很完整的精神科學理論，又稱為「人智學」，人智學是一門有關於人類與萬物的生命本質、以及有關意識演化之歷史發展的學說，同時也是華德福教育實踐的理論基礎。人智學不僅清楚地理解到人類的生理與心理，還有內在精神層次與感官的關係，所以，華德福教育在幼兒階段，致力於守護孩子由內而外感官發展的成長，感官的守護是人智學、華

德福教育深深吸引我的部分。

◆ 以大自然來為孩子守護感官

• 潘教授

可不可以進一步地說明所謂「感官的守護」？

• 張校長

一般談孩童發展的時候，大概會提到五個感官的發展，而在華德福教育裡，我們會談到十二種感官的發展，依幼兒０歲到七歲、七到十二歲、十二歲到十八歲三階段，各自發展四個重要的感官。且小時候感官的發展會關係到長大時的感官發展，譬如聽覺，現在跟孩子溝通必須不斷地叫他，他才會有回應，這其實是孩子聽力感官過度被干擾，自動關門的緣故，如果不是盯著他看，他對於沒有興趣的東西就會自動關門，完完全全聽不到。三年前，有一次我與一群老師要到台北永和社大開課，我們在火車站一起上車，火車站的音樂很大聲，其中一個老師就提到：「火車站的聲音那麼大聲，孩子不吵才怪！」我就說：「啊？有什麼聲音？」我竟然發現我都沒有聽到！那次經驗裡，我發現我也自動關閉了聽覺。

另外，像觸覺感官，我們看到很多媽媽在孩子出生的時候，就鍛鍊孩子的獨立精神，例如讓他自己躺著喝奶，其實這些孩子被抱、被觸摸的經驗沒有被滿足，而這個部分會影響到孩子與外在界線的分野，如果不能分辨這個界線的話，其實他很難界定人我關係，而且還會影響孩子的信心與對外界的信任。

細細談來，這也就是為什麼我們那麼相信幼兒在七歲之前，是生命奠定基礎的時間，因此，在這個階段給孩子玩的東西，完全是大自然的東西。例如一塊石頭、一個貝殼，或者老師染的各種顏色的布，大孩子都知道那是貝殼，但每個貝殼的樣態不一樣，每片樹葉不一樣，孩子可以從中體會樹葉、石頭、貝殼的美，接近這些大自然的東西，孩子就能夠真正體會如何尊重人、尊重每一個不同的個體，如此

我們就不在需要告訴他：「你應該尊重別人、你應該禮讓、你應該……」。在自然的環境裡面，教條不必存在。

● 潘教授

　　人智學的概念，是非常強調以自然的方式來開發孩子原本感官就有的潛能。

● 張校長

　　對！我們相信每個個體與生俱來都有這些天賦能力，我們更相信大人、教育者不是在教「書」，而是在教「人」。所以，為孩子營造一個適合他健康、有學習意願、動力的環境，其重要性遠遠超過教材教法的準備。

◆ 營造一個自然、人本的教育環境

● 潘教授

　　我們知道華德福學校把孩子分成幼兒階段、一到八年級與九到十二年級，而這三個階段裡頭各有四個重要的感官需要發展，針對這個部分，還有沒有需要補充的？

● 張校長

　　基本上，我們相信教育應該是一種藝術，所有教育理論都只是一種原則和概念，最重要的是教育者本身必須能夠體認到孩子是活生生的人。我們客觀地來看，華德福教育談的是人與自然、人與大地的這個關係，思索的是如何在這樣一個循環裡，讓孩子將所學應用到生活之中。所以，教育不是灌輸的，教育作為一種整體工作，是以孩子為中心，所有的計畫、教學都要回到孩子身上，然後才向外拓展。而家長、老師，甚至整個社會，也全都與孩子的成長息息相關。那麼，我們該如何營造這樣的學習環境？如何才能建立一個基礎，把學生、家長、老師與社會整體，設立為我們辦學的努力目標？這些都是我們建校的動機。

　　在華德福，家長、社會、學校與所有教育工作者都是孩子的老

師，包括司機、廚房阿姨，總之，即是所有的人。在我們這個團隊裡面，大家時時互相提醒哪些話不能在孩子面前講，如果我們不允許孩子做的事情，我們也不會做，如果我們期待教育出什麼樣的孩子，那麼我們自己本身就應該是怎麼樣的一個人，這是我們秉持的華德福教育精神。我們希望能夠對待人、對待所有週邊的事、物、景，包括環境，都能夠對生命抱持著這樣一種態度。另外，關於台灣社會整體教育價值觀的重建與成長，也是華德福學校希望能夠努力的地方。

四、台灣慈心華德福學校的創校始末

● 潘教授

台灣的華德福學校是在一九九七年所創辦，那麼您們跟華德福總部之間的聯繫如何？

● 張校長

這就要從我如何接觸華德福說起。民國八十五年的時候，我在幼兒工作環境裡深深感受到學術理論與實務的嚴重脫節，我在師院是學的是幼教，可是在學院裡談兒童發展，與我面對活生生的孩子，這完全是兩個世界。其實孩子帶給大人的東西是很豐富的，我真的很慶幸此生是選擇為孩子工作，讓我覺得生命不斷地被滋養著。所以，我開始為孩子嘗試逆向思維，不再固著於大人要給孩子什麼，而去反思大人與孩子的關係是什麼？老師與工作之間、與自己的生命之間有什麼關係？這些都是需要被珍惜的！所以，民國八十五年，我們舉辦了一次「全球幼兒教育的學術與實務研討會」，我第一次邀請了英國 Emerson College 的一個執行學校校長來談華德福教育。那次經驗之後，我就陸續從英國、德國、美國邀請有關人智學機構的學者來參與我們的研討會，他們可能認為我已經將人智學用於教育上，因此，便問我：「妳要不要試試在台灣辦華德福學校呢？」

● **潘教授**

　　所以，並不是您向總部聯繫辦校意願，而是您先看了德國華德福學校之後，覺得這個理念不錯，繼而把它用在教育裡，他們的人到學校看了之後，發現許多華德浮理念都已在學校施行，再詢問您辦校的意願？

● **張校長**

　　是的。我們是經過考驗的！我們是在自己的國家，在宜蘭的鄉下，紮實地實行了六年，我們是被檢驗、肯定過的！現在全世界都知道台灣有這麼一個學校，可能比台灣人還清楚。我之前舉辦了一些研討會，邀請了世界各國的教育專家、藝術專家來談人智學教育、人智學藝術、人智學生機互動農業，與所有關心教育的朋友們一起分享。之後，因為有一些老師願意跟我一起做華德福教育，因此，我們便轉型了。在這個轉型的過程中，我們於一九九九年舉辦了一次亞太地區的人智學教育圓桌會議，有一百多位老師參與，有教育專家、農業專家、藝術人員等，那次的經驗讓全球對我們學校有了很深刻的印象，也給了很大的支持，他們開始給我們一些經費讓老師到國外進修，也從世界各國邀請有意願來台灣協助發展華德福教育的老師來幫助我們。我們就這樣很紮實地，走了六年的幼兒教育、三年的小學教育。

● **潘教授**

　　現在宜蘭的慈心華德福學校是在冬山鄉，可不可以跟我們介紹一下學校的師生人數、學校規模等情形？

● **張校長**

　　目前幼稚園階段有五個班級，每個班大約是十五至十八個孩子，而小學有一到三年級。我們很高興宜蘭縣政府與縣議會在民國九十年的四月，通過了全國第一個縣屬中小學委託私人辦理的自治條例，這是我們實踐教改路上的曙光。我覺得宜蘭縣政府真的很棒，他們豎立了一個攸關生存態度的好榜樣，在榮辱之中，創造宜蘭縣良好

的教育環境，讓教育工作者能夠勇敢地朝向教育的真實意義和目的來努力。

● **潘教授**

他們給您們什麼彈性？

● **張校長**

給我們很大的空間。這個地方自治條例開放了之後，讓多元教育能夠落實下來，讓我們的小學部分得以從今（民九十一）年九月開始，進入一個公辦民營的模式來辦學。目前小學九月份已經招生完成，一到五年級總共六個班（一年級有兩個班），地點也是在冬山鄉，與幼稚園大概相距十分鐘的車程。

五、華德福教育理念的「全球在地化」

● **潘教授**

另外，您也提到德國的華德福總部，那麼總部是以何種方式來確定世界各個華德福學校都確實遵守總部所堅持的教育理念呢？

● **張校長**

總部邀請來指導我們的老師都是很棒、很棒的老師，看到那些老師我們眼睛都會發亮，他們的教育熱忱相當高，對我們而言有相當大的吸引力。不過，雖然他們態度溫和，卻在某些原則上他們對我們的要求亦是非常嚴格。

● **潘教授**

他們會定期來嗎？

● **張校長**

大概一年都有四、五個老師會輪流來，而且每個季節都有老師定期會來。

• **潘教授**

總部是不是可以允許每個國家因應地方特色，來發展或調整華德福的教育理念？

• **張校長**

可以的，而且這就是我在這波教改風潮中，選擇在台灣實踐華德福教育的主要原因。目前華德福教育在全球五大洲五十幾個國家發展，已有八十多年的歷史，它並不是鼓勵我們原封不動移植教材教法回來，如果是這樣，我大概就不會去做華德福教育了。基本上，它是希望我們能夠結合當地文化，而且我又是一個「泥土性」很強的人，很愛自己的土地，也跟孩子有特別的緣分，人智學教育如果不能夠讓我們在自己的土地上、在自己的孩子身上得到呼應的話，我們大概就不去做這個工作了。總而言之，這一路走來，就是因為它必須發展當地的文化，所以，是一個很棒的教育事業！

六、結語

• **潘教授**

今天非常感謝慈心華德福實驗學校張純淑校長來到我們的論壇，跟我們介紹了她在慈心創校的過程，以及華德福學校的基本教育理念。下次論壇我們要進一步來談慈心華德福實驗學校的課程安排、教學方法以及學習環境的安排。

編輯小語

• 華德福(Waldorf)教育：

一、華德福教育的起源

　　一九一九年，許多深思的人開始懷疑傳統的教育方式是否能夠解決當時的文化困境及因應社會遽變，在這樣的背景下，一位斯徒加特（Stuggart 德國工業城）的工業家邀請哲學家兼科學家的史代納（Rudolf Steiner）先生協助建立一所學校，並約聘一群老師開始籌備課程。這所學校原是那位工業家為華德福（Waldor）工廠員工子弟所建立的學校，因此稱之為『華德福學校』，後來成為全世界六百多所華德福學校（Waldorf School 又稱 Steiner School）之母。

二、魯道夫‧史代納（Rudolf Steiner）哲學家簡介

　　華德福學校教育理念的創始人史代納是奧大利人，生於一八六一年，卒於一九二五年。他以人類學、發展心理學及生理學為基礎創立了『人智學』（Anthroposophy），史代納教育便是植基於人智學上，主張以人為出發的教育，注重其全面發展，主張《教育為藝術》、《教育透過藝術》，幫助兒童、青少年『發現自我』以『完成自我』。

　　魯道夫‧史代納（Rudolf Steiner）曾說了一段發人省思的話語：「我們不應該問一個人生存於現今的社會應該具備哪些知識和能力，而是應該問這個人的內在潛能是什麼，以及他的發展方向是什麼。如此我們才能為現有的社會不斷地注入由成長中的這一代內在出發的新力量。也只有這樣的社會才是一個由其組成份子所共同創造的活社會，而不是一個以既有的社會組織型態，來要求並塑造成長中一代的保守社會。」

三、世界性的華德福教育

　　它遍佈全球五大洲、五十多個國家，共有六百四十多多所學校（幼稚園到高中的完整學府），一千零八十七家幼稚園，三百多所智殘障社區及治療研究中心，以及六十所師資培訊學院。

（資料來源：華得福教育。2007 年 6 月 30 日，取自
http://www.tmtc.edu.tw/~kidcen/wldorf.htm）

真實遇見華德福

主持人：潘慧玲（國立台灣師範大學教育學系教授兼教研中心主任）

與談人：張純淑（慈心華德福教育實驗國小校長）

論壇日期：2002 年 09 月 15 日

❋討論題綱❋

【真實遇見華德福】

一、前言

二、華德福守護感官心靈的課程設計

◆ 強調人與世界融合的人智學課程設計

三、讓孩子眼睛發亮的華德福教師

◆ 經歷「真實的遇見」

◆ 重視孩子的獨特性

四、華德福小學的課程安排

◆ 週期性的主課程安排

◆ 生活化的副課程安排

◆ 拋開教科書的束縛

五、關照身心靈的學習環境

六、結語

一、前言

● 潘教授

　　今天，我們仍舊要繼續介紹異於傳統學校教育型態的系列主題。承續著上回所談的宜蘭慈心華德福實驗學校，我們談到第一所華德福學校於一九一九年設於德國，現在全球大概已經有七百多所華德福學校，今天要繼續邀請慈心華德福實驗學校張純淑校長再來上我們的論壇。

二、華德福守護感官心靈的課程設計

● 潘教授

　　上回我們提到華德福學校的創辦人史代納發展了一套人智學，也就是他加以闡述的教育理念。我們知道人智學的核心理念是要發展出一套照顧孩童身、心靈整體發展的教育方式。所以，首先可否就這個部分來談華德福如何設計課程以達到這個教育目的？

◆ 強調人與世界融合的人智學課程設計

● 張校長

　　上次我們提到，我們認為當前環境對孩子感官發展有所忽略，所以，華德福學校相當重視鼓勵孩子發展精神感官，當我們在照顧兒童的發展時，也同時照顧到他們的精神與物質層面。例如學校全體師生，包括幼稚園的孩子，全部都吃有機食品（我們大概有六、七個有機農場會固定送蔬菜、水果來），另外，連我們的家長在給孩子談兒童發展時，帶給孩子的都是健康觀念、保護大地，或與大自然結合等這些觀念。因此，就孩子的學習領域來說，這些課程設計都是基於華德福教育的精神、人智學的精神，意即強調人與世界的整體關係。我們的課程是從整體到部分，但現在的一般課程其實是從細微的教生字、教生詞、教造句，再談課文，而且課與課之間沒有關係，相較之

下華德福教育的課程是基於一種整體關係，著重在以人的發展歷程為核心的完整課程。

在幼兒階段，孩子所學的東西是要透過身體、透過四肢、透過遊戲的模式，來養成孩子的意志力。一般而言，如果外面下雨了，大人都要孩子趕快進教室，怕孩子淋濕了，不准他們玩水。可是，在華德福的幼兒階段，下雨天他依然可以到外面去玩，不過他必須做好準備，要穿雨衣、穿雨鞋，拿好雨傘，然後就可以出去外面玩。我們發現很多新來的孩子，很期待下雨天，常常到了傍晚就問：「為什麼今天都不下雨呢？」如果雨開始下時，他就穿著雨鞋、雨衣出去玩水，然後很滿足的再回來。其實在我們大人的環境裡面，不會因為下雨就不去上班、不去做事，所以，這些環境給予孩子學會如何做準備，這在幼兒教育裡面是非常重要的意志力養成。

在小學的階段，重點則在於發展他的內在情感，小學階段的孩子其實非常需要富有權威的老師，可是這個權威不是過度體罰，或者威權式、不尊重孩子的老師。所謂有權威的老師，是當孩子看著老師時，他的眼睛會發亮，老師講話他也會跟前跟後。有一次，我在宜蘭縣校長主任會議裡面，問了一個問題：「現在有哪個老師會讓孩子跟來跟去？」有一個主任說：「算了，別想了！拿著麥克風大聲叫，孩子都不來！」所以，華德福教育的這種完整的課程，是依循著孩子每個階段發展上的需要來設計，我們知道小學階段是孩子發展內在情感的時候，必須好好照顧孩子的健康、吃對的東西，並讓他們對老師充滿憧憬，這時候老師本身就必須是非常穩健、非常溫暖的老師。小學到中學的這個階段，孩子會開始發展他的情感，會以他充滿想像力和敏銳的心來感受這個世界，這時老師就必須在不同的課程裡面帶進不同的故事。春天有春天的歌，夏天有夏天的故事，也會依循著孩子年齡的不同，而改變他的故事、詩歌、音樂、律動、體育、遊戲、畫圖、色彩等。在華德福教育，從幼兒到十二年級都必須上水彩畫的課，因為我們認為顏色與顏色的遇見，從抽象到具體，這個部分會是孩子很棒

的一個經驗。五、六年級開始有了戲劇課程來激發孩子對學習的興趣，讓孩子擁有深度的感受與創造性的想像空間。在華德福教育的課程裡面，這些都是有很重要的安排。

三、讓孩子眼睛發亮的華德福教師

• 潘教授

是不是可以談談在華德福教育裡老師所扮演的角色？我們知道華德福教育是以孩子為中心的，老師所扮演的是一個輔導者、促進者的角色。不過，張校長又特別提到老師必須是可以讓孩子眼睛發光的，可以讓學生願意圍繞著老師的，或者老師也必須是您所稱的「權威的老師」，那麼這個權威的老師會不會讓人誤解為對孩子威權，或者與以孩子為中心的理念存在著差距？

• 張校長

從字義上的感覺好像是這個樣子，所以，在我們徵選小學階段老師時，會要求是現任的合格老師，或者至少要大學畢業，然後必須很清楚華德福教育，這樣才可以成為我們的老師，這些是比較外在的條件。除此之外，我們對華德福教育的老師有幾個要求，這些新老師必須學習人智學的團隊合作精神，然後透過教師會議、人智學理論課程、教學研討、藝術活動練習（每個禮拜我們有一個時間是做藝術鍛鍊的）達到人智學的學習。

• 潘教授

即使以前他沒有這個背景？

• 張校長

其實大部分的老師都是進來以後才一起學習的，這些藝術練習與一般的才藝學習是非常不一樣的，它是真正進入內在與自己的生命感結合。

◆ 經歷「真實的遇見」

• 潘教授

這真是很有趣！華德福學校非常強調自然教育，強調要啓發內心的感動與潛能，而藝術活動就是一個很重要的媒介，但您們是怎麼做的呢？

• 張校長

我們做捏塑，也做水彩畫，另外還包含很多藝術課程，例如"Eurythmics"，它是華德福教育裡一種非常特別的肢體韻律活動。雖然它看起來是舞蹈，可是它也是一種語言的表達，我們把它稱之為「可以看得見的旋律」。這種鍛鍊其實不只提供給老師，我們也可以應用到不同階段的孩子身上，設計不同的 Eurythmics 活動。例如七月底，我們就邀請了全球非常有名的一個瑞士團體來表演，在東吳大學與宜蘭各有一場，這些表演都深深地打動了孩子和大人的心，透過這些藝術活動，可以讓人與人真實地遇見。我們讓每個人建構出他們的生命史，從出生到大家真實的相遇，人跟人的遇見，透過這樣的生命史，讓人們釋放出生命的潛能與愛的意識。

• 潘教授

每一個老師都建構生命史？

• 張校長

每一個老師都有，國外老師來的時候都會帶我們進行生命史的建構，當大家真實遇見以後，我們就不再去檢證別人的不好、別人的不對。

• 潘教授

是自己做自己的生命史嗎？

• 張校長

是的。其實在這個師資團隊裡面，大家可以彼此分享、接納，大家都學會了在看到別人不足的時候，默默地幫助他。這毋須透過語

言，大家從行動表現他們內在的支持，我們是非常可貴的團隊，不過，團隊的整個孕育過程卻也是很漫長、很痛的。

● **潘教授**

因為要讓老師分享心靈深處的想法是很不容易的，這需要很長一段時間。一個新老師要多久才能融入這個團體，真正做到心靈上的交流呢？

● **張校長**

初期真的很難。上個禮拜的教師會議裡，大家因為想到一件事而笑，我們的笑裡面有淚水，淚水裡面有笑聲。其實，每個人的成長是由外到內，也由內到外的，就像剝殼，要剝下一層殼是很痛的，所以，要真正學會給予彼此支持，也是需要很大的勇氣！我們希望讓人們彼此真實的遇見，然後願意信任人。如果沒有學會信任人，那麼我們要如何教孩子兄友弟恭、相親相愛或者是非善惡？只有老師在孩子面前的身教，能夠讓孩子最真實地學到東西。所以，老師們要有勇氣接受團隊的成長，奉獻自我跟團隊遇見，並願意共同承擔學校與社會教育的責任，這是我們對老師的基本要求。

◆ **重視孩子的獨特性**

● **張校長**

另外，我們還希望老師很平等、無私地把自己奉獻給每一個孩子，並尊重每一個孩子的獨特性。華德福教育非常重視孩子的獨特性，除了要守護十二種感官之外，認識孩子不同的氣質也是老師應該具備的一種能力，老師要能夠敏銳地去察覺每個孩子不同的特性，能夠保護孩子內在的自由、劃定外在行為的清楚界線，並給予孩子言行舉止的優美典範，這些都是華德福老師應該做的。最後，我們也必須清楚地以道德實踐來融合知識，這是做為教育工作者自我表現成長的一個目標。

其實，這些要求並不會硬梆梆的不容變通，而是自自然然地滲透

在這個團隊裡面。這六年下來，資深老師對於新進人員都是充滿包容、支持，將他們的現況視爲正常，因爲每一個成長歷程裡，每一次剝殼的痛，所表現出來的可能是憂鬱、自卑，或者很高傲、自負，資深的老師理解這些，因而便有更大的包容心，而當整個團隊有了共識，新進人員就會被慢慢地滋養。

四、華德福小學的課程安排

• 潘教授

接下來，我們要來談談華德福學校的課程。前面您大致談過華德福有托兒所及小學一到三年級的課程設計，在托兒所部分會有日文、英文、自由遊戲、故事，還有藝術活動課程，部分小學有些是銜接托兒所的，而有些課程就有點不太一樣了。

◆ 週期性的主課程安排

• 張校長

小學的課程安排與托兒所是明顯不同的。小學從八點半開始上課，前兩個鐘頭是主課程，包含國語文、數學、自然科學、人文社會（歷史、地理）。所謂主課程並非意味著比較重要的意思，而是指具週期性的課程。我們這個學校跟一般學校很不一樣，同一班的導師負

責一到八年級（目前只有一到六年級）的所有主要課程，每一個主要課程又分成三到四週。例如這一整週或三、四週都是國語文，而不像一般公立學校排課是一節數學、一節國文。我們的課程安排是採整體性的，例如這四個禮拜都是國語文的課程，那四個禮拜都是講數學，接下來四個禮拜講自然科學。

• 潘教授

這麼安排的目的是爲了要讓孩子比較統整、長期地學習嗎？

• 張校長

對！完整的、深入的、沒有被分割的課程學習。其實人的學習要像一呼一吸一樣，呼太久不行，吸太久也不行，但它被切成片片斷斷地是更不可以。還有一個很棒的觀點是遺忘與記憶，在孩子的學習裡頭，遺忘與記憶是有節奏性的東西。譬如，我們這三個禮拜學國語文，那麼這之前學的數學就被放下了，讓它沈澱。下一個學期再帶數學進來的時候，就是沈澱之後再出來的東西，就成為他真實學到的東西。這個交替就像人的一呼一吸。我們也是以這種一呼一吸的韻律節奏，來安排幼兒階段課程。

◆ 生活化的副課程安排

• 張校長

副課程的部分包含手工藝術，讓孩子做他生活裡要用的東西。比如小學一年級開始教木笛課程，孩子就可以自己編笛袋，他們編得非常漂亮喔！他們也可以自己做、自己縫手提袋。手工藝術課程所做的東西都是孩子生活裡會用到的，例如墊子、帽子、手提袋等，這樣孩子就學會了哪些東西是不需要買，我可以自己來做。幼兒階段養成的意志力，在小學階段又再被帶出來銜接上去。副課程也包括外國語文，我們現在有英文、日文，未來五、六年級，或七、八年級，我們會有德文的課程。而烘焙、音樂、Eurythmics 活動、戶外遊戲、體育活動等，這些都是由專精於各科目副課程的老師來帶領孩子。我們希望老師能夠將主要課程加以統整，才不會造成孩子知識的分割；而副課程部分則可以獨立進展，並由專業老師來教，像外語老師、母語部分我們都讓專業老師來帶，這樣才能讓孩子學到比較正確的知識。我們還在外語課程中加入文化。

◆ 拋開教科書的束縛

• 潘教授

那麼小學裡都沒有使用教科書了？

- **張校長**

　　沒有。這是很棒的經驗，我們希望能夠盡快地跟公立學校老師分享，沒有用課本的經驗實在是太棒了，而且孩子可以眞實地學到東西。

- **潘教授**

　　那麼家長有沒有什麼疑慮呢？

- **張校長**

　　有啊！他們一開始是很擔心的，我們還有一個孩子他爸爸是國中老師，爸爸說：「別騙了，我才不相信哩！我自己只教數學一科，一科的課本，我都要摸三年才能夠駕輕就熟，怎麼可能不用課本來教孩子？」可是小孩的媽媽非常堅持要讓孩子來上這樣的學校，媽媽是小學老師，孩子幼稚園的時候就在我們這裡，她說：「我看到我的孩子跟我的學生那麼的不一樣。」她要孩子繼續上小學課程。於是，夫妻爲了這件事吵架，吵到晚上三點，後來爸爸說：「好！就讓你讀一年看看，如果不行就……」不到一年，爸爸就佩服地說：「我眞的佩服華德福的老師！」讓父母卸下擔心的，是孩子的所作所爲，他們看到孩子願意分享、願意表達，也享受學習，而家長便被孩子影響，不再是老師影響家長了，是父母看到孩子的學習，讓他知道知道可以不必擔心。而且孩子所學的東西（尤其是副課程裡的藝術課程），很多爸爸、媽媽就帶回家庭裡去，整個家庭氛圍都隨之改變。其實只要在這樣的環境裡面待上一年，很多的家庭都會改變。譬如，他們會驚訝於「我們的孩子不看那麼久的電視了？」剛開始他們也覺得不可能啊！然而孩子們確實是自然地減少看電視或不看電視，孩子的改變都是家長從不放心到放心的經驗。

五、關照身心靈的學習環境

- **潘教授**

　　華德福學校還有一個很重要的部分就是學習環境的安排。我記得

參觀過美國一所華德福學校，他們非常重視學習環境與田野教學。

● 張校長

對！我一直都非常在意這個部分，我在意幼兒的環境，雖然我們很幸運在鄉下建校，慈心有一千六百坪的場地，我們擁有很多植物，擁有很廣的戶外空間。所以，孩子都知道春天會有哪些昆蟲、那個鳥兒會來，也知道學校有一百多種樹。夏天的時候，孩子會砰砰地跑進辦公室告訴你：「你快點來，你快點來看！」然後就牽著我們的手衝到外面草坪上，他手一撥，看到草坪裡有兩隻瓢蟲，孩子說：「你看，春天大家都在結婚」。我們也很重視學校環境使用的材質，如質感、觸感、視覺、生命的感受，這些都應該受到重視。我們也會呈現不同教室的特殊性，這也是我們應該為孩子關照到的，所以，學校的設施也應該要適合於身、心、靈，它有為身體物質面設計的部分，也有心靈的部分、精神面的部分。例如教室就是思考的地方，樹林是情感呼吸的地方，遊戲區就像孩子的身體一樣，而堆肥、垃圾的處理就要像消化一樣。因此，整個環境就像人類的身體、情感、心靈的延伸，都必須要有不同層次的考慮。總之，如何營造一個孩子真實需要、並感受得到的自然生態學習園區是很重要的事情。

六、結語

● 潘教授

今天非常開心，慈心華德福實驗學校張純淑校長來到我們論壇談了很多，讓我憶起了在美國參觀華德福學校的一些景象。這幾次論壇以來，我們分享了一系列與傳統學校教育經驗不同的教育型態，希望這些體制外的寶貴教育經驗，能夠給予我們教育工作者一些啟發，為孩子的教育注入生命與活力，也為我們的教育工作帶來創意與意義。

精緻教育在台北——卓越、績效、科技與創新

主持人：潘慧玲（國立台灣師範大學教育學系教授兼教研中心主任）

與談人：張明輝（國立台灣師範大學教育政策與行政研究所所長）

論壇日期：2004 年 02 月 15 日

☀討論題綱☀

【精緻教育在台北——卓越、績效、科技與創新】

一、前言

二、精緻教育的推動歷程
- ◆ 成立教育研究發展中心精緻教育推動委員會
- ◆ 舉辦研習活動、推展試辦核心學校、成立核心學校聯盟

三、精緻教育的意涵
- ◆ 卓越、績效、科技、創新
- ◆ 精緻教育乃一工作哲學
- ◆ 人事行政精緻化、人性化

四、推動精緻教育的策略
- ◆ 品質、卓越、績效、科技與創新仍為不變法則
- ◆ 善用檢核表、佈告、網路，並用心經營

五、結語

一、前言

• 潘教授

今天一週教育論壇要談的是「精緻教育在台北」，特別邀請到台灣師大教育政策與行政研究所所長張明輝教授來和大家談談這個主題。台北市教育局在吳清基局長任職滿週年的時候，於去（民九十二）年十二月假教師研習中心辦理「精緻教育在台北」的研討會，獲得學校熱烈迴響！這場研討會也特別請到張教授到場指導，所以，我們今天特別邀請您和大家談談台北精緻教育的推動情形？它的理念是什麼？以及實際的做法？是否請張教授大家介紹您與精緻教育推動的相關簡歷？

二、精緻教育的推動歷程

◆ 成立教育研究發展中心精緻教育推動委員會

• 張教授

吳清基局長就任台北市教育局長之前，早在民國七十六年就曾經對「精緻教育」這樣的理念有一些想法，曾經寫一本書叫《精緻教育的理念》。現在為了推動精緻教育，他也請了幾位教授大家一起研討如何把他的理念加以推廣？據我了解，台北市教育研究發展中心有一個組織是負責這個規劃工作，這個組織架構包括有研究組、研習組、輔導組與評鑑組。吳局長並且在這個教育研究發展中心成立了「精緻教育推動委員會」，底下設立推動小組，而我也是推動小組裡其中的一個成員。

◆ 舉辦研習活動、推展試辦核心學校、成立核心學校聯盟

• 張教授

目前精緻教育的推動階段比較側重在研習活動，以及到學校現場和教育同仁溝通。所以，大概在半年前，九十一學年度上學期的時候，

便有一系列的研習試圖讓學校行政主管及各領域召集老師能夠深入了解精緻教育的理念與內涵。第二個做法是，由教師研習中心選出推動精緻教育的核心學校，這些核心學校是由每個行政區裡面各選一所國中、國小擔任，推動小組要到每個核心學校與行政人員、老師們溝通，甚至成立所謂的「核心學校聯盟」。當推動小組到某個學校時，其他像國小的核心學校也要派人彼此相互觀摩，從他們的做法中，找出一些可以參考的策略或者模式。這樣下來，一個學期大概看了十所學校左右。九十二學年度下學期仍陸續進行，也就是說，一樣是透過核心學校的試辦，找出學校最適合發展精緻教育理念的方式，或者是探討如何將精緻教育理念放入學校經營之中。

這次在教師研習中心舉辦的「精緻教育在台北」的研討會，就是一種經驗分享。與會期間，有一些學者、專家把精緻教育、精緻學校經營需要的經營理念做了說明與推廣，但最重要的還是經驗的分享。目前我一方面參研習活動，二方面到學校現場與學校同仁互相討論，看看能不能幫提供什麼建議，譬如，他們目前做出一些有特色的東西與教育的措施，我們要研究如何把它深化，讓它能夠符合精緻教育的幾個指標。

- 潘教授

因此，首先是透過研習活動讓台北市各個學校多多瞭解精緻教育的理念與做法，第二是透過試辦的核心學校，來研究精緻教育的理想做法。

三、精緻教育的意涵

- 潘教授

那麼「精緻教育」的意涵到底是什麼呢？剛剛張教授特別提到在民國七十六年的時候，吳清基局長就曾寫過相關的書籍，不過他也表示過精緻教育不是他所首創，像郭為藩前部長就曾提過精緻教育的

想法。是否可以請張教授為我們解釋一下，台北市推動精緻教育最主要的核心意涵是什麼？

◆ 卓越、績效、科技、創新

• 張教授

　　大概在六〇年代就有所謂的「精緻文化」或是「精緻農業政策措施」，根據吳局長的說法，民國七十六年吳正榮教授當時擔任中國教育協會理事長，他提出這樣一個看法，引起大家的認同。那一年的聯合年會就把它列為主題之一，因此，也影響了吳局長推動精緻教育的想法。

　　簡單說明精緻教育理念，就是在相同的教育條件或是教育經費投入下，我們如何投入更多的用心與關注，調整教育發展的方向，讓它產出的效果更好。另一種說法是，要不要額外增加一些教育經費，來改善教育環境與條件，讓將來的教育產出更優質。所以，一個是維持目前限額的條件，思索如何提升教學或行政方面的品質。當然，精緻教育不一定要花很多經費，但有時候還是需要經費的支持，例如要改善一些設施，當然需要經費的投注。

　　假設我們從幾個面向來觀察精緻教育的特性，吳局長認為精緻教育應該具備「卓越性」，好還要更好，追求卓越也是各先進國家希望努力的指標。第二就是「績效性」。不管是行政經營或是教學，我們都希望有一個好的成效，強調教育措施或是學校的經營的績效，也是精緻教育希望達到的目標。第三個指標是所謂的「科技性」，我們希望可以運用一些科技設施，例如電腦輔助、網路科技，讓學校的經營或教學能夠更有效果，透過科技的幫助讓我們的教學成效更好。民國七十九年時，吳局長的觀念是希望達到這三個課題，最近他和幾個教授討論很久，覺得應該把「創新」加上去。在教育過程中，我們的教學發揮創意、行政展現巧思與創意，讓我們能夠求變，同時要求善。創新不只是變化而已，還要符合教育的目的。

總而言之，精緻教育的標準是希望達到卓越、績效、科技與創新。

• 潘教授

　　不管是維持既有的經費或是增加教育經費，主要都是要促進教育的產出。而教育的產出則特別注重是不是能夠卓越、績效、科技與創新四個規則。

◆ 精緻教育乃一工作哲學

• 潘教授

　　我們真正要做精緻教育時的時候，是不是也要考慮人事方面的安排？

• 張教授

　　精緻教育適用的層面非常廣，它希望學生的認知、情意、技能都比現狀更好、更精緻化，這是教學層面，然而在觀念的改變，教材、教法、人事層面上，甚至於是會計這種幕僚單位的行政改進，都適用精緻教育。我認為精緻教育是一種工作哲學，就行政人員來說，如果平時多用點心思、多用點設計，就可以讓我們的教育推動更為進步。老師在教學設計上，如果能夠用點心思，就能夠讓學生留下深刻的印象。

　　吳局長也曾經舉過深刻的例子，在他的演講上，特別舉到他小時候唸武功國小時，因為學區重劃，所以，另外有個新學校叫興福國小。在學區重劃之後，有些學生應該要到不同的學校就讀，但是武功國小宋功群校長特別設計把學生集合到學校來，然後把移撥出去的學生帶到羅斯福路陸橋（因為兩個學校剛好隔一個羅斯福路），在陸橋的中間把學生移交給那邊的校長，而那邊的老師也很歡迎，這個活動讓學生印象深刻。才唸小學幾年級就移撥到別的學校去，孩子心裡會有些感受，但是他們發現自己被原來的學校依依不捨地歡送，然後另外一所學校卻熱烈地歡迎我們，這就是一個很用心的設計，不讓學生直接

到新學校報到。這個過程就是精緻教育的表現，讓學生受到潛在的影響。

- 潘教授

故精緻教育是希望學校教育人員不要只是把學校的課程安排成例行公事，認為反正做了就好，不管成效如何。

◆ 人事行政精緻化、人性化

- 張教授

剛才講到人事方面的例子，我們參訪一所國中時，學校的人室主任非常貼心，他把人事訊息用宅急便到家，對老師的祝賀用宅急便，當老師有什麼喜事、生日，賀卡或生日禮物馬上會有人用快遞送到家裡，讓老師感受到學校的關懷。我發覺人事人員已經有這樣的想法與做法，這是非常進步的觀念，不是等教師到人事辦公室辦事情，而是主動服務。

- 潘教授

所以，整個行政運作模式都做了改變？

- 張教授

這背後有一個理念在推動，有一些想法、策略可以加以配合。

- 潘教授

舉凡學校的法令規章、制度面、人事、行政運作、課程設計、教學安排等，事實上，我們都希望能夠用心經營，發揮精緻教育的功能。

四、推動精緻教育的策略

- 潘教授

進一步要請教張教授，如果學校真正要推精緻教育時，可以採取哪些策略？

◆ 品質、卓越、績效、科技與創新仍爲不變法則

● 張教授

　　爲了達到精緻教育的理想，學校經營也要朝向精緻化發展。所以，我認爲要精緻先要有一定的行政與教學品質。過去我們也會談到所謂"TQM"與"ISO"的觀念，都是在探討如何在學校經營過程中，按部就班地把許多行政工作做好。現在有許多教育組織都通過 ISO 認證，甚至於是環境管理的認證，例如淡江大學已經通過 ISO 的認證。簡單來說，我們希望能夠一次把事情做好、做對，養成這樣的做事習慣，學校品質當然就會非常卓越。爲了達到這個卓越的理想，在執行方面，學校經營的執行力要非常好，能夠掌握人員的流程、營運的流程、策略的流程；至於在領導方面，學校的領導主管應該有謙遜的態度，堅持專業。另外，我們現在非常強調教學同仁默默耕耘，付出努力，故默默地領導，才是追求卓越的理想。另外一個層面是績效。如何在學校校務規劃裡頭運用所謂的策略規劃？譬如，現在大家都會用 SWOT 分析、訂定發展的計畫，甚至會在整個推動的過程當中，把握一個彈性原則，掌握組織再造的精神，以團隊型的任務團隊來完成教學或行政任務，讓它更有理想。甚至在績效管理上，我們如何能夠做客觀、多元的評鑑？在校務評鑑上，也會考驗是不是有某些辦學指標來追求績效？再來，如何運用科技，包括資訊科技、網路科技，如何能夠用到教學與行政上來？接下來，有沒有知識管理的觀念？也就是把學校行政、教學資料做有系統的儲存、分類與應用。最後是要能創新，創新可以適用在非常多層面。我們去年看到中華創意發展協會，也就是吳清基局長擔任理事長、洪榮昭教授擔任秘書長，他們從去年開始推動學校經營創新獎，有很多學校把他們如何讓學校創新的做法分享出來，不管是在行政管理、課程教學、學生活動的規劃、整體環境的設計或社區資源應用上，都有非常好的範例。

　　總之，學校經營策略還是離不開那幾個規準：品質、卓越、績效、科技與創新。

● 潘教授

　　張教授提到的就是重視品質、追求卓越、發揮績效、運用科技、還要創新。如果我們從這五個層面來談策略，我想請問張教授，例如剛才說的重視品質，提到 TQM、ISO 認證或是六個標準差這些不同的概念，學校要怎麼做？換句話說，學校要有什麼具體做法？或者是說，今天我們追求品質的時候，除了剛剛提到的策略之外，還有沒有其他的策略可以幫助大家提升品質？

◆ 善用檢核表、佈告、網路，並用心經營

● 張教授

　　就品質來說，學校其實不用花經費請 TQM 公司幫忙認證，其實我們可以自己檢討。例如檢視完成一項業務需要哪些程序？我們可以把它變成一個檢核表，在執行的過程中隨時檢核，如果能夠完成這樣的程序，就是能夠達到一定的基準與品質。當然，它的理念是持續改善，特別是我們強調以顧客為中心，我們希望能夠滿足基層老師的需求、家長的需求、學生想學習的意願，這些都是我們在品質的指標上可以努力的方向。學校要提高品質，其實很多地方只要多用一點心思，就會更好。例如在環境管理方面，廣播音量的控制、上下課鈴聲的變化與創新，都是可以著力的地方。我曾到新生國小開會，他們上下課鈴聲就和其他學校不一樣，它是一小段音樂，讓人不會覺得有壓力，這就是很多學校精緻化的地方。譬如到了傳達室，警衛先生可以叫出你是哪位先生？來做什麼？有沒有幫你保留車位？要引導到哪裡？這就是一種精緻化。後來，我問學校同仁，為什麼警衛先生能夠知道這麼詳細？因為他們設計一個傳達室與各處室的聯絡單，上面有幾項可以勾選，讓警衛先生可以很清楚地做那些動作，這個就是精緻化。

● 潘教授

　　我有一個問題要請教張教授，除了上、下課鈴聲之外，學校還很

喜歡廣播，動不動就全校廣播宣布，甚至廣播的時間還是在上課的時候，造成非常大的干擾，也干擾到四週鄰居，我們要如何精緻化地這樣的情形，您有什麼建議？

● 張教授

其實有很多管道，我們可以結合科技，例如在學校流動看板上公佈訊息，或者透過 e-mail 轉達資料給老師，而不一定要用廣播。現在這種資訊看板的價格不高，或許可以設立在某一個大家可以看到的地方，讓老師與學生下課可以留意一下今天學校有什麼事情。至於廣播，也許可以集中在一天的某個時段，不要每一節課都有廣播。同時，在音量的控制上也要檢修。例如，台北縣福和國中就為了這個落電系統做了一個非常徹底的改善，也為了維修方便，利用顏色管理，將網路線、電話線、廣播線以各種不同顏色來標示，同樣也是達到一種精緻的感受。

五、結語

● 潘教授

非常感謝台灣師範大學教育系張明輝教授來到一週教育論壇，談了很多精緻教育的想法、意涵以及相關的例子。不過，我們還有很多沒有聊到的主題，希望下次張教授能再來與我們分享台北市以外的學校，他們推展精緻教育的經驗與成果。

精緻教育在台北——學校實例

主持人：潘慧玲（國立台灣師範大學教育學系教授兼教研中心主任）

與談人：張明輝（國立台灣師範大學教育政策與行政研究所所長）

論壇日期：2004 年 02 月 22 日

❋討論題綱❋

【精緻教育在台北——學校實例】

一、前言

二、精緻教育的實例介紹——校務行政方面

◆ 舉辦研習、體驗營凝聚團體向心力

◆ 校長專業領導增進教師信心

三、精緻教育的實例介紹——教學方面

◆ 精緻課程與教學提供高附加價值

四、精緻教育的實例介紹——總務行政方面

◆ 科技化、人性化以及 E 化設施增加行政效能

五、精緻教育的實例介紹——輔導方面

◆ 教學活動結合義賣提高輔導層次

六、結語

一、前言

● 潘教授

民國九十二年初在吳清基局長的領導下，開始規劃「精緻教育在台北」，八、九月的時候正式推動。在推動過程裡，讓學校重新思索在不增加太多額外負擔下，如何使教育的思維更加精緻化？我們請到幫助推動台北市精緻教育的台灣師範大學教育政策與行政研究所所長張明輝教授和我們談精緻教育。上次論壇裡我們談了很多精緻教育的意涵，以及台北市吳清基局長在民國七十六年對於精緻教育的想法，這次他擔任台北市教育局長的任內，就把自己過去的想法重新付諸實施，並於九十二年八、九月擇定試辦學校試辦。

張教授參與這個工作已有一段時間，從民國九十二年八、九月到現在，事實上，也有半年以上的時間，所以，首先想請問張教授，其他縣市是否也有所謂的「精緻教育」？推動的方式如何？

二、精緻教育的實例介紹——校務行政方面

◆ 舉辦研習、體驗營凝聚團體向心力

● 張教授

根據吳局長的回憶，早期台東已經用過「精緻教育在學校」的策略計畫，當時也有很多值得參考的做法。這一次在台北市推動，基本上是透過教師研習中心，並邀請幾位教授一起討論，並且到學校現場分享關於精緻教育的策略與具體做法，有台北市立師院吳清山教授、林天佑教授，加上我。有很多學校只是沒有用「精緻教育」這個名稱來強調，其實很多都已經符合精緻教育的做法。

首先，我們從校務行政方面來介紹幾個學校的做法。譬如，高雄市龍華國小，他們就是利用暑假結束開學之前大概三天的時間，舉辦了一個教師活力營，把老師帶到一個類似生活體驗區的地方，讓老師

們一起合作做一些遊戲，或是完成一個任務，或者是活動的設計，讓老師們培養彼此的合作默契。

台北市立生國中也有類似的做法，它的重點擺在行政團隊。我們知道最近這幾年行政主管、行政主任的異動很快，立生國中為了讓行政同仁們彼此增進了解，所以它也做了一個行政團隊的生活體驗營，開學前他們到仰德大道衛理教會後面的一個生活體驗場，經過三天活動下來，彼此的認識加深了，對將來合作的默契也更好，事實上，這也是一種創新的做法。

這幾年因為推動九年一貫課程，很多學校教務處的業務突然增加很多，嘉義市崇文國小就配合組織再造，在教務處之外又設了一個「課程研發處」，專門負責九年一貫課程的推動，等於是不再增加教務處工作同仁的業務負擔，實施起來效果也不錯，這樣的做法也算是一個比較新的做法。

台北市永安國小有一個很大的特色，因為徐校長留學日本，對於課程、教學，特別是課程的設計與規劃非常用心，因此，他在整個行政運作過程中，就設計了一個月裡有兩個禮拜召開行政會議、兩個禮拜召開課程會議，所有的行政主管都一定會參加這四次的行政會議，也了解學校關於課程研發的過程。教師代表、各領域的召集老師也會參加行政會議，了解行政運作到底是什麼，彼此間就會增加溝通的效果。特別是在教學研究會部分，他又把它發展成 A 類的研究會、B 類的研究會。「A 研」是屬於該領域的教學研究會，所有老師都參與的。「B 研」則是跨領域的教學研究會，不同領域的老師派代表參與，也了解其他領域的教學規劃、教材的設計，可以作為參考。

- **潘教授**

  一個是橫向的，一個是縱向的。

- **張教授**

  這也是一種課程規劃的深化，能夠提升教學品質的做法。

- **潘教授**

　　為了讓行政同仁或是老師活力再現，或者增加彼此的了解，可以舉辦相關的營隊、體驗營。不曉得張教授有沒有特別注意他們的課程設計，如何讓老師在這個體驗裡的確身有所感，或是真的增加彼此的理解？

- **張教授**

　　生活體驗的營隊是一個人沒有辦法完成的，一定要和大家合作。我們現在常主張分享文化的建立，老師專業成長資料或心得能夠透過這樣活動，讓大家覺得我們是一個團隊，能夠互相分享，自己的理念能夠幫助別人成長。總之，它主要的用意是藉由這樣的活動來培養大家合作的模式、動力與動力的啟發。

- **潘教授**

　　我知道台北市有一些學校在學校發展過程之中碰到危機，譬如校內同仁彼此之間很難協調，特別是九年一貫強調要大家協調、合作。可是有一些老師就覺得自己最行、最棒，為什麼要聽別人的？在這種危機狀況底下，也曾經請企業界人士來診斷，以不同的觀點來診斷組織的發展是不是有一些問題，然後舉辦一些營隊，我也曾經聽說過這樣子的做法。

- **張教授**

　　我想，主要是讓老師改變一些傳統的想法，採取另類的方法來帶動老師的動力，不是坐在學校裡，排排坐聽演講的這種靜態研習，而是希望啟發他們合作的動機。

- **潘教授**

　　您提到組織再造或是組織結構的調整，例如有的學校就設立課程研發處，其他像台北市永安國小的會議安排，這些都可以讓我們來參考要如何安排才能讓教育行政更步入軌道。

◆ 校長專業領導增進教師信心

• 潘教授

　　不過，您剛剛提到在不同的舉措中，校長領導是很重要的，請張老師詳細說明一下？

• 張教授

　　台北市教育局陳復興副局長也領導了一個研究小組,試圖在一個優質學校的發展方向上探討校長領導的做法。首先,校長要專業領導,不但要懂得行政領導,對於教學領導、課程領導也應該是個專家;再來,是道德領導,校長應該以自己為高道德規範的領導人,大家能夠尊敬他;第三是趨勢領導,校長要懂得整個教育發展的走向、學校革新的方向、重要教育先進國家的理念,同時還要做到整合領導,因為學校裡面同仁各有不同的想法,特別是在校園民主化後,整個校園生態都改變了,校長必須將校園同仁的想法整合在一起。當然,我們剛剛提到校長為了要表現出專業領導的特質,讓老師們能夠信服校長的專業,故校長需要關注的面向越來越多,整個學校、整個課程發展或者教學思考、理念都必須具備,這是未來校長領導的幾個重點內容。

• 潘教授

　　除了專業領導、道德領導、趨勢領導、整合領導外,我這陣子觀察教育改革的過程時,不斷呼籲教育研究者除了上述的這些口號之外,評鑑也越來越重要,這幾年我們也做了很多校務評鑑,但是有好多老師甚至於行政團隊卻不完全了解評鑑應該怎麼做,或者他們並沒有具備一個正確的評鑑觀念,大家一聽到評鑑就害怕死了,聞評鑑而色變。因此,我認為應該有一個新口號,不管是研究領導還是評鑑領導,都是校長應該具備的新的智能。

三、精緻教育的實例介紹——教學方面

• 潘教授

接下來，繼續請張教授跟我們談一下精緻教育的教學。

◆ 精緻課程與教學提供高附加價值

• 張教授

去年台北市國中的行動研究與競賽中，我們發現他們的教學很多地方都符合精緻教學的理念與做法。譬如，華興中學有一個姓潘的地理老師，他的教學設計就是讓學生與國際接軌，這非常地不容易！他在蒐集教學資料的時候，發覺密西根大學有一個網站叫"River Work Project"（河流計畫），他看到河流計畫裡面不只是介紹美國的資料，連中國大陸三峽大壩的資料都在這個網站上面，同時還有提供英文與日文的版本，因此，他便與密西根大學聯繫，看看有沒有辦法讓台灣也加入這個計畫？經過他的溝通，密西根大學就同意了，而他指導的是國一的兩班學生，有一班做淡水河，有一班做基隆河。學生將淡水河、基隆河沿岸的人文、自然景觀的資料蒐集完成之後，老師再經過濃縮，整理成為網站資料，送到密西根大學去，他們負責把它翻成英文與日文，然後掛在網站上。結果他們還收到很多國外學生的來信，詢問淡水河沿岸的資訊，像水筆仔、名產等，譬如「阿給」是什麼東西做的？這些問題就送到學校來。這位老師滿有愛心、滿辛苦的，因為這個學校是全校學生都住校，所以，老師要留得很晚才能離開學校，不過他做的這個事情讓學生很有成就感，得到很多肯定。

介壽國中也有一個教學團隊，他們有一位老師是回教徒，各位知道回教徒一生最大的願望就是要到麥加朝聖一次，這個老師就到中東地區沿途蒐集資料，拍了很多照片回來，其中包括自然生態、人文資料、伊斯蘭文化的資料等，帶回豐富素材來和其他老師分享，他們還設計成非常有價值的課程，本來只想以兩次課程四個小時來介紹，結果發展成一個學期的教學課程。這個課程裡面還有生物老師的參與，

生物老師可以介紹沙漠地區的植物與動物。歷史老師則是介紹伊斯蘭文化的歷史。甚至公民老師也參與，他談回教婦女人權的問題。再加上一些軟體的設計，設計成賓果遊戲，出很多問題並獎勵答對的同學，這個軟體很有趣。

就像這個老師到中亞朝聖帶回來很多的資料，就可以與各科老師分享、合作，完成一套內容豐富的課程，而學生經過如此精心設計的學習，也會留下非常深刻的印象，這就是精緻教育的目的之一：達到高附加價值。

新興國中也設計了主題教學，讓學生擴大他們的學習內容。他們有一個活動就是中國新年的主題教學，剛好配合他們主辦的台北市英語老師與台北美國學校外籍老師的聯誼活動，於是，他們便訓練學生以簡單的英文接待賓客，介紹年菜的內容與春聯的意涵，這個活動讓學生接觸到不同的外籍老師，在他的學習過程中留下很深刻的印象。

在教學方面，台北縣福和國中也有一個創意的教學平台，更讓人敬佩的是他們平均教學年資在二十年以上的老師，居然都會架設自己的教學網站。

- **潘教授**

   這很難得喔！

- **張教授**

   很難得！所有的教學資源可以放在網站上面，學生也可以在家裡持續地學習，這是他們在教學方面結合網路科技，讓學生達到深度學習的一種做法。

- **潘教授**

   這讓我想到木柵高工，他們也花了很多時間把老師們的教材掛到網頁上，讓大家分享。所以，聽起來很多學校都是非常用心地經營。

- **張教授**

　　我相信還有非常多學校持續在做這個工作。在學生活動設計方面，像台北市逸仙國小因為在北投溫泉區，所以，在學生畢業之前，就讓學生學習泡湯的禮儀，同時要取得泡湯禮儀證書。我們會以為泡湯非常簡單，其實它還是有許多要求。另外，像媒體曾經報導的屏東縣鼻頭國小，他們的畢業典禮就是要潛水到海裡領取畢業證書，他們的家長都是九孔的養殖業者，因而很多學生都會潛水，再加上自然環境的配合，學校在學生活動的設計上就可以這樣安排。

- **潘教授**

　　等於是配合社區的特色，把它融入到學校的學習活動裡。

四、精緻教育的實例介紹──總務行政方面

◆ 科技化、人性化以及 e 化設施增加行政效能

- **張教授**

　　我們結合到總務行政上來看，其實我在台北市也有看過東湖國小為了節省電費，就把自來水抽到活動中心比較高的七層樓水塔，然後利用水位落差原理，自動供水到其他大樓去，這樣學校大樓就不必啟動抽水馬達了，也可以節省非常多的電費。另外，他們還有一種貼心的服務，就是室內的溫水游泳池，當學生游完泳要進教室上課的時候，時間都非常短促，所以，學校就在樓梯間空曠的地方，裝了高高低低十幾個往下吹的吹風機，學生可以根據他的身高選擇吹風機，很快就可以把頭髮吹乾，不容易感冒，這就是一種貼心的服務，也是一種非常簡單的設計，可是它得到的效果卻是一個高的附加價值。

　　而台北縣的板橋國中，他們設計了學生的網路登記，譬如玻璃破了、水龍頭壞了，在網路上就可以登錄，然後網路會將這些問題分配給負責修繕的工友伯伯。

- **潘教授**

  學生自己鍵入嗎？

- **張教授**

  對，可以鍵入。

- **潘教授**

  從哪裡鍵入？

- **張教授**

  他們可以利用學校提供的一兩部電腦。學校工友伯伯上班的時候，也要上網看今天的工作有哪些？負責的區域有哪些需要修繕？再加上一些增強軟體，在修繕之後，還可以勾選，給他一些掌聲或是鼓勵，這就是結合科技可以節省分派工作的時間，這也是在總務上可以做的一個有特色的設計。

五、精緻教育的實例介紹——輔導方面

- **潘教授**

  張教授談了整體校務、行政規劃、教務、總務，最後是不是請張教授談談輔導的部分？

◆ 教學活動結合義賣提高輔導層次

- **張教授**

  有一個學校值得向大家介紹，就是高雄立德國中，它有一個服務學習的活動，是親子共同設計一個愛心小天使的布偶，由媽媽和兒子、女兒一起做，縫愛心小天使。縫好了，就放在川堂義賣，如果賣出去，就會貼上新主人的名字；有一些賣不掉的，剛好有新光人壽社會服務部幫忙這個活動，他們會義購並捐出一筆錢做慈善基金。學生從這個活動當中，增進了親子的感情，並培養他們關懷助人的愛心。而老師為了鼓勵學生這樣的行為，也會親自做一個愛心小天使，但這

是非賣品,男老師也是一樣親自縫製愛心小天使,送給參與活動的學

生,讓師生之間的互動強化了!這個活動讓學生一生難忘,產生的附加價值也是相當高的!

- **潘教授**

　　這個活動也可以突顯性別教育,男老師也可以縫製這個娃娃。

- **張教授**

　　而且這是一個很令人感動的場景。其實我們處處都可以看到學校的用心,很多學校參加十二月十六號「精緻教育在台北」的研討會時也表示,他們做了很多這樣的事情,只是沒有用「精緻教育」這樣的名稱,但事實上,卻是他們平日都在進行的,而且各校各有特色!因此,我們給這些學校的建議是,不必做非常多,這不是一個口號,只是一種理念的實踐;不要花很多的時間與經費,只要衡量學校條件,在一段時間內專心發展一個特色。我們現在談「刺蝟原則」,是說專注某個時間發展一個特色就是成功!因為狐狸與刺蝟是一個相對的比喻,一個是三心兩意很聰明,可是它不專注,所以最後它還是沒有辦法成功。所以,學校在推動精緻教育或是精緻學校的經營時,只要鎖定學校的特色,在短時間內專注做完一件事情,發展這項特色,然後再想下一步要發展什麼?這樣才比較容易看到它的效果。

六、結語

- **潘教授**

　　今天非常感謝台灣師大教育系張明輝教授來一週教育論壇,談論非常多精緻教育的實例,我覺得只要用心就可以創造精緻。今天聽到這麼多的學校都在兢兢業業地創造出精緻教育,我們聽了真得很開心,希望還有更多的學校也可以動動腦筋,繼續思考如何讓精緻教育

的功能發揮更大。

第六篇：

學校發展故事

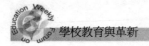

孩子的快樂天堂——湖山田園教學

主持人：潘慧玲（國立台灣師範大學教育學系教授兼教研中心主任）

與談人：何怡君（宜蘭縣湖山國小校長）

　　　　張更海（宜蘭縣湖山國小教務主任）

論壇日期：2004 年 01 月 04 日

❋討論題綱❋

【孩子的快樂天堂——湖山田園教學】

一、前言

二、湖山國小推動田園教學的背景

　◆ 迷你學校的另一個春天

　◆ 台北市推動田園教學的學校

三、田園教學的意涵

四、田園教學的實施情形

　◆ 為新進教師洗禮

　◆ 賦予孩子參與學校的機會

　◆ 提供教師專業成長

　◆ 分享辦學經驗

五、田園教學的實施理念

　◆ 學生為學習的主體

　◆ 尊重教師專業

　◆ 融合社區與自然的豐富資源

六、湖山國小的現況

　◆ 教師充滿人文教育理念

　◆ 以湖山為家，教師流動率下降

七、結語

一、前言

● 潘教授

今天要談的主題是田園教學。如果大家留意，可以發現台北市有幾所推動田園教學的學校，這些學校都小而美，也都有自己的經營特色，為了帶領大家瞭解田園教學，我們特別邀請到湖山國小何怡君校長與張更海教育主任來到我們節目。目前台北市有九所學校正在推動田園教學，從民國八十年就開始推動。請何校長或張主任談一談當時田園教學推動的背景，為什麼會想到用田園教學這樣的口號？它的意義與精神是什麼？當時是什麼構想？在什麼背景下要推動田園教學？請張主任先和我們談一談。

二、湖山國小推動田園教學的背景

◆ 迷你學校的另一個春天

● 張主任

我在民國七十五年就到台北市北投區湖山國小服務，當時全校人數加起來大概是七十人左右，算是一所迷你的學校，風景也十分秀麗，因此，有小陽明公園之稱，也有很多遊客常常會來湖山國小參觀。民國八十年左右，台北市市議員鑑於郊區幾個學校的人數很少，教育成本過高，所以，建議這些學校應該作廢，至於作廢後要做什麼用途呢？他們規劃了很多方向，最大的用途是作為單身教師的宿舍。

● 潘教授

這些單身教師從哪些學校來呢？

● 張主任

到湖山國小服務的老師，只要是單身都可以住在學校宿舍，我們認為如果能夠幫忙教師安頓生活，就會有比較多的時間來照顧學生，教學成效也會比較好。另外，我們還洽談了公車的部份，把我們的學

生免費接送到市區學校，包括天母、士林或是北投區的大型學校。如此一來就可以減少教育的人事經費，但我相信我們學區內的家長或學生一定不願意見到這種情形。

- **潘教授**

因為好不容易在自己的社區裡頭有一個小學，總是很不希望它會廢掉。所以，當時就是在學校規模太小、不敷教育成本的背景下，為了考量教育成本效益於是想要廢校，可是大家都不願意，因此，就得改變才行。不過，為什麼會用田園教學這四個字呢？

- **張主任**

假設不廢校，這些學校就要發展出自己的學校特色，有特色才能吸引家長讓孩子就讀這些小學校。因此，當時候教育局就請大家朝幾個方向發展：第一個就是學校要有特色，那時候大家覺得既然這些學校都位於郊區，享受大自然的資源，就把名稱訂為「田園教學實驗學校」。名稱訂出來之後，就要有很多人來分享，所以，第二個方向就叫做「開放學區」，凡設籍在台北市的家長和學生，就可以來這些學校登記就讀，我們用這兩個特色來吸引更多學生來到這些學校讀書。

◆ 台北市推動田園教學的學校

- **潘教授**

從民國八十年推動田園教學實驗之後，總共有八個學校，除了湖山國小之外，還有指南、平等、溪山、湖田、泉源、大屯、中美等國小，國家國小也在民國八十三年的時候加入，現在總共有九所田園教學的學校。這些學校全部都是國小，沒有國中嗎？

- **張主任**

當時還沒有國中，可是現在的北投區、士林區已經有國中加入，士林區有圖治國中和至善國中，這兩個學校也是採取開放學區，為了吸引更多學生來就讀，分享美好的資源，並且也考慮到教育的延續性。

- **潘教授**

這兩所國中與小學平常也有交流分享？對於如何致力於田園教學也有心得的交換？

- **何校長**

其實比較密切的聯繫是在這一兩年，我發現國中校長會希望我們來說明，譬如和家長分享學校的經營理念，也希望吸引這些田園教學小學的畢業生到田園教學國中繼續升學，而不一定要到傳統的、一般的國中升學。我發現在九年一貫課程推行之後，這些國中比較積極希望招收小型學校學生前去就讀。

三、田園教學的意涵

- **潘教授**

這樣就可以讓小學與國中的教育有延續性。如果我們回過頭來談田園教學的意涵，當時「田園教學」是大家集思廣益想出來的一個詞，您們如何定義這個詞呢？

- **何校長**

就我所知，起初之所以會有這樣一個名詞，是因為當時這些學校都處在山林田園之中，便用這樣的名稱。現在它指的是結合了學校本位發展的課程與當地特色及資源，也就是結合了學校附近的整體資源，加上老師的專業能力，並結合領域來做學校課程的研發。田園教學的學校做得較多的是戶外教學的部份，因為它本來就享有豐沛的自然資源與人文資源，可以透過教學走出教室，利用學校周邊所有的資源來進行各項教學活動。當初田園教學的定義雖然是這樣界定的，但事實上，如果從九年一貫課程的角度來看，我覺得它其實就是一種學校本位特色課程的研發，它的發展就不一定只限定在戶外教學，也可以配合領域教學來實施。

四、田園教學的實施情形

• 潘教授

因為湖山國小在何怡君校長之前的是龔淑芬校長,所以,何校長也是剛接任這個學校。不過,因為何校長從前就有很多課程發展的經營經驗,因此,我想何校長一定可以為湖山國小開創出另外一種風貌。接著就請張主任談一下,過去湖山國小的整體經營想法為何?

◆ 為新進教師洗禮

• 張主任

我們從八十學年度開始實施田園教學,何校長也說過田園教學結合了學校的大自然資源,將社區的地形地物或社區居民結合在一起。所以,首先我們絕大部分的時間都在做戶外教學,這時候老師的師資培訓就很重要。舉例來講,我們會為學校新進教師做一個新進教師座談會,其中的座談理念就包含了田園教學的師資培訓。再舉個實際的例子,我們會把學校老師帶到社區巡禮,我們把它稱作「湖山巡禮」,包括湖山國小的歷史、湖山國小的一草一木,以及社區裡面的姓氏來由,譬如這個地方居民姓吳,就叫「吳厝」,那個地方早先的居民姓廖,就叫「廖厝」。我們會帶著學校老師到這些地方實地走訪一次,同時資深老師也會做示範,利用走訪的機會將一些技巧傳授給新進教師,這是關於老師的部份。

◆ 賦予孩子參與學校的機會

• 張主任

關於學生的部份,以前推出過「小小解說員」制度。我相信各個學校也有小小解說員,但有個特色是湖山國小所開創的。以往有很多團體前來參觀我們學校,絕大部分都是由主任、老師甚至是校長來接待或做校園導覽,所以,是以老師的角度來看。假設今天我們把學生培訓成為小小解說員,由學生的角度來和大人、學生或長官做校園導覽巡禮,那種感受又不太一樣。舉個例子來說,在小朋友導覽的過程

中，他會告訴來賓他曾經和他的同學在這個地方有過美好的回憶，或者這個地方是他覺得學校裡面最快樂的一個地方。有個地方是我們學校人氣指數最高的地方，叫做木屋，這個木屋也是我們學校在台北市首創的，蓋在樹上面，這個地方就變成學校小朋友的祕密花園、祕密基地。當我們把來賓帶到樹屋的時候，會特別介紹，同樣地我們在培訓孩子的時候也會向小朋友說明。從專業領域來講，學生的能力一定有限，但是我們可以引導學生，跟學生說可以告訴來賓你在學校裡面發生的事情，你對學校的感受，甚至於是你所看到的景色也可以分享給我們的來賓，這是關於學生的部份。

◆ 提供教師專業成長

• 張主任

至於教材或研發的部份，我們也會和老師進行專業對話，會進修，我們每一年都會做一些研究專題或專題書刊書籍。從這幾個角度來看，我們實施田園教學十幾年來得到了外界很多的好評，到目前為止，到我們學校參觀的團體一年大概就有十幾個。

◆ 分享辦學經驗

• 潘教授

我們經常聽到外界的人士參觀您們學校，不曉得您們的感受如何？會不會不堪其擾？會不會干擾到日常教學的活動？

• 張主任

因為我們是學校單位，我們也希望和大家分享學校經驗。以前我們也曾想過如果很多團體來參觀，會不會造成老師的壓力或困擾？但最後，我們都認為應該讓老師盡量專心教學，參觀團體的部分就由學校行政單位來規劃。我覺得資源是共享的，有人有興趣到我們學校參觀、和我們分享，我們都很高興。

• 潘教授

我們很高興聽到湖山國小這麼樂於與外界分享教育耕耘的經

驗，而且小小解說員這個制度我覺得挺好的，讓學生有自己表現的機會。其實有些學校如果一直被參觀，會覺得學校好像動物園一樣覺得不舒坦。不過，有小小解說員就不是這樣了，小朋友可以談談他在這個學校的感受是什麼，而且故事裡還有他自己的親身參與。

五、田園教學的實施理念

• 潘教授

關於田園教學，您提到比較重要的是它如何結合社區環境、外在自然環境，來進行學校的課程規劃，這裡面不只是外在環境的融入，還有一些基本理念必須貫串。比如，如何帶孩子？課程怎麼發展？請兩位談談田園教學掌握的實施理念到底是什麼？

◆ 學生為學習的主體

• 何校長

談到田園教學，我們可以說它是以學生為主體，結合了校內外的人、地、物等有利資源設備和環境，配合兒童的身心發展，規劃鄉土的、人文的、自然的或田園的各項活動。當然，我們主要的目的就是希望透過孩子對周遭環境的覺知，來拓展他的學習領域，增廣他的基本知能與經驗，發揮潛能，讓孩子適性發展。因此，談到理念的部份，我覺得最重要的核心就在於學生，學生是一個學習的主體，這是我們掌握的第一個最重要的理念。

◆ 尊重教師專業

• 何校長

第二個理念就是教師專業，我們尊重教師的專業，讓教師依照其專業來做課程設計與教學設計，使學生得以適性發展。這幾年下來，我們也看到很多理論與流派，如果我們做一個整理，最重要的就是它是從自然主義的教育思維開始，希望反對人為、崇尚自然。譬如，我

們強調人文主義，所以，我到湖山的時候，發現湖山的老師眞的很愛孩子，這種愛是發自眞誠、自然的愛，雖然我在湖山的時間很短，但是我從沒有看過湖山的老師非常嚴屬地斥責學生，這是因爲老師們都是以一種人文的想法來尊重學生。進步主義的教育思想、後現代的課程觀，都是強調要尊重個別性與個殊性時，而我認爲這些在湖山老師的身上、他們的實際作爲上都可以看到。

◆ 融合社區與自然的豐富資源

● 何校長

我們在這種儉樸的生活中，欣賞大自然、瞭解大自然，或從大自然中體會新生生命。連外面的人進來湖山，都可以知道湖山的四季都有不同的美景，其實我們的孩子過得不是很奢華的環境，而是很簡單的環境。我問過家長，爲什麼把孩子從淡水、八里、金山南路、內湖那麼遠的地方送到這裡來學習，家長告訴我他覺得這樣的學校很像他小時候的學校，很簡單純樸、沒有很多污染、沒有很多人爲的環境，所以湖山本身的建築也都是朝向自然的建築來規劃設計。

總而言之，我們希望以孩子爲主體，尊重老師的專業，結合當地的資源與社會資源，來進行課程的研發與教學，讓我們的孩子眞的能夠找到自己的個殊性與自信、獨立，能夠開發自己的潛能。我們希望孩子能夠朝著全人的方向努力，做好自己，培養孩子成爲一個眞正的人，從這樣的發展角度，讓他很有自信、獨立地做自己，然後發展自己，相信自己有能力，可以爲他自己的未來做一些努力。

● 潘教授

湖山是位在陽明山國家公園紗帽山？

● 何校長

對，從我們學校就可以看到紗帽山，湖山國小面對著紗帽山，所以，每天的日出都不同。這麼多年觀察下來，我們發現一件有趣的事，就是春分、秋分，以及冬至與夏至時，紗帽山日出的地點都不一樣，

春分、秋分是從正中央日出，冬至與夏至是從側邊四十五度角出來，小朋友真的可以而且很準確地看出日出的方向確實有不同的變化。湖山的學生可以瞭解自然環境在一年中的更迭，花開花落，四季的變化非常明顯，而且周遭景觀也不相同。小朋友在湖山可以看到很自然的生物，例如很多鳥類，甚至很多蛇類，這些都是他隨手可觸及的東西，他接近的就是很自然的事物，而不是人工標本或教具等。他在這種環境下生活，其實最貼近自然，他的心也是很貼近自然，我們希望培養的也是這樣的孩子，他擁有對大自然的愛，同時就會對人有愛，對神的事物有愛，他就能夠真的有這樣的心去成為愛人愛己、愛環境的湖山人。

● **潘教授**

聽起來湖山的小朋友挺幸福的，整個自然環境的更生循環與生命的變化，他都可以體會得到、知覺得到。

六、湖山國小的現況

● **潘教授**

您提到湖山的老師們很愛學生、尊重學生，不曉得這個文化是怎麼形塑的？因為你們有不同的發展階段，民國八十年之前是一個階段，民國八十年之後田園教學是另一個階段，這是一個歷史文化的傳承？還是其他的原因？因為小型學校老師的流動率通常非常大，我不曉得湖山國小是什麼的情形呢？

◆ **教師充滿人文教育理念**

● **何校長**

我先舉一個讓我覺得很感動的例子。我們常常參加很多台北市的比賽，在比賽現場會看到教練為了強調要獲得冠軍、亞軍，會斥責學生、罵學生或責備學生，當學生沒有打好球或表現不好的時候，教練就會很兇惡地罵孩子，很令人於心不忍。可是，今年我們參加台北市

躲避球賽的時候，張更海主任是教練，我在現場看到他並沒有發脾氣，雖然有時候他也很緊張，但是他卻不會對小朋友發脾氣。我們的小朋友跑來跟我說：「校長，你看那個教練一直在罵學生，一直在罵孩子」，我們的孩子都嚇了一跳，問為什麼教練會這樣？輸贏有那麼重要嗎？我們快樂地來打一場球賽不是更好？為什麼要為了得冠軍而責備孩子？甚至有時候還會口出三字經。我回來就與更海主任分享，告訴他們：「你們的教育是成功的，你們對待孩子的態度是對的」。

我從中大型學校來到湖山國小，看過太多教練為了爭奪冠、亞軍，而對孩子惡言相向，這些都讓我很痛心，都是一種反教育，甚至讓孩子覺得再也不喜歡打球了，孩子成為大人的工具。但是湖山國小卻不是這樣，我們讓更海主任談一談，更海主任在湖山國小十八年，是湖山的重要人物，我們都說他是湖山之神。更海很早就當主任，可以請他說明他如何培養老師或與老師們互動，讓大家具有人文素養？

◆ 以湖山為家，教師流動率下降

• 張主任

剛到湖山國小的時候，老師的流動率真的蠻高的，可能是因為我到湖山國小之後才止住這個潮流，不再有老師調動。為什麼呢？我想我發揮了很大功能，因為我以身作則。我在那邊認識了我太太，她也是老師，然後我們就在那邊結婚生子，之後有一些老師也效法我們。這是一種好的學習，因為這樣一來老師就會把學校當作一個家，讓孩子在這個地方出生，甚至在這裡受教育，這個地方就變成他的根。我們會有這樣的想法是因為先喜歡這個地方，接著就會愛上這個地方，主任當然要身先士卒，先做一個示範。

為什麼我說自從我來了之後就止住了這個潮流，這是有數據的。民國七十五年我到湖山國小任職，接著當兵，退伍後回到學校。在我結婚之前，絕大部分老師都只把湖山國小當作一個跳板。以前有所謂的「調動」，但是調動要看積分，郊區學校的積分比一般學校來得高，

也就是說今天這個老師到我們學校來，他的積分就會比較高，積分高了之後就比較容易調到他心目中所謂的明星學校。我就沒有這個想法，或許是因為我來自山上，比較鍾愛山上的學校，以我的角度來看，我很喜歡這個地方。以學生的角度來看，他們也很喜歡這個學校。舉例來說，有一次很多家長跟我說：「奇怪，今天已經是禮拜六、禮拜天，都已經放假了，小孩子還說要到湖山國小來玩。」爸爸媽媽跟孩子說：「你每天都在那邊玩，禮拜六、禮拜天還要去那邊玩嗎？」孩子就回答「對呀，因為我真的很喜歡我的學校」。再舉一個例子，來湖山國小參觀的團體經過小小解說員解說之後，學校會希望這些參觀的大人們寫下感想，留下一些紀錄，他們的紀錄裡面都會提到湖山國小的小孩真的好愛這個學校，因為從言談中就可以感受到湖山的孩子真的很愛湖山國小。

七、結語

● 潘教授

聽起來湖山國小真的有很多令人喜歡的地方。老師非常喜歡小朋友，散發出情感的關懷，小孩子受到尊重，可以表達他自己，湖山還有好山好水，豐富的人文關懷，是令人嚮往的天堂。下次論壇我們要請兩位繼續為我們分享湖山田園教學的細部內容，看看為什麼湖山的孩子這麼喜歡上學！

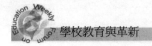

田園教學的課程設計——湖山國小的故事

主持人：潘慧玲（國立台灣師範大學教育學系教授兼教研中心主任）

討論人：何怡君（宜蘭縣湖山國小校長）

　　　　張更海（宜蘭縣湖山國小教務主任）

論壇日期：2004 年 01 月 11 日

✸討論題綱✸

【田園教學的課程設計——湖山國小的故事】

一、前言

二、湖山國小的發展歷程

◆ 湖山國小的學校規模

◆ 湖山國小的階段性發展

三、湖山國小的課程設計

◆ 自然學習步道

◆ 隨機教學

◆ 校際交流活動

◆ 與九年一貫課程銜接

四、湖山國小遭遇的困境

　◆ 早期困境——師資流動太快、學習時數限制、田園教學定位不明

　◆ 現今困境——教師多元專長提升困難、經費困窘、研習進修侷限

五、結語

一、前言

·潘教授

　　大自然的美好與人文情懷，會讓孩子的性情開朗、溫和，湖山國小就是這樣一個小而美，仿若天堂的學校。今天，我們繼上次論壇邀請到湖山國小何怡君校長與張更海教育主任來談湖山國小的田園教學經驗，今天還要請他們來具體分享湖山的課程與教學，究竟湖山有何魅力，讓孩子這麼喜歡，甚至在週末都流連忘返？首先，我們先請兩位說明湖山國小的規模如何？

二、湖山國小的發展歷程

◆ 湖山國小的學校規模

● 何校長

　　目前湖山國小的小學部有六個班，學生人數是一百三十五人。幼稚園有一個班，總共三十個學生，另外還有融合式的資源班，所以，學生都在普通班級裡面。在教職員工部份，總共有二十七人。其實我們也知道台北市的教育資源比較豐厚，和台灣其他縣市比起來確實是好很多。

◆ 湖山國小的階段性發展

● 潘教授

　　對照這樣的學生人數來講，在教職員工人數上確實是不錯的。湖山國小從民國八十年推動田園教學，到現在已經十幾年了，是不是有一些發展的階段？田園教學剛開始的時候可能注重戶外教學、田園教學的環境、自然環境的體驗，慢慢地九年一貫課程進來，就可以配合很多課程領域的設計。就何校長的分析，您認為湖山國小有沒有歷史階段性的發展？

● 何校長

我覺得湖山國小田園教學的發展確實有它的歷程。剛開始談田園教學的時候，比較強調讓同學親自體驗。我們從種菜開始，但還是產生了一些爭議，從大學區來的孩子，他們的家長很喜歡讓孩子種菜，體驗農夫的辛苦或耕耘的歷程。但是，對在地的家長來講，他們覺得我的孩子每天都在種菜，還叫他來學校幹嘛，孩子來學校是要學習知識的。所以，早先是有一些衝突，或者說因為彼此觀念不同，而有不同的想法。慢慢地，我們將各種不同觀念整合起來之後，其實除了強調植物的植栽之外，更重要的是觀察，走到戶外的自然步道瞭解與體驗大自然，而且也強調培養孩子思考能力的教學或環境教育的提升，慢慢地可能更強調美學的觀點，就不一定是自然教學，可能從自然教學到鄉土教學，甚至到整個人文藝術教育的發展。

在這樣循序漸進的發展過程中，當然也會強調基本教育、建立孩子基本能力，但我們最核心的教育理念是以兒童為主的身心健康發展或能力建立導向，而不是以知識學習的多寡或記憶背誦了多少東西。當然，每一個學校的狀況不太一樣，譬如湖山國小的願景就是自然體驗及生活，希望孩子能夠自然體驗、體驗學習，然後學習生活，最後生活自然，這是一個很好的願景。我們希望學校有它自己的特色發展，而它也確實經歷了好幾個不同階段的發展，從認識學校植栽栽種，到所謂的步道學習，再到環境教育的推展，然後到鄉土教學、人文藝術教育的發展，一直到現在所謂的九年一貫課程。湖山國小從一個體驗課程到以能力的建立為主的課程發展，經歷了不同的階段，有不同的使命，但都是站在一個以學生為主體的考量來做課程的發展與設計。

三、湖山國小的課程設計

• 潘教授

如果從實際面來說，整個湖山國小的課程設計要如何安排，才能讓孩子可以自然體驗、學習生活，在各個面向都有所成長？

• 張主任

湖山國小因為在大自然的環抱裡，我們希望小朋友都能夠跟大自然互相尊重，愛惜大自然的一切，因此，在所有的教學向度裡面，可以分以下幾個部分。第一個是自然學習的步道。第二個是隨機的教學。第三個是到菜圃種菜，體驗種菜的樂趣。第四個是遊湖山的巡禮。第五個是校外教學活動。第六個是小小解說員的訓練。第七個我們希望把方向和距離拉大一點，就是大手牽小手，做一些策略聯盟的部份。第八個是有關老師的進修研習部分。第九個則是按照九年一貫課程的精神，發展學校其他部分的特色。

◆ 自然學習步道

• 張主任

在自然學習步道部份，我們希望孩子一年級時能夠認識大樹，二年級認識學校的果樹，三年級認識學校的水生植物，四年級認識學校的有毒植物，五年級認識學校的蕨類植物，六年級就認識學校的草本植物。舉一個實施的方式來講，比如一年級學生要認識學校的大樹，由於我們學校有很多大樹，包括楓香樹、亞歷山大椰子樹或者是櫻花樹等等，在教學的時候除了認識它叫什麼名字之外，還要孩子體驗它。老師在教學的時候可以跟孩子說閉上眼睛聽聽看，在某一些大樹底下的聲音就是不同，或是閉上眼睛聞聞看每一個樹種的味道也是不同，甚至於抱抱這些樹。亞歷山大的表皮與櫻花樹的表皮就是不一樣，有的小朋友形容亞歷山大椰子樹的樹皮就像年輕的小姐一樣，皮膚很光滑美麗，櫻花樹就是歷盡滄桑、風霜與雨水，所以，表皮比較皺、比較多顆粒，感覺起來便有所不同。我們希望老師在每個年級的

教學裡面，都可以帶領孩子深入體驗它。

- **潘教授**

這樣聽起來，您們校園裡面有很多不同的植栽，這是長年累積起來且刻意培養的嗎？

- **張主任**

對，這個部分是我們長年累積和培養出來的。譬如學校有很多果樹，既然我來到湖山國小，就招待一些市區的學生來湖山國小參觀，結果他們看到水果，才知道原來草莓不是長在樹上，因為之前他們都只有在超市才看到水果。這些市區的學生到了湖山國小之後，才發現原來香蕉長出來的位置跟我們想像的不一樣，原來地瓜一定是埋在地裡的。湖山國小的果樹很多，包括楊桃、枇杷、芭樂、橘子、柚子等，這些水果都是我們所刻意種植。另外一個部分是蕨類植物，陽明山非常適合蕨類的生長，湖山國小的蕨類植物也有很多種類。在水生植物的部分，湖山國小也會刻意購買水生植物，或者請當地的社區人士送給湖山國小。這些植物的樹種，都是我們學校這些年來努力栽培的成果，才能夠像現在這樣，從一年級到六年級，分成六大類來進行教學。

- **潘教授**

我曾經在您們的網頁上下載，發現您們把很多不同的蕨類、有毒植物或草本植物都做了說明，並且分類它到底是什麼樣的性質，可見老師們花了非常多的時間來做這些工作。剛剛聽到湖山國小不只是自然環境的培養而已，還配合了整個課程設計來進行教學，所以請您們談一下隨機教學的部份？

◆ **隨機教學**

- **張主任**

我們的老師通常都做隨機教學，比如蛇類是夏季的動物，不可能在冬天抓蛇。以往我們進行蛇類教學的時候，會把蛇抓來讓全校的小

朋友看過一次，再把它製作成標本，現在為了尊重大自然的生命，便不將蛇製作成標本。只要是抓到蛇類，我們就提供給幼稚園以及一至六年級的學生觀察，如果是無毒的蛇，還可以讓小朋友輕撫它，甚至繞到脖子上。但抓到有毒的蛇時，我們就會告訴小朋友看到這些毒蛇的時候，千萬不要抓它，所以，我們教學時不教如何抓蛇，而是告訴小朋友假如看到蛇的話就要通知老師。

很多人問我說湖山國小有那麼多蛇，有沒有人被蛇咬過？當然有人被蛇咬過。那位被蛇咬過的老師已經退休了，當時因為他要抓蛇，而蛇有防禦性的反應機制就會咬他，因此，我們會教學生千萬不要抓蛇。同樣的，我們也教學生認識蜂，我們學校有好多的蜂，只要是夏季，我們的沙坑附近就有很多的狩獵蜂，這時候學校總務處就會用黃色警戒條把它圍起來，讓小朋友不要太靠近，不是怕學生被咬，而是為了不要破壞這些蜂繁殖的地方，他們是在地底下繁殖的。

很多人會問我湖山國小在陽明山上，會不會下雪？其實我們學校的高度才三百多公尺，並不會下雪，但是會下冰霰，也會起霜。湖田國小是台北市最高的學府，記得有一年，當我們發現附近已經開始下雪的時候，就動員所有的家長，聯絡所有的交通車，大概都是私人轎車，把全校一百多個人載到竹子湖，甚至跑到竹子山上去等待，看看會不會下雪。然而我們左等右等，就是沒等到，因為水氣不夠，但那是一個很好的體驗，也可以測試一下我們學校與家長之間的互動，是一個很甜美的回憶。因此，在隨機教學的部分，並不是老師今天想教什麼樣的動植物，就可以拿得到這些動植物，不過只要是出現過的動植物，都可以做隨機教學。

● **潘教授**

所以，老師也要有這個智能，否則很難做隨機教學？

● **張主任**

基本上，學校有好幾個老師服務了十幾年，也有服務十年內的老

師，也有新進一兩年的老師。以這個結構來講，資深老師就可以負責帶領比較資淺的老師，互相教導、互相學習，因此在設計教師進修的部分，我們就會特別加強這方面的教學。我們學校以前有一個活動叫「好康道相報」，也就是說一個禮拜有兩天，學校所有老師在放學後繼續深入探討動植物或動物，並互相分享。

- 潘教授

有沒有什麼是學校老師都要具備的共同智能，使得他們比較容易進行隨機教學？

- 張主任

我們剛開始進行田園教學的時候，很多人誤以為這個學校只有種菜。目前學校還有到菜園裡種菜，絕大多數老師在種菜這個部分應該都沒有問題，從翻土到播種、施肥，一直到觀察、收成，這些都沒有問題。

- 潘教授

不過，他們還是要先接受訓練對不對？

- 張主任

有，新進老師進來一定有新進教師訓練。

- 潘教授

所謂「種菜」就是讓小朋友真正體驗整個種菜的過程？

- 張主任

基本上，除了體驗整個種菜過程之外，我們也很重視小朋友的觀察能力，要小朋友做觀察紀錄。比如，一天之內植物可能都會長個幾公分，有的老師就會把菜圃分成對照組與實驗組，有的植物施肥，有的不施肥，有的植物會有蟲咬，有的植物澆化學農藥等，之後的結果一定不一樣。有些老師會把所有的菜分給學生，讓他們帶回去煮給爸爸媽媽吃，當然爸爸媽媽一定有不同的感受。舉個例子來說，有的小

孩子從來沒煮過飯菜，尤其是煮菜，學生把菜帶回去親自煮的時候，媽媽都很感動，覺得孩子竟然會煮飯菜給她吃，吃下去的感覺很不一樣。有的孩子鹽巴量抓不準，放太多鹽了，父母還是很感動，覺得這個味道很濃，代表濃情蜜意。有的孩子放很少鹽，味道很淡，父母就會認為是孩子體諒爸爸媽媽的身體，所以，不要放太多鹽巴。我想這就是另外一種收穫，增進親子之間的互動。也有老師辦類似同樂會的活動，並請家長來共襄盛舉，使親師生的互動更融洽。

● **潘教授**

藉此認知、情意、技能各方面的學習都在裡面。除了前面談的課程設計，還有哪幾點可以請張主任繼續補充說明的？

◆ **校際交流活動**

● **張主任**

跟大家說明一下我們學校比較有特色的部份。我們希望孩子在具備知識重組之後，能夠擴展生活領域，因此學校會辦理校際交流活動。從民國八十八年開始，我們就把眼界擴展到台灣甚至外島。八十八學年度，我們帶領五、六年級的學生到台東與新興國小進行校際交流，體驗當地原住民文化和原住民生活；八十九年度，學校就帶領高年級學生到馬祖體驗當地的戰地文化以及神秘的色彩，感受一下外島、離島的生活；九十學年度，我們帶領學生到澎湖縣交流，讓學生感受多采多姿的海洋文化；九十一學年度，我們帶領學生到高雄縣福安國小進行交流活動，讓學生體驗客家文化；九十二學年度的時候，我們又帶領高年級學生到台東縣蘭嶼鄉和當地的學生進行交流，體驗達吾族永續經營的理念。我們希望借用大手牽小手的活動，把學生的視野擴展到更寬闊的地方，感受不同的文化，體驗不同的文化，我相信這些體驗可以讓學生的生活歷程更加完整。

◆ 與九年一貫課程銜接

• 潘教授

　　這麼多不同的課程設計要如何與目前九年一貫課程不同領域的學習配合呢？

• 張主任

　　在九年一貫課程銜接上，我們通常都會舉辦一些活動，融入精神領域。例如辦理禮儀日活動，去年中天電視台還曾經來到我們學校進行直播的活動。有關禮儀的部份，我希望我們學校的學生都非常地有禮貌，因此，大概每個月湖山國小都會設計一個禮儀日的活動。在禮儀日當天，學校會有一個主題，比如「說請、謝謝、對不起」，或是說話的禮儀、交通車的禮儀等。學生還要在禮儀當天穿禮儀日的服裝，也就是男生不能穿Ｔ恤，一定要穿襯衫，女生一定要穿裙子，學生可以自己選擇款式，那一天也不排體育課，為的是希望我們的孩子可以非常活潑，也可以有靜態的一面。

　　當然，老師也要以身作則，所以男老師要像紳士，要穿西裝、打領帶，女老師也一定要穿禮儀日的服裝，必須穿裙子。藉著這些課程設計，我們和小朋友分享，希望學生能更知書達禮，變得更好，這是第一個部分。第二，我們學校有駐校藝術家活動。今年的駐校藝術家活動請了三個不同領域的專業人士來學校教學，第一個領域是視覺藝術，第二個領域是音樂，第三個是表演藝術，我們將這三個不同領域結合在一起來教導學生，希望藉由三個領域的刺激，讓學生在藝術領域裡有更大的收穫，這是藝術與人文課程設計。每年年底學校也都會舉行歲末感恩活動，在這個活動裡面，我們希望孩子能夠自己做東西回饋給周遭的人，比如自己製作一些禮物或飾品，分享給全校小朋友及家長，這是我們每年年底的感恩活動，讓學生有感恩的心境。

• 潘教授

　　如此聽來，湖山國小真的透過很多不同的學習活動來幫助學生成

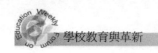

長。湖山國小在民國七十九年的時候，聽說只有五個小朋友，經過十幾年來的努力，田園教學的實驗也允許其他台北市設籍的孩子到湖山國小來就學，所以現在已經有一百三十五人了。在小學部部份，擴增的成長速度算是很快的，外地的學生佔了多少比例呢？

• 何校長

目前的比例大概是五五到六四的比例，每年學校的狀況不太一樣。其實隨著大家對教育觀念的改變，越來越多家長能夠接受這種課程改革的想法，他們就會把孩子送到像湖山國小這種比較偏向自然教學的田園學校來。目前學校本地的學生和外地的學生大概也是六四比例。

四、湖山國小遭遇的困境

• 潘教授

六成是外地來的？十幾年這樣做下來，您們有沒有歷經什麼困難？如何突破呢？

◆ **早期困境——師資流動太快、學習時數限制、田園教學定位不明**

• 何校長

之前我也在台北市北投區泉源國小服務過兩年，那也是個田園小學學校。如果我就一個外人的角度來看，可能可以看到學校的歷史發展。我認為田園教學早期的困境就是師資流動太快，很多課程沒辦法延續。再者，課程本身學習時數的限制，侷限了學校的發展空間，因為以前沒有彈性課程可以讓老師們發展。另外，田園教學的觀念與定位不明確，剛開始只是希望延續學校的發展，所以，訂了「田園教學」這個名詞，可是這個名詞到底應該包含什麼內涵與教學內容？可能還需要大家邊做、邊想、邊學，老師也因為這種實驗的定位不明，無法

像定位明確的國語實小、市師附小那樣辦理。這些是田園教學早期的困境。

◆ 現今困境——教師多元專長提升困難、經費困窘、研習進修侷限

• 何校長

以現階段來講，國中小已經實施了九年一貫課程，所以，現在的困境反而是如何提升老師專業的能力或是老師第二、第三專長的發展。現在多半強調多元發展，孩子需要接受多元的教育內容，老師的專業可能已經不足以呼應，故需要更多的專業來協助或支持老師，讓老師的教學可以更順利。在困境部份，早期還有交通車的問題。要家長接送孩子上學其實非常辛苦，這幾年台北市政府設有學生專車，因此，我們可以到四個定點接孩子上山來，家長只要把他送到那個地點就可以了，這個問題已經解決。另外一個長久以來的困境就是經費的問題，雖然台北市的教育經費相較於台灣各縣市來說已經好很多，可是對於實施田園教學的九所小學來說，如果希望在九年一貫課程裡，還能擔負小型學校的實驗課程，就某部分研究經費來講還是不足的。田園小學沒有辦法像國語實小、市師附小一樣，額外獲得教師的編制。還有一個問題是教師進修與研習，我們希望發展所謂的「策略聯盟」，因為田園小學的人數畢竟比較少，要請一位教授千里迢迢上山來還是有點困難，因此，如何整合附近的學校，或者和山下中大型學校進行策略聯盟，一起進行領域的進修或團體教師進修，就是田園小學未來發展的方向。至於學生的招收方面，我們還是會持續努力，希望讓更多孩子喜歡湖山國小這樣的學校，讓這樣的學校得以存在，讓它成為教育的希望與可能性。

• 潘教授

現在田園教學是不是已經不冠「實驗」兩個字了？

- **何校長**

  對，但是它延續了九年一貫課程的實施。

- **潘教授**

  也由於延續九年一貫課程的實施，是不是使得原本實驗所補助的經費現在就沒有了？

- **何校長**

  對，所以對這樣的學校來講，經費確實是個困境。

五、結語

- **潘教授**

  不過，從另一個角度來看，大家也體認到您們對田園教學所做的努力，看到了成效，基底已經奠定就不需要額外補助經費了。今天非常感謝湖山國小何怡君校長與張更海教育主任來到一週教育論壇，談了這麼多有關於湖山國小的故事，希望湖山國小能夠一直堅持它的教育理念，帶給孩子快樂的學習經驗。

潾潾漁光假日學校

主持人：潘慧玲（國立台灣師範大學教育學系教授兼教研中心主任）

討論人：郭雄軍（台北縣漁光國小校長）

論壇日期：2004 年 01 月 18 日

❋討論題綱❋

【 潾潾漁光假日學校 】

一、前言
- ◆ 漁光模樣
- ◆ 潾潾魚光

二、漁光國小的轉型
- ◆ 淡蘭古道旁的小學校到人煙雜踏的假日學校

三、假日學校的開辦歷程

四、假日學校的理念
- ◆ 體驗的學習天地
- ◆ 學習旅館
- ◆ 耕一畝良田栽培漁光，栽一株禾苗教育學子
- ◆ 坪林產業課程化、漁光課程產業化
- ◆ 好山好水好漁光，讀天讀地讀十方

五、結語

一、前言

‧潘教授

接續上個禮拜討論田園教學，今天鎖定的主題是「假日學校」。我們要談一談位於台北縣坪林鄉的漁光國小。漁光國小招收外地學生前來遊學，開辦假日學校，使漁光的風華得以再現，近幾年也走出它另一條路。今天，我們邀請漁光國小郭雄軍校長來到一週教育論壇談談漁光國小。我們在報章雜誌上看到漁光國小的相關報導，可否向大家介紹目前漁光國小的學校規模大致如何？

◆ 漁光模樣

‧郭校長

漁光國小是一個非常特殊的學校。首先，它位於坪林鄉山區，從坪林茶葉博物館到此處還需 6.5 公里的車程。它位於翡翠水庫水源區內，正因如此，學校規模非常特別，目前是全國最迷你的學校，共有九位學生。

‧潘教授

那麼老師有幾位呢？

‧郭校長

這九位學生是分散在二、四、五、六四個年級內，並分成三個班；編制規定是一比五，所以共有五位老師。

◆ 潾潾漁光

‧潘教授

漁光這個名字的來由是什麼呢？旁邊有溪流嗎？

‧郭校長

這是十分有趣的。一般人看到漁光，以為是在海邊，就像教育部有一位官員就以為漁光在海邊，要「乘風而來，破浪而去」，後來

他知道是在山區，是「溯溪而來」。漁光的位置是在翡翠水庫的上游管制區內，早期沒有環境污染，水質清澈。當地有一種名為苦花魚的魚類，有人說它是水中的螢火蟲，早期沒有光害，人口很多，連路燈都不太存在，所以，月圓之夜可看到水面上有許多水中螢火蟲。苦花魚有兩個特色：活動在水面時很愛現，而且非常需要生長在水質良好的地方。附近剛好有一個大溪灣，早期因為看到魚在水面上活動、反光，故稱為漁光。

• 潘教授

　　郭校長的描述真的讓我們腦中浮現漁光潾潾的樣子。

二、漁光國小的轉型

• 潘教授

　　您提到因為水源區的限制，使得附近居民無法遷往別處，您也提到轉型的工作，可否先談談轉型之前漁光國小的大致情形，及促使您想將其轉型的原因？

◆ 淡蘭古道旁的小學校到人煙雜踏的假日學校

• 郭校長

　　漁光國小從民國九年創校至今已有八十四年的歷史，早期這個地區的茶葉工業興盛，但交通並不是很暢通，只有步道，如其中一段的淡蘭古道就經過學校。當時學校共有兩三百位學生，後來路開通了，隨著翡翠水庫的建造，此處列為管制區，二十年來學生人數日漸減少，最近幾年尤其明顯。前幾任校長時不斷有廢校的傳聞，至少已有五、六年。

• 潘教授

　　因為學生人數少，需要投注的教育成本便不符合效益的原則，這的確是人數少的學校必須面對的問題。那麼，您們近幾年又如何進行轉型呢？

- **郭校長**

最近教育經費減少，成本問題確實是值得注重的。我們學校學生的教育成本一年將近一百萬，我們也很了解這些都是納稅人的血汗錢，非常珍貴，但是我們學校還是有它自己獨特的背景。正如台大陳校長維昭所講的，在都會區中有許多老建築、老教授的宿舍，有人認為這些是不符合都會發展的需求，希望將其改建成高樓，但這是都市的回憶，有其保留的價值。偏遠地區的小學通常有過繁華的時代，但因為社會的轉型、產業的發展等諸多因素，像漁光，當初也有許多民眾居住在那裡，我把它稱作是「古蹟」，八十幾年了，再過幾年也就一百年了，有許多老人家的回憶是在那兒。像漁光這樣的學校，全台灣各縣市有很多，我所知道的就有五、六百所，這些學校都是因為產業的關係而興盛，後來人口漸少，於是有些縣市就開始進行裁撤的工作。

- **潘教授**

這幾年我們真的必須考量學生流失嚴重的問題，學校要如何做才能改變風貌？對於小校，有人認為要廢校，但它又有其存在的必要性，社區家長也會反對廢校，而且小朋友要何去何從呢？也有人提議將小校與它校一同裁併，您們的想法是什麼？

- **郭校長**

我認為學校不宜維持現狀，維持現狀不僅未達到教育效益，對於學生的人群關係、群體互動、甚至同儕的刺激都是不良且不足。但也不宜輕易裁併，這的確是一個難題。當時我提出一個非線性、非制式的思考行動。過去的觀念認為學校是為學生存在的，學生有多少，學校就教多少，學生不在了、學校也就消失了。但是後來我經思考發覺，學校和產業有點類似，沒有生產時，有些產業就會停擺，但有些產業還是依然存在。舉個例子，我有一個非常要好的朋友，在鶯歌從事陶瓷業，在大陸的競爭下，許多人都不看好這樣的產業，覺得這只

不過是一些瓷磚、生活器皿等產品罷了。不過我的朋友開拓了另一個市場，將陶瓷轉向生活化、藝術化，他做的非常成功。我們也可以將產業的概念套用在教育上，學校可以不僅被設定是為校內十來位學生而存在，也可以有機會為校外的學生服務，這是我最初想到的概念。

三、假日學校的開辦歷程

• 潘教授

　　那麼您們是從何時開辦這樣的活動？

• 郭校長

　　我們是從民國九十一年暑假開始規劃籌備。

• 潘教授

　　台北縣為了解決偏遠學校的問題，在九十二年度擬了一個計畫，談到這些學校可以做一些不同的試驗，遊學便是其中之一。剛才您也提到在民國九十一年下半年便開始籌畫，民國九十二年初便開始實行，您所提的是否就是台北縣教育局的這個計畫？

• 郭校長

　　這是一段既心酸又欣慰的過程。當時漁光是台北縣最迷你的學校，面對廢校的壓力最大，身為校長，總是要想些解決辦法。當時教育局長官並不是很看好我們學校，局內事務又多，漁光只是其中之一。現任潘局長上任後，慢慢了解情況，一年之後認為漁光的方式滿符合教育經營的方式，將教育當作產業經營，就會有經營策略、專業品質、市場行銷等，一般國民教育很少提到行銷的部分，漁光是第一所，這樣一來便可製造教育產值，也得到媒體很大的支持。聲望提高之後，教育局考量到台北縣內好幾十所這樣的學校，將來會面對人口結構的降低，我們不可能消極地等待學生的流失，而潘局長也有一個非常好的概念，他將台北縣內各鄉鎮地區的產業藝術文化結合起來，

於是就集結了二十幾所博物館。這些偏遠地區學校都有自己的特色，有其文化、當地產業，把它們整合起來，便是非常好的學習素材，因而在經營上，配合著節慶活動，有交流、學習等形式，使偏遠學校的經營模式有所移轉。

● 潘教授

若要為外校服務，便需要利用假日，這就是您當初想到「假日學校」的源起。您們是全國假日學校的首創嗎？

● 郭校長

我不敢這樣說，只是認為星期一到五小朋友在原來的學校上課，假日時，家長會帶小孩到坪林旅遊，平常這個地方山頭比人頭多，假日時卻是車水馬龍。曾經有一個案例，有個台北市光復國小的孩子非常喜歡漁光國小，家長便商量希望能在此借讀兩、三天，自己在旁邊等候。面對這樣的情形，我感到頗為感動。一般人談到旅遊、遊學都是到國外，但是漁光若可以利用假日讓外地家長帶著小朋友來此學習，這也是教育價值之一。

四、假日學校的理念

● 潘教授

漁光籌備計畫之初，正是您剛上任的時候，但在這之前您也在漁光待了很長的一段時間，非常了解漁光的歷史、如何轉型。接下來想請問，您是以何種理念帶動、經營漁光國小？

◆ 體驗的學習天地

● 郭校長

我那時認為一方面要讓他們擁有旅遊的愉快歡樂，一方面既然是學習，就要有學習的嚴肅和規劃，其實這兩者是互為衝突的，但是我希望能夠合而為一，既要掌握育樂營的性質，又要有體認性。國外

也有學習典範，例如戶外教學、外展學校、體驗式學習活動等，我們也都廣泛參考他們的做法。我們認為小朋友來這邊是要生活體驗、學習，平時教育分成學校、家庭、補習班式的學習，而小朋友平時也是接觸這些素材，因此，我們希望找出一種素材是上述三種都無法提供的。

◆ **學習旅館**

• 郭校長

另外，我們經常鼓勵小朋友多閱讀，這往往是指到圖書館、書局找一些書籍、出版品來讀。但我將「讀書」的概念引申為：像漁光國小本身就是一本立體的書，必須親自到這裡才能閱讀到，時間或長或短皆可。過去，也有台北市小孩的一日遊，利用平常時間，由老師和家長帶領，到這邊來旅遊學習，我們也有二日遊的行程。這些都是一個學習的過程，我們會規劃一些學習的素材，把它當作「學習旅館」。一般小朋友從小一至小六都待在同一個國小，但是學習旅館可以讓孩子利用假日出遊，到這個地方短暫地學習停留。也有小朋友這個月到漁光、下個月又到某個海邊學校，當孩子可以走遍台灣各地，

就等於讀了許多書，而這也就我們說的：讀萬卷書，行萬里路。

◆ **耕一畝良田栽培漁光，栽一株禾苗教育學子**

• 潘教授

我上網找了一些資料，其中有許多非常動人的語言，如「耕一畝良田栽培漁光，栽一株禾苗教育學子」，請您來談一下。

• 郭校長

大型學校雖然也尊重個體，但是在一個很大的群體中，校長是無法看到每一株禾苗，而僅能看到群體。而漁光因為規模很小，所以，我要讓學校的每一片土地都有教育的意涵。小時候我家務農，田的角

落是牛耕不到的死角，必須由人親自耕犁這些地方，不能有死角。苗播下去後，成長不好的苗是要替換的，最後整片田地才會看起來很整齊。漁光場域也很漂亮，學校範圍不是太大，大約零點八公頃，但其週邊資源很豐富，我常常譽稱我們有全國最大的操場，五千公尺，產業道路也剛好經過山景、茶園，風景十分優美的地方，這是上天賜予的豐富學習資源。可惜我們的學生很少，可以利用的人也很少，所以，我才希望是漁光是一畝良田，在零點八公頃內的景觀、生態園區，以及周邊方圓五公里的地方當作我們的良田。但是耕良田只是一種手段，最重要的是栽出禾苗，從六歲到十二歲一共六年，或者外地來的學生從早上到下午短短數小時，我們都希望他們能從這畝田中吸收到良好的養分。

● 潘教授

　　在漁光國小，每個孩子都是被珍視、重視的，當作一個單獨的個體發展。

◆ 坪林產業課程化、漁光課程產業化

● 潘教授

　　另外，在坪林鄉附近也有許多產業、茶園，您們如何引進配合這些社區原有的資源？

● 郭校長

　　之前談到教育要產業化，才能發展行銷，然產業也要教育化。之前很多校外教學都是到遊樂園，有人便笑著說，希望我能挑戰「三六九」；所謂「三六九」即是「劍湖山」、「六福村」、「九族文化村」。換句話說，通常孩子坐上遊覽車到遊樂區，我們就稱做是「校外教學」，但這只是一種遊樂價值，要稱作「教學」或「課程」便有些牽強。

　　要如何將坪林產業課程化呢？正如剛才教授所提到的，坪林的茶產業就是十分著名的文山包種茶，此處又是水源區，有許多山川、生

態，這些都是非常好的學習素材及資源。同時，環境保護、茶產業都是很好的學習軸線，同時當地的鄉公所也一直希望推廣發展茶產業與觀光旅遊。從這兩者中要如何規劃出具有學習價值的素材？我們必須有目標、有課程規畫與實施步驟，以及最後的評量，列出這些之後，旅遊、觀察、踏察就是很好的教學活動了，我把它叫做「坪林產業的課程化」。當然，漁光課程也要產業化。當初我們向老師提議這樣的規畫時，老師們的意願不太高，因為即使有很好的設計、課程、學習手冊，真正用到的也只是每個班級的三、五個學生而已，沒什麼成就感。後來，我告訴他們說，好好地規劃、設計，這些是可以與其他學校的小朋友分享、行銷的課程。於是，就成就了我們的「坪林產業課程化」、「漁光課程產業化」。

◆ 好山好水好漁光，讀天讀地讀十方

‧潘教授

前面您曾提到，可以將漁光國小當作一本書來學習。從這裡可得知，這樣的假日課程安排是側重孩子們的實做、體驗，行動的部分。這個部分是否也可以請郭校長來說明一下？

‧郭校長

這是大哉問！限於時間關係，簡單來說，我們的標語是「好山好水好漁光，讀天讀地讀十方」。到這個地方有很多機會可觀星象、觀察雲層情況，而萬事萬物也都可以閱讀。這是學校課程的指導原則，我們希望能讓知識超脫於書本之外，到現場學習、體驗及認知操作，關於這方面，我們有一系列的課程的規劃。

五、結語

‧潘教授

當我們不斷強調學校的卓越與績效時，往往容易忽略教育的本意與目的，容易因工具理性而犧牲了某些另人值得珍惜的偏遠小校。

然而，同樣是面臨廢校威脅的漁光國小，卻主動開展了它另一番天地。我們很開心看到漁光將教育的範圍拓寬了，他們設立了假日學校，讓許多無法時刻親近自然的都會人們，可以搭乘他們精心設計的學習列車，來趟森林學習之旅。下次論壇我們要請郭校長在與我們分享湖光假日學校的課程設計細節。

向大自然學習——假日學校

主持人：潘慧玲（國立台灣師範大學教育學系教授兼教研中心主任）

討論人：郭雄軍（台北縣漁光國小校長）

論壇日期：2004 年 01 月 25 日

✹討論題綱✹

【向大自然學習——假日學校】

一、前言

二、假日學校的理念與行政細節

◆ 假日的體驗學習

◆ 行政雙軌運行

◆ 教師自由參與假日學校教學

三、假日學校的課程設計

◆ 漁光學習手札、大蛇湖略影

◆ 課程多元——一日遊、兩日課程、三日課程、五日課程

◆ 探索豐富精釆的生態景觀

◆ 「生活 DIY」強調孩子團體生活能力

四、結語

一、前言

‧潘教授

　　接續上個禮拜討論漁光國小的建校歷史與發展、經營理念，今天我們仍舊邀請漁光國小郭雄軍校長來到一週教育論壇，談談漁光國小的假日學校理念以及課程設計。首先，請郭校長詳談假日學校的設立理念。

二、假日學校的理念與行政細節

◆ 假日的體驗學習

‧郭校長

　　談到本土化，這不只是一個政治議題而已，舉例來說，很多孩子到漁光來之後，詢問他們有關淡水河系之相關問題，如上游有哪些河川，他們都不太清楚，但如果我問兩河流域、巴比倫文明等，他們卻很清楚地知道幼發拉底河在哪裡。由此可知，過去以書本為學習導向的系統，學生可能會記誦很多知識，但卻無法清楚知道生活週遭及生活體驗中的事物。因此，我們認為本土化又稱在地化的教育，意即學校場域課程是很重要的，我們在談領域時是用知識劃分為幾個區塊，而場域的課程則是根據各校場域的不同、周邊環境各異的特色來規劃，故又稱為「社區有教室」。過去政府常常提到「一區一產業」，這個「產業」即指與生活息息相關的社區文化等。是以，每一個產業中就包含了課程的成分，我對於漁光國小假日班的課程規劃即抱持著這樣的理念。坪林是大台北地區的後花園，飲水思源，於是，就可以到水源區遊玩，除了觀光茶園之外，也可以到漁光來走一走，做一些遊學、體驗式課程的學習。

◆ 行政雙軌運行

• 潘教授

在這之中也會培養學生的能力，並在生活中加以利用。另外，要請問的是除了假日學校的開辦，平時學校中尚有九位小朋友在校學習，兩方面要如何配合，才不致相互干擾影響？

• 郭校長

這個問題的確是最務實、切中要害的。有些人質疑，開辦了這樣的假日學校，那麼原來的學生要怎麼辦？這也是我常常思考的問題。我常常告訴家長，學校的任何運作，價值核心都是在於學生身上，我的一個口號是「九位學生是優先的」。上一次論壇我們提到學校有五位老師，其中兩位是兼任主任，其中三位級任老師與教導處主任是專心從事校內學生教學，不參與遊學的運作，我稱他們為「一班課程教學組」。另外，總務處方面、配合增制老師、兼任教師、替代役教育役老師以及職員，一起來規劃遊學方面的事務，稱為「環境遊學組」。教師部分，有一部分是當地的茶農（如一位得過神農獎的茶農），又或者是外面的人士（如台師大環研所的研究生等）一起運作。漁光人力雖少，卻肩負著兩部分的事務，我稱之為「雙軌運作」，並非指各自行事，而是兩相互動。例如，我們學生最大的缺失便是人群互動經驗較弱，所以，有時候我們會選擇某些適合的時機來設計這樣的課題，如過去台中市和平國小來訪時，我們便有一個城鄉交流的活動，讓漁光的孩子與外來學生互動，其中便可培養出小孩的信心表現、與人群的交流互動，這非常地重要，一般小學校常會缺乏這部分的學習。過去常說，鄉下小孩到都市時看到這些五光十色的東西，我們會笑稱「鄉下來，鄉下俗」，但若都會小孩來到這邊，也可以看出他們真的很不熟悉鄉下的生態，是「都市俗」，這時我們的學生就可以引導他，當小領袖接待他們。這種搭配就是他們學習的機會。

- **潘教授**

　　您們以有限的人力進行如此的雙軌運作，非常不容易，所以，報章雜誌也曾提過這是一個教育人力的奇蹟，我們都看到這樣的讚譽！而郭校長也提到，假日班並不會影響平日教學，反而讓孩子有相互學習的機會，使他們有更多人際上的拓展機會。那麼，現在就來談談假日學校。剛剛您提到雙軌並行，但在實際的操作上，這麼小的學校、這麼少的人力卻已辦了三十幾個梯次、兩千多位學生參加的假日學校，您是如何激勵老師們投入工作量如此大的工作？

◆ **教師自由參與假日學校教學**

- **郭校長**

　　原先大家會以為人會好逸惡勞，長時間的工作會使人排拒。但話說回來，若工作本身是老師有興趣、會為老師帶來成就感，他們也會樂在其中。老師曾向我說過，來漁光很多年，但作為老師的成就感及喜樂，是辦假日班後才出現的，每當看到前來遊學的學生帶著滿足感回去時，會有一股喜悅在心頭，畢竟任何教學都需要成就感。之前我們也提到，他們在設計課程時，認為這些只用於三、五位學生，老師的士氣就很低落，但如果這些設計印成很精美的手冊，被熱烈討論、甚至於得獎，這對老師來說是很好的激勵。另外，比較實質面的假期、給付津貼等，我們也依照規定辦理。所以，若老師願意參與，就讓他參與，若基於某些原因而不參加假日遊學，我們也同意，這是依自由意願來參加的。目前來講，一切都是正常順利地運作著。

三、假日學校的課程設計

◆ **漁光學習手札、大蛇湖略影**

- **潘教授**

　　要謝謝郭校長特別送了我幾本漁光自編的學習冊子，一本是《漁

光學習手札》，一本是《大蛇湖略影》，其中收錄許多近幾年來漁光開辦遊學的經歷軌跡。您們在網頁上都會有相關報導嗎？

● 郭校長

　　是的，在手冊前面，我稱為「第一代課程」。《漁光學習手札》是在民國九十一年底編好，過去一年的運作大致上是根據其中的內容。目前，我們也組成了一個小組，邀請幾個教授一同規劃，希望推出第二代的遊學課程，大概在今年三、四月會編好。在編《大蛇湖略影》時，我心中是無限感傷的，因為別的學校可以有非常好的校刊、畢業紀念冊，我們學校卻不可能。所以，這本是多功能的，一方面紀錄學校近幾年的軌跡，前面有老師與學生的個人照片和感言。我原本以為學校隨時有可能被終結，那麼這一本就是結束前最絢爛的一頁歷史。

● 潘教授

　　幸好沒有被終結，還發展的愈來愈好！

◆ 課程多元——一日遊、兩日課程、三日課程、五日課程

● 郭校長

　　是的。我們的副縣長非常關心漁光，他有一次提示，不一定要鎖定在假日，平日也可讓別縣市同學作校外教學之用。「一日遊」是指學校老師在上課期間，帶著小朋友作校外教學。老師不用規劃，可從旁邊學習。像過年前，國語實小的小朋友便由老師家長帶來作一日課程。而「兩日課程」的部分稱為「親子團」，這是過去累積下來的經驗，因為很多家長不太放心將孩子交給我們，所以，利用周休二日的時間，讓家長小孩自由組團。曾經有一個班級的學生在周六早上十點來，禮拜天下午三點回去，共兩天一夜，非常完整。其中有些親子活動，家長也可以涉入學習，了解孩子的學習情況。「三日課程」則是在寒暑假辦理，只限定三到六年級的小朋友參加，學習生活自理、現場探究的課程。「五日課程」還未推出，對象是過去曾參加一天、

兩天課程且認同這邊的小朋友。無論是一天、兩天或三、五天，我們都有嚴謹的課程設計，兩天以上，學習超過十個主題的孩子，我們還會發給他們很精美的遊學學習證書。

- **潘教授**

學習證書等於是認同這樣的學習結果。那麼是否請您進一步細說此種課程學習的內容、學習主軸、設計理念、實際實行等？

◆ 探索豐富精采的生態景觀

- **郭校長**

好的。我常跟老師們勉勵，辦假日學校就如同開餐館，要把環境弄得很雅緻，最重要的是客人到時，上桌的菜色要很理想精美。目前共端出十五道菜，在這裡擇其中幾項說明。

很多人會說漁光是全國最迷你的學校，這其中有許多故事，我們會將其編成一個主題。學校中有超過五百種生態，不必離開校園就可學習許多生態課題，這個部分很受歡迎。有些學校、家長也很希望了解茶，因此，便安排了與茶這個主題相關的課程，例如參觀茶的製造過程、學習茶道，讓孩子親自採摘茶葉，很多小朋友覺得這是一種很新鮮的體驗。此外，在前面提及本校有廣達五千公尺的操場，如果住宿就能將學校做全程的巡禮，沿途有許多景觀，以及學習的素材。

- **潘教授**

您們的老師如何設計出這樣的課程？瞭解沿路的景觀與植物，尋訪相關的行徑路線等等，需要花費許多時間吧？

- **郭校長**

基本上，因為環境使然，學校的教職員或多或少都了解生態，還有兩位這方面的專業老師，他們花了很多時間比對圖片、拍攝影帶及照片，很多遊客看到漁光的牆壁、柱子上貼滿這些生態照片都會讚嘆，而且認為可媲美甚至超越圖鑑。最可愛的是，我們把遊學餐當作

我們的課程之一，很多家長很好奇，甚至有報社打電話來詢問如何烹調。正如我所說，在漁光的每分每秒都是學習，例如可以瞭解特殊的野菜爲何？下鍋前與烹煮後外觀又分別是什麼樣子？在遊學餐的課程裡，孩子可以自己栽種、摘採食物，體驗不同的感受。

- 潘教授

    他們也會學習炒菜嗎？

- 郭校長

    炒比較危險，故不會讓他們學炒菜。但他們要了解野菜上桌之前的型態，並且認識野菜種類，其實茶葉也可以炸來吃。曾有台東縣五、六十位校長和督學來訪，有一位校長告訴我們及媒體記者，他最難忘的是那一盤茶葉酥，原本以爲茶葉只能泡茶、烘培，沒想到竟然也可將茶葉沾粉、炸來吃。

- 潘教授

    連作菜也是您們一手包辦？

- 郭校長

    我們找社區的人幫忙。

- 潘教授

    所以是利用社區資源囉？

- 郭校長

    我們請專門的師傅做這些遊學餐，但這些上桌的食材背景都會事先交代，我們會小朋友認識野菜，然後到茶園裡頭摘回來。我們會一一介紹，例如野薑花的粽子怎麼包？有什麼食材？八寶飯含有什麼？這些口味也都是我們親自研究開發出來的。甚至有些家長就是衝著遊學餐而號召其他人來參加，我想這就是市場的需求，多元化地滿足市場的需要。

    夜間探索也是非常珍貴的課程。隨著不同季節來觀星、利用夜間

勘查夜間生態，我們有貓頭鷹、黃魚蝦等可遇不可求的保育類生物，另外還有許多蛙類，如樹蛙，台北樹蛙、翡翠樹蛙等，也有很多水生植物池，這些都是豐富的生態，可以讓他們在夜間學習。另外，我們也設計了「漁光之夜」，來這裡總是要讓學生歡樂一下，所以營火晚會是免不了的。我們還有天燈，此處靠近平溪，很多小朋友沒有看過天燈，因此，我們會介紹天燈、天燈的彩繪、現場施放天燈等，這也是我們的課程之一，很受歡迎。

其實，這些課程都是具有行銷市場才保留下來。每年的二、三月是學校櫻花盛開的時候，很多的觀光客甚至遠從日本而來。漁光有棵百年的櫻花老樹，是學校的校寶，盛開時也是一個場景和學習課題。四、五月時我們有螢火蟲，學校設立了一個保育螢火蟲區，四、五月時螢火蟲特別多，就在校園中不必到外頭去觀賞。這樣的課程有知性、有感性，把當地的特色烹調成課程大餐，接待我們的遊學生，以上就是課程的大致內涵。

◆「生活 DIY」強調孩子團體生活能力

• 郭校長

另外，在寒暑假個別報名的遊學團中，我們特別增加了一個生活課程：生活 DIY。很多小朋友接觸的多半是自己的親戚、家人、同學，很少有機會單獨接觸一群陌生人。所以，寒暑假我們有來自各縣市的小朋友，透過團體分組生活，彼此互相學習，訓練孩子生活的能力。除此之外，我們還會看時機帶小朋友探索北勢溪溪邊的地形、溪谷，這些都是非常值得探察的大自然課程，我們也會作野營烤肉，同時還有坪林的茶葉博物館、老街、北馳園生態園區、觀音台等，所以，稱作「坪林地區的巡禮」，這些都是來此學習踏察的場域課程。

• 潘教授

總共有十五個不同的主題，所以不論一日、兩日、三日，都是從中組合的。如果沒有參加假日班，平時想進去看一看、遊覽一番，

可以嗎？

● 郭校長

漁光的特色就是很好客，我們甚至沒有校門，一年四季甚至過年期間，都有許多人來使用學校設施。除了不愛惜設施的客人之外，我們都是十分歡迎大家的。

四、結語

● 潘教授

郭校長曾提及，每個角落的佈置都是花費非常少的錢，創造出很大的效益，例如他們只花三百塊就創造出一個水生植物池。所以，從很多地方都可以看到郭校長經營的巧思。今天非常感謝郭校長到一週教育論壇，我們聽了好多漁光國小的故事，如果大家對於假日學校感興趣，不妨帶著您的孩子前來遊學。

天燈的故鄉——平溪國中

主持人：潘慧玲（國立台灣師範大學教育學系教授兼教研中心主任）

討論人：李玲惠（台北縣積穗國中校長）

論壇日期：2004 年 02 月 01 日

❀討論題綱❀

【天燈的故鄉——平溪國中】

一、前言
　◆ 平溪國中概況

二、喚醒煤鄉——平溪國中的古今
　◆ 走出悲情、高飛願景

三、平溪國中的學校本位課程
　◆ 結合社區文化
　◆ 發展學校特色
　◆ 教師有效教學
　◆ 發展學生多元智能

四、結語

一、前言

·潘教授

今天要和大家談談學校本位課程發展，特別邀請到積穗國中李玲惠校長。我們知道這一波教育改革將部分的課程決定權下放到學校，所以，我們在實施九年一貫課程時，都要求學校發展他們的本位課程，而爲了讓學校能夠分享他們的經營成果，我們節目陸續會請不同的學校來分享他們開發的成果，說說他們的故事。李校長原本是在平溪國中服務，現在調到積穗國中。您在平溪創造了非常獨特的「平溪經驗」，因此，特別邀請您上節目和大家談談。首先，您是從什麼時候開始在平溪服務的？

◆ 平溪國中概況

·李校長

我在一九九九年八月一號就任平溪國中校長，之後服務了四年，就調到台北縣積穗國中。

·潘教授

平溪國中是一個什麼樣的學校呢？我們從網路得知它是在台北縣平溪鄉石砥村山區，群山環繞，所以，位置比較偏遠。

·李校長

其實也不會偏遠，因爲它距離台北市的車程大概四十分鐘，所以交通上還滿方便的。平溪曾經是台灣最有名的礦區，但現在已經沒有這樣的礦業，產業早已沒落，人口外移的情形也很嚴重。平溪國中就曾經從二十四班慢慢減少到六班，最後不得不利用空餘教室成立一個慈暉專案，收留、安置家庭失依、家庭弱勢的孩子。所以，平溪國中的學生一直都保持在六個班級以及特殊班，人數非常少。整個平溪鄉的人口也很少，戶籍人口大都在五、六千左右，但實際上，居住的人口卻沒有那麼多，大概只有三千多人。

從一個全台灣最大的煤鄉到現在，事實上，平溪國中一直是整個平溪鄉的最高學府，孩子在平溪鄉頂多完成國中學業，之後一定要離鄉就讀。因此，我認為平溪國中是孩子在平溪鄉受教育的最後階段，於是，身為校長就會有很多不同的思考，不只是需要設計學校本位課程，還要整體考量學校的發展。我們學校的位置很好，就在 106 縣道旁邊，群山環繞，再加上位處基隆河上游端，林相豐富，是一個很美的學校。我住在學校裡，常常覺得如同住在別墅般，每天都做 SPA。不過，這個學校的問題是老師的流動性很高，因為位置偏遠，我剛就任的時候流動率大概是四分之三。

- **潘教授**

  每一年的流動率都如此高嗎？

- **李校長**

  就我去的那一年是如此。

- **潘教授**

  您就任之後，流動率就漸漸降低？

- **李校長**

  降到五分之一或六分之一。

- **潘教授**

  所以是很不容易的。

- **李校長**

  大概從本來的四分之三降到四分之一，最後走的那一年，只有一位老師因為縣內借聘而離開。

二、喚醒煤鄉——平溪國中的古今

•潘教授

您在平溪國中有四年的時間，您剛剛提到班級規模大致都是維持六班左右，附近又有那麼好的環境。那麼當初您接這個學校時，是秉持什麼樣的構想？

◆ 走出悲情、高飛願景

•李校長

我們學校是依山建築，我就站在一個至高點看著校門口，我想所有學生念完平溪國中之後一定會離鄉，那麼我們能夠對他們基礎教育做什麼樣保障？我是否能夠讓孩子抬起頭來很豪氣地走出校門說：「我從平溪國中畢業了」？或者是垂頭喪氣地離開這個學校，然後很茫然的說他是被逼著要離鄉的，因為他沒有學校可以繼續升學，加上平溪鄉大概也沒有辦法提供什麼樣的就業機會。那麼我究竟要讓孩子是豪氣？還是很喪氣、頹廢？這些都帶動著我的思考，而且平溪鄉的人口結構以老年人口居多，隔代教養比例偏高，其中又以老女人多於老男人。為什麼老男人比較少？因為平溪鄉有很多老礦工，一生都在這裡採煤，犧牲了他們的生命、奉獻了他們的青春。所以，我寫了一篇文章叫做〈走出悲情的學校本位課程〉，我多麼希望我在平溪鄉聽到一些嘆氣，一些嘆息：「怎麼辦，我們怎麼會這樣？平溪鄉怎麼沒有高中？我們何去何從？」如果他們有點嘆息我還覺得放心一點，如果當他們連嘆氣都沒有，連悲情的感覺都沒有，我就比較擔心。如果我們的學生也沒有這樣的知覺，沒有思考，沒有省思，對於未來也沒有想法，反正就是畢業，之後就一定要離鄉，反正就是這樣宿命嘛！教育又能夠改變什麼？

我本身是個非常感性的人，也很醉心於偏遠教育。民國六十九年我大學畢業之後，第一志願到台東服務，在我二十二年教學生涯裡，

有十二年是在偏遠地方。偏遠弱勢地方文化刺激薄弱，因而比較依賴學校教育，而我認為平溪國中真的可以做一些事情，不但可以改變孩子，或許還可以改變社區。至少可以對孩子國中三年學習與能力的養成有所保障，讓他不會那麼茫然地離開平溪鄉，來接續他人生的下一個階段。孩子要有一定的條件才有辦法豪氣，而我要如何塑造出這些條件？這是我當時接任校長時花很多心思想的問題，我花了滿多力氣在這上面。

• **潘教授**

要如何培養孩子能力，課程就是一個核心，您剛剛提到「走出悲情的學校本位課程」，那麼我們現在就來追溯您如何在平溪推動這套課程。

• **李校長**

一九九年剛好在推發展小班教學精神，那時候台北縣政府教育局曾經問我平溪國中要不要試辦九年一貫課程。當時我剛接這個學校，也評估過我們的師資結構不是很好，只有十六位老師，可能有歷史就沒有地理、有音樂就沒有美術，整個師資結構不是很理想，因此，我拒絕了。不過，我對教育局講了一句話說，你放心，我不是試辦學校，但是我絕對會是非試辦學校的代表，我當對照組嘛！那時候教育局長官就誘惑我：「唉唷！有四十萬耶」，但是如果九年一貫課程變成體制內要推的課程，那麼沒有經費還做不做？我認為三、四十萬對我來講並不是重點，我不會為了錢而動心，但是我保證我們學校的教學和課程會作變革。

因緣際會之下，在一九九九年的十二月三十一號迎接千禧年時，平溪辦了一個非常盛大的活動：天燈王，我們在平溪國中的操場上，用天燈祈福迎接千禧年，那時候天燈王還破了金氏紀錄。當時有五十幾個國家用衛星轉播全球如何迎接千禧年，五十幾個國家幾十億人口都在看這個節目，比如我們現在看看日本怎麼慶祝，大陸、香港或夏

威夷怎麼慶祝。台灣當初分配到三分半鐘，因為台灣剛走過九二一地震，他們發現我們是用天燈祈福的方式來迎接千禧年，而不是用嘉年華會，所以就多給台灣兩分鐘，共五分半鐘的時間看看台灣如何迎接千禧年。那時候是由台北縣政府和公共電視合辦，以一個比較平靜的方式進行，由災區的孩子在天燈上寫下他們的心願，再把這些災區的心願拿到平溪鄉來放！這樣的畫面在幾十億人眼中看到了，看到了台灣的天燈，看到了「Keep Going Taiwan，台灣加油」標題，包括了美國時代廣場倒數計時，大大的螢幕上也看了「Keep going Taiwan，台灣加油」這樣的天燈升空了。活動場地就在平溪國中，所以，當時台北縣政府希望我們也配合做一些活動，至少要會作天燈。

● **潘教授**

怎麼會想到在您們學校裡放天燈？

● **李校長**

因為我們的操場很平坦，與山之間又有相當的距離，群山環繞，所以，不管是氣流或者空氣、溼度，都是最適合放天燈的，又沒有光害，學校操場那麼平廣，因此，可以幾百人一起放。他們也希望我們能夠稍微推動天燈的民俗藝術，當時我便向縣長反應說：「縣長，如果平溪國中的學生，都必須學會作天燈，我才讓他畢業，您覺得如何？」縣長說：「可以是可以，但是不要那麼嚴格」，我說這是一個理想，希望每個平溪國中的學生畢業時可以得到兩張證書，一張是畢業證書，翻過來則是小小天燈技師證書。我把這個理想說出來，蘇縣長也很贊成，他說：「好好好，好好的設計證書，好好的驗證」。於是，我就開始推動，不但每個學生都要會作天燈，我們也試著往下紮根，也教會國小高年級的學生做天燈。

我們發現平溪鄉的孩子天燈做得很快，因為他們在家裡耳濡目染，到了元宵節，阿公、阿媽全家總動員，一個晚上就做幾百個天燈。糊一個天燈十塊錢，我就思考，如果學生只會作天燈，那麼是不是和

那些歐吉桑、歐巴桑沒有兩樣？難道天燈不能變成一個主題教學嗎？所以，我就請老師用腦力激盪，結果老師說：「我們連天燈長什麼都沒看過，我們通通都是外地來的」，沒有一個是平溪本地的老師。於是，我們就開始腦力激盪，歷史老師蒐集天燈的沿革，到底天燈怎麼來的？地理老師蒐集為什麼平溪鄉是天燈的故鄉？理化老師研究到底天燈的原理是什麼？喔！熱空氣原理。然後我們就來個大單元教學，每個老師教他的那部分，我們還喊出一個口號就是「每個平溪國中的孩子會做天燈、賞天燈，還會話天燈」，他會操作，而且還會解說，懂得天燈的知識背景、原理原則，另外他還要會欣賞，也就是情意。我們把認知、情意、技能都結合在一起，因此，每個孩子都會做天燈，話天燈，還會帶著來賓賞天燈，這就是我們學校本位課程的始祖。從那次之後，大家只要看到平溪國中、平溪鄉，就想到天燈。

三、平溪國中的學校本位課程

• 潘教授

對於「學校本位課程發展」這個概念，很多學校都有不同的解讀，有人把他誤解為只有彈性時間的運用，才叫做學校本位課程發展。請李校長也談一談，您如何掌握學校本位課程的意涵？

◆ 結合社區文化

• 李校長

我從四個方面來講學校本位課程。第一，學校本位課程結合社區文化。然而社區文化有優質與非優質的部分。舉例來講，我聽到三字經，五字經，這就不是優質的社區文化；或者我剛剛講的連悲嘆都不會悲嘆，人生觀比較茫然，這也不是很好的社區文化；另外，我們也聽過有一句話說：「平溪工，很會喝酒」。我在文章裡面也寫到說，為什麼他們那麼喜歡喝酒，他們告訴我因為礦工一進去就不曉得能不

能出來，出來的時候，看到天空的顏色會覺得自己還活著，就會先去喝兩杯，感謝天、感謝自己，再點兩個小菜才回家。於是，有人說平溪鄉的人喝酒是「漏時不漏緊」（台語），意思是說每天都有人喝酒，他們不會跳過哪天不喝。然而這樣的社區文化是不是優質的？我們要不要結合這個部份？當然不要！而是要結合比較優質的社區文化。

◆ 發展學校特色

● 李校長

第二，發展學校特色。四年來很多人都知道平溪國中是藉由學校本位課程提升它的知名度，所以我們在教師甄選時，不怕沒有老師來甄選。可是當時的教師甄選戰況激烈，我就想，天阿！全臺北縣有六十幾所國中，網站上每一頁大概有十個學校甄選老師，一共有二十幾頁，那麼這些考生看到這麼多學校都在甄選老師時，究竟要往哪個學校？而且光看到學校還不夠，還要滑鼠點一下，進去學校網站之後才可以看到簡章，比如我們的簡章裡面寫著：學校提供三餐，還有別墅型的宿舍，學校待遇特優，可是問題是如果老師沒有點進去平溪國中，就沒有辦法看到簡章，那麼如何讓他們在這麼多學校應徵老師的同時，看到平溪？為了這個，我也做了很大的功夫！我認為提升學校知名度最好的方式是學校要有特色，讓大家難忘。因此，發展學校特色也是我對學校本位課程的一份企圖、理想，意願。

● 潘教授

您如何展現學校特色？

● 李校長

我從兩個軸向來介紹平溪的特色，一個是生態，一個是人文。例如天燈就是人文，平溪曾是個礦區，它的「黑金歲月」也是屬於人文。另外，整個平溪鄉的林相很豐美，也算是一個低污染的地方，這部份就是屬於生態。整個平溪國中學校樹木很多，也有很多花，這些

都是屬於自然生態。所以，當時我們在想學校本位課程時是用這兩個角度來想。

● **潘教授**

我們今天在談學校特色的時候，有些學校就會誤解，以為弄一個菁英隊伍就可以彰顯學校特色，比如很多學校會舉辦體育競賽，或者設立體育班，也有很多孩子在競賽表現上非常傑出，卻不是擴及到每一個孩子身上。所以，我剛剛聽到李校長提的這個部份是全校性的，課程落實在每個孩子身上，每個孩子都有機會發展他自己的能力，都有表現的舞台，這才叫做學校的特色。

● **李校長**

每個孩子在每個時段都有他的特色，而每個老師也建立他的特色。但是，其中還要關注學校的遠景，也就是我們希望平溪國中每個孩子都是未來的生活家。他要會過生活，要有能力的生活，我們講的生活能力不只是日常生活能力，還包括一些思維，我想這是學校的遠景。當然，平溪沒有辦法強調升學，不過至少老師先學會生活，由一群會生活的老師來帶領學生成為未來的生活家。

◆ 教師有效教學

● **李校長**

第三，老師有效教學。在教師教學中，我們會給他百分之二十的彈性。另外，除了課本的東西，還可以結合學生來自社區、家庭的經驗，我們如何把孩子的生活經驗與課程設計結合？讓學生學起來有效、有興趣？老師也會覺得他的教學是有效的。所以，我第三個理想是讓老師能夠有效教學。

◆ 發展學生多元智能

● 李校長

　　第四，發展學生的多元智能，讓學生多元發展。有些學生語文不好，但是他音樂可能很好，我認爲學校本位課程不只是課本裡面的一綱多本，還可以融入學生基礎的生活經驗。舉個例子，我們曾經在做主題教學的時候，爲了煤炭而舉辦了一個烤肉活動，讓學生認識煤炭和木炭是不一樣的，木炭是可以烤肉，而煤炭則是拿來火力發電。在烤肉活動裡面我們又加入了很多提升孩子能力的活動，其中一個活動是孩子只能用三根火柴起火，可是有一個學生只用一根火柴就可以起火，結果就變成全班的民族救星。想想看，那個孩子平常什麼都不行，可是他那天最風光，他就說：「要不要我起火？要不要我起火？要？可以，你那根香腸給我吃。」也就是藉由學校本位課程，我們爲孩子建構了很多的舞台。

　　另外，我剛剛提到老師有效教學，學生看到的老師不只是講台上的單一面向，還可以看到老師不同的面向。比如，我們的學校本位課程有很多活動性的課程，或者是老師的大單元課程。像「天燈」，老師講了十五分鐘的熱空氣原理，然後舉辦有獎徵答之後就換人。老師也有不同的舞台，所以學生看到的老師不是那個在講台上講 45 分鐘的那個固定的人，學生可看到協同教學的部份。每位老師也有不同的才能，可以幫我們搭一個模擬礦坑，也可以帶著我們去溯溪，帶著我們找基隆河的第一滴水。學生可以看老師那麼神勇，爲了找第一滴水走在大家前面。學生看到老師的各個面向，而老師的教學也成就了孩子多元智能的學習。如果沒有給學生學習舞台，我們怎麼看到他的多元智能？孩子們也看不到自己，所以，我們非常感謝學校本位課程的立意。而我們認爲平溪有非常好的社區文化特色，不管從自然也好，從生態或從人文的觀點來看，都有非常豐富的文化素材，不善用它就太可惜了。所以，我一直期盼不管是老師的教學、孩子的多元學習，

都能夠進一步讓這個社區回饋到學校，並建構一個社區的優質文化。

● 潘教授

　　李校長提到平溪國中學校本位課程作法是：結合優質的社區文化、發展學校特色、讓老師有效教學，還有發展學生的多元智能。整體而言，學校本位課程並不是只限於幾節彈性時間的設計而已，而是整體考慮社區環境脈絡、學校本身需求、整體課程設計。

● 李校長

　　我還要再補充一下，不是只有那百分之二十的彈性。換言之，老師計劃進行的任何教學都是課程。如升旗就是一個課程，當我們在升旗的時候，停下來告訴學生：抬頭看看，天上正有一群鳥飛過去；冬天時，我們告訴學生：毛毛蟲現在都爬在學校的走廊上，我們要不要讓路給毛毛蟲？還是要踩死牠？大家來思考一下，這個學校本來應該是毛毛蟲的家，我們在這裡蓋了學校。今天他又回來，走到走廊上，我們要不要讓路給他？其實有計畫的教學應該都是屬於課程的範疇。總之，除了規劃學校特色的想法之外，還要落實計畫，最重要的是之後的行動。

四、結語

● 潘教授

　　我們今天非常感謝積穗國中李玲惠校長來到我們節目，談了她過去在平溪國中服務的時候所發展的課程經驗。平溪還有許多寶貴的經驗無法在今天一一道盡，我們期待下次論壇再邀請李校長來和我們分享。

平溪國中學校本位課程與課程領導經驗

主持人：潘慧玲（國立台灣師範大學教育學系教授兼教研中心主任）

討論人：李玲惠（台北縣積穗國中校長）

論壇日期：2004 年 02 月 08 日

✹討論題綱✹

【平溪國中學校本位課程與課程領導經驗】

一、前言

二、平溪國中學校本位課程的發展歷程

◆ 改變教師進修型態

◆ 校長致力於課程領導

◆ 學校本位課程主題包羅萬象

◆ 培養教師多元專業能力以配合學校本位課程進行

三、結語

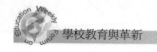

一、前言

・潘教授

　　上次論壇我們和大家介紹平溪國中學校本位課程發展的經驗，讓人深深感受到一群教育工作者在台北縣平溪鄉的認真投入。所以，今天我們再次邀請到平溪國中前任校長李玲惠校長來和我們繼續談這個學校的課程發展故事。上次李校長談到好多您對學校本位課程的理念，如結合優質社區文化，發展學校特色，讓老師有效教學，發展學生多元智能等等，您們如何將這些東西實際落在課程設計上？

二、平溪國中學校本位課程的發展歷程

◆ 改變教師進修型態

・李校長

　　平溪國中只有十六位老師，因而很容易溝通，很容易腦力激盪。首先，我改變了老師的進修型態。當時學校本位教師進修與學校本位課程同時在發展，那麼要怎麼驗證老師的成長，我們便以主題教學來驗證，驗證老師學校本位的專業成長了，而本位式的進修帶動了老師的專業成長，也驗證了結合社區文化的學校本位課程展開了。總之，我覺得不能讓老師一直進修，應該要雙軌進行，專業提升的同時，也發展出學校本位課程出來。

・潘教授

　　妳的意思是看到教師課程發展的情形，就知道他專業能力提升到什麼程度，應證他整個課程發展的路途。事實上，要帶動老師是不太容易的，因為您上次也提到，剛開始老師的流動率非常高，有四分之三的老師都流失了，加上您剛到平溪擔任校長時，老師們也都沒有心理準備要做學校本位課程，對他們來講這也許是一個很新的概念，

那麼您是如何讓他們慢慢懂得並且願意去投入？

◆ 校長致力於課程領導

● 李校長

　　應該是慢慢地引君入甕。老師們會比較排斥九年一貫課程，因為九年一貫課程和他們過去的教學習性有很大的落差，尤其是課程統整和協同教學這個部份。所以，首先我會去了解老師在擔心什麼？害怕什麼？不願意做什麼？而我也不會希望平溪國中變成一個讓老師離婚的學校，因為大家都說九年一貫就是讓很多家庭破碎、夫妻離婚的教育政策。而我能夠保證絕對不會利用晚上進修，雖然有三分之二的老師住校，但我們從不利用晚上進修，不利用假日進修，那麼要騰出什麼時間？首先，我把學校十六個老師分成一半，其中八個老師比較屬於語文領域、社會領域、綜合領域，他們成立一個 team，取名叫做「采風隊」；另外一個 team 則是由數學老師、自然領域老師、電腦老師成立一個 team，加上藝術人文老師，取名叫「螢火蟲隊」。這兩個隊名都有典故的，每到禮拜二的七、八節，采風隊老師在進修、在對話，另外八個老師就去上課，到了禮拜五就換人馬，就換螢火蟲老師在專業對話，另外八個人去上課。我們學校才六個普通班，一個特殊班，排課上一定可行。我常常說一個笑話，八個人中有六個去上課，還有一個可以守在辦公室聽電話，一個去巡堂，八個人充分運用。但老師們還是會拒絕進修，覺得進修沒有成效，浪費時間，或者覺得沒有學到東西。所以，我們要做很妥善的計畫，每次都有讓老師有收穫，都讓老師功力增加。想想看，我們學校位處偏遠，如果只進修一次，意願可能很高，卻不見得願意每個禮拜繼續進修，因為來回路程那麼遠，在山裡面，我們常常講「西風苦雨」，因為常有東北季風，冬天又很冷，只有六度，有多少人願意持續進修？所以，我就發展一個同儕專業成長的方式，讓大家輪流當講師。我是第一個和最後一個講師，其他就由老師輪流擔任，偶爾我們也必須請教授、專家來分享，但主要的領導者還是老師，由老師來帶動老師。

總之，在時間上我不會利用下班時間、晚上時間、假日時間來進修，而每次聽的主題也不大，並且要很清楚地告訴他們需要準備什麼。所以，剛開始老師說：「啊？叫我當主席喔！我不會主講」，我就說不會主講沒關係，我幫老師準備好了，這是教育資料館出版的二十五分鐘錄影帶，老師可以先拿回去看一看，老師只要出三個題目讓老師針對這個錄影帶討論就可以了，主席的任務就是這麼簡單。當時我們有一些進修的經費，可以在八百塊以內內聘講師，鼓勵老師輪流擔任。於是，老師就比較有意願。

• 潘教授

所以，是由您來選擇錄影帶？

• 李校長

對，我就是整套選出來。

• 潘教授

事實上，也是讓他們感受到有哪些錄影帶的教材是對他們的教學有幫助。

• 李校長

比如，什麼叫做「檔案評量」？什麼叫「學習角」？什麼叫「多元智能」觀點？什麼叫「協同教學」、「課程統整」？就這樣，我們拿教育資料館出版的其他學校案例來參考。另外，還有一個教學見學，每個老師都要做教學觀摩。於是，一定有人會問，為什麼每個老師都要做？我說不管我們教什麼科目，都要看看別科怎麼教。不過，有一點他們很難拒絕，教務處有一個教學見學表請各位來填，看看老師要用哪一個班做教學見學？結果大家看到校長的名字也在上面，我說：「各位，高抬貴手，請問哪一個班要借我？您們想要看什麼？想聽什麼？」他們說：「校長，我們想看什麼叫協同教學」，我說：「ok！我來做」，我找了一個國文老師來做協同教學，那一天我們甚至穿同樣

的衣服。那天老師們都很好奇，都要來看，我就請學生們自習，並請家長維持秩序，六個班，每個班請一位家長，老師們都來看我如何與另一位老師作協同教學。老師們看到校長都下場做教學觀摩、寫教學設計了，怎麼好意思再拒絕。最精采的是，很多專家學者非常肯定我們。很多學校在段考日的下午都是找一個人來演講，這種作法當然沒有錯，可是一進去看到十六個老師坐在那邊，萬一再有一、兩個老師請公假，會讓這些專家學者覺得自己大老遠跑來，卻只對著十四個人演講，也沒什麼勁了。況且，老師可能會覺得這些專家根本不知道偏遠教師需要什麼，我們可能最需要的是好好睡個覺，難免會有隔靴搔癢的感覺。所以，我就把段考下午的活動換一下，換成教學企劃發表，也換成校內的老師主講。

後來，每一次段考下午我們就排兩個老師做教學企劃案的發表。為什麼叫做「教學企劃案」？因為它可能不只有一節課，可能是一個單元，也可能是領域與領域的結合，或者是戶外教學設計，我們就把它當成一個教學企劃案。我常常重複強調這個概念，這時候平溪國中不是平溪國中，而是「平溪教學創意公司」，我們大家都是廣告人，我是廣告公司的董事長，帶領這十六位廣告人。現在我們接了 case，每個廣告人就要把他開發的 case 與大家分享。要先說服我們所有的夥伴接受這個廣告企劃案，再推展出去！換言之，當我們大家都覺得ok 了，才落實到教學現場。所以，每次段考下午就有兩個教學企劃發表，一年有六次段考，就有十二個企劃發表，再加上寒暑假，幾乎所有老師都會輪到。這時候我又要拜託他們把第一場、第二場先讓給我發表，因為後面會很麻煩，老師的資料會越來越多。我們還邀請專家學者來評論，在兩場教學設計案發表之後，接著就是專家評論。所以每個教學企劃案有 25 到 35 分鐘的發表時間，發表之後大家給予回饋，然後專家學者再做講評。它是一個完整的流程，可能是三節課，也可能是兩個單元的結合。

- **潘教授**

　　這個也是我一直覺得非常重要的學校本位在職進修，因爲以往學校的在職進修都是請專家學者單點式的進行演講，事實上，成效並不是那麼彰顯，尤其是我們剛剛提到有很多教授不一定了解學校脈絡、老師需求，所以像平溪國中的確就考慮到老師確實的需求而來設計進修課程。

- **潘教授**

　　那麼您們的教學企劃案是如何設計出來的？

- **李校長**

　　很簡單，我們采風隊和螢火蟲隊每個禮拜都要對話，他們都知道段考快到了，采風要推一個教學設計出去，螢火蟲也要推一個。我們會發現，采風這個小組的課程觀念是比較走人文取向，另外螢火蟲小組則是比較偏向自然生態取向。每個禮拜都要有人發表，大家就著手修改，修改好之後在段考前兩個禮拜，大家就來討論，我們這一對可以推出哪個教學設計，來代表采風小隊？搞不好有人就會說，我們兩個小組來結合，可能更會有說服力。這些教學企畫都是在小組對話中先行討論，透過教學企劃發表，接受校內外老師、家長代表的課程評鑑之後定案的。我強調每次至少要有三個家長代表，我跟家長會說至少要有三個家長代表來參與，否則我就不辦了。我們也會邀請社區的文史工作室、平溪的文化工作室來參與，並且有一些對話，如此之後，才有辦法落實。所以，那不是短暫的過程。當他們想不出來時，校長的角色就應該要跳出來，因爲校長不只是老師們的夥伴，也是首席教師，我甚至會自詡說我是屬於專家型的教師。例如我會說：「來來來！過來談一談，一起討論，如果我來教我大概會這樣子教喔！你爲什麼不試試那個音樂？」。並且對老師們說：「你們不用擔心，我的燈只要是亮著，你隨時可以和我討論，半夜若眞的爲了這件事情睡不著，就敲我的門，我們來討論。」所以，其實我覺得校長的角色要轉

化，而不是發出命令要求老師把它做出來就好了，而是在那個過程裡面實質上支持老師說：「ok 沒問題，我也可以跟你一起討論」。

• 潘教授

所以，平溪國中的老師們剛開始應該沒有很多課程設計的概念，而是這樣一步一步地走出來。

• 李校長

從最小的單元設計，比如，這節課要怎麼開頭？我們上次提到從天燈開始嘛！每個人教十五分鐘，我們做一個大單元的協同教學，只出兩題有獎徵答，從這樣開始做！

• 潘教授

那是一個活動囉！

• 李校長

對，但是我把它變成教學。

• 潘教授

可是你剛剛提到十五分鐘的有獎徵答。可不可以詳細講一下，因為這就涉及到整個課程設計的實質內容！

• 李校長

那時候大概給老師兩個禮拜的時間來設計，天燈只是一個主題，是一個教學媒介，但要如何透過天燈讓學生知道什麼是歷史，天燈一定有沿革嘛，很多東西會變成一個典故，這就是歷史。另外，就地理而言，為什麼天燈的故鄉是平溪？因為平溪有它的天然地理特色、自然生態，於是人文地理就可以結合。所以，全台灣最適合放天燈的，我仍然要說只有平溪，其他地方都不適合放天燈！這些老師們真的是像這樣一步一步討論！剛開始他們會害怕：「啊？你要我做這什麼協同教學」，如果老師聽到說只要負責十五分鐘就好了，目標是

讓每個學生都很懂天燈，也會做、會欣賞，很簡單，那麼他們就會慢慢地減少拒絕，從最簡單的做起，後面就會越做越複雜。

◆ 學校本位課程主題包羅萬象

‧潘教授

由簡入深！我看到您們有好多的主題，包括天燈、花季、煤炭、樹賞、河盼，還有一個鐵道，總共有六個主題。請李校長談一談，這些主題的發展。

‧李校長

其實有時候也是因緣際會，比如天燈做完了之後，就會有老師提出來再來要做什麼主題？大家腦力激盪，螢火蟲隊有個老師說：「好，我們來做花樹蟲鳥」，那采風隊呢？搞不好兩個可以結合，這就真的是因緣際會。當然，花季是因為平溪鄉到三、四、五月都很漂亮，因為有很多花。「樹」是因為平溪國中自然生態、林象很豐富，這些都是老師腦力機盪出來，和社區特色結合的產物。而煤炭這個主題是因為平溪鄉曾經是黑金的故鄉，是台灣最大的煤鄉。在鼎盛的年代，最大的礦坑可以容納將近一千個人採礦，平溪鄉曾經前前後後擁有十八個礦坑，這些雖然都已經過去了，可是雖然現在沒有任何一個礦坑仍在運行，可是我們還是要讓孩子知道平溪鄉曾經擁有這樣的風華，曾經對台灣的能源、火力發電以及工業的痕跡上貢獻很大。

另一個主題是河盼，其實我覺得滿遺憾的，以前我們都會背長江發源於哪裡？黃河發源於哪裡？可是我當了平溪國中的校長之後，才知道大台北地區我們耳熟能詳、與我們生活息息相關的基隆河，居然是發源於平溪，它的第一滴水來自於平溪。這個時候學校本位課程就可以在這裡彰顯了，別的學校學生可以不知道基隆河的第一滴水在平溪，但是平溪國中的學生可以不知道嗎？我問我自己，我覺得我辦不到，如果不讓我的學生知道，我覺得我這個校長有愧職責，愧對我當

平溪的校長。所以，河盼的主題就這樣確立了，老師們取名為「河盼」，是盼望的「盼」，不是河「畔」，而是「盼望」。他們覺得盼望的「盼」有深度的人文情懷。再來，鐵道主題，台灣有三大鐵路支線，有平溪支線、集集支線，以及內灣支線，惟一由日本時代延續下來的就是平溪支線。每個支線建立的目的都不一樣，當時平溪支線是為了採煤，平溪支線經過許多河流，可以看到河流的上流端，經過很多瀑布，可是恐怕北台灣的居民，甚至是平溪的孩子，都未必知道平溪支線的特色在哪裡。然而，整個平溪人的生活，與這個平溪支線是息息相關的，也就是說，整個民族村落的發展都是和這個鐵道有關，這些在課本裡頭並沒有，只有用學校本位課程來彌補。所以，這六個主題真的都是因緣際會之下，由老師們討論出來。

• 潘教授

我想問的是，這六個不同的主題單元是如何串接在孩子三個學年的課程活動裡頭？

• 李校長

我們大概一學期設立一個主題，為什麼我說三年剛好六個主題，因為才 150 個學生，所以，我們也不會區分花祭在一年級，二年級做媒炭，而是這個學期的主題就是媒炭，一、二、三年級都有媒炭，只是配合的知識層面比較不一樣，可是情意部分的課程則是一樣的。其實後來從樹賞、煤炭，我們就比較清楚知道要先有個綜合活動開頭，利用綜合活動引起全校學習動機，比如碳烤活動，讓孩子對那一塊黑黑的煤開始產生興趣，他會說：「喔！木炭、煤炭不一樣」。之後，其他領域也開始加入，比如國文老師教「君子不爭」，因為碳烤活動是個比賽，為了要讓孩子知道平溪曾經是個煤鄉，歷史老師可以設計歷史課程，地理老師也有相關地理課程。除此之外，我們還可以模擬一個礦坑給孩子感受彎著腰、低著頭、昏昏暗暗的採煤感覺。可是平溪鄉所有的礦區都成為廢墟，都封閉了，那該怎麼辦？老師們說

我們自己搭一個，所以，他們就自己搭，搭好之後用很多牛皮紙弄得低低的，他們說要有小燈泡，就跟社區借了很多東西來佈置，請家長提供，凡是與採煤有關的工具、衣服都提供出來，連便當水壺都有，

提供出來之後就開始布置。他們想到還要有背景音樂，於是就趕緊去找，當年文夏唱了一首歌叫做：快樂的礦工夫，找到之後如獲至寶，老師們可以唱一個晚上，於是就有了主題曲！學校活動中心的一角，在那個老師親手佈置的模擬礦坑裡面，有昏黃的燈，以及文夏的歌聲流動著，我們還從社區借來舊的台車，這些孩子們看到，都覺得：「喔！這個是我阿公的，這個我們家也有」，這時候老師就可以開始進行教學。老師們還蒐集了很多五十年代礦工生病請假用的就醫證明以及薪水單，老師們就可以設計學習單，問學生「礦工的職業病大部分是什麼？」、「你覺得礦工的收入好好不好？」孩子就從這些就醫證明、薪水單中找答案。我們還可以探索他們的生命觀，就是生命無常這樣的觀點。當礦工產業已經關閉之後，這些礦工在職業上會不會就變成「淘汰郎」，被淘汰了？後來，我們發現，原來地震的時候就會想到礦工，因為他們可以用他們原始的方式救災。這些都是一定要先有綜合活動的引入，然後各個領域就會進來，開始思考我的領域如何與煤碳連結，老師就在黑板上開始寫要學生得到什麼？學到什麼？不外乎是知識、能力或者情意。比如，火力發電是用什麼發電？這是知識的部份。而平溪鄉是最大的煤鄉，具有人文情懷，這是情意的部份。總而言之，我們從綜合活動開始讓各領域慢慢地將議題融入，成為一學期的課程。這時，您一定會問，要用什麼時間進行？

◆ 培養教師多元專業能力以配合學校本位課程進行

·潘教授

　　如果這個主題單元要進行一學期，那麼其他的課程內容呢？我們本來就要教一些知識內容，要如何與這個主題配合？

● **李校長**

例如一、二年級的綜合活動都固定在禮拜三下午，三年級的藝能科也排在禮拜三下午，但是全校只有一位綜合活動老師，要怎麼辦呢？換言之，禮拜三下午全校都在做綜合活動和藝能課，以便學校整體大單元的協同教學，那麼相關師資該怎麼安排？我又只好用土法煉鋼的方式，以一學期的時間，培養老師可以教授綜合活動，所以，我們學校的老師都知道綜合活動裡的四大主題軸、十大指定單元，並由我親自幫他們上課。

● **潘教授**

綜合活動比較容易實施，可是各個領域本來就有它的知識內容。

● **李校長**

我很早就賦予平溪老師兩個特權：一，教學不必依照課本的順序，所以，我們不發進度表。例如在碳烤活動的時候，我就可以教「君子不爭」，可以看朱自清的「背影」。

● **潘教授**

事實上，也是配合現有的教材。

● **李校長**

就像英文要教介係詞，就可以在模擬的礦坑裡頭教介係詞，老師就在現場教，例如「請問鐵槌放在桌上，要用哪個介係詞？」他們說用"on"。

● **潘教授**

那麼您剛剛提到的這六個主題，孩子們都會走過一次嗎？

● 李校長

一、二、三年級會分別走過一次，有的是在一年級的時候學習花季主題，有的是到二年級、三年級才學花季主題。當初我們的理想是認為不管學生是什麼時候進來，三年都可以玩六次的主題教學。

● 潘教授

滿好的，這六個主題都已經發展出來了。那麼您們有沒有進行知識管理，有沒有成立一個可以分享的檔案資料呢？

● 李校長

我們學校沒有資訊組長，但是我們都建立了光碟，透過到外界分享，就這樣一套套完成。

三、結語

● 潘教授

實在是滿好的，我想每個學校都有自己的脈絡，只要認真，就可以創造出自己獨特的經驗。今天我們非常感謝積穗國中李玲惠校長，同時也是前任平溪國中校長來到我們節目分享這麼多學校本位課程發展的經驗。

校本課程與瑞柑國小

主持人：潘慧玲（國立台灣師範大學教育學系教授兼教研中心主任）

討論人：林文生（台北縣瑞柑國小校長）

論壇日期：2004 年 02 月 29 日

❋討論題綱❋

【校本課程與瑞柑國小】

一、前言

◆ 簡介瑞柑國小

二、校本課程的辨證

◆ 「校本課程」概念澄清

◆ 校本課程彰顯教師主體性

三、教師專業知識系統化

四、課程工作坊

◆ 由教師形成問題

◆ 數位化教師教學檔案

◆ 課程工作坊提供對話機制

◆ 專業成長滿足教師的成就感

五、結語

一、前言

・潘教授

　　九年一貫課程強調學校本位課程的發展，然而學校長久以來一直遵循國定課程，短期內要學校以自己為基地來發展課程不是一件容易的事情。瑞柑國小目前在學校本位課程的推動上饒富心得，我們請到瑞柑國小林文生校長來和我們做一些理念的分享。首先，請林校長和我們談一下瑞柑國小是一所怎麼樣的學校，它的位址、校齡以及規模。

◆　簡介瑞柑國小

・林校長

　　瑞柑國小的年紀湊巧和我一樣，今（民九十三）年剛好滿四十了，進入中年，但仍是一個充滿活力的地方。他是台北縣的一所生態學校，共有六個班，一百四十六位學生，十七個員工。

二、校本課程的辨證

・潘教授

　　我們的節目陸續製作了一系列學校本位課程發展經驗的分享，上幾次論壇也曾經請到原本平溪國中的校長談她任期間推動的做法，承繼這個主題，我們特別請林校長來分享瑞柑國小的經驗。瑞柑國小很有心，早在九年一貫課程之前就開始推動學校本位課程，請林校長和我們談談您是從什麼時候開始推動的？

・林校長

　　我在民國八十六年八月一號接任這個學校。我本身的興趣便是在課程領域，當初又看到許多外國的文獻都在談" school-based "這個概念，因為有很多案例的呈現，所以，我們希望就從這所學校來推動看看，把老師當成課程發展的夥伴一起來推動，因此，便從民國八十六年就開始推動校本課程。

- **潘教授**

民國八十六年到現在民國九十三年已經有六、七年的光陰，在進入第七年的過程中，總是會有一些想法上的改變，我們看現在許多學校談校本課程的時候，老師會誤解是要由學校獨立完成課程、由老師設計課程才叫學校本位課程，或者認為學校彈性時數的安排就叫做學校本位課程。林校長一路走來，您覺得呢？

◆ **「校本課程」概念澄清**

- **林校長**

這個問題問到重點了，我們在推動課程的時候一定要先澄清概念，或者是了解這個概念在其他地方實施的結果或檢討。

像"school-based"這個概念美國於一九九四年做了大規模的研究調查，發現很多宣稱學校本位課程，但是他們的老師其實並沒有經驗和能力自己設計教科書或教材，他們對課程背景的知識並無像一般編教科書的專家來得深刻，而且小學老師有時候要教兩、三科甚至四、五科，他的知識專長更不容許他應付這麼多學科教材的設計。所以，很多宣稱學校本位課程的學校有時候會望文生義，覺得學校本位課程就是要老師自己發展教材或課程，這麼做的老師只有相當少數在某些他所專長的學科上成功，大部分的老師則是耗費許多精力但成效不彰，也就是學生學習的效果並沒有比使用教科書教學來得好。所以，一九九四年的調查就把學校本位課程重新概念化。其實學校本位課程就是要老師審視學校或社區內學生和家長的特殊需求以及環境的需求，並結合國家課程，重新選擇、編排或轉化，變成一個孩子可以學習的活動或材料，這就是學校本位課程概念的精隨。

- **潘教授**

並不是每個老師都應該編教材，因為時間和能力不一定可以馬上具備。我記得有一次會議中，某個學校就問我：「我們學校自己編了不同科目的教材，但是我們自己也很疑惑，到底我們編的東西好不

好？會不會影響學生的受教權？」所以，如果有學校這麼做，就要審慎評估是否需要做到這樣的地步。像我們剛剛提到的學校本位課程"school-based"的議題，也有人翻譯成「校本課程」，因為曾經有人說過學校本位課程聽起來像是本位主義，所以，香港和大陸都翻譯成校本課程，只是台灣早期翻譯成學校本位課程而大家也說慣了，就沿用這個名詞。剛才提到學校本位課程是以學校為基地，考量社區脈絡、老師能力以及學生需求，來設計符合學校需要的課程，而絕對不是把國定課程擺在一邊。國定課程還要靠學校轉化，而學校空間也要由學校創發，兩者結合起來才是我們今天所說的學校本位課程，感謝林校長為我們澄清這個概念。

◆ 校本課程彰顯教師主體性

● 潘教授

林校長在瑞柑國小有許多寶貴的經歷，聽起來都讓人印象十分深刻。要推動學校本位課程，老師是最重要的因素，請問林校長怎麼讓老師擁有這些專業知識以及專業熱誠來推動校本課程？

● 林校長

這個問題相當專業，一針見血，課程發展最困難的地方就是老師這個主體。我在各個場合常提到，課程發展的成果一定要讓老師受惠、讓孩子受益，如果老師對自己的課程實施都不太確定、懷有疑惑，當然最後的結果是不佳的，因為花了那麼多時間的老師都沒辦法信奉自己所推動的課程。所以，一般在推動學校本位課程的時候，其實有一些錯誤的基本假定，覺得好像要發展一套新的課程來取代舊的課程、用新的經驗取代舊的經驗，於是，老師的主體性就不見了；換言之，如果我以前服務了二十年，而我舊的經驗都是錯誤的、不好的，那麼我主體感覺就不存在了。因此，我們一開始發展學校本位課程時非常小心地處理這個心理素質，我們花很多時間探索老師的心理性、主體性需求在哪裡？譬如，我們討論後，發現老師一開始最迫切的需

求不是課程，而是教學，他每天每節課都要上課，那麼他要如何讓家長對他放心？覺得他上得很好？而他每天在上課時常會發生一些支微末節的小問題，這些是他們最在意的。所以，若跳過老師們最在意的問題，而先解決國家需要的發展方向，他們會覺得不安全，在發展的歷程中感到不安心。因此，我們第一年推動學校本位課程的時候，就和老師進行許多對話，我問他們覺得什麼東西是最重要的？發展教師進修時，有什麼是可以直接幫助到他們，他們說是教學以及班級經營活動。如果教學是最重要的，那麼我們就一起來做做看，由主任和校長帶頭做，每個人設計一節課。我告訴他們要能將理論落實，理論對我們才有實質的幫助，於是，我們就從一節課開始設計、開始教。一節課設計出來之後，我們開始討論這節課有沒有什麼教學方法？我們到底要用什麼方法來教學生？很有意思的是，許多年輕老師用某些教學方法，卻不知道自己用的是什麼方法，也就是說很不具體，我安慰他們沒關係，要他們想一想，為什麼他們唸了四年的師範教育，教學方法還是如此不具體、不清楚？但是要怎麼讓我們更清楚呢？有一個很可愛的老師就問我：「校長，你能不能讓我請假回去把以前的書載回來？」我說沒有問題，就要他把以前的書載回來，重新看看裡面的內容，到底教學活動與教學方法之間有什麼關係？為什麼我們無法活用大學裡所學到的專業方法？原因是我們沒有將方法與活動之間做連結與辨證。

後來，他們花了兩、三個月的時間，把這兩個東西連結起來，之後又花了一些時間問他們這些方法從哪些理論而來？教育有很多理論，理論是實踐後的抽象結果，他們也花了很久的時間把這些方法和理論之間的關係系統建立起來。最後，我問他們一個終極的問題，也就是教育目的、教育哲學的問題：如果用這些方法、這些活動，要把學生帶去哪裡？這是很多學校沒有檢視的問題，所以，很多學校雖然辦了很多活動，知識和經驗卻沒有產生交互作用，故有人說九年一貫課程也許可以讓學生快樂的學習，但也有可能會「安樂死」，因為他

沒有處理課程知識論這個部分。如果我們有這個系統，從教學活動到教學方法、教學理論與教育哲學四者連結起來，我們就會發現老師的彰權益能並非外在的權利所賦予的，而是內在的權利與專業的覺醒產生的專業影響力，這個現象非常明顯，而且超乎我們的預期。有一位老師回到實習座談發表他的東西時，他的教授問他怎麼變得這麼有系統、有力量，和當學生的時候不一樣？他的眼神、表情好像完全改變了。他給我很大的回饋，原來從老師這個主體發展、建構自己的專業系統，對一個老師的教學竟然產生那麼大的力量，其實這個就是課程發展非常重要的基礎，若跳過這個基礎直接設計課程、發展校本課程，這些拼拼湊湊的東西將徒具形式上的意義，並沒有實踐上的價值。所以，校本課程推動久了以後，很多學校的老師會反彈，認為他們的設計是給上級、教育局審查用的，並沒有辦法真正用在教學上，也就是這些課程並非實踐導向的課程，還停留在理想課程的階段。所以，我們第一年才做了老師專業知識的系統化，結果還滿值得的，效果也出乎意料的好。

三、教師專業知識系統化

● 潘教授

對於剛才林校長所提到的協助老師系統化他的專業知識是滿重要的，我們有好多學生出去教書，日復一日，似乎鮮少反省自己的教育哲學是什麼？接下來該用什麼教育理論？我如何運用方法做活動設計？剛才您所提的四個環節，並非要大家先澄清教育哲學，而是倒過來讓老師想想日常教學活動是如何設計的？用什麼方法教？這樣反過來串接，從活動設計往上串教學方法再往上串教育理論最後串教育哲學，思考要把學生帶到哪裡，這樣滿好的。可是，當中有些細部的運作，譬如如何結合這四個環節？教育哲學是本著什麼想法才有這樣的理論？要請林校長再針對如何協助老師專業知識系統化舉個例子說明。

● 林校長

　　有一個方法可以用來協助各科老師，譬如我本身不是學音樂的，但進來的老師有音樂教育專業學生，他的專長就是音樂教育，我就用他的專長來做系統化的工作。我要他設計一個活動，其實他本來就有設計活動的經驗與粗淺的想法，可是他不太清楚可以用什麼方法設計，他有一些活動的想法，例如讓孩子用不同的肢體動作配合各個音階，這其實就是「高大宜教學法」，[6]而他原來也不大清楚他是不是用這個高大宜教學法，所以，他為了設計這個活動就要回頭澄清：高大宜教學方法給他的影響在哪裡？他弄清楚後，我再問他：為什麼會發展出這個教學法？它的環境背景是什麼？理論是怎麼出來的？他就再去追蹤在當時東歐的音樂教育發展背景下的理論。我又問：那麼這個哲學和哪些哲學取向比較接近？這讓他發現這與進步主義的思想可以連結在一起。最後，他就自己把他的專業知識系統化了。系統化之後我們就不必擔心讓他教其他科目，例如數學、國語，是否會有方法上的不同。其實老師會類化有效的方法到別的學科，透過交互討論後他也會學習到不同老師系統化後的知識與經驗，這些東西是會越來越豐富的，就像一個集合型的有機體，會產生一些新的交互作用和新的產出，所以不必有方法不同這樣的憂慮。

四、課程工作坊

● 潘教授

　　您是在什麼場合中問老師他們的活動設計到底用什麼方法？是一對一，還是一對多？

● 林校長

　　都有，至於為什麼都需要呢？因為雖然有集體討論，也就是固定對話的時間，但是集體討論有時候無法幫助老師解決個別困難或需

---

[6] 高大宜教學法係指高大宜先生所創之音樂教學法，此教學法之簡介可見本單元編輯小語。

要，所以，我們通常會有一些空出來的時間，和有需要的老師對話。個別談的時候，老師心中一些真實的困難就會浮現出來，因為沒有情境的壓力，因此，我們常藉著一對一的對話消除一些不必要的困擾與壓力，建立對話的夥伴關係，故一對一、一對多都是需要的。這就是為什麼大型學校在課程發展上會比較困難，因為對話時間會比較不夠，比較小的學校，就可以做這種細膩的、心理滿足的活動。

• 潘教授

通常是誰來挑動老師們原本沒有想到的想法？

◆ 由教師形成問題

• 林校長

形成問題是很重要的學習關鍵，我們都會鼓勵老師要形成問題，沒有形成答案並沒有關係，但是形成問題是很重要的。所以，通常我們在討論過後，會要求每個人都發言，他們也就養成一個習慣：沒有答案沒關係，但是一定要形成一個具體的問題，把它拋出來讓大家討論這個議題。這樣的機制讓每個人在學習的過程中腦筋都是不停轉動的，而不是被動地坐在那邊聽，這樣老師就會經常形成一些問題。有時候老師也會帶著問題來跟我討論，雖然不一定可以解決，但是我們會盡力尋找外面的資源或教授進來，所以，通常外面的教授來學校不是來演講的，而是老師發生一些困難而尋求相關領域的專家來對話，和一般的作法相反。其實校本課程裡很多環節都是倒過來的，現成的需要、老師的需要、學生的需要發生後，那些專業才被引入，而不是將設定好的專業傳輸給老師。

◆ 數位化教師教學檔案

• 潘教授

這樣的做法最符合老師的需求，也是校本教師進修的一種方式。您還提到協助老師專業知識系統化是每個老師都要做的，那麼他們是否會有一個教學檔案？

- **林校長**

　　我們第一年做的時候只有五個老師參加，為什麼只有五個老師參加？因為我們才剛到那裡提倡一個新的概念，要先有說服與相互信任的立場，因此，對於其他老師沒有參與，我們是抱持著容許與接納的態度，我們覺得做得好比做得快重要。到了第二年，老師就全部參與了，因為第一年做完時，老師雖然辛苦，但是成果很豐碩且明顯，教學的成效也不一樣了，其他老師看到他們具體的案例，他們也就放心了。所以，我們在推動任何的實踐活動時，有實踐的案例對老師來講幫助最大，因為他有一個格式和軌跡來遵循，第一年並沒有全部的老師都參與，但是參與的老師都有他們自己的教學的檔案，學生也有學習檔案。那些資料除了數位化之外，我們也把它裝訂成冊，變成每年發展的文件。如果沒有這些紀錄，久了以後要再做分析會比較困難，所以，每年都會把文件整理然後留下來供以後作分析。

- **潘教授**

　　進入第七年為止，每個老師都有一個教學檔案？

- **林校長**

　　不只一個，有的老師可能有三、五個，有的老師可能得了很多獎，還有一個老師今年得近十萬塊的教學設計獎金。

◆　課程工作坊提供對話機制

- **潘教授**

　　林校長提到老師之間的對話是非常重要的，所以，您們還有課程的工作坊，提供老師對話的機制？

- **林校長**

　　我們課程工作坊的進行是十分可愛和窩心。當然，我們也從心理的角度切進來推動這個工作坊，而不是以行政命令的方式。我跟主任說：「我們是利用下班時間來推動這個課程計畫，你要怎麼邀請第一個老師來參加這個工作坊？」他沒有給我答案，接著我說：「你想想

看哪個老師的意願、動機可能最高？跟他說他是校長覺得可以推動課程的第一人選，如果能邀請他來參加這個工作坊，對我們以後的幫助會很大。」這麼一來這位老師被邀請後會有相當大的榮譽感，接著就可以邀請第二個、第三個。後來，這個對話效果很好，因為我們不設計目的，而是以老師的需求為目的，要老師把他們的需求和問題拋進來。其實，許多老師都有很多的問題掩藏著，變成他們心中所隱藏的一個黑盒子，因為之前沒有一個溫馨的對話機制，他們許多陳年的問題也就沒有提出來。譬如，老師們教的很努力但不被家長認同，這對老師來說是一個心理的創傷，如果有一個機制來幫助他，對內心健全的康復很有成效，進而他會透過他的受益來影響其他的老師。所以，我們的工作坊進行一學期之後，很快地就變成全校性的工作坊、固定的討論時間，而老師從知識的接受者變成經驗的發表者，最後工作坊就成為經驗與理論交互辨證的機制。

- **潘教授**

有一些現場的老師經常會提到，我們學校也有教師對話的平台，我們的確在對話，但不是專業的對話，大家討論著其他東西，時間就過了，那麼您們瑞柑國小是怎麼做的，可以讓老師真正進行專業的對話呢？。

- **林校長**

這個問題很重要，因為對話是需要準備的，進行討論的議題是要先收集的，所以，在每一次的對話之前會先有一個對話討論以了解主題是什麼、老師想對話的議題在哪裡？例如，這學期有一個工作坊就是要討論哪些議題最優先、最迫切需要？哪些部分要請專家來討論？哪些部分我們要自己進行？哪些時間需要留白？這些都是對話前要做的準備。對話不能隨性，也就是如果只有格式上、空間上和時間上的安排，那是不夠的，因為這些只是徒有對話的形式，並沒有對話進步、辨證的本質，這就失去專業對話的意義了。

- **潘教授**

老師每一次都是先做準備才來進行這個工作坊的對話。工作坊都是在下班之後的時間進行嗎？

- **林校長**

第一學期試辦的時候是利用下班時間，第二學期則利用週三教師進修的時間，因為那時已經開始說服老師對話是一個滿重要的機制，也是協助老師最好的平台，大家也都接受了。

◆ 專業成長滿足教師的成就感

- **潘教授**

您所談的不論是協助老師專業知識的系統化，或者是建立課程對話的機制，都是一個彰權益能的過程（empowerment process），老師在這個過程也會覺得自己的權能感不斷地在提昇嗎？您們是否問過老師們的感受如何？

- **林校長**

其實老師會產生許多的"feedback system"。譬如，有的老師調到別的學校，落差感馬上就出來了，他會覺得他在新的學校沒有專業成長；另外，有一位原本在我們這裡代課的老師，後來到花蓮實習，他就問他們主任：「為什麼我們學校沒有專業對話？」他們主任不知道什麼是「專業對話」，覺得教師進修就是聽教授演講，這樣比較實際，因此，之間的落差很快就會感受到。另外，我剛才提到老師是一個受惠者，怎麼說呢？我們大概有百分之九十的老師課程發展的作品都得到獎項的肯定，這對他們有很大的鼓勵。

五、結語

- **潘教授**

想必那些老師一定很有成就感。今天非常感謝林校長到一週教育論壇來分享瑞柑的經驗，對於如何協助老師專業知識的系統化，以及

課程的工作坊的運作，我們還意猶未盡，希望下次能夠再深入探討這兩項發展校本課程的重要基礎，具體看看究竟瑞柑是如何進行校本課程的運作，成效如何。

編輯小語

- 高大宜音樂教學法：

　　高大宜(Zoltan Kodaly，一八八二～一九六七)是一位著名作曲家、哲學家和音樂教育家。他把一生的精力都奉獻給匈牙利的音樂教育。一九○五年，高大宜和巴爾托克(Bela Bartok)於一九○五年開始赴匈牙利各地收集民謠，由此，讓他漸漸地警覺到需要去改善歌唱的品質、訓練優秀的音樂教師和小孩以提昇匈牙利人民的音樂水準。一九二○年，他運用民謠素材創作兒童合唱曲；高大宜於一九二九年，決定使音樂成為每個小孩教育的一部份。

　　高大宜並未寫出教學的方法，他祇是強烈地提出有關匈牙利音樂教育的哲學理念和未來發展方向，他的主要教學理念如下：

（一）音樂教育是完整的人所需要的發展。

（二）音樂是每一個小孩與生俱來的權利，而不是某些音樂天才的特權。

（三）人聲是最好的教學工具，因為它是自由而且可以接近的。

（四）小孩子從他們的經驗中理解是最好的，因此，參與是學習音樂最好的途徑。

（五）「祇有最好的，才是適合小孩子，」他的意思是最高品質的音樂素材是用母語演唱的民謠。

（六）唱歌必須是無伴奏的，就像傳統的民謠演唱。

（七）兒童的音樂教育依賴於他們的指導者，因此，他們必需是最好的音樂家、教育家。

（八）用好的方法在學校教音樂和唱歌，對孩子而言，是一種享受，而不是折磨，將渴望得到更好的音樂的熱誠注入他們的心靈，這個熱誠將延續至他們的一生。

（九）去開啓千萬人的耳朵和心靈接觸莊嚴的音樂是一件偉大的事情。

（十）孩子們在這裏所學的(學校)，將永遠不會忘記，這個將成爲他們生命中的光和血。

「孩子純潔的靈魂應被視爲神聖的，我們必須在他們的心靈種植最好的品質;如果移入任何壞的東西，他們的靈魂將被污染」。

在匈牙利所發展的教學方法基本上是根據高大宜的教育理念。他提倡用以下三種方法來幫助音樂教學的實施：

（一）相對音高或首調唱名法，在英國合唱的傳統訓練中被充分的發展，因爲它可以指出音調和和聲的功能。

（二）匈牙利的民謠絕大多數爲五聲音階，因此，早期的音樂訓練皆採用五聲音階。

（三）對於小心安排的音樂理念和材料，不是從知識方面，而是從對小孩子的意義而來的。

從以上的原理，在高大宜音樂教學法中，爲了得到一套方法，他使用以下兩種「工具」：

（一）手語(handsign)，一九八六年在英國由 JohnCurwen 所建立的。

（二）節奏語言，基本上由法國而來的。

　　總而言之，高大宜音樂教育的主要理念是使學生把學習音樂當作一種享受，而不是折磨，並且將喜好音樂的渴望注入他們的生命中。

（資料來源：**高大宜音樂教學法簡介**。2007 年 6 月 30 日，

　http://content.edu.tw/senior/music/tn_nn/info/info5.htm）

瑞柑國小的課程領導

主持人：潘慧玲（國立台灣師範大學教育學系教授兼教研中心主任）

討論人：林文生（台北縣瑞柑國小校長）

論壇日期：2004 年 03 月 07 日

❋討論題綱❋

【瑞柑國小的課程領導】

一、前言

二、校本課程前兩階段——專業知識系統化、工作坊

三、階段三——發展「課程地圖」

◆ 課程地圖為統整課程的基礎架構

◆ 從單元活動到學期課程循序漸進

四、階段四——跨校的策略聯盟

◆ 各校分工合作完成課程

五、瑞柑的生態教育資源

◆ 乘著具體經驗飛翔

◆ 清楚掌握課程目的

◆ 順流學習法

六、統整課程的設計與校本課程現況

◆ 應統整學科與學生經驗

◆ 校本課程隨教師專業成長而越趨成熟

七、結語

一、前言

·潘教授

　　隨著九年一貫課程重視權力的下放、教師專業自主性的彰顯，學校教育的行政、課程、教學等各個面向都有了顛覆傳統的改革，校本課程或稱學校本位課程即是一項顯著的改革項目。上次論壇我們請到對於校本課程相當有經驗，成效也十分卓著的瑞柑國小林文生校長來與我們分享瑞柑國小的經驗，今天我們還要請他來為我們具體介紹瑞柑國小的實際運作情形。延續上次論壇提到的協助教師專業知識系統化以及課程工作坊，首先請教林校長，這兩個工作代表學校發展的兩個階段嗎？推動這兩個工作需要多少時間呢？

二、校本課程前兩階段——專業知識系統化、工作坊

·林校長

　　這兩者是學校本位課程很重要的兩個基礎，我們第一年推動專業知識的系統化，第二年進入工作坊歷程。

·潘教授

　　到現在前面兩個工作事項還是會不斷進行嗎？

·林校長

　　是的，那是一個動態的歷程、處理老師互動的歷程以及專業對話的歷程，要以此為基礎才能發展後面的東西。

三、階段三——發展「課程地圖」

·潘教授

　　到第三年又進行不同工作的重點，我看相關資料提到，您們也發展老師的「課程地圖」，這等於是第三個階段的重點？請林校長說明一下。

◆ 課程地圖為統整課程的基礎架構

• 林校長

　　引進課程地圖是很有趣的歷程,因為我做了一個開放教育專案的研究,發現有一個幼稚園老師在設計教學流程時,把它畫成像一個地圖一樣和孩子討論,形成教學的歷程。教育部當時的課程是以統整為原則,為發展統整課程做預備,我就找是否有「課程地圖」這種東西。我認為發展課程前,概念的釐清是非常重要的,若沒把基礎概念釐清,會浪費老師很多時間,而且最後的成果可能會經不起檢驗。所以,我們就從文獻中找到做統整課程很有名的賈寇斯(Jacobs),他有二十年帶領美國統整課程的經驗,一九九九年出版了一本"*Curriculum Mapping*",我們就把這種概念解讀為「課程地圖」。後來,我們發現不只是統整課程需要課程地圖,分科的課程也需要課程地圖。有位老師在工作坊的時候提出了一個很好的問題,他說家長問他地圖的右手邊為什麼要稱為東方,因為家長無法回答孩子這個問題,而老師也傻眼,覺得這是理所當然的事情。他把這個問題拋出來之後,發現二年級其實有處理前置經驗的能力,也就是甘寧的實驗,這個實驗就是要讓學生辨別方位,如日出東方的概念。而且,到了五年級又利用地球的公轉和自轉處理過這個概念,因為地球自轉的關係,日出一定是在東方,那個方位就定義為東方。所以,從不同年級老師間的對話發生了連貫的現象,所以賈寇斯(Jacobs)就把課程地圖做簡單的定義:就像開車時必須知道你是從哪裡來?現在在哪裡?以及未來要往哪裡去?這些就是以學生為主體的學習考量。譬如,現在教學生分數的概念,將來會發展成分數的加減乘除,老師必須知道學生下一步要做什麼,也必須知道他之前學過什麼,簡單地說就是我們要確定他們的發展區在哪裡?最佳的發展區在哪裡?透過老師的對話我們能更快地掌握學生的發展區。所以,我們就用這個概念做為統整課程的基礎,進而發展出一些不錯的作品。

◆ 從單元活動到學期課程循序漸進

• 潘教授

我看到相關資料顯示，您們發展老師課程地圖的時候，也是循序漸進的，先從一節課的流程圖開始著手，接著一個單元活動的設計、一整個學科的課程統整、各科之間的課程整合，再來是一學期的課程地圖到全校的課程地圖，最後是跨校的九年一貫課程，請林校長細部說明。

• 林校長

因為每個老師進學校的時間不同，有的人已經和我們一起做第三年的校本課程，有人才剛進來，學生有個別差異，而老師也有，我們是容許個別差異存在的，只要他覺得他設計出來的東西目前實用，符合他目前的經驗與能力，都會被接受。上次我們也提到過，老師該怎麼教、怎麼把課上好，永遠是最重要的基礎，所以，要從這裡慢慢發展，漸漸掌握到整個單元、整個學科，或者做跨學科的討論，這些都是很重要的基礎。後來，我們還談到跨校的策略聯盟，這已經打破校際的分界，總共有七所學校的策略聯盟。

四、階段四——跨校的策略聯盟

• 潘教授

換句話說，您們前三個階段都是以校內為主，最後進行到跨校的合作、策略聯盟。這個第四階段校際課程發展策略聯盟實際上是怎麼運作的呢？

• 林校長

因為校際的課程發展需求發生了，也就是教育部開始推動九年一貫課程，每個學校都要發展課程。教育局給了我們一個很有趣的任務，要我們輔導附近的七所學校，包括兩所中學、五所國小。但從以

前的經驗得知，我們是沒有權力和能力「輔導」他們，若要成功，彼此一定要成為「夥伴」，要在權力均等的狀態下進行。所以，我們就成立一個小型的校長會議，我和七所學校的校長共同討論課程發展的經驗，問他們要不要一起來玩玩看？大家都很熱烈，因為教育局給的公文是每個學校都要發展，現在既然有一所學校有經驗，大家一起來發展效果會很快。所以，他們就把各校比較有能力以及意願的老師找出來，利用每個月一次的時間在我們校內進行課程討論。第一年是以發展統整課程為主，後來有些國中、國小的作品也都發展的不錯，而且實踐的也不錯，還有一些學校，例如瑞芳國中的作品得到了「power教師獎」，其他學校也零零星星得到一些獎勵。這個策略聯盟到現在還在持續運作。

◆ 各校分工合作完成課程

● 潘教授

那麼您們每個月每一週的活動安排是不是不一樣？

● 林校長

不太一樣，我們是以產出型的工作坊為主，也就是最後老師要能夠產出、學生要能夠產出，東西要做得出來。所以，我們有三個系統同時在進行。譬如，當時國內的統整案例並不多、也不完整，因此，我們就共同引入一本書，現在是遠流出版的，叫做《與統整課程共舞》，他們便逐步翻譯這本書，翻譯完成便報告；另外一組則是蒐集文獻，由一個學校負責一個領域，之後再匯整起來，幫其他老師整理文獻摘要；最後一個小組是實際做課程設計，這個小組比較辛苦，他們每個月要報告他們的進度，解說為什麼要選這個主題，經過大家的批判和指導，最後也都能夠符合學校的需求。最後，大家都會有作品來做教學觀摩，每個人都去觀摩，事後再檢討，於是就完成策略聯盟整年度的工作。

• 潘教授

　　策略聯盟也做了分工,有人負責文獻資料的蒐集、分析與彙整,有人負責課程設計,課程設計人員就舉辦教學觀摩來分享他們的教學成果。就課程設計來看,我們知道瑞柑國小擁有豐富的生態環境,藉由這個特色您們也發展出非常別緻的課程,請林校長針對這個部分來談一談。

五、瑞柑的生態教育資源

◆　乘著具體經驗飛翔

• 林校長

　　學校裡面的資產其實就是可經營的素材,每個學校的資產都不一樣,我們學校最大的資產就是生態。我們一年四季都有蛙、十一個月有蝴蝶、一個月有螢火蟲,生態非常豐富。我們說教學要引起動機,但是當我們帶孩子做自然探索時,不需要特別引起動機他就很有動機了。譬如帶孩子賞蛙,當他們看到那些蝌蚪,自然就會聚精會神,非常專注地觀察,這樣看來,我們老師為什麼不能也從室內走到戶外呢?那是因為老師沒有具備戶外的背景知識,到戶外就沒辦法用粉筆寫在黑板上呈現已知的知識。所以,在這個歷程中我們也花了一些時間讓老師成為一個探索者、一個學習者,跟著教授了解學校的生態環境。Resnick 講的很好,他說:「老師其實是一個自然而然的課程統整者,如果老師懂得越多,就會整合的更縝密、更多元,所以老師對戶外的背景環境很了解的話,就自然會用比較活潑的材料做為教學的媒材」。舉例來說,我們以前都會養蠶寶寶,蠶寶寶其實只是一個教材,課程是要讓同學了解生物完全變態的生活史。很多老師沒有教到完全變態生活史的概念,可是全國都在養蠶寶寶。如果學生知道蝴蝶的完全變態,那麼學生不用養蠶寶寶,在戶外就可以做觀察和紀錄。以蝴蝶取代蠶寶寶,不但效果很好,學生的興趣也大,而深度探索的

歷程例如觀察能力、紀錄能力以及辨識能力和分類能力也都會在這個歷程中達成。所以,現在很多課程並沒有達到目的,老師只是教材料而已,把材料當成目的是很可惜的。

　　有了這個探索的歷程後,第二年老師就發展了統整課程,如「神蛙傳奇」就是這樣產生的,這就變成這個老師的固定課程,他分析國家的課程目的和我們學校蛙的特質有哪些可以連結的地方,重新組合起來之後就變成五年級自然領域固定的動態探索課程,這和國家課程也是完全結合的。另外,今年度更令我驚奇的是,英文老師開始用生態的材料教英文了,這個部分相當精采,因為可以減少一半的認知負載,譬如用蛙來做教材,學生對蛙的認知是已經存在的,以前教英文會用萬聖節之類的題材,但是萬聖節的背景對我們學生是不存在的,那是國外的經驗,學生必須重新了解背景再來學習有關萬聖節的單字和句子;若是用蛙為教材,直接教學生蝌蚪、蛙的英文怎麼講、蛙的變態歷程的句子怎麼應用,那麼學生就不用重新建立他的學習經驗,可以直接用蛙這個經驗來學習英文抽象的文字與符號。我們將這種教法稱為「乘著具體的經驗在飛翔」,減輕很多學習認知的負擔,效果滿不錯的。這學期要做的是英語生態的兒童話劇,已經有老師和小朋友利用週三下午共同討論的機制發展課程了,我覺得這方面真的是既豐富又有趣。

◆ 清楚掌握課程目的

• 潘教授

　　林校長所談的給了我兩點想法:第一點,剛剛提到老師只教到材料而已,並沒有注意課程目的是否達成,像上課要用到白蘿蔔,就要累壞家長幫學生準備白蘿蔔;或者是要看雕像,就全校一窩蜂去看,並沒達到課程目的。其實,要達到課程目的有很多方法,像剛才所說的要教生物的完全變態不一定要用蠶寶寶,用蝴蝶也行,我想這是滿重要的一點。

● 林校長

　　我想要談一個很重要的課程觀，許多學校教學時都會把材料當作課程結構切割，這是滿危險也滿浪費時間的，其實我們在推動校本課程討論課程時做過一個活動，就是讓老師閱讀教科書。有一次我們要全部的老師把他們最擅長的教科書帶過來，並預告下個禮拜會討論教科書。我們要老師把教科書蓋起來，選一個最熟悉的單元解說，每個老師都講的很好。於是，我問老師第二個問題：這個單元到底要教學生什麼東西？它的教學目標是什麼？每個老師都目瞪口呆地說課本沒有寫這個東西，我回答課本僅是一種提供教材選擇的模式，所以，並沒有寫教學目標；老師又說教學指引裡頭有教學目標，他們馬上又找教學指引來看，果然找到了，原來教學目標出現在教學指引中！我又問他們：這一冊的整體課程目標為何？他們問整體課程目標會寫在哪裡呢？我說就在課程標準或課程綱要裡頭，所以課程標準和課程綱要就是用來切割課程的系統與結構，老師必須了解課程原本的結構是什麼，如果有問題就要從結構來調整系統，不可能因為蛙的課程很豐富，就以蛙的材料來切割結構，這是很奇怪的事情，連結性也會和國家的課程不一樣。所以，老師其實是帶著背景知識和環境互動，如此一來每個老師所選的課程題材就會不一樣，有的老師選蝴蝶的探索，有的選擇昆蟲，有的選植物的觀察，有的選蜻蜓的飼養歷程，都是可以的，因為每個老師對生態的興趣不一樣，小朋友們的興趣也不同，所以課程題材都是討論出來的，甚至於社區的踏察都是很好的學校本位課程內容。我們要看課程的目的是什麼，課程選擇時要思考哪些材料是最適合引進課程內涵裡，而不是以材料做為結構來形成學校的校本課程。

● 潘教授

　　換句話說，林校長所推動的瑞柑國小校本課程是在目前的國定課程架構底下，把學校本身的特色，也就是生態環境，融入到各個領域、不同學年的課程裡，而主張一定要學校自己發展一套生態教育，

然後把它橫切、納入六個學年，這是一個非常重要的課程發展觀。

◆ 順流學習法

• 潘教授

接下來，我們剛剛提到神蛙傳奇、蝴蝶、各種生態和許多動植物，您們學校如何發展這些生態課程？

• 林校長

我們老師經常利用生態的資源，如果天氣好，經常會看到老師帶學生在做觀察紀錄。我覺得老師首先要有課程觀基礎：課程是什麼？我們國家的課程是什麼？結構是什麼？每個結構中包含的課程概念是什麼？最後形成的教學目的是什麼？這個素養是很重要的基礎。另外，要提供老師一個經驗：當老師走到戶外，對那些花花草草、昆蟲蝴蝶是陌生還是熟識的？如果老師很熟悉，很快就可以找到連結的點，所以，有的老師便利用植物成長的歷程做比較和觀察，再讓學生利用這個經驗來做引文的寫作，這就發展成一種「順流學習法」，也就是透過實際的體驗，原本是自然科課程可是卻和語言科結合了，老師覺得利用這些深刻的經驗來寫作，小孩子寫出的東西也會是最深刻的，他們寫的量也最多，結構也最完整。所以，會發展成科際之間的整合其實是很自然而然的連結，對學生的產出效果也是最好的，經驗就越來越豐富。而校長的工作就是讓老師把他們成功的經驗分享出來給其他老師，其他老師也就會類化，把這些老師的想法用在自己的其他學科內來做。譬如，有個老師做陶藝，當陶偶做完之後就發展成一個陶偶劇場，表演陶偶劇。這些東西都會發生，所以賈寇斯（Jacobs）的東西是很實用的，老師們異質學科間的對話也會自然產生統整。

六、統整課程的設計與校本課程現況

◆ 應統整學科與學生經驗

• 潘教授

所以，在小學談課程統整時，很重要的一環就是要透過課程對話機制。事實上，國中也在談課程統整，但真的要將物理、化學、科技、生物等結合成一科是滿困難的，因為這些科目有各自的知識領域，不過我們還是強調這些科目也可以有一些統整教材讓學生學習。

• 林校長

對，如果我們談到物理、化學之間的統整，其實就跳太快了，因為物理和化學老師的課程經驗還沒到那裡。我認為把物理學和學生經驗統整在一起才是最實用的，可是一般人都跳過這部分，直接考慮物理知識結構和化學知識結構的統整。這是"interdisciplinary"的問題，而每個 discipline 有自己的知識基本假定，有時候基本假定是不一樣的，兩種不一樣的假定要經過許多辨證後才會產生融合，這是很高階的。兩千年美國統整課程的研究發現，連高中大的孩子和老師做科際整合都很困難，更不用說國中小的孩子。所以，有時候我們對基礎概念分析不夠透徹，就會犯跳太快、難度太高的錯，因為預期的難度太高，最後的結果不用做也知道會失敗，因為國外做了好幾年就失敗了。我們比較能做的是屬於"integrated curriculum"這部份，就是屬於經驗與知識交互作用的部分，而不必談學科與學科之間的關係。我常常和國中老師對話，要他們不要談科際的問題，應該想本身的科目要怎樣教，譬如要怎麼讓每個孩子都喜歡物理，他們這個部分其實做得很少，大部分都說他們用了很多考試卷考了很多試，這就是升學主義讓他們的錯誤合理化。

• 潘教授

如何讓我們的教育更符合學生經驗，的確是目前國中或高中教育需要檢討的。

◆ 校本課程隨教師專業成長而越趨成熟

● 潘教授

另外，有些老師很想了解瑞柑國小在把各種生態教材融入各學年不同領域時，如何處理某些原本的教材將教材被取代的問題，是否有些改編工作？

● 林校長

這個部分是比較高層次的能力，當老師已經充實許多專業背景之後，他會有意圖想要設計自己的課程，因為他發現教科書上編的東西真的不適合本地孩子的經驗學習，所以"school-based curriculum"的理想就在這裡得以呈現。有位英文老師就曾經自己設計、改編整學年的課程，這是他推動了幾年校本課程的心得和經驗；而有些老師則是局部改編，譬如他將神蛙傳奇課程放在大單元中，並且把原本教科書或國家課程中設計的課程目的都吸納進去，這種現象就是一種「有機的課程觀」，也就是老師其實和植物一樣是一直生長、長大的，等他能力足夠後就可以取代教科書了。

● 潘教授

最後，請問林校長瑞柑推動了六年多的校本課程，有沒有什麼需要調整的地方？

● 林校長

課程發展是一個不斷辨證的結果，永遠處在一個等待改進的狀態，譬如我們花很多時間聽老師和家長的聲音，家長的期待與口味也一直在改變，所以，我們不斷和教師對話也和家長對話，想把他們的需求吸納進來，現在做的比較好的是老師也把學生的經驗與需求吸納進來了，他們也把學生的觀點放在課程設計歷程中，這點我覺得滿開心的，因為學生才是學習的主體。

七、結語

● 潘教授

　　如果大家有興趣可以上瑞柑國小的網站，上面有許多相關資料提供給大家參考。我們曉得課程發展並不只是一樁事件或一項文書作業，他是一個旅程，需要長期發展的，從瑞柑國小的經驗看來，他們就花了六年的時間做本位課程的發展，這些寶貴經驗都可以提供給各個學校做為參考。

永安國小的開放教育經驗

主持人：潘慧玲（國立台灣師範大學教育學系教授兼教研中心主任）

討論人：許銘欽（台北市永安國小校長）

論壇日期：2004 年 03 月 14 日

※討論題綱※

【永安國小的開放教育經驗】

一、前言

二、開放教育的實施

◆ 永安國小的規模

◆ 課程發展理念

◆ 開放教育的迷思與辨證

三、永安國小的願景

◆ 自信、自立、共生、共榮

四、總體課程計畫

五、協同教學與主題統整

◆ 破除協同教學的迷思

◆ 統整課程與單元教學彈性變化

六、開放空間的設計

◆ 創造班群空間

◆ 營造視野開闊的學習環境

◆ 累積、傳承教師寶貴經驗

七、結語

一、前言

●潘教授

這禮拜請到永安國小許銘欽校長來談談他們學校發展本位課程的經驗。台北市永安國小是在明水公園旁邊,我曾經去看過永安國小,是一個設計非常漂亮的校園。許校長本身對課程發展鑽研甚多,尤其您本身還在日本留學過,有許多學校本位課程發展的概念,請許校長先簡介您的基本簡歷。

●許校長

我在民國八十五年剛從日本留學回來,之後因為台北市走開放教育的政策,剛好永安國小成立,於是局長就派我籌備永安國小。所以永安國小的籌備、課程的思考,從開放教育一直到九年一貫課程,我們都有整體的思考。

●潘教授

您特別提到台北市在推動開放教育,例如永安國小、健康國小以及新生國小都是,所以,您們在整體空間建築規劃上和一般國小有些不一樣。換句話說,就是有些開放空間的設計,使學校本位課程的發展更方便。

二、開放教育的實施

●潘教授

永安國小是從民國八十九年開始招生,到現在有四年的歷史,可是我們經常看到您們學校有些學校本位課程發展的成果出現。那麼班級規模方面,普通班總共有幾個班呢?

◆ 永安國小的規模

●許校長

每個學年八班,總共有四十八個班級,每四個班級是一個班群,

所以每個學年有兩個班群。

- **潘教授**

那麼永安國小是從民國八十九年創校時就開始推展學校本位課程嗎？

- **許校長**

是的，從民國八十五年推動開放教育之後我們就開始思考新世紀的學校課程應該要怎麼做，因為永安國小成立時剛好是西元兩千年。到了後來九年一貫課程我們就稍微調整，以接續九年一貫課程的實施。所以，在八十九學年度開辦之後我們的課程規劃已相當完整。

◆ 課程發展理念

- **潘教授**

也請許校長談談當時您們在開放教育精神下的課程發展理念，以及連接到後面九年一貫課程這一路走來的歷史。

- **許校長**

當初開放教育大家都衝過頭了，以為不需要有課程標準、不需要教科書，甚至不要聯考升學制。但是，從我在日本時得到的經驗，新世紀課程趨勢應該是兼重基本課程與彈性課程，也就是學校應該要有一個整體的課程規劃，而不只是「開放」。所以，當初我們規劃的時候就同時重視基本課程與彈性課程，而九年一貫課程實施之後更給了學校很多的彈性。因此，我們對於彈性部分有所規劃，但同時仍然相當注重國語、數學等的基本教學。

◆ 開放教育的迷思與辨證

- **潘教授**

鬆綁、不要受太多拘束、老師可以重新編製教材、給予學生許多作業如何在總體課程計劃底下彰顯開放教育的精神，是相當艱鉅的工作。正如許校長所言，過去我們推了好多的開放教育，大家都覺得要

單，這就是我們心中所想的開放教育。您在做法上如何調整以前偏於一方的迷思呢？

• 許校長

　　這裡面有一個基本的教學理念，也就是兩種教學方法：其一，傳統上我們把教材按照順序排列然後由老師交給孩子，孩子被動地接受知識；另外一種就是從杜威的經驗主義以及建構主義來的，認爲知識是從孩子與環境的互動中建構來的。基本上，這兩種理念有點衝突，我們讓孩子建構知識的時間是不夠的，但是若完全由老師來教給孩子，孩子是被動的、不感興趣的。基於這樣的理由，我們就把課程分爲「基本課程」與「彈性課程」。所謂「基本課程」就是國語、數學、自然、社會這些原本的學科領域，老師有教科書、有基本的教材內容，至於教法則可以慢慢開放出來，但是不是想像中那麼快。所以，我們在彈性課程的部份就完全開放給孩子，當很多學校把彈性學習節數用來發展學校特色課程，讓老師來規劃課程教材內容時，我們把這個彈性完全給予孩子，讓孩子自己來選擇和決定。

• 潘教授

　　換句話說，永安國小在推動課程發展的過程裡，保留了大部分的彈性讓孩子建構出自己的知識、讓他擁有主動學習的空間？

• 許校長

　　有這個機會，但是每個禮拜彈性學習的節數並不多，只有兩節課的時間規劃給孩子。其實當孩子真正喜歡這個科目的時候，他實際的學習是在下課之後以及晚上，甚至寒暑假都可以去學習。

三、永安國小的願景

• 潘教授

　　現在我們談九年一貫課程的時候，每個學校都會先從學校願景談

起。請問永安國小塑造的願景是什麼？如何配合這個願景落實在課程上？

◆ 自信、自立、共生、共榮

• 許校長

我們學校的願景塑造與籌備期間工程與課程的思考同步進行，那時候我們就對大直地區學區裡的孩子與家長做過問卷調查，了解家長對孩子的教育期待，孩子實際的生活狀況與學習狀況。我們統整出永安國小要面對的教育的課題，然後再針對這些課題思考我們的課程架構以及學校願景，也就是我們學校的教育目標。後來，我們凝聚了四個學校教育目標：自信、自立、共生、共榮，也就是先求自我建立信心，在人群社會中自立，然後和環境共生，和國際未來共榮，這樣四個有層次的學校教育目標，而老師在課程設計與規劃上也隨時融入這些目標。

• 潘教授

我們看這一連串學校課程發展的過程，經常有一個"missing link"，也就是「缺漏的環節」出現。學校都會創造一個滿漂亮、看起來滿好的願景，但是一放到課程實施後，就看不到願景是如何放到課程裡頭實施的。請問永安國小如何把這之間的密縫接連得這麼好？

• 許校長

比如我剛才所談到學校的目標就是自信、自立、共生、共榮，其實它是環繞著孩子的成長以及目前我們所重視的環境教育、生命教育、國際化以及地球村的概念，也是現在教育的重點，老師的課程設計或教學方案也會融入這個部分。例如，我們的彈性課程談到環境教育和生命教育的時候，老師就會融入這些概念，並且製作教學方案出來。

四、總體課程計畫

•潘教授

您提到整個學校應該會有一個總體的課程計畫,那麼您們當時如何構擬、思考這整個總體課程計畫的?

•許校長

因為永安國小是一個新的學校,我們在規劃工程與課程時還沒有正式教師,只有我帶著兩三個主任在做這樣的準備工作,和其他學校不太一樣的地方是,課程的理念、願景、架構都是由我們幾個人來思考。之後我們招考老師進來,做了一些職前訓練與練習,很清楚地告訴老師這些理念、架構要怎麼做,讓大家先做做看,我們再不斷地修正,我們是以這樣的方式完成的。

•潘教授

換句話說,您帶著這個行政團隊先把骨架架起來,然後再招考有志之士進來,於是教師團隊就在這個架構下一直往前發展?

•許校長

是的,先完成整個課程架構,當作課程發展的平台,讓老師在這個平台上有一個完整的理念,也就是說他在做任何一個教學方案時會很清楚他的課程位階,很明確知道他的理念和教學目標,因而不會慌亂。

•潘教授

我們曉得許校長自己本身在日本求學的時候,對他們整個課程發展有滿多的想法與鑽研,也把這些概念帶回台灣再做運用,裡面也有一些轉化,也就是本身的創發部分。我們今天一直在提倡整個課程發展一定避免不了要做課程領導的工作,如果老師動不了,學校的課程是很難發展的,所以我們也看到永安國小許校長所做的課程領導和跟別的學校不太一樣的地方,請許校長來和我們談談這個部分。

• 許校長

　　這次從開放教育到九年一貫課程，我從日本得到許多經驗。日本從戰後的學科教學，國家課程經過所謂的學校層次總體課程規劃，然後才走向開放。台灣剛好相反，是從國家課程解構之後，沒有建立一套課程的遊戲規則，就直接走向開放教育，所以開放教育老師所發展出來的方案看起來非常活潑、多樣，但實際的效果並沒有呈現，九年一貫課程也是一樣，並沒有談到學校總體課程架構的觀念。因此，我們在經營永安時，就特別架構整個學校課程，例如，基本課程包含哪些？彈性課程包含哪些？基本課程的理念是什麼？彈性課程的理念是什麼？老師也很清楚知道要怎麼做之後，他們的成果就會比較完整。

五、協同教學與主題統整

• 潘教授

　　剛剛您特別提到總體課程裡有基本課程和彈性時間，就基本課程而言，您們的理念、想法是什麼？如何架設出讓學生更有效的學習？

◆ 破除協同教學的迷思

• 許校長

　　基本課程就是國語、數學、社會、自然，這些科目原本的教學方法是單元教學，而九年一貫課程初期的時候都希望全面主題統整、全面協同教學，但我的感覺與認知是不一樣的，我們不需要全面協同教學和主題統整，而且老師也沒有這方面的經驗。所以，基本上我們維持學科領域的單元教學，然後用一個主題把相關的部分統整起來做主題統整的教學。我們第一年就很清楚的跟老師講，和主題不相關的單元還是要回到各學科領域裡來教。我們第一年注意那些被遺落的單元，第二年後我們發現同樣的單元被統整之後還是有某部分沒有統整，這時候我們就注意到單元內的遺漏。總之，我們在基本課程的部

分還是維持單元的教學，而可以統整的部分拿來做統整，這樣子家長就不會擔心孩子的學科基本能力沒有落實。

◆ 統整課程與單元教學彈性變化

• 潘教授

不過，在國小裡頭因為領域中的幾個科目本來就是統整的產物，譬如社會，不像國中有地理、歷史、公民不同的科目，如果我們要把這些科目結合在一起，採學科間的統整是比較困難的。因此，許校長談的「維持領域裡頭的單元教學」指的是什麼意涵？

• 許校長

比如九月份開學的時候，有一個主題是「秋天」，而低年級的主題可能是「我們快樂來上學」，我們用這樣的主題把其他學科領域相關的部分拿過來變成統整主題的教學模式，我們也發展出自己統整模式，沒有統整過來的部分我們還是放在各個學科領域單元裡頭教學。這樣一來，原來的能力指標和單元目標並沒有被遺落。

• 潘教授

換句話說，我們現在談到很多協同教學，就許校長而言並不是要全面的協同教學或者全面的統整？

• 許校長

事實上，也沒有這個需要，而且老師的課程發展能力也是要逐步養成的。

• 潘教授

對，事實上，整個九年一貫課程的發展有幾個口號：課程統整、協同教學，可是如何真正做好協同教學，則是老師必須要去學習的，因為以前都是各做各的，那麼我們現在要如何來協同？也不是每個單元通通都要協同，就像許校長所講的，有些部分需要合作，有些部分

不一定是在協同教學上合作，可是課程的設計上也是協同合作的。我覺得這當中有好幾個層次，恐怕是現場老師需要再重新思考的。另外一個部分是課程統整，現在也是強求科目間的統整，國中就出現這樣的問題，物理、化學是否能統整在一塊？結果發現有很多的問題，造成物理老師要教地科、生活科技老師要教物理，沒有專才專用，而這也是我們今天為什麼會一直探討課程統整意涵的緣故。

六、開放空間的設計

• 潘教授

剛才許校長也提到，在永安國小做很多主題統整，可以由相關的單元變成一個主題的統整，那麼永安國小的細部做法如何？

◆ 創造班群空間

• 許校長

永安國小教室的空間是班群空間，每四個班有一個班群空間，所以，當初分配教師職務的時候就考慮到一個學年八個老師的組合，組合之後要做協同教學。事實上，在課程發展上是不直接談協同教學，協同教學是因為課程設計的需要而產生的，所以，沒有協同討論就不可能有協同教學，那麼在課程設計中如果也沒有出現分組就沒有協同教學的可能。因此，我們另外有一個所謂「個別化教學」的模式，也就是孩子的個別差異不只是能力的個別差異，也可能是興趣的個別差異，或是經驗的個別差異、學習習性的個別差異。我們很清楚地向老師講了這些差異，並依照這些差異來提供不同的學習樣態。當一個班級出現兩種、三種、四種不同的學習樣態時，一個老師大概也很難同時兼顧每個部分，因此，就會產生班級的重組，四個班級打破重新組合之後，協同教學自然產生。所以，我們的協同教學理念是這樣自然產生出來的，依前面主題統整課程設計的個別差異產生分組，分組之後老師來討論協同教學的可能，協同教學後就很自然地會運用到班群

空間。事實上，我們整個課程發展是有順序性的，這樣的話老師比較沒有壓力，也比較能夠按部就班來做課程的設計與發展。

● 潘教授

實際放到永安國小的課程裡，按照學生不同的樣態將學生拆組，並重組四個不同的班級，老師們進行協同教學，像這樣的活動佔整學期中多少份量呢？

● 許校長

按照低、中、高年級而有不同，因為九年一貫課程實施是從低年級開始，而我們這套做法在低年級實施的最徹底，一學期有三個主題。我們有一位老師把兩、三年來的主題統整中有關協同教學的部分統整出來，而他的協同教學模式可以有二十幾種，除了我剛剛談到的按照個別差異分組以外，還包含親疏之間的合作，以及級任、科任與行政人員之間的合作，還有社區資源的應用等，有各種不同的教學模式。在中年級的部份也有在做，但是中年級的主題統整不強調多學科，我們大概兩三個學科就可以做統整，而不期待所有的學科都能統整。至於高年級因為實施九年一貫課程的時間比較慢，而且高年級的知識系統比較強，又有國中銜接問題，所以，在高年實施時並不期待做太大的更動。

● 潘教授

在低年級會看到比較多的主題統整，如果我們以整學年的課程安排來講，您們會有幾次的主題統整？各佔多少時間？

● 許校長

一學期三次，一學年大概有六大主題。一個主題大概一個月到一個半月，也就是每個學期都在做主題統整，但是其他和主題不相關的部分則是回到學科領域做單元教學。

● 潘教授

您提到主題教學會配合協同教學來運用、思考，那麼實際上就是

由老師來協同教學？

● **許校長**

因為我們各學年有研究群組，他們經常會一起討論，比如我們會安排一個同學年討論的時間，這個時間如果不夠，他們還會常常利用放學之後一起討論，針對每一個主題的設計過程加以討論，所以，在做協同教學時，他們對整個課程內容的設計滿了解的。有必要的時候他們會找家長進來支援，針對時間和主題的特性徵求有意願的家長，也會向家長說明，因此，這四年來的經驗都頗為不錯。

● **潘教授**

這種開放空間設計的學校不太多，請許校長詳細說明您們在實際操作上如何將開放空間配合主題統整和協同教學？換句話說，孩子是如何安置在這開放空間中，會用到哪些老師來上主題統整的課程？

● **許校長**

班群空間的基本理念是讓孩子主體學習，孩子分組主體學習的時候，需要討論、需要用電腦蒐集、整理資料，孩子需要趴在木頭地板上畫大地圖，這些都需要班群空間，或者是我們在做過關評量時，也需要班群空間。

● **潘教授**

換句話說，您們是把四個教室中間的隔板全部拿開，成為一個可以容納四個班級的大空間？

● **許校長**

沒錯，成為一個「開放」的空間。基本上，我們的班群空間保留原本傳統教室的部分，是屬於原本四個班級自己的教室。而外面的空間是一個共同的空間，可以輪流使用、共同使用或個別使用。這個空間使用的最大原則是：不要設定功能，那是一個彈性空間，彈性空間使用的原則就是保持彈性，不必設定要怎麼運用，老師的課程發展到什麼地方，他就會想到要怎麼運用這個地方。這個空間也可以是一

個靜態或動態的作品發表場所，隨著主題的不同而有不同的功能。

◆ 營造視野開闊的學習環境

• 潘教授

您所指的是在傳統教室四個隔板旁邊的走道空間，就是剛才所說的動態、靜態空間，連電腦也可以放在那邊，小朋友都可以運用。談到這樣的開放性班群空間，一般人可能會聯想到，四個班級的小朋友作業時間不一樣，有的人早上課，有的人晚下課，這樣一來彼此會不會相互干擾？畢竟傳統教室是各自獨立的，但是這個班群中間是打通的，要如何讓課程設計配合小朋友的作息而不會互相干擾？

• 許校長

傳統教室就是為了讓老師教學方便，讓孩子能夠安心聽課。當我們把老師「教」的意識減弱，讓孩子主體學習時，事實上，孩子只要投入一件工作，低度的噪音是不會影響他的，這是我們第一個理念。第二個理念是，在班群中要學會彼此尊重，今天我吵你，明天你就會吵我，所以，我們的孩子在這個班群空間中必須保持適當的自制性，讓彼此的影響降到最低。另外一個附加價值就是，在班群空間裡孩子的視野、心胸會擴展開來，他的朋友不僅是班上的同學，也可以是別班的朋友，事實上，他有很多問題也可以請教別班的老師，因為四個老師都是他的老師，因此，在這個地方有教育的意義。

◆ 累積、傳承教師寶貴經驗

• 潘教授

當帶領的老師和小朋友說：四個班級變成一個班群，大家要互助合作時，我們要如何讓學生體會到協同合作的重要性與好處？因為這是很不容易的，需要慢慢學習。

• 許校長

剛開始的時候，我們用很多的文獻報告訴老師，首先我拿日本的文獻報告訴老師，這樣的班群空間在日本已經有二十幾年的經

驗。文獻報告中指出只有老師排斥，沒有孩子排斥，所以，孩子是不會有問題的。第二，我們帶老師到日本實際看日本的班群空間，日本的校長在我們老師面前說老師在班群空間中的協同模式就是孩子最好的榜樣，如果老師無法做協同，就不要期待孩子可以做協同。

另外，我們在這樣一個協同過程中，期待經驗的傳承，也就是說把一年級經驗的資料整理出來，留給明年教一年級的老師，二年級的資料留下來給明年教二年級的老師，不要每年都要重新思考主題，重新再設計教案。這樣逐年累積下來，老師會感受到經驗的累積與協同合作的效果。我們第一步先把資料整理出來，整理資料的功夫是很辛苦的，因為教學很方便，但整理資料卻要另外花功夫。當他們把資料整理出來後，我們把資料送到台北市教師研究方案，我們的成績非常好。而老師也因為受到這樣的激勵並被外界肯定，家長的認同度也提升，於是，老師就更加被尊重了，這是一個連續累積的作用。

七、結語

• 潘教授

經驗傳承和彼此分享是非常重要的，工作的士氣要不斷地被激勵、提升。永安國小因為做出成績來，外界因此對永安國小好奇，不斷的地去了解永安國小，我想這些對老師都是一個很好的正面鼓勵作用。今天非常感謝許校長來到一週教育論壇，和我們分享永安國校的寶貴經驗。下次論壇我們還要就彈性課程的部份再深入探討，例如您們有所謂的「永安學習」、「明水時間」等等，都要再請許校長來與我們分享。

彈性課程範例──永安國小永安學習與明水時間

主持人：潘慧玲（國立台灣師範大學教育學系教授兼教研中心主任）

討論人：許銘欽（台北市永安國小校長）

論壇日期：2004 年 03 月 21 日

❋討論題綱❋

【彈性課程範例──永安國小永安學習與明水時間】

一、前言

二、彈性課程設計理念

三、永安學習

◆ 社區探索研究

◆ 教育目標、方法與內容的開放

◆ 永安學習的實例

四、明水時間

◆ 獨立研究能力的培養

◆ 明水時間的實例

五、彈性課程的教學行政安排

◆ 引進家長、社區資源

◆ 重視教師協同分享

◆ 家長和學生反應熱烈

六、結語

一、前言

• 潘教授

　　這禮拜再次邀請到永安國小許銘欽校長來談談他們學校發展本位課程的經驗。永安的課程分為基本課程和彈性課程兩個部分，許校長已經為整個課程發展的歷史和課程設計的理念做了說明，我們接下來要鎖定彈性課程的部分。我們知道永安國小有很多有名的彈性課程，像永安學習、明水時間等，還要請許校長詳細說明。首先，先請許校長說明您們彈性課程設計的理念。

二、彈性課程設計理念

• 許校長

　　當教育鬆綁、課程彈性之後，學校擁有發展自己課程的空間，但是九年一貫課程實施到現在，大部分的學校把這個彈性推給老師，也就是由老師來創造學校的特色課程。假如是由老師來決定課程內容，那麼基本上對孩子來說他們的國語、數學、自然、社會是一樣的，都是由大人所決定，孩子沒有選擇決定的空間。如果我們拉高到學校教育目標或國民教育目標來看，孩子來學校其實是一個自我試探、自我嘗試的過程，我們期待的是一個人格統整、個性潛能的發展，或者是我們談到孩子在學校階段就是我們人生自我實現最開始的階段，這個時候很需要孩子自我試探、自我發現。所以，我們把這個彈性的空間給孩子。之後，我們規劃兩個課程，一個是「永安學習」，一個是「明水時間」。永安學習就是永安的一個學習課程，強調孩子是學習主體；明水時間則是因為我們位於明水路，旁邊有一個明水公園，因此，我們給的是一個時間，而不給任何東西。永安學習和明水時間都是由孩子來選擇，兩者不一樣的地方是永安學習是在團體討論中來選擇決

定，明水時間則是開放給孩子自己做個別研究。

三、永安學習

• 潘教授

這是其中不一樣的地方，不過基本理念都是讓孩子成為一個主動學習的個體，有部分的權利選擇他要學習什麼，這是孩子可以做決定的。那麼我們來談談永安學習細部的做法是什麼？

◆ 社區探索研究

• 許校長

基本上，永安學習還是原來的鄉土教學，探究的範圍還是在社區，只是鄉土教學的理念是由老師安排很多活動教孩子，與社會科、自然科的教學是一樣的理念。我們只不過把它提升到老師帶著孩子到社區探索，在探索的過程中討論出一個他們要研究的主題，再針對研究主題設定很多小部分讓孩子分組選擇。這個理念就是孩子在團體討論中如何適切地發表他的意見，如何溝通、協調、統整意見，然後在團體討論後，共同遵守團體的規範。我覺得這是在我們原來學校教育目標中所謂的「自立」，孩子怎麼在人群社會中自立。

• 潘教授

那麼可不可以舉些具體的例子。比如有哪些主題可以從社區探索？

• 許校長

我們學校老師的教學研究分為兩個組織，一個是學年的課程橫向統整，研究級任之間、級任科任之間怎麼做橫向統整，我們稱之為「Ｂ研究會」。另外，我們還有一個「Ａ研究會」，也就是縱向的部分。像永安學習就是由我們學校自己來規劃一到六年級的課程，探討的範圍必須要有所規範，這時候就由Ａ研的老師來做處理。基本上，永

安學習和明水時間都是從三年級以上開始,因為低年級有一個生活課程,有足夠的空間讓老師帶孩子做主體的探索。三年級之後我們會分年級,比如永安學習三年級的部分是在公園、學校,四年級是在社區,五年級到基隆河,融入所謂的環境教育和生命教育,六年級就是生涯規劃、升學輔導,以及畢業典禮、畢業旅行等一連串走向未來的部分,都結合我們的學校教育目標。

● 潘教授

聽起來永安學習是配合著鄉土教育,又融入許多生涯教育、生命教育、環保教育等課程,提供孩子一個比較完整探索的時間。當然,我們會說開放教育的精神進來了,可是開放教育精神不是獨立的某個學校課程單元設計,而是一個整體釋放性的,到每一個教學角落都會做這樣的安排。所以,我想問許校長的是,永安國小的發展是延續開放教育的精神走下來的,那麼這個永安學習代表一部分孩子獨立成長、主動探索的課程安排,那麼要怎麼連貫這部分的課程和基本課程的教學精神?

◆ 教育目標、方法與內容的開放

● 許校長

開放精神包含幾個東西,一個是教材內容的開放,一個是方法的開放,或者是根本的學習目標開放。永安學習基本上是方法與內容的開放,事實上,基本課程也談到方法的開放,當然我們不期待基本課程馬上做大幅度的開放。彈性課程的開放孕育出來的學生能力、態度、意志力,與投入學習的精神,慢慢會轉移到基本課程的學習。老師也會,老師在這個部分指導的能力慢慢也會轉移到國語、數學的教學。

● 潘教授

您們推動這樣的課程時,沒有要求老師團隊要先有一個中心主軸想法,定義我們是個開放教育。當然,許校長可以定義得非常清楚:

內容、方法、目標或學習方法可以是開放的、讓孩子探索的，可是有一個基本的教學精神就像許校長所說的，在開放教育中尊重孩子的成長、孩子主動建構知識的能力，最主要的是，永安學習給孩子這樣的空間。那麼基本課程如何讓孩子有建構學習能力的精神？讓孩子的學習不會是切斷的，而是有精神上的延續性？

● 許校長

　　我比較強調課程發展的階段性，也就是老師從傳統到開放觀念的改變也許很容易，但實際做卻不容易。尤其永安國小老師在第一年時有一半是初任教師，根本沒有教學經驗，要怎麼讓他突然接受協同教學、統整課程教學，還有所謂的永安學習和明水時間？老師曾經問我什麼叫「明水時間」？台灣完全沒有例子可以參考，我們就在這樣的背景下發展，主要是要老師認同並且產生意願。我們逐步發展，然後讓學生在彈性課程中所發展的能力，逐步轉移到國語、數學部分。

◆ 永安學習的實例

● 許校長

　　我來舉個五年級的例子，這個例子叫做「生命永續，在水一方」，它結合了生命教育和環境教育，所以老師的設計就是從水災、旱災著眼，我們常常說颱風來就是水災，颱風不來就是旱災，從缺水和水災的過程中知道環境已經生病了，之後探討基隆河，因為學校旁邊就是基隆河，基隆河有它的歷史、它的背景，然後它與水災、旱災之間的關係，最後再回歸到所謂「環境的生命」和「人的生命」。我們做這個教學的那一年剛好是納莉颱風，納莉颱風讓從來沒有淹水過的大直地區淹水，學校的地下室也都淹水了，這時候老師就很認真地照了很多照片，所以，那一年本來要看水災的影片根本不用看了，直接看納莉颱風的照片。我們先讓孩子完成納莉颱風的資料蒐集報告，這就是所謂的「辯證」，辯證之後，再引導孩子如何把脈環境，意即環境生病了。當時有人說納莉颱風的肇因是基隆河的水太多、有人說是土石流、有人說是中山橋……，我們可以讓孩子來把脈、探討基隆河的環

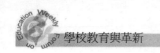
境和生命，從這個過程中讓孩子介紹基隆河，這是第二個階段。第三個階段孩子就會知道環境是很重要的，了解環境的知識，如何保護環境。最後，回歸到分組，每一組來演一個生命的連續劇，如何尊重生命，如何尊重別人，因為現在有很多青少年並不尊重生命。這樣的課程特色分為三個階段，從水災、颱風的病症出現到基隆河的探究、把脈，最後回歸到生命教育舞台劇的演出，三個階段有三個作品，表現方法都是由孩子自己來選擇。這不像國語、數學，規定用作文、規定用畫圖的方式來表達，而是讓孩子選擇對他自己最有利、最專長的表現方式。在這個過程中，一個學習就做成了一個主題，而且都是全班進行，全班進行中又有個別學習、分組學習的機會。

四、明水時間

• 潘教授

談完了永安學習就要進入明水時間。剛剛許校長提到他不只開放教學方法與內容，還開放教育的目標。

◆ 獨立研究能力的培養

• 許校長

明水時間最主要是給孩子時間自己定題目、自己定方法、定目標，然後與父母親商量後，再和老師商量，等於是和老師有契約的行為。決定之後，孩子完全依照自己決定的計畫來實行，老師只是一個協助者的角色，不負責幫孩子做任何決定。剛開始這樣的課程設計對孩子而言是很困難的，我們第一年做的時候，全班八、九成的孩子要花兩個月的時間才能夠找到題目，但是經過一、兩年之後因為大家都知道了，有些孩子在寒暑假時就已經思考題目了，所以，他們是不斷進步的。

• 潘教授

讓每個孩子獨立作業很不容易，這很像大學或研究所所說的獨

立研究。

- **許校長**

　　對，這是大學的獨立研究，但是他們的題目沒有這麼大，也不是做很深入的研究。不過他們的題目非常有意義，比如有個孩子把豬肉、麵包等各種東西丟進可樂裡頭，看看哪個東西消化速度比較快，他的研究動機就是爸爸喜歡喝可樂，他知道可樂會傷胃，所以要證明給爸爸看，他花了一個學期的時間做這個研究。

◆ 明水時間的實例

- **潘教授**

　　請許校長舉一些實際的例子來描述明水時間課程的安排。

- **許校長**

　　明水時間是由孩子自己決定題目，在老師的引導下，孩子會從他的生活經驗和關心的題材中找他的研究題目。比如，有一個孩子要做一碗好吃的雞絲麵，他的動機是放學時會經過一個小吃店，他聞到香味覺得非常好吃，他想煮一碗好吃的雞絲麵，因此，他開始知道雞絲麵要有雞絲、要有麵，但是只有這兩樣一定不好吃，所以，他會去觀察小吃店的老闆還加了什麼料。第二次他就發現還有一些配料、調味品。於是，當他把油、鹽、醬、醋、茶這些調味料準備好再做一次雞絲麵時，他發現還是不好吃，原來老闆煮的和我煮的不一樣。最後，他就會鼓起勇氣去問那個老闆到底怎煮才會好吃，老闆就告訴他一些關於火候、時間的知識。孩子就這樣經過三次、五次的重複嘗試，每次煮每次吃，終於煮出一碗雞絲麵，他也會請老師、校長品嚐。

　　每個小朋友的題目不一樣，高年級的題目可能會大一點。我們有個小朋友喜歡足球，他在去（民國九十二）年首爾世界盃就開始蒐集世界各國足球國家代表隊的歷史，他拜託爸爸的教練朋友到首爾買紀念品回來讓他搜集。而這些足球相關的紀念品會變成一個研究題目，比如有的孩子喜歡打籃球，他的題目就不會是「籃球」，也許是

「怎麼樣才會投得準」，於是，他就會蒐集資料，比如說擦板要擦幾度，或者是投籃的幅度等研究。

- 潘教授

看起來小朋友所選的題目都是非常切身的，比如他覺得雞絲麵很好吃，如何做出一碗雞絲麵，這都要非常多的試作，不斷實驗才能驗證做出來的成品滿不滿意，所以，都是很實際性的東西。

- 許校長

因為我們學期末會有發表會，小朋友都會參觀別人的作品，而我們也會把這些題目放在網路上，並留下好的作品。因此，小朋友經過一、兩年逐年觀察別人的作品之後，也不斷揣摩自己的興趣，思考該訂定什麼題目，這就是孩子在成長過程中找尋性向的一個非常好的機會。

- 潘教授

那他的報告要怎麼準備呢？他要如何讓人家知道怎麼煮一碗好吃的雞絲麵？要如何撰寫研究報告？這個主題和我們大學中要寫的研究報告不一樣，是比較抽象性的。

- 許校長

他還是要把過程變成書面資料，可能會照相或寫下感想，然後老師再配合過程裡的學習單檢視，最後產生一本學習檔案。而作品，像雞絲麵，他可以當場煮出來。其他比較靜態的作品也會展示出來，像有些孩子喜歡漫畫、喜歡趴趴熊，他就把趴趴熊編成一連串有技巧的漫畫，畫出一本漫畫書，類似這些例子就是要讓孩子獨立完成一件他想獨立完成的作品，建立他的信心。

- 潘教授

這樣我便能瞭解了，即是整個明水時間主要是以小朋友自己主動探索為主，而他的研究題目不一定是我們大人認為可探究的題目，有些部分是側重在要小朋友完成他的作業，可以是一個作品的展現，

像剛才提到的把一個連環圖畫畫出來。所以,在永安國小裡頭可以由小朋友自己決定他的探索,也可以是由小朋友組成一個團體來探索,小朋友團體的探索就是我們所說的永安學習了。

五、彈性課程的教學行政安排

• 潘教授

每個禮拜有固定排永安時間和明水學習嗎?一位老師大概面對多少學生?

• 許校長

因為彈性學習的節數其實不多,台北市又有英語教學的課程,所以,我們一個禮拜大概只能排一節永安學習和一節明水時間。我們採隔週上課,一個禮拜上兩節永安學習,下個禮拜上兩節明水時間。一個老師教三十五個學生。

• 潘教授

一個禮拜兩堂課,因為隔週上課,所以,一個學期大概有一半是明水時間,那麼老師面對三十五個不同學生設計的不同題目,在輔導上要怎麼做才能真正符合個別化的差異需求?

◆ 引進家長、社區資源

• 許校長

老師不是每個題目都會,事實上,不會也沒有關係,老師只要有能力指導、引導孩子方向。另外,我們引進家長和社區資源,比如喜歡烹飪的孩子,我們就徵求會烹飪的家長到烹飪教室教導孩子;或者是我們在社區中找到人,介紹給這個孩子,孩子可以利用晚上或假日的時間打電話詢問。

◆ 重視教師協同分享

●許校長

我覺得永安最大的精神是老師經驗的協同與分享,比如明水時間的第一年,事實上,老師是一張白紙,沒有經驗教導明水時間,但一年下來他們已經把整個明水時間的教學流程固定下來了,經過討論之後,三到六年級都是使用那個流程。也就是先讓孩子把身邊感興趣的題材整理出來,然後決定主題,主題決定之後要探討如何擬定計畫,擬定計畫時所需要的學習單都設計出來,然後計畫決定後就開始實施,做所謂的「研究」,最後再來發表。發表的時候有靜態與動態的發表,我們請中低年級的小朋友來看中高年級的發表,所以,低年級的課程沒有永安和明水,但是他們已經有永安與明水的影子了,我們有些二年級小朋友會和我說他們已經決定三年級的明水題目。所以,這樣逐年累積下來,老師在第一年就把整個流程建立起來,第二年針對每個流程指導時要注意的重點加以討論,更可貴的是第三年將每個過程中孩子會出現哪些問題、要怎麼解決也都討論出來,所以老師的經驗是逐年累積下來的,最重要是他還能建立共同分享。

●潘教授

明水時間共同成果的分享是一個全校性的活動了,所以,行事曆中就要安排一個時間給這個活動?

●許校長

是的,中年級與高年級各安排一段時間。

●潘教授

在不同階段的學習中,真的是有很多的互助合作,因為演出舞台劇、角色扮演、寫腳本等分工,都會涉及不同科目的學習,就像寫劇本需要國語文的能力。這樣的學習方式是否需要教師的協同指導?

● **許校長**

基本上，這些都還是需要級任老師來帶領，所以，永安學習和明水時間最大的理念在於基本學科學習知識的綜合應用，會應用到調查、計算，還有訪問等技巧，這些都是基本學科學習，而基本學科的學習是彈性課程學習的基礎，但是彈性課程中所獲得的態度、意志力還有成就感會回饋到基本學習，兩者是交互作用的。

◆ **家長和學生反應熱烈**

● **潘教授**

一般來說，家長和孩子對於這樣的課程安排反應如何？

● **許校長**

我們曾經針對孩子做過問卷調查，喜歡明水時間和非常喜歡明水時間的有八到九成，每班大概還是有百分之五的小朋友抓不到明水時間的要領，這是比較特殊的現象，我們老師也正在處理這個部分。針對孩子喜歡的程度來看，我覺得明水時間是有其教育意義。我們曾經從家長的反應中得到一些回饋：第一，孩子非常喜歡學校，能夠讓孩子願意到來學校才有辦法讓他讀書；第二，家長向我們反應放假的最後幾天孩子急著回到學校，他們很疑惑以前暑假結束時孩子情緒都很不好，為什麼現在那麼喜歡上學？孩子喜歡學校的原因是因為他有一個自己喜歡的研究主題。我們常常看到孩子回家後花整個晚上做報告，而寫國語、數學作業的時間大概只有三十分鐘、一個小時就不耐煩了，類似這樣的情形很多，反正會讓我們認為這個部分孩子是喜歡的，而且有他的教育價值。因為我們那邊家長的社經背景也算比較高一點，所以，大部分的家長都滿認同這樣的課程意義。

● **潘教授**

家長們是不是也會心急於孩子們摸索題目速度的快慢？心急地想要看到他們的學習成長？

● 許校長

剛開始時，很多家長替孩子做決定，覺得要把作品做出來才是有意義的，故會給孩子很多的指導，幫孩子做決定，給他很多的資源，幫孩子弄很多事。後來，我們透過老師與學校刊物不斷地吸收課程理念，告訴家長不要幫孩子做決定。在明水時間中，我們有一句話叫做「放手不放眼」，就是要放掉手不必幫孩子做任何事，但是我們要看著孩子，比如他們在學校的任何場所一定要有大人在，而孩子的題目非常多樣化，有些孩子要到圖書室蒐集資料，老師不可能跟過去，就會打電話向圖書室的老師說現在有幾個孩子要過去；要到烹飪教室我們就請家長進來幫忙；要到操場可能人數比較多就會請一個老師看顧著，所以這裡面就有協同教學，而我們也會提供一些社區的資料，比如有哪些家長有特殊專長我們就會請他來學校協同教學，或者要孩子請教他。

六、結語

● 潘教授

我們聽許校長談了那麼多的永安經驗，深深感受到每個學校有各自的文化與社會脈絡，可以創造出不同的課程經驗，今天我們看到永安國小發展出來的永安學習與明水時間，是承襲自開放教育的精神，提供大家參考。

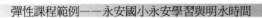

國家圖書館出版品預行編目資料

學校教育與革新＝School education and innovation／潘慧玲主
編.—初版.—臺北市：心理，2007.07
　　面；　　公分.--（一週教育論壇系列叢書；3）

ISBN 978-986-191-041-3（平裝）

1.學校教育　　　2.教育改革

520　　　　　　　　　　　　　　　　　　　96013347

一週教育論壇系列叢書之三　**學校教育與革新**

主　　編：潘慧玲
總 編 輯：林敬堯
發 行 人：洪有義
出 版 者：心理出版社股份有限公司
社　　址：台北市和平東路一段 180 號 7 樓
總　　機：(02) 23671490　　傳　　真：(02) 23671457
郵　　撥：19293172　心理出版社股份有限公司
電子信箱：psychoco@ms15.hinet.net
網　　址：www.psy.com.tw
駐美代表：Lisa Wu　　tel: 973 546-5845　　fax: 973 546-7651
登 記 證：局版北市業字第 1372 號
印 刷 者：博創印藝文化事業有限公司
初版一刷：2007 年 7 月

定價：新台幣 450 元　　■有著作權·侵害必究■
ISBN　978-986-191-041-3

讀者意見回函卡

No._____　　　　　　　　　　填寫日期：　年　月　日

感謝您購買本公司出版品。為提升我們的服務品質，請惠填以下資料寄回本社【或傳真(02)2367-1457】提供我們出書、修訂及辦活動之參考。您將不定期收到本公司最新出版及活動訊息。謝謝您！

姓名：_____　性別：1□男　2□女

職業：1□教師 2□學生 3□上班族 4□家庭主婦 5□自由業 6□其他____

學歷：1□博士 2□碩士 3□大學 4□專科 5□高中 6□國中 7□國中以下

服務單位：_____　部門：_____　職稱：_____

服務地址：_____　電話：_____　傳真：_____

住家地址：_____　電話：_____　傳真：_____

電子郵件地址：_____

書名：_____

一、您認為本書的優點：（可複選）

　❶□內容 ❷□文筆 ❸□校對 ❹□編排 ❺□封面 ❻□其他____

二、您認為本書需再加強的地方：（可複選）

　❶□內容 ❷□文筆 ❸□校對 ❹□編排 ❺□封面 ❻□其他____

三、您購買本書的消息來源：（請單選）

　❶□本公司 ❷□逛書局⇨_____書局 ❸□老師或親友介紹

　❹□書展⇨___書展 ❺□心理心雜誌 ❻□書評 ❼□其他____

四、您希望我們舉辦何種活動：（可複選）

　❶□作者演講 ❷□研習會 ❸□研討會 ❹□書展 ❺□其他____

五、您購買本書的原因：（可複選）

　❶□對主題感興趣 ❷□上課教材⇨課程名稱_____

　❸□舉辦活動 ❹□其他_____　　　　（請翻頁繼續）

┌─────────────────────────┐
│ 廣　告　回　信 │
│ 台 北 郵 局 登 記 證 │
│ 台 北 廣 字 第 940 號 │
└─────────────────────────┘
（免貼郵票）

 心理出版社 股份有限公司

台北市 106 和平東路一段 180 號 7 樓

TEL:(02)2367-1490
FAX:(02)2367-1457
EMAIL:psychoco@ms15.hinet.net

沿線對折訂好後寄回

六、您希望我們多出版何種類型的書籍

❶□心理　❷□輔導　❸□教育　❹□社工　❺□測驗　❻□其他

七、如果您是老師，是否有撰寫教科書的計劃：□有　　□無

　　書名／課程：_____

八、您教授／修習的課程：

上學期：_____

下學期：_____

進修班：_____

暑　假：_____

寒　假：_____

學分班：_____

九、您的其他意見

_____

謝謝您的指教！